사회를 넘어선 사회학

Sociology Beyond Societies: Mobilities for the
Twenty-First Century

Copyright ⓒ 2000 by John Urry

SOCIOLOGY
BEYOND
SOCIETIES

사회를 넘어선 사회학

이동과 하이브리드로 사유하는 열린 사회학

| 존 어리 지음 · 윤여일 옮김 |

Humanist

1장 사회

2장 메타포

3장 여행

4장 감각

5장 시간

6장 거주

1장

사회

역사의 현시점에서 보건대 사회관계의 네트워크는 전 세계로 뻗어 있다. 어디선가 연속성이 완전히 단절된 사태는 상상하기 어렵다. 그리하여 '사회'라는 말로 무엇을 지시해야 하는지 무척 혼란스럽다. 만약 우리가 인간사회를 연구하고 또 비교하고 있다면, 우리는 마땅히 그 단위가 실제로 무엇인지 말할 수 있어야 할 텐데 말이다.

—A. R. Radcliffe-Brown 1952: 193.

들어가며

나는 새로운 사회학을 선언한다. 이 책에서 21세기 학문 분야의 하나인 사회학이 무엇을 해야 하는지를 밝히고자 한다. 앞으로 사회학은 사람, 사물, 이미지, 정보, 폐기물의 다양한 이동을 검토하고, 이것들 사이의 복잡한 상호작용과 그로써 빚어지는 사회적 결과를 연구할 것이다. 그래서 나는 이 책의 부제를 '21세기 이동성에 관한 연구'로 정했다.

나는 이 점을 밝히고자 한다. 지금껏 '서양'의 사회학은 개별사회와 개별사회가 지니는 일반적 속성을 주목해왔다. 하지만 이동성은 사회학이 역사적으로 다루어온 주제들을 뒤흔들고 있다. 지금껏 사회학 담론은 내발적 사회구조가 자기재생산의 힘을 지닌다고 전제해왔다. 하지만 나는 글로벌한 '네트워크와 흐름'의 다양성이 그러한 사회구조를 침식한다는 것을 밝힐 생각이다. 그리고 사회(society)로서의 사회성(the social)이라는 개념을 되물으려 한다. 지난 시절 그 개념이 지녔던 가치가 무엇이었건 간에, 앞으로 사회학적 분석을 수행하려면 더 이상 적절하지 않다는 사실을 증명하고자 한다. 그리하여 나는 새로운 사회학의 의제를 내걸면서 '포스트 사회'의 국면에서 탄생할 새로운 사회학을 선언한다.

앞으로 사회라는 개념은 구멍투성이의 경계를 이리저리 넘나드는 다양하고도 강력한 네트워크와 흐름을 누그러뜨리고 조정하고 규제하려는 '내셔널'한 힘에 의해 활용될 것이다. 그러나 내셔널한 사회의 힘이 뚜렷이 퇴조하고 있으므로(우리가 실제로 글로벌한 사회에 살고 있든 그렇지 않든) 새로운 사회학적 방법의 규준이 요구되고 있다. 왜냐하면 지금껏 사회학적 연구는 자신의 사회적 맥락을 내셔널한 사회에서 마련해왔기 때문이다. 따라서 더 이상 강고한 사회가 존재하지 않는다면, 우리 역시 새롭고도 적절한 사회학적 방법의 규준과 이론을 찾아 나서야 한다. 특히 이 책에서 나는 '사회성'을 새롭게 주조하는 실체적 변용, 예를 들면 다양한 이동성, 다원적 감각, 상상의 여행, 이미지와 정보의 흐름으로 말미암아 '사회로서의 사회성'이 실질적으로 '이동으로서의 사회성'으로 재구성되고 있음을 밝히는 데 주력할 것이다.

이러한 주장을 내놓는다면 적어도 세 가지 반론이 나를 기다리고 있을 것이다. 첫째, 사회학에서 사회가 핵심 개념이었던 적은 없지 않은가. 가령 유의미한 행위나 행위자, 상호작용 내지 세계체제가 사회학이 다루어온 핵심 개념이지 않았던가. 둘째, 사회는 여전히 강력한 실체며, 국민국가는 대외적·대내적으로 기존의 권력 양식을 유지하기 위해 강력한 행위에 나서지 않겠는가. 셋째, 세계화가 독립된 분과학문으로서 사회학이 지니는 기반을 침식하고 있으니 사회학은 사회라는 핵심 개념을 잃고 성과도 내지 못한 채 쇠퇴해가는 수밖에 별 도리 없지 않겠는가.

잠시 이 반론들에 답해보자. 첫째, 북대서양환대의 사회에서 사회학은 역사적으로 '사회'에 관한 담론을 둘러싸고, 따라서 구조화를 지탱하는 조건(가령 기능적 통합이나 사회적 갈등 또는 하부구조와 상부구조)에 관한 담론을 둘러싸고 전개되어왔다. 이러한 사회적 구조화는 누가 국민사회의 구성원 또는 시민인가, 무엇이 시민의 권리와 의무인가라는 물음과 결부되어왔다.

둘째, 다양한 기술이 등장하고 광범한 규모로 무수한 대상이 이동하자 사회 권력이 문제시되었다. 나는 복잡하게 조직된 시간과 공간이 빚어내는 이동이 기존의 '사회적 통치성'을 어떻게 그리고 얼마나 되묻게 만드는지를 고찰할 생각이다. 그리고 그러한 이동으로 과연 사회적 경계가 침식되는지, 나아가 그러한 침식이 어느 정도이고 어떤 형태인지를 분석할 것이다. 그런데 이동성을 파악하는 일은 결코 쉽지 않다. 따라서 이따금 운동에 관한 다양한 메타포, 특히 네트워크와 흐름이라는 메타포를 활용할 계획이다.

셋째, 시공간적 차원에서 사회적 경계를 이리저리 넘나드는 전례 없는 이동은 사회학에서 새롭고도 중요한 의제가 될 것이다. 즉 이동성이 의제로 떠오를 것이다. 하지만 여기에는 아이러니가 있다. 20세기의 사회학은 직업, 수입, 교육 등의 사회적 측면에서 발생하는 이동을 연구하는 데 심혈을 기울였다. 어떤 의미에서 영국의 사회학은 세대 내 또는 세대 간 상승이동과 하강이동의 비율을 따지는 데 주력해 왔다. 따라서 사회학은 늘 이동성 탐구를 중심 과제로 삼아왔다고 할 수 있다. 그러나 여기서 나는 이동성을 새롭게 정식화하여 20세기 사회학이 사회적 이동에 관해 지니고 있던 견해와는 달리 여러 지점에서 단절이 일어나고 있음을 증명할 생각이다.

이제 우리는 이동을 사회적인 동시에 지리적인 현상으로 사고해야 한다. 사회적 이동을 다룬 연구들은 대체로 사회를 균질 평면으로 이해한 까닭에 계급, 젠더, 인종 등의 사회적 범주와 지역, 도시, 장소 등이 어떻게 지리적으로 교차하는지를 포착해내지 못했다. 물론 사회학은 이미 이민이라는 주제를 다루고 있지만, 관심이 너무 제한된 탓에 그다지 유용한 성과를 내지 못하고 있다. 더하여 나는 각각의 사회 내부에서, 특히 사회의 경계를 넘나드는 사람의 흐름이 직업, 주거,

여가, 종교, 가족관계, 범죄, 망명 등의 여러 욕구와 어떻게 맺어지는 지를 주목할 계획이다.

한편, 사람만이 이동하는 것은 아니다. 다양한 '사물'도 이동한다. 근래 사회학에서는 '사물의 사회학'이 진전을 보이고 있다. 사회적 경계를 넘나드는 다양한 사물과 사람의 다원적 흐름이 교차하는 상황에서 '사물의 사회학'은 의의를 더해가고 있다. 하지만 더 멀리 내다보아야 한다. 마지막으로 사회적 이동을 연구할 때 이동은 흔히 수직적인 것으로 간주되는데, 나는 주로 수평적 이동을 분석할 것이다. 아울러 사회학을 다시 연마하기 위해 수평적 메타포에 관해 타 분야에서 진척된 풍성한 성과들을 참고할 생각이다.

그런데 이러한 시도도 의문을 갖게 할지 모르겠다. 왜 사회학이 수평적 이동을 연구하는 데 주력해야 하는가? 여기에 초점을 둔다면 이미 개개 분과 학문이 자신만의 영역도 역할도 상실해버린 탈분과적 사회/문화/정치학의 상태를 반복하게 되지 않을까? 더구나 진작부터 글로벌한 흐름을 주도해온 다양한 산업 분야가 그러한 학문적 연구에 신경이나 쓴단 말인가? 기업들은 사내 연구소를 두거나 민간의 싱크탱크를 활용하여 관심이 있는 영역에서 벌어지는 사건을 조사할 수 있다. 그렇다면 사회학은 복잡하게 포개지는 수평적 이동들을 분석하는 작업을 왜 맡아야 하고, 또 어떻게 맡을 수 있다는 말인가?

답하자면 이렇다. 첫째, 사회과학의 다른 분야는 대체로 담론의 표준화에 얽매이기 때문에 이와 같은 탈영역적 재편을 담당할 후보로서 자격이 충분하지 않다. 그러한 학문 분야는 실제의 이론과 방법, 데이터를 외면하는 경향이 있다. 왜냐하면 이론과 방법, 데이터는 너무 '사회적'인 나머지 저렇듯 구속성을 띤 학문 분야에서는 관심 밖에 놓

이기 때문이다.[1]

둘째, 사회학 담론은 체계화의 정도가 약하고 제대로 관리되지 않기 때문에 지적 침투에 무력한 면모를 보여왔다. 하지만 뒤집어 말하면, 그렇기 때문에 사회학은 인간의 모든 실천이 사회적으로 조직된다는 사실을 인식하고 사물과 자연이 지니는 사회적 힘을 정의할 수 있는 잠재력을 지니고 있다. 여전히 살아남은 사회라는 개념이 한동안 이 모든 시도에 혼란을 가져오겠지만, 사회학은 인간 '사회'라는 중심 개념을 잃어가는 모든 학문을 위해 어쩌면 새로운 의제를 제시할 수 있을지도 모른다. 그렇다면 그때 새로운 학문 분야는 네트워크와 이동성에 관한 내용을 담아내야 할 것이다.

이제 이 장의 남은 부분에서는 사회를 둘러싼 다양한 개념을 살펴보고, 그러한 개념이 사회학적 담론으로 전개되는 가운데 역사적으로 어떻게 기능했는지를 검토할 것이다. 그 과정을 거쳐 국경, 이동성, 거버넌스의 문제를 다룰 수 있는 실마리를 마련하고자 한다. 나아가 '이동의 사회학'이 지금껏 지속되어온 '사회로서의 사회성에 관한 사회학'을 어떻게 무너뜨리고 있는지도 확인해보자.

2장에서는 사회성의 다양한 메타포가 지닌 중요성을 고찰할 것이다. 그 메타포는 여러 양상의 이동성을 탐구할 때 유용하다. 특히 네트와 네트워크, 흐름(flow)과 유동체(fluid)를 다루면서 이러한 메타포와 지금껏 사회라는 개념에서 중심적이었던 지역과 구조라는 메타포가 대비되는 장면을 그려낼 것이다. 또한 네트워크와 흐름의 공간적·시간적 조직화를 살펴보고, 그것이 사회과정에 어떤 영향을 미치는지도 고찰하고자 한다.

3장에서는 다양한 이동성이 야기하는 사회공간적 실천을 살펴볼 것이다. 여기서는 네 가지 이동을 고찰한다. 첫째, 신체의 이동이다. 여기서는 도보나 기차 여행, 자동차 여행, 비행기 여행을 주목한다. 둘째, 사물의 이동이다. 사물은 이동을 통해 만들어지지만 그 자체가 이동하고 있다. 셋째, 상상의 여행이다. 라디오, 텔레비전 등을 통한 상상의 여행은 공공 영역을 재구성한다. 넷째, 가상적 여행이다. 가상적 여행은 커뮤니티나 신체의 이동과 긴밀하게 얽혀 있다. 나아가 이러한 각각의 이동에서 인간과 기계, 기술의 조합에 바탕한 복합적인 이동의 하이브리드가 어떻게 작용하는지를 밝혀낼 것이다.

4장에서는 마지막 항목에 관한 내용을 심화하고, 인간과 사물의 관계를 분석하려면 사회학이 그동안 무시해왔던 다양한 감각의 역할에 주목해야 함을 강조할 것이다. 사회학적 분석을 구체화하려면 감각을 분석해야 한다. 아울러 구체화는 문화적 과정과도 연관된다. 나아가 이 장에서는 특정 '행위'가 특정한 감각에서 연원하며, 어떤 장소로 또는 어떤 장소로부터 이동하는 일 역시 특정한 '감수방식'에 기초해 있음을 보여줄 것이다. 또한 여러 감각의 관계가 어떻게 변화하는지도 자세히 살펴볼 것이다.

5장에서는 초점을 시간으로 옮긴다. 이른바 사회적 시간과 자연적 시간의 구분에 관해 개설하고 비판적으로 검토한다. 언뜻 보면 '자연적인 것'이라고 여겨지는 시계 시간은 실제로는 사회적으로 제작되었으며, 더욱이 자연을 정복하는 과정에서 결정적 역할을 맡았다. 또한 이 장에서는 시간 절약에서 요구되는 다양한 이동 속에 내재하는 동시에 이동을 변용시키는 순간적 시간에 관해 고찰할 것이다. 순간적 시간이 사회에 매우 심원한 영향을 미치는데도 주류 사회학은 그 사실에 거의 관심을 기울이지 않았다.

6장에서는 거주의 성질을 주목한다. 주어진 곳이든 마련한 곳이든 사람들이 커뮤니티에서 산다고 할 때 무엇이 문제가 되고, 현실 또는 상상의 이동이 거주와 어떻게 맞물려 있는지를 밝히고자 한다. 특히 지역 커뮤니티, 분트, 집합적 열광, 가상 커뮤니티, 네이션과 디아스포라를 살펴볼 것이다. 나아가 거주는 여러 양상의 이동을 전제로 하고 있으며, 앞으로 사회학에서 거주의 개념은 커뮤니티의 개념으로 대체되어야 함을 증명할 생각이다.

7장에서는 국민사회가 제한하는 권리와 의무에 초점을 맞추어 기존의 시민권 개념을 비판할 것이다. 국제주의나 지구시민권의 양상을 띠는 다양한 이동의 권리와 의무가 발달하면서 사회적 시민권의 모델을 유지하기 어려워지고 있다. 국경을 초월한 새로운 실천과 위험, 의무와 권리라는 관점에서 종래의 시민권 모델을 분석하는 연구가 속속 등장하고 있다. 그리고 공공 영역이 '미디어화'되고 공공무대에서 글로벌화되면서 종래의 시민권은 중심 역할을 잃어가고 있다.

마지막 장에서는 사회를 넘어선 사회학을 위한 과제를 제시한다. 이것은 정원사와 사냥터 관리인이라는 메타포를 구별하는 방식으로 전개된다. 사냥터 관리인이라는 메타포는 다음의 네 가지 점과 관련해 출현할 수 있었다. 이동을 중시하며 시민사회의 성질을 재고하는 일, 그러한 이동의 '조정자'인 국가의 기능을 재고하는 일, 자연과 사회라는 '조원(造園)' 사이의 구획을 용해하는 일, 배회적·교차적·복합적 하이브리드에서 출현한 사건을 글로벌한 수준에서 검토하는 일이다.

"사회는 존재하지 않는다"

먼저 '사회'라는 개념을 검토하는 것에서 시작해보자. 영국의 전 수상 마거릿 대처는 꽤 유명한 발언을 남겼다. "사회 따위는 존재하지 않는다." 당시 사회학자들은 앞장서서 그 발언을 비판했다. 사회학자들은 사회가 틀림없이 존재하며, 대처의 발언은 사회를 그녀가 말하는 "개개의 남성과 여성 그리고 그 가족"의 이해관계로 한정하려는 그녀의 정책이 지닌 문제점을 보여주는 사례라고 지적했다.

나는 이 책에서 대처를 개인주의적 사회이론(individualist social theory)을 제시한 주요 논자로 꼽을 생각은 없다(그녀는 범박하게나마 하이에크를 참조해 자기 관점을 내세웠다). 그러나 영국 사회학계의 짐짓 점잔 빼는 응수도 그다지 수긍할 만한 것은 아니었다. 실로 '사회'라는 말이 무엇을 뜻하는지는 여전히 불분명하기 때문이다. 확실히 사회생활에는 "개개의 남성과 여성 그리고 그 가족" '이상의' 무엇이 존재하지만, 그것이 무엇인지는 결코 명확하지 않다. 그것이 무엇인지를 두고 사회학자들이 의견을 모으기란 아마도 어려울 것이다. 그 점은 정말이지 역설적이다. 만약 사회학에 중심 개념이 존재한다면, 바로 사회가 아니고서 무엇이겠는가(설령 국가, 사회구조, 국민 또는 사회구성체 등과 같은 대체어가 쓰이더라도)?

따라서 나는 사회학 담론에서 사회라는 개념이 줄곧 중심에 위치해왔음을 먼저 확인할 것이다. 다음으로 만일 사회라는 개념을 두고 어떤 합의가 존재한다면, 그것은 사회라는 개념이 "진부한 내셔널리즘(banal nationalism)"[2]을 통해 국민국가 내지 시민권, 국민사회라는 개념 안에 새겨졌기 때문임을 밝힐 것이다. 그런데 오늘날의 이동성은

'국민-국가사회'라는 감각을 되묻게 만들며, 그 점에서 "사회 따위는 존재하지 않는다"던 대처의 발언은 묘하게 타당한 구석이 있다. 그러나 동시에 개개의 남성과 여성을 넘어선, 특히 세계시장에서 빚어지는 여러 '포스트 사회적' 과정을 무시했다는 점에서 그녀는 완전히 헛짚기도 했다. 더욱이 대처는 국민 이데올로기를 영속적 힘으로 받아들여 고찰에 소홀했는데, 그것은 아마도 그녀가 국민을 '사회적인 것'이 아니라 '자연적인 것'으로 이해한 까닭이리라. 나는 이 점을 따져 물을 생각이다.

사회학 담론은 실상 '사회'를 연구 대상으로 전제해왔다.[3] 미국의 아카데미에서 사회학이 제도화된 1920년대 이후의 사회학을 보면 확인할 수 있다. 매키버와 페이지는 그들의 저명한 책《사회 : 개론적 분석(Society : An Introductory Analysis)》에서 사회학을 "우리가 사회라고 부르는 사회적 관계 그리고 관계의 네트워크에 관한" 학문이라고 기술한다.[4] 한편, 급진적인 사회학자 굴드너는《도래하는 서구사회학의 위기(The Coming Crisis of Western Sociology)》에서 "강단 사회학은 사회의 힘을 강조한 나머지 인간을 부차적이라고 여겨왔다"고 지적한다.[5] 또한 정평이 나 있는《사회과학 백과사전(The Social Science Encyclopedia)》에서 실스는 사회학의 지식은 "사회 전체와 부분에 관한 연구를 통해 획득된다"[6]고 했지만, 콘블럼은 사회학을 "인간사회 또는 하나의 사회를 구성하는 여러 집단에서 발생하는 인간 행위에 관한 과학적 연구"[7]라고 정의내린다. 그리고 세계체제론자인 월러스타인은 이러한 상황을 함축적으로 요약한다. "근대의 사회과학에서 사회만큼 충만한 개념은 존재하지 않는다."[8]

이렇듯 사회라는 개념을 둘러싸고 일구어진 사회학 담론은 20세기에 비교적 자율적으로 존재할 수 있었던 미국 사회의 경험에서 유래하는 측면이 있다. 미국에서 사회를 만들어낸 경험이 보편화된 것이다. 미국을 근대사회의 원형으로 여겼던 사회학자 탤컷 파슨스는 사회를 이렇게 정의한다. "사회란 다른 사회체계를 포함하는 환경에 대해 최고 수준의 자기완결성을 특질로 하는 사회체계의 유형이다."[9] 물론 경험적으로 보건대 자기완결적 사회는 존재하지 않는다. 하지만 그러한 사회는 일반적으로 물리적·사회적 환경에 대한 지배와 "그 안의 구성원이…… 사회적 기능화에 적절하게 '공헌하는'" 행위로 꾸려진다고 여겨진다.[10]

한편, 월러스타인은 '사회'만큼 성찰 없이 사용되는 개념이 없다고 지적한다.[11] 이 점은 사회학이 제시한 주요 '이론적 관점'들이 사회에 관해 얼마나 다른 감각을 지니고 있는지를 살펴보면 알 수 있다. 조직과 구조, 이론적 일관성 면에서 같은 기준을 들이밀 수는 없지만, 그러한 관점들을 종합하면 비판이론, 민속학 방법론, 페미니즘, 기능주의, 상호작용론, 마르크스주의, 구조화론, 시스템이론, 베버주의를 꼽을 수 있을 것이다.[12] 각각의 관점이 지닌 고유한 사회관을 정리하면 다음과 같다.

- **비판이론**(critical theory) 사회란 대중사회의 제도가 재생산하는 소외된 의식 형태다.
- **민속학 방법론**(ethnomethodology) 사회란 성원들이 실제적 추론을 이끌어내기 위해 공통 감각에 근거해 내놓은 깨지기 쉬운 질서다.
- **페미니즘**(feminism) 사회란 남성의 시각으로 여성의 시각을 지

배하는 사회관계의 체계다.

- **기능주의**(functionalism) 사회란 다양한 부분이 서로 기능적으로 통합된 사회체계다.
- **상호작용론**(interactionism) 사회란 행위자들의 교섭과 재교섭을 통해 형성되는 상호의존적 사회질서다.
- **마르크스주의**(Marxism) 사회란 경제적 하부구조와 정치적 · 이데올로기적 상부구조의 관계다.
- **구조화론**(structurationism) 사회란 어떤 구조 원리가 활용되고 재생산되어 만들어진, 시간과 공간을 가로지르는 제도들의 모음이다.
- **시스템론**(systems theory) 사회란 자신의 환경에서 조직적으로 구분된 자기제어적 · 회귀적 소통의 자기생성적 네트워크다.
- **베버주의**(Weberianism) 사회란 특정 사회질서와 각 질서 속에서 불균형하게 배치된 사회집단 사이의 관계다.

이처럼 '사회'라는 말을 둘러싼 감각은 다양하다. 모두 "개개의 남성과 여성 그리고 그 가족"을 넘어선 위상에서 견해를 분명히 달리하고 있다. 기든스는 사회가 사회학의 담론 안에서 그다지 검증되지 않은 개념이라고 꼬집었으며,[13] 만은 한 가지 개념으로서 일관성도 없고 사용하는 사람에 따라 괴리가 크기 때문에 이 개념을 폐기해야 한다고 주장하기도 했다.[14]

그러나 이러한 진술은 대개 사회라는 말이 네이션 그리고 국민국가 체계와 어떻게 결합되어왔는지를 놓치고 있다. 빌리그는 "사회학의 자기정의에서 핵심을 이루는 '사회'는 국민국가의 이미지 속에서 출현했다"고 말한다.[15] 흥미롭게도 미국을 기반으로 하여 등장한 사회에 관한 이론들은 미국의 '내셔널리즘적' 기반, 나아가 서양사회의 '내셔널리즘적' 기반을 간과한다. 이러한 이론은 내셔널리즘이 사회의 여분일 따름이며, '뜨거운' 과격주의에나 어울릴 개념으로 간주한다(그리고 그러한 과격주의가 '서양'에 있으리라고는 생각하지 않는다). 그러나 엘리아스는 말한다. "20세기에 사회학자들이 '사회'라고 말할 경우 그들이 대개 상정하는 것은…… 국가를 넘어선 '부르주아 사회'나 '인간사회'가 아니다. 국민국가라는 다소 희석된 이상의 이미지다."[16]

따라서 사회에 관한 이론화에서는 주권, 국가 시민권, 사회적 통치성이 중심에 놓여왔다. 각각의 '사회'에서는 의무와 권리를 갖는 구성원과 시민이 주권 국민국가의 실체를 이룬다. 여기에는 이러한 전제들이 깔려 있다. 즉 가장 중요한 사회관계는 사회의 영토적 경계 안에서 순환된다. 국가는 사회의 영토 또는 영역 내에서 생활하는 구성원들에 대한 지배권과 통치성을 독점한다. 경제, 정치, 문화, 계급, 젠더 등은 사회적으로 구조화되며, 그것들이 조합되어 하나의 다발 또는 흔히 '사회구조'라고 명명되는 것을 만들어낸다. 그 구조가 각 사회 구성원들에게 생활의 기회를 제공하고 제한한다.

이러한 사회적 구조는 물질적이며 동시에 문화적이다. 구성원들은 그들이 아이덴티티를 공유한다고 믿는다. 그 아이덴티티는 그 사회가 점유하거나 소유권을 주장하는 영토와 결합되어 있다. 여러 사회학의 논의와는 반대로 대부분의 사회에서 중심적인 것은 고유의 내셔널리즘이며, 사람들은 내셔널리즘을 통해 자신이 누구인지를 생각하고 경험한다.

이처럼 다른 사회와의 세속적 차이를 만들어 자기 사회의 아이덴티티를 표명하는 진부한 내셔널리즘은 여러 양상을 띤다. 가령 국가(國歌)를 부르고, 공공기관에 국기를 내걸며, 스포츠 영웅에게 자신을 투사하고, 미디어가 특정 사회에 속한 자로서 시청자를 호명하며, 독립기념일을 축복한다.[17] 메타포로 프랙탈(fractal)을 떠올린다면 내셔널리즘의 속성을 쉽게 이해할 수 있을 것이다. 프랙탈은 불규칙하지만 기이할 만큼 서로 닮아 있다. 사회적 집합체의 다양한 차원에서 단편적 현상들이 발생하지만 그 모습이 닮아 있다. 이렇듯 프랙탈한 자기-상동성은 국지적 수준부터 국가의 중심에 이르기까지 두루 나타난다. 한 사회의 구성원들은 비슷하게 행동하고, 신념을 공유하며, 자신을 '프랑스인' 또는 '미국인'으로 여긴다.

그러나 사회를 완전한 자기재생산적 실체로 확신해서는 안 될 일이다.[18] 사회학은 사회 '바깥'에 존재하는 것을 그저 살펴보지 않은 환경 정도로 간주하는 경향이 있다. 그러나 어떤 사회도, 설령 20세기 초두의 국민국가 절정기였다고 해도 주권사회를 지탱시키는 내셔널 아이덴티티를 외면한다면 제대로 된 검토를 할 수 없다. 칼훈은 말한다. "온전히 자율적인 국민국가는 존재하지 않는다."[19] 각 사회는 상호의존을 통해 자기 조정적 실체가 될 수 있었다. 그 실체란 서로에 대한 고유하고도 진부한 차이를 통해 구축된다. 월러스타인도 말한다. "여러 양상의 국민 '사회'가 발전해온 과정을 자율적이며 내재적인 진화의 구조로 분석한다면 헛일이다. 사회란 지금도 그렇고 과거에도 세계 수준의 과정에 반응하며 형체를 이루었고 구조를 창출했다."[20] 북대서양환대는 그러한 국민사회 체계로 구축되어왔으며, 뚜렷한 국경선과 다양하고도 진부한 내셔널리즘을 통해 각 사회를 다른 사회로부터 분별지었다.[21) 각 사회가 경계를 어느 정도로 품어내는지는 사회마다 다르다. 특히 투렌이 주장하듯이 그 사회가 얼마나 '문화'를 동원하여 조직되고 통합되는지에 따라 달라진다. 결국 사회를 만들어내는 문화 없이는 사회의 경계를 정의하기 힘들다.[22)

지난 2세기 동안 '사회'는 북아메리카와 유럽에서 인간, 즉 사회적 시민권의 의무와 권리를 지니는 존재가 누구인지를 둘러싼 논의에서 항상 중심적 개념이었다. 인간이 된다 함은 어느 사회의 구성원 내지 시민이 된다는 의미였다. 개념적·역사적으로 인간과 사회 구성원이라는 관념 사이에는 깊은 상관성이 존재했다. 여기서 사회란 국민국가가 질서를 세우고 영토와 시민권의 경계를 긋고, 그 안에서 정부체계를 구축한 것을 의미한다. 개념적·역사적으로 시민과 사회 사이에는 떼어내기 힘든 이원성이 존재했던 것이다. 로즈는 이러한 모델의 특징을 "사회적 관점에서의 통합"이라고 표현한다.[23) 그리고 새로운 형태의 전문적 지식들은 사회적 통합에 동원되어왔다. 사회에 관한 과학이자 사회적 시민권의 적절한 형태에 관한 과학인 사회학도 얼마간 그 역할을 맡아왔다(7장 참조).

여기서 '사회' 그리고 사회계급처럼 '사회'에 특징적인 분할은 '국민국가'와 깊이 연관되어 있다. 만은 1760년부터 1914년에 이르는 시기 서양에서 계급과 국민국가가 번성해온 역사를 상세하고도 심도 있게 분석했는데 사회, 네이션, 국가가 나름의 방식으로 발전하면서도 매우 긴밀하게 얽혀들었던 사실을 밝히고 있다.[24) 그것들은 함께 발전해왔다. 부딪히는 당구공처럼 서로에 대해 외적 관계만을 가진 것처럼 개념화해서는 안 되는 것이다. 만은 사회가 '집합적 권력'(사람과 사람 사이의 '배분적 권력'과 대조된다)[25)의 단계로 접어들면서 어떻게 사회세계 안에서 몹시 정형화된 혼란이 일어나고 계급과 국민이 교착했는지에 관해 흥미로운 분석을 내놓았다. 그 분석은 확실히 설득력 있는데, 만은 서양사회에서 집합적 권력이 발달한 추이를 두고 다음과 같이 말한다.

> 서구의 집합적 '힘'으로부터 혁명이 일어났다. …… 사회는 인간의 능력을 동원하고 자원을 개발하고 저발전 사회를 착취할 수 있도록 고도로 조직되었다. 이로써 매우 촘촘한 사회적 밀도로 인해 지배자와 민중이 같은 '사회'에 참가할 수 있었다.[26]

집합적 권력은 통치가 미치지 않는 사회 밖에 존재하는 것들, 가령 자연과의 사이에 분명한 선을 그었다. 전(前) 사회적 자연을 홉스적으로 보든 로크적으로 보든, 야생적으로 보든 자애롭다고 보든 말이다.[27] 사회와 자연 사이의 충돌은 19세기 후반 서구와 북아메리카에서 정점에 달했다. 자연은 정복되고 통제되어 마땅한 부자유와 반항의 영역으로 격하되었다. 인간의 진보는 자연에 대한 지배를 척도로 삼았으며, 그러한 신념이 근대성의 정신이었다. 그리고 사회라는 이름의 집합적 권력이 등장하자 자원의 추출과 착취 속도는 현저히 빨라졌다.

이처럼 사회학은 역사상의 특정 시기, 즉 서구와 북아메리카에서 등장한 산업자본주의 속에서 태어났다. 따라서 사회학은 자연을 철저히 극복하는 근대사회의 성공을 당연시했으며, 이러한 근대사회의 성격을 기술하고 설명하는 데서 자기 역할을 찾았다. 이러한 근대사회는 새로운 형태로 에너지 자원을 이용하는 공업과 거기에 기대는 사회생활에 기반하고 있었다. 그리하여 사회학은 18세기부터 20세기 사이에 북대서양환대의 사회들에서 발생한 혁명적 변화를 사정에 두고 '전통/근대의 이분법'을 채용했다. 이로써 근대사회는 과거와 질적으로 다르다고 여겨졌다. 그러한 전통과 근대의 이분법에도 여러 형태가 있다. 마이너의 '신분질서에서 계약으로', 마르크스의 '봉건제에서 자본주의로', 퇴니에스의 '게마인샤프트에서 게젤샤프트로', 스펜서의 '군사형 사회에서 산업형 사회로', 푸코의 '고전주의 시대에서 부르주아 시대로', 뒤르켐의 '기계적 연대에서 유기적 연대로' 등 말이다.

뒤르켐의 경우는 자율적 사회를 조사하고 설명하는 분야를 개척하고자 노력했다. 사회학은 이러한 학문적 분업을 받아들이고 그 분업이 자리 잡아가는 과정에서 발전했다.[28) 사회학은 생물학을 전략적 모델로 삼아 자율적 영역인 사실의 영역, 즉 사회적인 것과 관련된 사실의 영역을 자기 것으로 취했다. 최근까지 자연적 사실의 세계와 사회적 사실의 세계에 근거한 학문적 구획은 그다지 의문시되지 않았다. 이러한 구획은 사회학에 확고한 자기 영역을 제공했으며, 그에 힘입어 사회학은 전문화될 수 있었다. 물리과학은 언뜻 보기에 명확하고 분석 가능한 자연을 대상으로 삼았기에 학문적 지위와 자금을 둘러싼 경쟁에서 매우 순조롭게 출발할 수 있었다. 사회학도 그것에 버금갔다. 사회학은 영역 구분에 도전하거나 저항하지 않았다.[29)

자연과 사회 사이에는 균열이 존재한다(그 균열은 때로 방법론적이며 때로 존재론적이다). 자연과학은 그야말로 자연과학, 즉 '자연스러운' 것이며 그 과학적 방법은 대부분 규명되었다고 여겨진다. 물론 나는 그 정도로까지 종래의 모든 사회학이 뒤르켐주의적이었다고 주장하려는 것은 아니다. 사회학에서는 자연과 사회의 구분에 기댄 정식화를 뛰어넘는 시도가 이따금 엿보인다. 대신 행위자, 상호작용, 구성원, 세계체계, 문화가 주요어로 등장하기도 한다. 그러나 그것들은 자연적 질서와 뚜렷이 구분되는 사회적 질서의 성격을 확립하려는 사회학의 관심 영역에서 상대적으로 밀려나 있었다.

나아가 1900년대부터 1970년대 유럽과 북아메리카의 조직자본주의에서는 경제적·사회적 문제와 위험이 대체로 개별사회에서 발생하고 해결된다고 여겨졌다. 각 사회는 주권을 가지며 사회적 통치성에 근거해 자연과 구분된다. 각 사회 내부에서 벌어지는 일들은 국가정책을 통해, 특히 1930년대 이후 조직자본주의의 위험들을 인식하고 관리할 수 있었던 케인스주의적 복지국가가 처리해야 한다고 간주되었다.[30] 만약 위험성이 존재한다면 지리적 경계와 사회의 시간 틀 안에서 발견해낼 수 있으며, 그 처방도 사회적 경계 안에서 모색되고 시행되었다. 국민사회는 시민이라는 개념에 근거하며, 시민은 국민국가의 중핵에 있는 제도를 거쳐 사회에 대해 의무를 지고 권리를 얻었던 것이다.

물론 이러한 모델은 기껏해야 (일본을 포함해) 북대서양환대의 수십 개 사회에만 들어맞는다. 그 가운데서도 바티칸의 로마 교황청은 남부 유럽의 몇몇 나라가 국내 정책을 결정할 때 영향력을 행사해왔다.[31] 그리고 그 밖의 세계는 대부분 지배 대상이었다. 북대서양환대의 사회들은 식민 권력을 갖추었으며, 국경을 넘어선 경제적·군사적·사회적·문화적 관계를 중시했다. 예를 들면 1913년까지 유럽과 북아메리카 사회들은 전 세계 공업생산의 90퍼센트를 차지했다.[32] 나아가 당시에는 독일이라는 하나의 국민사회가 유럽 거의 전역을 군사적 헤게모니 아래 둘 수 있었다. 또한 20세기 내내 최강의 사회였던 미국은 제2차 세계대전 후에 또 하나의 강력한 제국적 사회인 구소련과 진흙탕의 외교적·정치적·군사적·경제적·문화적 싸움을 벌이며 슈퍼파워로 기능했다. 앞에서도 언급했지만 사회를 상대적으로 자율적인 '기능적' 실체로 간주하는 이론이 미국에서 유난히 발전했다는 사실은 역설처럼 보인다.

나는 이 절에서 사회(실제로 어떤 용어가 사용되든 간에)라는 개념이 사회학 담론에서 중심에 위치했으며, 특히 미국 사회학에서 그러했지만 다양한 사회학의 관점들은 사회라는 개념을 두고 간극을 보여왔음을 밝혔다. 나아가 사회의 개념을 의미 있게 연마하려면 국민-국가-사회라는 체계를 상정하고 사회에 관한 분석을 심화해야 한다고 주장했다.

이제 다음 절에서는 현재 다양한 변화를 겪으며 추궁되고 있는 국민-국가-사회라는 체계를 고찰할 것이다. "사회 따위는 존재하지 않는다"는 대처의 발언이 기묘하게 들어맞았다. 그러나 사회가 존재하지 않는다는 것은 개개의 인간 주체가 힘을 가진다는 의미가 아니라, 거꾸로 '비인간적' 글로벌화에 직면한 인간 주체의 유약함을 의미한다. 월러스타인은 이렇게 말한다. "사회라는 개념에 관해 근본적 오해가 있다. 진실로 중요한 사회 현상은 딱딱함이 아니라 정확히 유동성과 유연성으로 구체화되며, 따라서 결정(結晶)화된다."[33] 이러한 취지에서 사회 현상의 유동성과 유연성을 초래할 글로벌화에 관한 논의를 살펴보도록 하자.

비인간적 글로벌화

'글로벌'한 과정은 오늘날 사회적 경험의 윤곽을 새로 그리고 있다. 다음은 글로벌화에 관한 몇몇 주요한 논의를 정리한 것이다. 일단 글로벌화의 몇 가지 주요 형태를 정리해보자.

- **전략**(Strategy) 장소와 노동력 그리고 정부의 수요에 그다지 연연하지 않고 세계 규모로 전개되는 다국적기업의 전략
- **이미지**(Image) 상품을 광고하거나(예를 들어 항공회사) '지구환경'의 위협에 맞서 행동하라고 종용하기 위해 사용되는 '지구' 또는 '세계'라는 이미지
- **이데올로기**(Ideology) 자본주의를 세계로 확산시키는 경제 전략에서 글로벌화는 불가피하므로 정부는 세계시장을 규제하지 말라는 이데올로기
- **정치적 동원의 기반**(Basis of political mobilization) 화제가 된 현상에 찬성하든 반대하든 그 현상을 '글로벌'한 것으로 부각시켜 광범한 사람과 조직을 끌어들이려는 정치적 동원의 기반
- **스케이프와 흐름**(Scape and flow) 사람, 화폐, 자본, 정보, 아이디어, 이미지는 다양한 '스케이프'로 흘러 다닌다. '스케이프'는 다양한 사회 속 그리고 사회 사이에 위치하는 복잡하게 포개진 네트워크로 조직된다(가령 런던, 뉴욕, 도쿄 사이의 금융 스케이프와 흐름)

나는 되도록 이 모든 용법을 고찰할 생각이다. 특히 2장에서는 마

지막 항목인 '스케이프와 흐름'을 다루는데, 오늘날 자본주의의 글로벌화를 이해하려면 매우 유용한 시점이기 때문이다. 그런데 '글로벌화(globalization)'는 글로벌한 과정(동사인 '글로벌화하다globalize')과 세계 규모로 나타나는 결과(명사 '글로브globe')의 양방향에서 유래하는 용어인 탓에 혼란스러운데, 이 대목은 주의를 요한다. 이 책에서는 글로벌화를 첫 번째 의미에서 사용하는데, 회자되는 글로벌화 과정이란 대체로 불완전하며 어떤 과정으로도 단일한 글로벌 경제 내지 글로벌 사회를 형성할 수 없기 때문이다. 그래서 나는 묻는다. 정말로 글로벌한 과정이란 것이 존재하는지, 글로벌한 것이라는 수준이 부분적으로나마 발전하고 있는 중인지 말이다. 만약 그렇다면 어떻게 검증될 수 있는지, 그리고 '사회'를 분석할 때 어떤 의미를 지닐 수 있는지 말이다.

만은 현대사회에 대해 이렇게 말했다. "오늘날 우리는 글로벌 사회를 살아간다. 글로벌 사회는 일원적 사회가 아니다. 이데올로기적 공동체도 국가도 아니다. 단일한 힘의 네트워크다. 충격파는 즉시 전체로 퍼져 제국들을 몰락시키고 엄청난 양의 인구와 물자, 메시지를 나르고, 마침내는 이 혹성의 생태계와 대기를 위협하기에 이른다."[34]

인용구에는 곱씹을 만한 내용이 많으므로 논의의 출발점으로 삼기에 유용하다. 첫째, 통일된 글로벌 사회는 존재하지 않는다. 둘째, 글로벌한 상호의존의 특별한 수준이 존재한다. 셋째, 어떤 부분에서 시스템 전체로 예측 불가능한 충격파가 '카오스적으로' 퍼진다. 넷째, 단지 '사회들'이 있을 뿐 아니라 강력한 '제국들'이 세계를 배회한다. 다섯째, 사람과 사물, 위험한 폐기물이 대량으로 이동한다. 이 책에서 나는 이러한 밑그림의 사회학적 함의를 밝혀낼 것이다.

그런데 글로벌화를 두고 대극적인 두 입장이 공존한다. 먼저 글로 벌화에 열광하는 이들은 글로벌화가 신세기를 펼쳐내고 코즈모폴리턴한 '국경 없는' 황금시대가 도래할 것이라고 예견한다. 새로운 시대는 무한한 기회를 제공한다. 사회, 특히 국민국가가 세계를 자기 것으로 삼아 기업과 개인에게 안겨온 한계와 제약을 극복할 기회를 거머쥘 수 있을 것이다.[35]

한편, 글로벌화를 국경 없는 유토피아가 아닌 새로운 디스토피아로 보는 입장도 존재한다. 글로벌한 세계는 새로운 중세주의, 즉 '서양'이 전근대로 회귀한 것이라고 주장하는 논자도 있다.[36] 중세의 세계에는 뚜렷한 국경도, 따라서 '사회들'도 존재하지 않았다. 여러 제국에는 중심이 있고 주변이 있으며, 교차하는 여러 네트워크와 경합하는 여러 권력이 존재했고, 다원적 언어공동체가 공존했다.[37] 새로운 중세적 글로벌 세계는 서로 중첩되는 지배권과 아이덴티티를 가지고서 경합하는 제도들로 구성된다고 여겨진다. 또한 대문자 국가(States)는 경쟁하는 소문자 국가들(states)로 재구성되며, 그 여러 국가를 향한 외부의 군사적 위협이 존재하지 않기 때문에 하나의 네이션은 상정되기 어렵다. 마이크로소프트나 코카콜라 등 여러 양상의 강력한 제국들이 지구를 배회하며 자신의 글로벌한 이익을 좇아 경제와 문화를 재배치한다. 나아가 뉴욕, 싱가포르, 런던, 홍콩, 시드니, 도쿄 등 경쟁하는 도시국가가 성장한다.

그런데 가만 보면 낙관적 분석이든 비관적 분석이든 비인간적 사물이 사회관계를 재구축한다고 가정한다는 점에서는 공통된다. 사회관계는 기계, 기술, 사물, 텍스트, 이미지, 물리적 환경 등을 통해 구축되고 재가공된다. 인간의 능력은 점차 기호, 기계, 기술, 텍스트, 물리적 환경, 동물, 식물, 폐기물과 같은 물질적 대상과 복합적으로 접속해야 생겨날 수 있다. 인간의 능력은 비인간적 구성 요소와 접속해야만 현실화되기 때문에 인간만의 특유한 능력을 따로 상정해서는 안 된다. 따라서 앞으로 언급할 비인간적 발전의 양상은 일찍이 없던 존재론적 심연을 열고 변용의 힘을 보여줄 것이다.

인간은 전자기술의 소형화에 힘입어 갖가지 방식으로 그것들과 '접속'하고, 전자기술은 직장과 집에서 인간과 함께 살아간다. 생물학이 유전적으로 코드화된 정보로 바뀌고, 폐기물과 바이러스가 널리 퍼지며, 자연과 문화를 모방하는 능력이 현저히 증대되고, 빠른 속도로 육체를 이동시키는 기술이 등장하며, 사람과 기업, 국가 사이의 시공간적 거리를 극적으로 압축시키는 정보통신이 발달한다.

이러한 비인간적 하이브리드가 중요한 까닭에 나는 의미를 부여하고 규칙을 따르는 인간 능력을 강조하는 행위자 노선을 따르지 않을 것이다. 그렇다고 인간이 그러한 활동을 하지 않는다든가 인간이 행위자가 아니라고 말할 생각도 없다. 다만 인간이 능력을 발휘하는 환경이 오로지 인간에 의해서만 만들어지지 않는다는 점을 강조하고 싶다. 주체와 객체는 긴밀하고도 지속적으로 뒤얽힌다. 인간과 물리세계는 복잡하게 뒤섞여 서로를 분리해내기란, 즉 사회를 자연에서 구분하고 인간을 사물에서 떼어내서 분석하기란 불가능하다. 따라서 나는 이 책에서 복합적이며 가동적인 하이브리드가 사회학에서 얼마나 중요한 탐구 대상인지를 강조하려는 것이다.

의미를 부여하고 규칙을 따르는 행위자로서 인간이 지닌 고유한 능력을 논할 때 사물과 무관한 인간 행위를 상정해야 할 필요는 없다. 오히려 인간이 물리세계와 인공품을 감각적으로 어떻게 경험하는지를 들추어보아야 한다. 그리고 행위자 개념을 좀더 다듬어야 한다. 나는 감각 그리고 인간과 사물의 상호작용을 분석하며 그 작업을 할 것이다. 사람의 감각은 지멜이 지적하듯이 사람과 사람 사이뿐 아니라 사람이 자연과 기술, 사물, 텍스트, 이미지와 관계를 맺을 때도 중요하게 작용한다(4장 참조).

만약 인간이라는 행위자의 독자적 영역이 존재하지 않는다면, 인간의 고유 능력이 빚어내는 사회적 리얼리티 역시 명확하게 구별된 영역으로서 존재한다고 보기 힘들다. 여러 이론가는 개인이 사회를 만들고 동시에 사회가 개인을 만든다는 변증법적 명제를 구축하려고 애써왔다.[38] 그러나 그러한 변증법은 사회를 왜소화한 경우에만, 즉 비인간적인 것과의 얽히고설킨 관계의 네트워크에서 순수한 사회적 상호작용을 추출해냈을 때만 그럴듯하게 느껴진다. 대부분의 사회적 실체는 인간과 다른 구성 요소의 관계 속에서 출현하며 인간만의 사회 같은 것은 존재하지 않는다. 사회는 필연적으로 하이브리드다.

그 결과 우리는 시민을 하나로 묶고 그들에게 내셔널 아이덴티티를 부여하고 그들을 단성합창으로 이끄는 사회의 힘이 비인간적인 것의 다양한 변용으로 인해 얼마나 약화되었는지를 목도한다. 로즈의 말을 들어보자.

우리의 정치·직업·도덕·문화적 권위자는 여전히 기쁨에 겨워 '사회'를 운운한다. 그러나 한편에서 양립 불가능한 충성과 공약 불가능한 의무를 요구하는 다양한 윤리적·문화적 커뮤니티로 '사회'가 분해되면서 '사회'라는 말의 의미와 윤리적 속성이 되물어지고 있다.[39]

라클라우와 무페가 말하듯이 사회는 더 이상 담론의 적절한 대상이 아니다.[40] 어떤 전체성도 필연적으로 불완전할 수밖에 없기 때문이다. 특히 한 사회를 다른 사회와 구별하는 적절한 차이들의 장(場)을 정하고 나아가 구성하는 근본 원리는 존재하지 않는다. 라클라우와 무페는 라캉이 사용하는 메타포를 채용해 사회관계는 늘 절개되고 외피가 벗겨지고 있으니 사회를 다시 묶는 헤게모니적 보충 내지 봉합이 영속적으로 필요하다고 지적한다.[41] 그러나 결국 사회적인 것의 감싸기와 재봉합은 불가능하다. 그래 보아야 과거는 '사회체'의 표층에 상처를 남기니 그저 다른 곳이 갈라질 뿐이며 상처 틈으로 피가 나고 피부조직은 손상된다(다음 장에서는 사회적인 것의 몇 가지 메타포를 고찰한다). 따라서 라클라우와 무페는 비인간적 네트워크가 혁신적 방식으로, 그리고 더할 나위 없이 빠른 속도로 '사회'를 종횡무진할 때 '사회'를 무엇이 봉합할 수 있는지를 묻는다.

나는 이 책에서 방법론적 개인주의(methodological individualism)와 전체론(holism)에는 각각 나름의 이점이 있다고 주장하는 고전 철학적-사회학적 논의와, 그것의 새로운 판본인 구조화론(structurationism) 대 구조 이원론(dualism of structure) 논의는 그다지 유용하지 않다는 입장에 설 것이다. 왜냐하면 그 논의들은 다음의 문제를 간과하고 있기 때문이다. 여러 양상의 이동이 초래하는 복잡한 효과, 사람과 사물이 교차하는 다양한 감각적 관계, 사회적 경계를 횡단하여 뻗어가는 관계의 시간적·공간적인 양상, 여러 '지역, 네트워크, 흐름'의 복잡하고도 예측 불가능한 교차.

이러한 것들이 구조와 행위자 가운데 어느 쪽인지를 묻는 식으로 접근한다면 관계의 시간적·공간적 복잡성을 다루는 데 실패하고 말

것이다. 나는 사회생활의 질서화가 우발적이며 예측 불가능하지만 패턴은 존재한다고 생각한다. 또한 그렇다고 인간 주체로 환원할 수는 없다고 생각한다. 차라리 루만의 간결한 표현을 빌려오자. "주체가 근저에서 자리 잡고 있는 '간주관성(intersubjectivity)'은 존재하지 않는다."[42]

이처럼 사회의 '까다로운' 성질을 다루고자 할 때 아처가 고안해낸 형태생성적 사회이론(morphogenetic social theory)이 도움이 될 것이다.[43] 아처는 다음의 두 가지 주장에 근거해 '시간'을 그녀의 '비합성적(non-conflationary)' 사회이론의 핵심으로 끌어온다. 첫째, 사회세계는 존재론적으로 성층화되어 있는 까닭에 구조와 행위자의 특징적 속성은 서로에게 환원 불가능하며, 원칙적으로 분석상 전혀 다른 것이다. 둘째, 구조와 행위자는 시간상에서 구분할 수 있으며, 구조든 행위자든 각각 언제 출현했는지 밝힐 수도 있다.[44] 그녀는 동시성(simultaneity)이 아니라 분석적 구별 가능성(analytical separability)과 일시성(temporality)을 조합하여 자신의 사실주의적 행보의 열쇠로 삼는다. 이것들은 형태생성(morphogenesis), 즉 역사적으로 새롭게 출현한 구조와 행위자 사이의 상호작용이 초래하는 사회의 근원적이며 예측 불가능한 재형성과정을 검토하기 위한 초석이 된다. 이렇듯 시간을 거치며 전개되는 상호작용은 다름 아니라 원래의 사회와 닮은 열린사회(open society)를 만들어낸다.[45]

그러나 그녀의 주장에서 핵심이라 할 시간에 관한 고찰에는 의문의 여지가 있다. 첫째, 그녀는 시간을 공간에서 떼어내 분석하는데, 20세기 과학의 전반적 추세뿐 아니라 사회과학의 여러 논의들에 비추어볼 때도 역행하는 일이다. 즉 그녀의 시간은 뉴턴주의적이다. 또한 아처는 사회생활을 구성하는 다양한 '시간'을 규명하려고 노력한 시간의 사회학 성과를 참조하지 않았다. 시간을 단선적인 것, 4차원, 단순히 '전-후'로만 이해했다(5장 참조).

또한 그녀는 구조와 행위자를 4차원에서 구슬처럼 일렬로 늘어서 있는 시간의 존재로 파악했다. 그녀는 시간(그리고 공간)이 스스로 강력한 '실재'를 구성할 가능성이나 시간의 화살(arrow of time)의 가능성을 고려하지 않았다. 그 모든 시간을 사회 속에 가두어둘 수는 없다. 나아가 시간 자체가 권력을 갖지는 않지만 권력을 발휘하는 어떤 특정 시간이 존재한다는 사실도 그녀는 외면했다. 19세기와 20세기에 걸쳐 '시계 시간(clock—time)'이라는 하이브리드는 (다른 인과과정과 특정하게 반응하며) 자연계를 지배하는 강력한 도구로 기능했다.

오늘날의 글로벌한 변화는 시공간을 심각하게 뒤틀었다. 그리하여 순간성으로서의 시간이 특히 강력한 하이브리드로서 기능한다는 사실을 감안한다면, '사회의 종언'이라는 이따금 들려오는 문제도 그냥 흘려 넘길 수 없다. 항간에 회자되는 '사회의 종언'이라는 말은 사회학의 종언을 떠올리게 한다. 로즈에 따르면 사회학은 "(사회라는) 영토를 전제한다. 그러나 새로운 시간적·공간적 토폴로지(topology)의 힘이 대두하여 그 영토가 바뀌는 동안 사회학 역시 아이덴티티의 위기에 내몰렸다."[46] 투렌도 '탈근대화' 과정을 "우리가 아직도 이따금 사회라고 부르는 것이 통일성을 상실"하는 상황이라고 묘사하며, 사회 자체가 분해됨에 따라 고전적 사회학의 틀도 붕괴된다고 지적했다.[47]

그런데 만약 경계지어진 사회가 존재하지 않는다면, 각각의 사회는 존속하기 위해 충족되어야 할 기능적 요건을 입증해낼 수 있을까? 기능적 요건을 규명할 수 없다면, 사회학적 기능주의자는 사회에서 특정 조직과 과정이 어떤 영향력을 갖는지 설명할 수 없을 것이며, 더 흥미로운 점은 그러한 조직의 등장과 존속이 어떤 기능적 효과를 발휘할지 설명할 수 없게 될 것이다.[48] 그러나 우리가 더 이상 '기능주의자'가 아니더라도, '기능' 말고 대체사회를 위한 어떤 실체를 개념화할 수 있는지는 답하기 어렵다. 나아가 현대국가에서는 '조정(regulation)'이 주요한 행위 양식인데, 우리가 사회라고 부를 명확한 영역이 더 이상 존재하지 않는다면, 대체 어떤 실체를 조정할 것이며, 그랬을 때의 기능은 또한 무엇이란 말인가. 나는 앞으로 새로운 글로벌의 흐름과 네트워크가 가늠하기 어려운 상황을 만들어낼 테니 국가는 그것을 조정하는 새로운 기능도 감당해야 한다는 점을 밝힐 것이다. 아울러 글로벌한 수준에서 발생하는 기능적 요구가 국가 자체를 뒤흔들어, 국가는 푸코식의 인민에 대한 내생적 조정자(endogenist regulator)에서, 다양한 이동의 효과를 조정하고 촉진하며, 때로는 거기에 대응하는 외생적 국가(exogenist state)로 이행하고 있음을 기술할 것이다.

그리하여 기능적으로 통합되고 구획된 사회, 또는 루만식으로 말해 자기생산적 사회체계[49]라는 비교적 안전한 영역을 떠나버린 사회학은 길을 잃고 헤매고 있다. 이론적으로도 실증적으로도 혼란을 겪고 있으며, 사회학이 성취해온 그나마 확실하다고 여겨진 전제들마저 대부분 깨져나가고 있다. 이 책은 이동을 주제로 삼고 있다. 다르게 말하면 사회학이 과거 수십 년 동안 가까스로 일구어온 얼마 되지 않는 디딤판조차 빠르게 융해되는 현실에 관한 것이다. 나는 이 책에서 그러한 사회적·지적 소용돌이 가운데 고정점이 있을 수 있는지에 관해서도 다룰 생각이다.

나는 사회학이 기존의 핵심어인 사회를 잃고 말았지만 활력을 회복할 수 있는 몇 가지 단서가 있다고 본다. 바로 사회학은 여타의 학문 분야에 비하건대 매우 유동적이고 무정형적이며 네트워크적인데, 이러한 특성으로 인해 유동적 세계와 '글로벌 시대'의 수평적 이동을 다루기에 상대적으로 적합할 수 있는 것이다.[50]

그러나 여기서 또 하나 주목해야 할 대목이 있다. 사회학은 사회운동으로부터 멀지 않은 곳에 있었다. 그래서 아카데미의 틀에서 늘 아슬아슬한 위치에 자리했다(더러는 아카데미의 틀 바깥에 있다는 사람도 있다). 그러한 사회운동으로는 노동자계급·노동조합운동, 전문경영 계급의 운동, 도시운동, 빈민운동, 여성운동, 게이·레즈비언 운동, 환경보호운동 등이 있다. 각각의 운동은 사회학이 아카데미 안에서 발전하는 과정에 큰 영향을 미쳤다. 사회학은 사회운동의 요구를 구체화하지 않고서는 살아남을 수 없을 것이다. 이 문제에 관해서는 마지막 장에서 글로벌 시민권을 요구하는 운동이 사회학을 재생시키기 위한 사회적 기반이 될 수 있는지 탐구할 때 다루고자 한다.

새로운 사회학의 방법적 규준

이제 이 장의 결론이다. 나는 여기서 앞으로 '사회학적 방법의 규준'이 무엇이어야 하는지를 밝히고 싶다.[51] 앞서 말했듯이 서양사회는 다른 사회와의 관계 속에서만 이해할 수 있으며, 양자는 지난 2세기 동안 서로를 형성해왔다. 그리고 반드시 시원적 중심이 있어야 사회가 조직되는 것은 아니며, 사회는 주체만큼이나 부분적으로는 객체를 통해서도 구성되며, 사회의 경계는 구멍투성이이어서 어디가 사회의 가장자리인지를 정하기란 매우 어렵다.[52] 더구나 사회는 인간생활에서 새로 만들어진 여러 수준 가운데 하나에 불과하다. 어떤 의미에서 사회만이 환경과의 관계에서 자기를 재생산하는 유일한 실체는 아니다. 다음에서는 디켄이 "보다 '동적인' 이론화"라고 부르는 매력적인 특성들을 기술할 것이다.[53] 새롭게 출현하는 다양한 하이브리드적 실체와 소위 사회라는 것을 파악하는 데 유용하리라고 기대하기 때문이다. 아울러 이 책의 어디서 그 내용들을 다룰 것인지도 병기해두겠다.

- 적절한 메타포를 개발하여 균형 상태, 구조, 사회질서가 아닌 운동, 이동, 우발적 질서화에 초점을 맞추는 사회학을 발전시킨다 (2장).
- 일을 위해, 재미를 위해, 고난을 피하려고 또는 디아스포라로서 살아가기 때문에 사람들이 신체적·상상적·가상적으로 이동하는 정도와 범위, 효과를 검토한다(3장, 6장).
- 사물을 사회적 사실로 인정하고 사람과 사물의 상호교차 속에서 행위자가 생성된다고 이해한다(4장).
- 인간과 사물의 감각적 구성을 탐구하여 인간에 대한 분석을 구체화한다(4장).
- 사회적 경계 안에서 또는 그 경계를 횡단하여 이동하는 다양한 네트워크와 흐름을 살펴보고, 나아가 네트워크와 흐름이 공간적·시간적 상호접속을 통해 도달하는 범위가 불균형하다는 점을 조사한다(2장, 3장, 5장).
- 거주와 여행이 교차하는 시간적 체계가 계급, 젠더, 민족성, 국

민성에 어떤 영향을 끼치는지를 검토한다(5장, 6장, 8장).

- 거주에 대해 사람들이 지닌 감각의 다양한 기반을 묘사한다. 거기에는 사람, 선물, 사진, 이미지, 정보, 위험 등의 다양한 이동이 포함된다(6장).
- 다양한 권리와 의무가 사회의 토폴로지를 교차하는 실체들의 토폴로지에서 유래하거나 그것에 의존하게 되면서 시민권이 어떻게 변화하는지를 포착한다(7장).
- 여러 상상의 공동체가 형성되고 재형성됨에 따라 이미지가 점차 빨리 그리고 멀리 퍼지며 사회생활이 미디어화되는 양상을 밝힌다(7장).
- '국내' 문제와 '국외' 문제가 점차 뒤얽히며, 국가 권력이 지닌 물리적 강제력이 중요성을 잃어가고 있음을 인식한다(8장).
- 국가가 점차 이동성을 '조정'하는 데 비중을 두며, 그러한 변화가 초래하는 예측 불가능하고도 카오스적인 결과를 설명한다(8장).
- 카오스적이며 비선형적이며 의도하지 않은 사회적 귀결이 어떻게 발생하는지를 규명한다. 그것은 출현 장소에서 시간적·공간적으로 멀리 떨어진 곳에서도 다른 규모로 예측 불가능한 형태로 나타난다(5장, 8장).
- 재귀적이며 자기생산적인, 다시 말해 출력(output)이 '글로벌'한 사물, 아이덴티티, 제도와 사회적 실천의 자기생성적 순환 시스템의 입력(input)으로 이어지는 '글로벌'이라는 수준이 정말 발전하고 있는지를 고찰한다(8장).

그리하여 중심 개념을 상실한 사회학을 위해 과감하게 매니페스토를 제시하고자 한다. 그러나 사실 앞의 내용 가운데 일부는 이미 평범한 것인지도 모른다. 위대한 도시사회학자 앙리 르페브르는 사반세기 전에 사회적 경계 안과 경계를 가로지르는 새로운 공간적 네트워크와 이동의 중요성을 강조한 바 있다. 그는 상품에 대해 다음과 같이 말한다.

> (상품은) 공간 속에서 교환의 네트워크 내지 연쇄를 이룬다. …… 상품세계는 이러한 계류(繫留)와 삽입이 없다면, 그리고 점포, 창고, 선박, 열차, 트럭이나 길과 같은 앙상블이 존재하지 않는다면 어떤 '리얼리티'도 갖지 않는다. …… 사회공간의 최초의 기반 내지 최초의 토대는 자연이다. …… 자연이라는 기반에 근거하여 그 기반을 변형시키고 결국에는 그 기반을 밀어내고 파괴하는 위협을 통해 겹치고 얽힌 네트워크의 층이 쌓아올려졌다. 이 네트워크는 물질적 형태를 취하지만 물질성을 넘어선 실재성을 갖는다. 도로, 찻길, 기찻길, 전화망 등이 그렇다.[54]

나는 앞으로 도로, 찻길, 기찻길 등의 겹치고 얽힌 네트워크를 다룰 것이다. 르페브르는 집에서 산다는 사실에 접근하는 방식에는 두 가지가 있다고 말한다. 집을 뻣뻣하고 차갑고 단단한 외관을 지닌, 꿈쩍도 하지 않는 것으로 간주할 수도 있고, 아니면 "모든 상상 가능한 회로로 집 안팎으로 에너지가 드나드는 것"으로 포착할 수도 있다. 그리하여 고정성의 이미지는 "복잡한 이동이라는 이미지, 즉 도관(導管)을 드나드는 결절점이라는 이미지로 바뀐다."[55]

이후 각 장에서는 도관과 그것이 초래하는 이동을 묘사하고 분석한다. 사회적인 것은 물질적으로 재구성되고 있으며, 우리에게는 다양한 이동을 다루는 사회학이 필요하다. 이 책은 그러한 사회학적 프로젝트의 재생을 향한 매니페스토가 될 것이다.

2장

메타포

봉건시대에 토지 소유자는 품위를 지킬 수 있었지만, 현대의 동산 소유자는 다시 옛 유목인의 무리로 전락하고 말았다.

– E. M. Forster [1910] 1941: 141.

들어가며

사회와 사회생활을 이해하고자 할 때 우리는 다양한 메타포에 의지하고 메타포를 활용한다. 이 장에서는 메타포적 사고의 성질을 고찰한다. 사회학의 사고도 여느 사고 형태와 마찬가지로 메타포에 의지하고 있다. 손태그는 《에로스와 그 은유(Illness as Metaphors and AIDS and its Metaphors)》에서 "메타포의 힘을 빌리지 않는다면 사고할 수 없다"고 말한 바 있다.[1] 다른 대목에서는 마치 메타포 없이도 과학이 성립될 수 있다고 주장하는 것처럼 보이지만, 그녀는 과학사와 과학철학에서 메타포가 해석을 위해 활용되었을 뿐 아니라 구성 요소이기도 했음을 놓치지 않았다.

여기서는 하나의 형상을 다른 것으로 대체하는 다양한 방법을 다루기 위해 메타포를 넓은 의미에서 비유의 의미로 사용한다. 그러한 대체과정이 언어와 의미화를 뒤덮고 있다. 즉 일찍이 아리스토텔레스가 정의했던 의미와는 다른 방식으로 메타포라는 말을 사용할 생각이다. 아리스토텔레스적 의미의 메타포는 무언가에 속하도록 사물에 이름을 부여하는 것으로 직유, 유추, 제유, 환유와는 분명히 구분된다. 오늘날의 언어학과 포스트구조주의자의 진술에 따르면, 메타포는 일반적으로 언어에 불가결하며 인간 주체의 구성 요소다. 호크스는 간명하게 말한다. "모든 언어는…… 근본적으로 메타포적이며…… 메타포는 언어의 한 기능이며…… 모든 언어의 '편재 원리'다."[2]

나아가 레이코프와 존슨은 메타포, 즉 다른 사물로 어떤 사물을 이해하거나 경험하는 것이 언어에만 한정되는 과정이 아니라고 주장한다. 인간의 사고과정은 일반적으로 메타포적이다.[3] 그들은 《삶으로서의 은유(Metaphors We Live By)》[4] 바깥에서 존재하거나 생각하는 것이 불가능하다고 말한다. 인간의 개념체계는 메타포를 통해 구조화되고 규정된다. 아울러 새로운 의미나 리얼리티도 다양한 종류의 메타포적 사고에 의존한다.

나 역시 같은 주장을 채택하고자 한다. 자연과학·사회과학의 고유한 추상적 영위를 포함해 인간의 모든 사고는 메타포를 가진다. 메타포를 피하려는 시도조차 다른 메타포로 대체하는 일이 되기 마련이다. 좀더 나아가 주장한다면, 다양한 양상의 사고가 간직한 메타포의 기반을 규명하는 일은 사회과학의 한 가지 중요 과제이자 목표라고 말할 수 있다. 이론상의 논의는 대부분 어떤 메타포를 다른 메타포로 대치하려 할 때 생겨나며, 특정한 메타포가 다른 메타포에 승리를 거두어야 마무리된다.

그렇다고 여러 상이한 이론을 평가하고 그 가치를 가늠하기 위한 절차가 존재할 수 없다는 말은 아니다. 생각해보면 상대주의란 자기논박적 태도가 아닐까. 메타포의 생산성은 일상의 삶이냐 과학적 실천이냐에 따라 크게 달라진다. 이렇듯 다양한 각각의 메타포가 지닌 생산성을 평가하려 들면 의미와 해석에 대한 복잡한 문제가 뒤따른다. 그 생산성을 평가하는 데로 나아가야만 일견 타당하게 보이는 경험적 데이터나 레이코프와 존슨이 말하는 "객관주의의 신화"[5]를 극복해 이론을 판가름할 수 있다. 그러나 동시에 다양한 맥락에서 만들어진 경험적 데이터는 바로 각종 메타포가 적절한지를 평가하는 과정의 일부를 이룬다. 메타포에는 적절한 것도 그렇지 않은 것도 있으며, 메타포를 평가하기 위해 여러 종류의 경험적 증거가 활용되기도 한다. '이론으로서의 메타포(Metaphors-as-theory)'와 증거의 관계는 매우 간접적이긴 하지만 말이다.

좀더 일반적으로 말하면, 어떤 이론이든 이론으로서의 호소력이 얼마간 메타포에서 비롯된다면 어떤 상황이 그 이론을 수용 또는 외면으로 이끄는지 주목해야 한다. 예를 들면 적절한 메타포는 어느 이론을 얼마 동안이나 외면으로부터 지켜낼 수 있는지, 또한 끊임없이 유동하는 사회생활 속에서 무엇이 특정한 '이론으로서의 메타포'를 수용과 외면으로 이끄는지 따져보아야 한다.

이 책에서 나는 네트워크, 흐름, 여행을 메타포로 삼아 사회생활에 접근하는 이론을 전개할 것이다. 이러한 이론이 점차 수사적인 설득력을 더해가고 있기 때문이다. 이 메타포들은 현대사회의 경험을 적절하게 묘사하며, 글로벌화가 '움츠러드는 세계'를 낳고 있다는 인식에도 들어맞는다. 특히 여러 사회과학의 연구자에게 유용하다. 연구자들이 교류하며 만들어내는 네트워크는 흘러가고, 때로는 기묘하다고 할 만큼 매우 '작은 세계'를 낳는다.[6] 이와 대조적으로 허스트, 톰프슨과 같이 국민사회의 영속적 힘을 강조하는 이론가들은 세계시장과 국제자본의 흐름에 국민국가가 앞으로도 맞설 수 있다며 '주권'의 메타포에 끌어온다.[7]

이러한 메타포는 뒤에서 다시 다루기로 하고, 지금은 메타포적 사고의 영향력이 왜 지금껏 주목받지 못했는지를 살펴보자. 사회과학은 사회에 대한 다양한 이론이 메타포를 필요로 하거나 전제하고 있으며, 메타포 없는 사회학적 실천과 사고가 불가능하다는 것을 왜 간과해왔을까. 그 첫 번째 이유는 실증주의 과학관의 영향이다. 이것은 사회과학의 역사가 뿌려온 메타포적 사고를 말소하려 했다.

레이코프와 존슨의 발언에 귀 기울여보자. "객관주의는…… 인간의 개념적 체계가 본질적으로 메타포로 이루어지며, 이론은 필연적으로 무언가를 다른 무언가로 옮기는 상상적 이해를 포함한다는 사실을 놓치고 있다."[8] 쿤도 비슷한 지적을 했다. 그는 과학의 내러티브를 써 내려가는 교과서 역할에서 유추하여 사회과학 역시 자신의 비과학적 뿌리와 기원을 숨기기 위해 애써왔다고 말한다. 사회과학은 메타포적 또는 형이상학적이며, 관찰과학의 확실성 바깥에 있는 것들을 밀쳐내 며 자기 입지를 구축하려 했던 것이다.[9]

사회학은 어떨까. 메타포를 사용하던 과거를 망각하려는 노력은 기 능주의를 향한 광범한 비판, 특히 기능주의 이론의 근저에 있는 '유기 체의 유비'에 대한 비판에서 비롯되었다.[10] 기능주의의 메타포는 허 버트 스펜서가 가장 유명할 것이다. 그는 사회체(social body)의 움직 임을 인체의 움직임처럼 묘사했다. 사회가 발전하고 성장하면 신체가 그렇듯이 특화된 기능을 따라 구조화된 분화가 진행된다고 주장했다. 사회체는 인체처럼 떨어진 기관들이 서로 의존하고 통합하며 자기 조 정한다. 따라서 기능주의자들은 어떤 사회제도를 설명하든 간에 그것 이 전체로서 사회유기체의 기능화에 어떻게 공헌하는지 밝히는 데 중 점을 두었다.[11]

1960년대와 1970년대 서양의 많은 사회학자는 유기체라는 유비가 잘못되었다고 비판했다. 한 분야에서 사용되는 어떤 메타포, 나아가 메타포를 사용한 모든 사고가 오류라는 것이었다. 방법론적 개인주의 자는 개인주의의 시점에서 자유방임주의를 옹호한 스펜서에 공감을 표명하지만, 한편으로는 사회를 유기체적 실체로 간주하지 않더라도 개인을 충분히 해명할 수 있다고 주장했다. 이와 달리 실증주의자는 사회적인 것의 메타포에서 눈을 돌려 엄밀한 조사방법에 기초해 검증가능한 법칙과 사실을 다루는 과학을 주창했다. 나아가 여러 종류의 갈등이론 옹호자들은 구조적 분화가 진행되는 유기체로서의 사회라는 메타포를, 점차 윤곽이 분명해지는 계급 대립 또는 권위구조의 근저에 존재하는 '리얼리티' 분석으로 전환하려고 애썼다.[12]

그러나 유기체 메타포를 어떤 식으로 비판하든 결국 새로운 메타포에 의지하게 된다. 이론적 논의는 대체로 어떤 메타포를 다른 메타포로 대치하며 일어난다. 생각해보면 스펜서의 유기체라는 메타포 자체가 애초에 '기계' 또는 '매뉴팩처'로서의 사회라는 메타포에 반발해 등장했던 것이다.

방법론적 개인주의 경우에는 유기체와 기능이라는 메타포 대신 교환의 메타포를 끌어온다. 개인은 여러 종류의 '사회적 교환' 비용과 이익을 매우 정교하게 계산한다. 이렇듯 효용을 극대화하는 개인은 매번의 계산과 선택을 거치며 사회적 교환과정에서 의도하지 않은 결과를 만들어내고, 복잡한 사회적 패턴을 초래한다.[13]

실증주의 경우에는 유기체의 메타포를 시각의 메타포로 대체한다. 주된 인간의 감각인 시각에 근거한 관찰을 거쳐야만 과학이 발달한다고 여기는 것이다. '우리 마음의 눈'에 비치는 삶의 사실을 확립하려는 시도를 가로막는다면, 그것이 무엇이건 간에 비과학적이므로 거부해야 마땅하다고 여긴다. 즉 어떻게 과학이 구축되고 조직되고 정당화되고 비과학적인 것에서 구분되는지를 시각 이미지가 결정하는 것이다.[14]

갈등이론은 유기체로서의 사회라는 메타포를 대신해 점차 단순화되고 이해관계에 기반하는 구조로서의 사회라는 메타포를 채용했다. 구조는 한 부분이 다른 부분에 의존한다는 이분법[15] 또는 하부와 상

부라는 건물의 메타포를 취한 것이다.[16]

사회학은 다양한 시도로 유기체의 메타포를 거부하며 메타포적 사고를 전복시키려고 애썼다. 그러나 결국 다른 메타포적 사고를 발전시켜왔다. 여기서 메타포를 사용하는 사고가 얼마나 중요한지 밝히기 위해 근래의 모든 사회이론을 검토할 생각은 없다. 다만 사회이론 가운데는 매우 복잡한 것도 있지만 특히 생물학, 물리학, 지리학, 경제학과 같은 다른 학문 분야가 산출한 굉장히 단순한 비유적 사고에 기초하고 있음은 지적해둘 수 있다. 이 점을 보충하기 위해 '사회적 신체'를 고찰할 때, 특히 시각적 메타포가 지니는 일반적 특징을 '밝힌' 푸코에 관한 연구를 취하고 싶다.

푸코는 생물의학과 임상의학적 시선의 성질을 분석했는데, 스테이시는 "인체라는…… 가시적이고…… 접근 가능한 공간 속에서 병의 배경을 밝히는"[17] 메커니즘에 대한 푸코의 분석을 집중 탐구했다.[18] 그 과정에서 스테이시는 현대의 생물의학이 얼마나 고도로 메타포적인지, 아울러 그 흔적을 얼마나 교묘하게 감추고 있는지 자세히 설명한다.

푸코는 '질병분류학'에서 '해부-임상의학'으로의 이행을 고찰했는데, 여기서는 공간과 시각의 메타포가 매우 중요했다. 해부-임상의학은 병과 환자가 공간적으로 분리되어 있다는 발상을 뒤엎고 병이 공간적으로 환자와 함께 존재하며 환자에게 불가결의 요소라는 발상을 내놓았는데, 이는 공간적 메타포의 재편을 수반했다. 몸에 병이 들었으니 이제 의학적 시선이 필요하다. 의사는 관찰하고 식별하고 인식하고 비교하고 치료해야 한다. 병은 더 이상 비슷한 증상으로 구분하지 않고, 병의 진상을 표시하는 가시적 기호, 즉 "비정상이라고 여겨지는 색, 변이, 작은 이상 현상"[19]에 따라 분류한다.

시각적 메타포는 과학에서 중심적 위치에 서게 된다. 눈은 명증성의 보고이자 원천이다. 푸코는 진료소가 의학적 시선의 실행과 결정에 근거해 과학의 체계화를 꾀한 최초의 시도라고 말한다. 동시에 해부-임상의학은 시선과 공간의 메타포를 자연스러운 것인 양 의존한다. 그러한 해부-임상의학적 방법은

> 실증적 의학의 역사적 조건을 구성한다. …… 병은…… 악의 형이상학과 결부되었다. …… 그리고 죽음의 가시성 속에서 병은 실증적 용어를 통해 자신의 만족스러운 모습을 발견한다.[20]

좀더 일반적으로 17세기 무렵에는 중세적 우주론에 관한 선험적 지식보다 관찰이 과학의 정당성을 뒷받침한다고 여겨졌다. 이 변화는 서양에서 과학의 방법적 토대를 닦아놓았다. 감각 자료는 주로 시각, 즉 "'관찰'이라는 순화된 방법론적 형태"[21]를 통해 제공되고 보증되었다. 푸코는 《말과 사물(The Order of Things)》에서 박물학은 가시적 세계의 관찰 가능한 구조와 밀접한 관련이 있으며, 우리가 감각으로 파악할 수 없는 기능 또는 관계는 다루지 않는다고 밝혔다.[22] 이러한 '가시적 자연'을 둘러싸고 여러 종류의 과학이 발전했으며, 그것들은 1735년 린네가 일구어낸 시각에 의한 분류학을 토대로 체계화되었다.[23] 이러한 분류는 개별 주체와 시선의 근대적 에피스테메(epistème), 그리고 그것을 생산하는 메타포에 대한 구별짓기에 기반하고 있다. 푸코는 "인간은 최근의 데이터로 만들어낸 발명품이다"[24]라고 말한 바 있는데, 여기서 '인간'이란 유사성이 제공한 여러 표상의 양태 속에서 관찰

하여 분류해낸 존재인 것이다.

그것에서 보는 것과 믿는 것, 보는 것과 말하는 것을 융합하는 새로운 시각적 인식론이 발달했다.[25] 이러한 인식론에서 유래한 현대과학은 자신이 메타포 반대편에 있는 것처럼 행세했으나, 실은 자신의 메타포를 자연화하고 있었던 셈이다. 실상 과학과 생물의학의 역사는 '마음의 눈에' 내재화된 시각적 이미지를 기초로 하는 외부세계에 대한 심적 표상에 근거해왔다.[26] 나아가 과학은 우리의 눈을 가림으로써 자신의 실정적 권위(positive authority)가 어떻게 메타포에 의지하고 있는지를 은폐할 수 있었다. 로티가 똑똑히 말하듯이 "우리의 철학적 확신은 대부분 명제보다 영상에 의해, 언명보다 메타포에 의해 규정된다. …… 서구의 정신은 시각 메타포에 지배되어왔다."[27]

이어지는 절에서 나는 최근에 사회에서 영향력을 발휘하는 일련의 메타포를 고찰할 것이다. 그것들은 시각의 메타포라기보다 이동성의 전형, 아이콘, 특징을 형상화한 메타포다. 특히 오늘날 문화 분석에서는 여행의 메타포가 널리 퍼져 있으며, 나 역시 다양한 여행의 메타포를 주목하고 있다. 어떤 작가는 과학의 위업 자체를 여행이라는 관점에서 풀이하기도 했다.[28] 집과 이동의 메타포, 경계와 횡단의 메타포, 유목민과 관광객의 메타포는 이제 공적 생활과 학문 담론에서 흔히 사용된다.

그러나 먼저 지역, 네트워크, 유동체와 같은 몇 가지 공간적 메타포를 살펴보고, 혈액의 유동성과 빈혈의 치료와 관련해 논의를 전개해보자. 그러고는 글로벌화로 시선을 돌려 글로벌한 것에 관한 생산적 메타포를 어떻게 발전시킬지 고찰하면서 그러한 공간적 메타포가 유효하다는 것을 밝혀보자. 그러나 이것은 지구(globe) 자체가 메타포이므로 결코 쉬운 문제가 아니다. 실제로 하나의 '지구'는 존재하지 않으며, 오히려 지구와 글로벌성(globality)에 대한 다양한 메타포가 존재한다. 즉 균질화/혼종화, 단순성/복잡성, 운동/정지, 포섭/배제라는 양자택일의 힘이 경합한다는 다양한 지구의 메타포가 글로벌화라는 개념을 둘러싸고 있다. 나아가 스케이프의 메타포와 흐름의 메타포를 구별하는 일, 사람의 참여를 포섭하는 지구와 배제하는 지구를 구별하는 일에 관해서도 살펴보자.

이동성의 메타포

뒤르켐은 유동적이며 불안정하고 신뢰하기 어려운 '감각적 표상'을 이렇게 비판한다. 감각적 표상은 "끊임없이 유동한다. 강의 물결처럼 흐르고 흘러 잠시 멈춘 듯한 순간에도 여전히 같은 모습으로 머무르지 않는다."[29] 과학의 영역에서 뒤르켐이 말하는 "집합표상(collective representation)"에 해당하는 '개념'에 도달하려면 이러한 시간의 흐름과 공간에서 추상을 행해야 한다. 뒤르켐은 늘 움직이고 감각적이며 표면적인 흐름 밑바닥에는 개념이 존재한다고 생각했다. 개념은 시간에 노출되지 않으며 스스로 움직이는 법이 없다. 개념은 고정불변의 것이므로 과학은 끝없이 변하고 있는 '감각·지각 또는 이미지'에 현혹되지 말고 개념을 밝혀야 한다.[30]

뒤르켐은 유동적인 감각을 경계하며 '개념'의 신뢰성을 면밀히 따져물었다. 그러나 게임은 이와 대조적이면서도 흥미로운 논의를 전개한다. 즉 포스트구조주의와 페미니즘의 신체 분석, 그리고 좀더 일반적으로 에크리튀르와 사회성 분석에서 운동과 흐름의 메타포가 광범하게 활용되고 있다는 것이다.[31] 작가들은 지금껏 바다, 강, 흐름, 파도와 같은 메타포를 쓰고 기록하고 발전시켜왔다.[32] 방랑자, 유목, 순례자, 모텔 등의 관념도 연마했다.[33] 분명 그 메타포들은 이론과 아울러 이론가에게도 영향을 미치고 있다. 이론이든 이론가든 멀찌감치 떨어져 이 운동의 바깥에 머물 수 없다. 주체는 에크리튀르의 유동이 만들어낸다. "차연(Différance)은 구조라는 개념이 지닌 정태적·공시적·분류학적·무역사적 등의 모티브와 무관하다."[34]

이제 몇 가지 유동성의 메타포를 상세히 다루어보자. 뒤르켐의 견해와 달리 그러한 메타포 가운데는 단순한 감각의 산물이 아니라 실제로 과학적으로 유용한 것들이 있다(감각에 대해서는 4장 참조). 이러한 유동성의 메타포는 집합표상의 변화에 따라 출현한다. '집합적인 것'은 더 이상 한 사회에 머무르지 않으며, 글로벌한 메타포가 요구하는 곳으로 펼쳐지고 때로는 그것을 넘어선다.

그러나 포스트구조주의가 아니라 과학적 생산성 면에서도 다양한 메타포를 평가해봄 직하다. 이러한 메타포들은 서로 맞부딪치고 있으며, 여러 경험적 증거를 활용해 어느 쪽이 더 적절한지 평가할 수 있다. 어떤 사람은 우리가 흐름에 몸을 맡길 필요가 없다고 말할지도 모르겠다. 그러나 흐름의 이미지를 평가하는 능력을 지녀야 흐름의 메타포를 어떤 형태로든 함유하는 경험적 주장을 검토할 수 있을 것이다. 힘을 발휘하는 여러 담론은 '외국인의 거대한 무리'가 자국의 문화적 순수함을 얼마나 황폐하게 만드는지, 특정 문화의 본질에 관한 이입과 오염을 운운하며 이미 메타포를 채용하고 있지 않은가.

여기서 오늘날 사회사상에 영향을 미치고 있는 이동과 여행의 메타포를 짧게나마 다루어보자. 아마도 가장 널리 사용되는 메타포라면 유목민일 것이다. 바우만은 '포스트모던 유목민'을 거론하며,[35] 들뢰즈와 가타리는 모든 국가에 외재하는 전쟁 기계라는 유목민의 함의를 상술한다.[36] 유목민은 점 또는 결절점이라기보다 탈주선으로 구성되며, 탈영토화하는 사회를 특징짓는다. 그들은 이렇게 말한다. "유목민은 어떤 지점도 진로도 토지도 갖지 않는다. …… 유목민을 훌륭하게 '탈영토화'된 경우로 언급하는 것은 유목민은 이민자처럼 이후에 재영토화되지 않기 때문이다."[37] 그리하여 유목민은 국가에 파장을 미친다. 국가의 기본적 역할은 "지배가 미치는 영역을 홈패인 공간으로 만드는 것이다. …… 유목주의를 정복할 뿐 아니라 이민을 관리하고, 나아가 '외부' 전체에 권리의 공간을 관철하고 여러 흐름을 법의 지배에 굴복시키는 것, 바로 각 국가에게 사활이 걸린 문제다."[38] 아울러 비릴리오는 국가를 '폴리스(police)'라고 기술한다. "도시의 성문, 세무서, 세관은 사람이든 가축이든 재화든 간에 유동적인 집단과 밀려들어오는 무리의 침투력에 맞서는 제방이자 필터다."[39] 8장에서는 '관리(police)'에 나서려는 국가를 악전고투에 빠뜨리는 유목적 흐름과 매끄러운 공간의 증식이 현대의 국가를 어떻게 바꾸어놓는지를 고찰할 것이다. 들뢰즈와 가타리에 관해서는 그때 다시 언급하겠다.

이처럼 유목적 탈영토화는 규율에 근거한 제약과 헤게모니적 문화 관행에 도전하는 방법으로 여겨진다. 그것은 '중심의 주변화'며, 특히 '서양'의 남성적·제국적·백인적·아카데미적 문화의 주변화를 뜻한다.[40] 유목주의는 학문적·정치적 에크리튀르 자체를 여행으로 간주한다. 학설을 세우기 위해 집에서 벗어나 여행을 떠난 것이다. 반 덴 애빌리는 이론가에게는 떠나고 돌아갈 '집(home)'이나 고정점이 없다고 말한다.[41] 홈도 어웨이도 없으니 이론가는 희망을 걸고 계속

여행할 뿐이다.[42]

브라이도티는 새로운 '상호접속적 유목주의'를 제안하여, 특히 여성이 복잡다단한 삶에서 체득하는 다원적이고 횡단적인 사고 양식을 발전시키고자 했다.[43] 브라이도티는 페미니스트라면 유목적 의식을 길러야 한다고 주장한다. 여기서 유목적이란 문자 그대로의 유목을 뜻하지 않는다. 메타포로서 지배적인, 특히 남근중심적인 문화적 코드에 저항하는 비판의식을 가리킨다.

그러나 그것이 메타포라고 하더라도 사실상 브라이도티가 사용하는 예들은 대개 다양한 장소 사이의 실제 이동과 그로 인한 다양한 지리적 전위(轉位)에 의거하고 있다. 브라이도티는 "여행과 나란히 존재하는 통과 장소, 예를 들면 역, 공항 대합실, 시가전차, 셔틀버스, 탑승 수속 장소에 특별한 관심을 갖는다. 그곳들은 지대와 지대 사이로서 모든 구속이 보류되며 시간은 계속되는 현재를 향해 뻗어간다"고 말한 바 있다.[44] 사실 그녀는 이러한 신체적 이동에 의지하지 않는다면 어떻게 유목적 의식을 기를 수 있는지에 관해 설명하지 않았다. 체임버스의 경우 이 과정을 만보자(flâneur)에서 활공자(plâneur)로의 이행이라고 정식화한다.[45]

아울러 가상 이동과 사물의 이동 없이는 유목주의를 떠올리기 힘들다. 마키모토와 매너스는 우리가 새로운 유목시대에 들어섰다고 주장한다. 디지털화가 진전되자 과거에는 집이나 사무실에 두었을 법한 설비를 몸에 지니고 다니거나 적어도 작은 가방에 넣고 다닐 수 있게 되었고, 그러한 제품들을 구매할 여유가 있는 자들은 "지리적으로 구애받지 않고 살 수 있"게 되었다.[46] 그러한 사람들은 "원하는 곳에서 살고 마음껏 여행할 수 있다." 따라서 자신들이 이주자인지 진정 "세

계를 옮겨 다니는 유목민"인지를 생각하게 될 것이다.[47]

나아가 레이먼드 윌리엄스는 다른 종류의 유목, 즉 '노마드 자본주의(nomad capitalism)'를 제창한다. 애초 이 개념은 1984년부터 1985년에 걸쳐 영국에서 일어난 광산노동자의 파업을 분석할 때 등장했다. 윌리엄스에 따르면 이 파업은 "새로운 노마드 자본주의의 논리가 만들어냈다. 그것은 현실의 장소와 사람들을 착취하고 제 입맛에 따라 옮겨 다닌다. …… 현실의 남성과 여성은 자본이 구축해놓은 이질적인 그리고 거의 전능해 보이는 질서에 자신들이 직면해 있음을 깨닫게 된다."[48]

한편, 여러 논자는 이러한 유목적 메타포를 비판하고 나섰다. 바우만은 실제 유목민이 한 장소에서 다른 장소로 꽤 규칙적으로 이동한다는 이유에서 유목의 메타포를 사용하지 않는다.[49] 대신 방랑자와 관광객은 유목민처럼 규칙적으로 이동하지 않기 때문에 탈근대에 좀 더 어울리는 메타포라고 주장한다. 바우만에 따르면 방랑자란 목적지 없는 순례자며 여로 없는 유목민이다. 그리고 관광객은 "자기 자유를 위해 돈을 지불한다. 즉 그 땅에서 사는 사람들의 관심과 감정에 개의치 않을 권리, 자기 의미의 망을 구축할 권리를 갖는다. 세계는 관광객 뜻대로 펼쳐지고…… 멋대로 지낼 수 있으며 그것에서 의미가 만들어진다."[50] 방랑자와 관광객 모두 타인의 공간을 넘나든다. 양자는 물리적인 가까움을 도덕적 근접성과 구분하여 행복의 기준을 스스로 만든다. 바우만은 좋은 삶을 '장기 휴가'에 빗대어 말한다.[51]

그러나 볼프는 유목과 여행의 메타포에서 엿볼 수 있는 남성주의적 면모를 비판한다. 즉 이러한 메타포는 한곳에 정착하지도 매이지도 않고 이동하는 존재를 떠올리게 만드는데, '여로'에 나설 기회는 사람마다 다르게 주어진다는 것이다.[52] 크레스웰에 따르면 탈근대 유목민은 "계급, 젠더, 민족, 섹슈얼리티, 지리의 흔적을 남기지 않는다."[53] 클리퍼드 역시 "'여행'이라는 말을 유럽적 · 문학적 · 남성적 · 부르주아적 · 과학적 · 영웅적 · 오락적 의미와 실천의 역사로부터 떼어놓으"려 노력한다.[54] 한편 요키넌과 베이욜라는 수많은 유목적 메타포가 '남성'적이라고 지적한다.[55] 그들에 따르면 일련의 남성적 메타포는 다시 쓰이고 다른 형태로 코드화될 수 있다. 예를 들면 남성적 메타포가 파파라치나 주정뱅이 노숙자, 섹스 관광객, 카사노바로 재개념화된다면, 지금껏 대체로 긍정적 평가를 받아온 유목이론은 빛이 바래게 될 것이다. 나아가 요키넌과 베이욜라는 성매매 여성, 베이비시터, 가정부를 포함한 여러 이동의 여성적 메타포를 검토해야 한다고 주장한다.

마지막으로 특별한 메타포 한 가지만 더 살펴보자. 여행과 여행에서의 만남이라는 메타포다. 길로이는 살아 있는 미시-문화적, 미시-정치적 체계인 배의 시간 양식을 상세히 다룬다.[56] 배라는 메타포는 혼종적인 '검은 대서양(Black Atlantic)' 문화를 향한다. 노예선은 유럽, 미국, 신대륙 사이의 삼각무역에 나섰고, '검은 대서양' 문화는 중간항로로서 번영했다. 배라는 메타포는 '검은 대서양 문화가 보여주는 순환의 일반적 중요성, 바다라는 강렬한 이미지의 중요성, 대서양을 가로지르는 사람과 상품의 복잡한 이동을 포함하고 있다. 길로이는 다음과 같이 정리한다.

배는 대서양 세계의 여러 점을 이어주는 살아 있는 수단이었다. 배는 움직인다. 고정된 공간 사이를 오가며 그 공간을 상징한다. 따라서 배는 문화적·정치적 단위로 이해해야 한다. …… 배는 정치적 문제를 제기하거나 특유의 문화를 생산하는 수단이 될 수 있다.[57]

한편, 클리퍼드는 정지와 고정을 뜻하는 집이나 거주의 메타포보다 호텔 로비라는 시간 양식 내지 메타포에 관심을 기울인다. 호텔 로비는 집에서 떨어져 있다. 호텔 로비는 이동과 예기치 않은 만남이 일어나는 시공간적 장이 된다.[58] 그러나 그는 호텔이라는 시간 양식이 노스탤지어적이고 남성주의적(또는 신사적)이라 비판하며, 대신 모텔이라는 시간 양식 내지 메타포를 제시한다.[59] 모텔에는 제대로 된 로비가 없다. 모텔은 간선도로로 이어진다. 인간 주체를 위해 꽉 짜인 환경을 마련해주지는 못하지만 사람들을 중계한다. 모텔에서 신성한 것은 순환과 이동이며, 장소와 현장이라는 감각은 파괴된다. 모텔은 "기억 속에 운동과 속도, 끊임없는 순환만을 남긴다."[60] 모텔은 "결코 진정한 장소가 될 수 없"으며, 한 모텔은 "빠른 속도의 경험주의적 섬광" 속에서 다른 모텔과 구별될 따름이다.[61] 모텔은 공항 라운지처럼 도착도 출발도 아닌 '일시 휴지'를 표상한다.[62]

지금껏 운동에 관한 몇몇 메타포를 소개했으니 이제 영역(region), 네트워크(network), 흐름(flow)이라는 서로 교차하는 메타포를 가져와 논의를 체계화시켜보자. 여기서는 몰과 로의 분석을 도입할 필요가 있다.[63] 그들은 현대 생체의학이 제시한 흥미로운 공간적 문제를 다루고자 영역, 네트워크, 흐름이라는 메타포를 구분했다.

누군가 빈혈을 앓는다고 해보자. 그때 우리는 빈혈이 어디서 발원한다고 말해야 할까? 신체 어디서 빈혈을 발견할 수 있을까? 빈혈은 특정 부위가 아니라 혈액이 운반되는 모든 곳에서 나타난다. 혈관은 혈액을 모든 세포로 운반할 수 있도록 신체의 주요기관뿐 아니라 몸속 구석구석으로 퍼져 있다. 그렇게 끝없는 네트워크를 형성한다. 나아가 혈액 속에는 혈관 벽으로 스며들어 이동하는 요소가 존재한다. 혈액은 혈관 속에 머물지 않는다. 따라서 혈액은 매우 기묘한 공간적 패턴을 갖는다고 말할 수 있으며, 종래 해부학의 구조와 영역에는 좀처럼 들어맞지 않는다. 혈액은 몸속 혈관의 매우 복잡한 네트워크를 돌아다니는 유동체다. 결과적으로 사실상 신체의 모든 부분으로 퍼진다. 혈액은 명확한 구조를 갖지 않는 독특한 토폴로지를 표현하는 것이다.

몰과 로는 혈액의 이러한 특성에 착안하여 사회생활의 공간적 형태를 설명했다. 그들은 사회적인 것과 관련해 혈액과 빈혈에 해당하는 어떤 메타포를 꺼냈을까? 공간의 메타포 내지 사회의 토폴로지로는 다음의 세 가지가 있다. 첫째, 영역이다. 영역 속에서 사물은 한데 모이고, 각 영역의 특정 다발마다 경계가 그어져 있다. 이러한 영토화의 토폴로지는 오래되었고 안정되었으며 익숙하다.[64] 둘째, 네트워크다. 네트워크에서 상대적 거리는 네트워크를 구성하는 요소들 사이의 관계에 따라 결정된다. 종종 동일한 결과가 영역의 경계를 넘어 네트워크 전체로 퍼져나간다. 셋째, 혈액의 사례에서 보이는 유동체의 토폴로지 또는 메타포다. 몰과 로는 흘러가는 유동체에 대해 이렇게 말한다. "경계도 관계도 한 장소와 다른 장소의 차이를 만들어내지 못한다. 대신 관계가 끊기지 않은 채 변용하는 동안 경계는 오고 간다. 경계는 줄줄 새거나 사라진다. 그리하여 사회적 공간은 때로 유동체의 양상을 띤다."[65]

몰과 로는 유동체라는 공간 개념으로 세계의학에서 빈혈을 다루는 방식을 비교했다. 특히 아프리카 나라들과 네덜란드의 임상적 관찰과 의료가 어떻게 다른지에 주목했다. 아프리카와 비교하건대 네덜란드에서는 관찰과 의료 사이에 단순한 영역적 차이가 존재하지 않는다. 불변적 관계로 이어져 네덜란드로도 아프리카로도 같은 '빈혈'을 전하는 요소나 단일의 임상 네트워크는 존재하지 않는다. 오히려 "우리는 경계 없는 변동과 끊임없는 변화를 목격하고 있다. 즉 흐름을 목도하고 있다. 바로 우리는 유동적 공간을 다루고 있다."[66]

'빈혈'은 혈액처럼 다양한 네트워크를 활용하여 여러 영역 안으로 또 바깥으로, 영역들을 넘나들며 흐른다. 그때마다 어떻게 변하는지 파악하기는 어렵지만 빈혈은 이동하며 변해간다. 병으로서의 빈혈은 혈액처럼, 유동체처럼 같은 상태로 머물지 않고 모습을 바꾸어간다. 유동체는 혼합과 경사의 정도에 따라 움직임이 달라지며 뚜렷한 경계를 갖지 않는다. 따라서 그곳에서 어떤 일이 발생하는지는 명확히 정의할 수 없다. '정상적'이란 하나의 경사일 뿐 명료하고 확고부동한 상태가 아니다.

마지막으로 유동체의 공간에서는 분명하고 말끔하게 아이덴티티를 결정할 수 없다. 안과 밖을 구별할 수도 없다. 서로 결합하는 유동체도 있고 그렇지 않은 것도 있다. "유동의 세계는 혼합의 세계다."[67] 유동체는 고체도 안정된 것도 아니며, '여기'라며 분석에 나설 수 있는 공간적 유형도 아니다. 게다가 유동체는 연구소와 같은 네트워크가 결락된, 가령 아프리카 분쟁 지대도 가로지를 수 있으며, 우발적인 것이다. 몰과 로는 다음과 같이 결론짓는다.

유동체 연구는 흐름을 낳는 관계성, 척력, 인력에 관한 연구다. …… 빈혈은 어떻게 흘러가는가. 네덜란드와 아프리카 사이를 어떻게 오가는가. 빈혈은 사람들이 지닌 기술 속에서 또는 장치적 속성의 일부로서, 나아가서는 적힌 단어의 형태로서 흘러 다닌다. …… 빈혈은 이동하며 형태와 특징을 바꾸어간다.[68]

지금까지 유목민, 유랑자, 관광객, 배, 호텔, 모텔, 공항 라운지 등 다양한 이동성의 메타포를 검토했다. 이러한 메타포들은 간과하기 쉬운 문제를 주목하게 한다. 이제 다양한 모습으로 교차하는 귀속과 여행을 고찰하며 그러한 몇 가지 메타포를 다시 음미해보자. 지금껏 영역, 네트워크, 유동체라는 세 가지 공간적 메타포를 다룬 것은 '글로벌'한 것에 관해 보다 설득력 있는 분석을 전개하기 위해서였다.

몰과 로는 이러한 메타포가 지닌 힘들을 활용하여 세계의 진료시설에서 목격되는 빈혈 관찰과 치료를 둘러싼 불규칙하고 이종적인 역량, 기술, 처치, 암묵의 지식을 밝혀낸다. 사회 경계를 넘어 퍼져가는 네트워크와 유동체가 지닌 영향력은 그것에 맞서는 사회(그것은 '영역'이다)에 시련을 가져다준다. 특히 '빈혈'이라는 유동체는 어떤 영역이든 그 영역을 갉아먹고 거기서 조금씩 유출되면서 모습을 바꾸어간다. 유동체는 흐름의 속도, 점착성, 심도, 농도, 억제의 정도에 따라 구분될 따름이다. 다음 절에서는 글로벌한 것에 관한 다양한 메타포를 전개하기 위해 글로벌 수준에서 영역, 네트워크, 유동체에 해당하는 것들을 찾아 나설 것이다.

글로벌의 메타포

사회학에서 사회라는 개념은 영역의 메타포로서 조직되어왔다. 즉 사회라는 개념은 "대상물이 하나의 집합으로 모이고, 각각의 집합을 에워싸며 경계가 그어진다."[69] 따라서 영역으로서의 각 사회는 분명한 경계를 가지며, 사회제도는 그 안의 요소들을 아우른다. 그러한 사회가 몇 개인지 셀 수도 있다. 그러나 글로벌화는 사회의 메타포를 침식하고 사회학의 주요한 담론 틀을 무너뜨리는 중이다.

글로벌화를 이해하는 한 가지 시각은 영역을 둘러싸고 글로벌화와 사회가 경쟁하고 있다고 보는 것이다. 이 경우 글로벌화란 어느 한 영·역, 즉 '서양'의 구획된 국민국가 사회를 다른 영역, 글로벌한 경제와 문화의 영역으로 대치하는 과정이라고 생각할 수 있다. 경제와 문화가 점차 글로벌화되면서 오랜 기간 지배적 영역이었던 사회가 상대적으로 힘을 잃고 있는 것이다. 두 영역이 대결하여 글로벌한 영역이 승리하자 사회 영역이 깨져나가는 것처럼 보인다.[70] 행동과 동기는 바야흐로 사회적으로 생산되고 재생산되기보다 점차 각 사회를 벗어나 글로벌하게 조직되는 문화에 의해 추동된다.

그러나 이것은 소위 글로벌화를 이해하는 한 가지 견해에 불과하다. 어떤 커다란 영역이 각 사회라는 보다 작은 영역을 대신하는 과정으로 글로벌화를 이해한다면 본질을 놓칠 우려가 있다. 글로벌화는 오히려 영역으로서의 사회라는 메타포가 네트워크와 유동체로서의 글로벌한 것이라는 메타포로 치환되는 과정이다. 어떤 사회적 토폴로지에서 다른 토폴로지로 옮겨가는 과정이 글로벌화의 특징이다. 글로벌한 것은 영역의 메타포가 아니라 네트워크나 흐름이라는 메타포를

전제로 삼아야 이해될 수 있는 것이다.[71]

20세기 말부터 글로벌화에 관한 저작이 경이적으로 쏟아졌다.[72] 그 가운데 많은 저작은 시공간을 극적으로 압축, 수축시키는 여러 새로운 기술과 기계를 다루고 있다. 글로벌화는 문자 그대로 그리고 상징적으로 사회적 경계를 횡단하고 정비하는 하부구조의 발전을 수반한다. 광케이블, 제트기, 시청각 전송, 디지털 텔레비전, 인터넷을 포함한 컴퓨터 네트워크, 인공위성, 신용카드, 팩스, 휴대전화, 전자증권거래소, 고속철도, 가상현실 기술 등 말이다. 나아가 핵무기, 화학무기, 재래식 병기 등의 군사적 기술도 크게 발전했다. 새로운 폐기물의 범람과 위험에 노출된 건강 문제는 더 이상 '영역'으로서의 사회 안에서 다루기 어렵다. 새로운 기술들이 사람, 정보, 돈, 이미지와 함께 위험을 운반하고 있다. 점점 압축되는 순간적 시간에서 그것들은 사회 속으로 흘러가며, 그 경계 위로 흘러넘친다. 톰 피터스가 묘사한 '나노초의 90년대(nanosecond nineties)'에는 눈부신 속도와 거대한 규모를 자랑하며 새로운 유동체를 만들어내는 일련의 기술들이 등장했다.[73] 이러한 기술들은 인간의 의도와 행위에서 직접 산출되지 않았다. 기계, 텍스트, 사물, 다른 기술과 복잡하게 결합되고 나서야 가능했다.[74] 1장에서 살펴보았듯이 스스로 존재하는 순수한 사회구조는 없다. 하이브리드만이 존재할 뿐이다.[75]

따라서 사람과 사물의 이러한 상호결합을 포착하고자 한다면 수직적인 구조의 메타포는 더 이상 적절하지 않다. 구조의 메타포는 전형적으로 중심, 권력의 집중, 수직적 위계를 전제하기 때문이다. 그래서 카스텔은 우리가 네트워크의 메타포를 받아들여야 하며 "단위는 네트워크다"라고 역설한다.[76] "네트워크는 우리 사회의 새로운 사회형태론이며, 네트워크의 논리가 보급되면 생산, 경험, 권력과 문화의 과정이 초래하는 효과와 결과가 달리 보인다. …… 네트워크 사회는 사회 행위에 대한 사회형태론의 우위로 특징지어진다."[77]

카스텔은 네트워크를 서로 이어진 '노드(node)의 연결'로 정의한다. 바깥의 특정한 네트워크와 이어질 수 있는 네트워크의 노드를 갖고 있다면 사회적 거리는 줄어드는 셈이다. 네트워크가 새로운 노드와 이어져 혁신의 계기를 지닌다면, 그 네트워크는 동적이고 개방적인 구조라고 말할 수 있다.[78] 경제지리학의 연구들은 현대경제에서 네트워크가 기업 안에서, 기업들 사이에서, 기업공동체 수준에서 점차 중요해지고 있다고 보고한다.[79]

여기서 네트워크란 단순한 사회적 네트워크를 의미하지 않는다. 왜냐하면 "사회적 진화와 정보기술의 비약으로 말미암아 사회구조 전반에 걸쳐 영향을 미칠 새로운 물적 토대가 창출되었기 때문이다. 이 물적 토대는 네트워크를 내장하여 주된 사회과정을 특징짓고 사회구조 자체를 형성한다."[80] 네트워크는 사람과 사물 사이에 존재하는 공간과 시간을 뛰어넘어 복잡하고도 계속적인 결합을 낳는다.[81] 네트워크가 시간과 공간을 넘어 확산된다는 점은 매우 중요하다. 로에 의하면 만약 "자신들의 장치를 내려놓는다면 인간 행위와 언어는 이만큼 멀리 확산될 수 없"기 때문이다.[82]

적절한 시간 안에 공간의 마찰을 극복하여 저편의 사건, 사람을 끌어오는 정도와 능력은 네트워크마다 다르다. 하지만 네트워크라면 다른 장소의 사람과 행위 또는 사건을 안정적인 네트워크로 편성하고 정착시키고 연결하려고 한다.[83] 예를 들면 회계술은 동떨어진 장소에서 발생하는 여러 종류의 행위를 일련의 공통된 숫자와 정보의 흐름으로 환원한다. 그리하여 짧은 시간 동안에 네트워크의 다른 부분, 특히 관제사령부로 운반된다.[84] 따라서 네트워크란 공간 속에 있지만 그 자체가 공간이며, 다음 절에서 말하겠지만 공간적인 동시에 시간적이다.[85]

한 가지 사례를 더 들어보자. 회계술의 가동성이 불변적이라면 혜모글로빈 수준의 계측 네트워크는 불확실하다.[86] 몰과 로는 혜모글로빈 수준의 비교를 위한 영역 지도를 작성하는 작업이 어떻게 가능한지를 분석한다(이것은 다국적기업에 딸린 회계사가 여러 공장의 채산성을 비교하려고 영역 지도를 작성하는 작업과 비슷하다). 그러한 지도를 작성하려면 여러 이질적 영역을 횡단하여 구성되는 네트워크가 필수적이다. 더욱이 그 네트워크는 적절한 기술과 계측기, 적절한 의학적 기능을 갖춘 사람들로 구성되어야 한다.

여기서 두 가지를 강조하고자 한다. 첫째, 그러한 네트워크를 구축하기란 만만치 않다. 왜냐하면 세계의 지역 가운데 빈곤 상태에 처한 아프리카 나라들에서는 혜모글로빈 수준의 계측을 위한 계측기가 부족하고, 계측기가 있어도 적절한 관리가 지속적으로 이루어지지 않기 때문이다. 그리하여 몰과 로는 '네트워크의 결락'이 발생하면 네트워크는 작동하지 않는다고 말한다. 따라서 혜모글로빈 수준의 회계는 불변이 아니다.[87] 장치와 기술은 중심에서 주변으로 갈수록 "그 정확함에 대해 서서히 신뢰할 수 없게 된다."[88]

둘째, 하지만 여러 영역을 가로질러 네트워크가 구축되고 제대로 기능한다면 공간과 시간의 배치가 바뀌어 더 이상 영역적이지 않게 된다. 혜모글로빈 수준을 계측하고자 구축된 네트워크에서는 수백 킬로미터 떨어진 두 병원도 이웃할 수 있다. 다시 말해 두 병원은 네트워크의 노드인 것이다. 항공 네트워크로 말하면 수천 마일 떨어져 있지만 인접해 있다고 말할 수 있는 두 개의 허브공항 같은 것이다. 따라서 영역이 아니라 다양한 네트워크를 지도화하고 네트워크의 밀집지대, 산재 지대, 공백 지대를 고찰하는 작업이 중요하다.[89]

여기서 글로벌화에 관한 논의로 돌아가 스케이프와 흐름이 어떻게 다른지 좀더 살펴보자. 스케이프는 기계, 기술, 조직, 텍스트, 행위자로 구축된 네트워크며, 흐름의 교체를 가능하게 하는 서로 이어진 노드를 구성한다. 그러한 스케이프를 따라 시간과 공간의 차원이 재구성된다.

그러한 역할을 하는 주요 스케이프를 정리하면 다음과 같다.

- 항로, 해로, 철도, 도로 등 사람의 운송기관
- 우편이나 다른 체계를 활용한 사물의 운송기관
- 전선과 동축 케이블
- 휴대전화에 사용되는 마이크로파 채널
- 라디오와 텔레비전 위성
- 전화, 텔레비전, 컴퓨터에 사용되는 광케이블

일단 특정 스케이프가 마련되면 각 사회에서 개인과 특히 기업은 특정 네트워크의 노드가 되어 스케이프에 접속하려고 한다. 개인과 기업은 자신의 허브공항을 만들거나 적어도 허브공항에 닿는 정기편을 확보하려고 한다. 자기 지역의 학교를 인터넷과 접속시키거나 위성방송을 끌어오거나 핵폐기물을 재처리하려 들지도 모른다.

하나의 스케이프를 따르는 노드 사이에는 금융, 경제, 과학, 뉴스에 관한 데이터와 이미지 등 매우 많은 정보가 흐른다. 이러한 스케이프에 접속할 수 있는 사람이 있는가 하면 실질적으로 그것에서 배제된 사람도 있다. 그래서 브룬과 라인바흐가 '절대적' 위치와 비교해 '상대적' 위치라고 부른 것이 스케이프를 이해하는 데 중요하다.[90] 이로써 고정된 불평등과는 다른 불평등, '터널'로 구성되는 새로운 종류의 불평등이 출현한다. 흐름의 불평등이다. 그레이엄과 마빈에 따르면 진화된 원격통신과 운송체계가 시간과 공간을 비틀고 있다. 정보로 가득하고 운송이 원활한 '터널'을 따라 스케이프가 몇 개의 지대를 통과하며 그 밖의 지대들을 연결하고 있기 때문이다.[91]

이러한 스케이프 가운데 어떤 것들은 글로벌한 수준에서 조직된다. 예를 들면 국제연합(UN), 세계은행, 마이크로소프트, CNN, 그린피스, 유럽연합(EU), 뉴스 인터내셔널, 아카데미 시상식, 세계지적재산권기구(WIPO), 유네스코, 국제항공운송협회(IATA), 국제노동기구(ILO), 올림픽, 지구의 벗, 노벨상, 밴드에이드, 브룬틀란위원회 보고서, 리오 지구 서밋, 유럽인권재판소, 영국문화원, 영어 등. 이러한 '조직'들은 시간-공간을 압축시키는 여러 기계와 기술을 활용한다.

이렇듯 구조화된 스케이프와 대조적으로 흐름은 국경 안과 밖을 가로지르는 사람, 이미지, 정보, 화폐, 폐기물로 만들어진다. 개개의 사회는 직접적으로든 간접적으로든 그것들을 통제하기 어려워졌다. 그리고 전만큼 통제하려고 애쓰지도 않는다. 이 흐름은 새로운 접근의 불평등을 낳으며, 특정 사회가 그 불평등을 관리하기도 역부족이다. 이 흐름은 사람들에게 새로운 기회와 욕망을 제공했지만 아울러 새로운 위험도 초래했다. 그 위험이란 이러한 것들이다. 세계 각지로 확산된 에이즈, '핵 괴물'의 흐름을 비롯해 국경을 넘어 파급되는 환경 위험, 다양한 글로벌 스케이프와 흐름이 정부를 우회함에 따라 실추되는 국가 주권, 다양한 문화의 균질화 경향, 모국에서의 추방 또는 망명지에서의 극히 제한된 거주권.

그러나 동시에 글로벌화는 새로운 기회를 양산하고 새로운 활동을 전개할 여지도 갖고 있다. 저렴해진 해외 여행, 세계의 소비재와 생활양식(예를 들면 멕시코 요리, 인도 양탄자, 아프리카 보석, 남아메리카 커피 등)을 구입할 능력, 인터넷을 활용해 여러 나라 사람과 대화할 기회, 월드컵 같은 세계적 이벤트나 '월드 뮤직'을 접할 기회, 글로벌화의 획일적 면모에 맞서거나 대안을 내놓는 '새로운 사회집단'을 형성하는 능력, 여러 민족적 전통과 아이덴티티의 재발견에서 엿볼 수 있는 일종의 지역 아이덴티티 강화 등.

이러한 흐름은 기존의 사회를 공동화(空洞化)시킨다. 다양한 흐름에 관해 성찰하거나 반론하거나 거기서 벗어나거나 대안을 제시하거나 그 흐름을 요구하는 여러 운동은 종종 사회적 '영역'의 경계를 넘어서기 때문에 '소사이어티(society)'가 아닌 '소시에이션(sociation)'의 과잉이 발생한다. 기존의 '사회' 내부에는 탈중심적이고 복합적이며 중층적인 또는 이접적인 질서가 생겨난다. 이때 다원적 흐름은 종종 하이퍼텍스트적 패턴화에 따라 기존의 사회 영역에 아랑곳하지 않고 시간과 공간을 횡단하여 끊임없이 결합되고 재결합된다. 그리하여 국가는 영역으로서의 사회에 기초하여 국민을 통합시키고 동원하는 데 점차 어려움을 겪는다. 시민을 하나로 묶고 하나의 이름 아래로 통합하고 그 모두에게 국민적 아이덴티티를 부여하고 국민국가의 단일한 목소리로 아우르려는 사회적 권력은 힘을 잃어간다.

더 이상 우리는 고정된 '영역적' 제도와 사회구조를 갖는 위험사회 속에서 살아가지 않는다. 비규정적이고 양가적인 기호의 위험문화에서 살아가고 있다. 위험은 다원적이다. '비인간적' 글로벌의 흐름과 네트워크에 직면하자 사회 권력이 힘을 잃고 있기 때문이다.[92] 그러나 다른 한편으로는 글로벌화가 진전되어 정보와 이미지의 흐름이 더욱 중요해지자 여러 양상의 통제가 뒤따르고 있다. 일본 연구자의 표현을 빌리면 "네트워크형 체계에서는 권력에 기반하거나 계약에 근거하는 정치적 행위를 통한 관리보다 정보 조작을 통한 유도 내지 설득이라는 인간 관리가 중시된다."[93]

지금까지 현대의 사회생활에서 빚어지는 '탈영토화'의 몇몇 측면을 확인하고 사회의 영역적 경계를 교차하는 글로벌 네트워크와 흐름을 검토했다.[94] 이제 앞에서 다루었던 혈액과 빈혈 논의를 참조하여 글로벌 네트워크와 글로벌 유동성을 구별하고 이 개념들을 좀더 정리해보자.

아메리칸 익스프레스, 맥도널드, 코카콜라, 디즈니, 소니, 브리티시 에어라인 등 다양한 '글로벌' 기업은 글로벌 네트워크 위에서 조직된다.[95] 이들 기업이 활동하는 나라에서는 기술, 텍스트, 브랜드의 네트워크를 통해 똑같지는 않더라도 유사한 제품이 비슷한 방식으로 공급된다(이슬람 국가의 맥도널드에서는 돼지고기 햄버거가 없지만). 프랜차이즈 방식을 취하더라도 제품들은 예측 가능하고 계산 가능하며 관례화되고 규격화된 환경에서 생산된다. 이들 기업은 거의 '손해'볼 일 없는 효과적인 네트워크를 구축해왔다(아프리카에서의 헤모글로빈 수준의 계측과는 다르게 말이다). 그러한 까닭에 아프리카에서 빅맥을 사먹어도 미국의 빅맥처럼 완전히 '좋은' 것이다!

이 네트워크는 브랜드를 만들고 광고를 하며 품질을 관리하고 사원을 교육하며 기업 이미지를 국제화하는 데 막대한 자원을 투입하여 성립할 수 있었다. 이렇듯 규격화된 패턴은 사회적 경계를 횡단하여 네트워크를 유지한다. 거리는 다음의 맥도널드, 다음의 디즈니랜드, 다음의 브리티시 에어라인 허브공항에 도달하는 시간, 즉 글로벌 네트워크의 한 노드에서 다음 노드까지 도달하는 데 걸리는 시간으로 측정된다.

맥도널드는 중심의 조직을 극소화하면서도 지구 규모에서 기업을 운용하는 새로운 방식을 선보였다(아메리칸 익스프레스, 디즈니랜드도 비슷한 사례다). 맥도널드화는 젊은 층을 대상으로 비숙련의 규격화된 새로운 노동(맥잡McJob)을 만들어냈고, 빅맥과 치킨 맥너깃처럼 사람들의 식습관을 바꾸는 신제품을 내놓았다. 나아가 시간에 상관없이 규격화된 패스트푸드를 테이크아웃 레스토랑에서 먹는 사회적 습관을 세계적으로 보급했다.

글로벌 네트워크는 예측 가능한 상품과 서비스뿐 아니라 계산 가능하고 관리 가능한 '실제보다 실감나는' 시뮬레이션을 제공한다.[96] 역사 유적지, 수중 유영, 고대 부족, 전통춤, 인디언 보호지역 등의 시뮬레이션이 글로벌 네트워크를 통해 제공된다. 많은 관광 상품은 안전하고도 근대적인 환경 속에서 무아지경을 경험할 수 있는 기발한 시뮬레이션을 내놓으려고 노력한다.[97] 사람들은 관광객으로서 자신의 경험, 여가의 경험이 "일상에서 그러하듯 맥도널드화"되기를 바란다.[98] 비인간적인 기계, 오디오, 전자기술의 권력은 어디서 소비하든 균질하고 계산 가능하며 안전한 경험을 제공해준다. 관광산업은 세계 규모에서 맥디즈니화(McDisneyisation)되고 있다.

그런데 흥미롭게도 그린피스와 같은 대항조직도 글로벌 네트워크를 활용한다. 여느 글로벌 행위자가 그러하듯 대항조직도 브랜드를 세계적으로 확산시키고 유지하는 일에 많은 노력을 기울인다. 그리하여 그린피스라는 브랜드는 특정 사회 속에서 "조직이 일구어낸 실제의 성공을 뛰어넘어 생태가치의 세계적 상징이라는 지위를 획득했다."[99]

글로벌화에 관한 초기 저작들을 살펴보면 이러한 글로벌 네트워크에 관심을 가지는 동시에 글로벌 네트워크가 문화적 균질화를 낳기 시작했음을 주목하고 있다. 아울러 '미국의 세기'가 도래했다면서 글로벌화와 균질화를 최종적 승리의 징표인 양 간주하는 경우도 있었다.[100]

그러나 최근의 저작들을 보면 글로벌한 유동, 즉 빠르게, 예기치 않게 영역을 횡단하는 매우 불균질적이며 파편화된 사람, 정보, 사물, 돈, 이미지, 위험의 흐름에 관심이 집중되고 있다. 유동체의 사회학은 이렇듯 불균질하며 예상하기 힘든 이종적 이동을 중시해야 할 것이다. 그러한 글로벌 유동체의 특징을 살펴보면 다음과 같다.[101]

- 뚜렷한 출발점이나 도착점이 없으며 그저 탈영토화된 운동과 이동성(수목적이기보다 리좀적인)을 보인다.
- 유동체를 차단할 수 있는 개별의 영역적 스케이프 또는 통로를 따라 움직인다.
- 관계적이다. 즉 유동체가 없다면 기능하지 않았을 다양한 스케이프의 공간적 특성들을 생산적으로 연결한다.
- 특정 속도로 특정 방향을 향해 이동하지만, 반드시 최종적 상태나 목적이 있는 것은 아니다.

- 혈액처럼 점성의 정도가 다르다. 옅거나 진하다. 그래서 다양한 속도로 다양한 형태를 취해 이동한다.
- 분, 일, 주, 년 등에 관계없이 특정한 시간성에 따라 이동한다.
- 항상 벽 안쪽에서 움직이는 것이 아니라 백혈구처럼 스케이프의 벽 바깥으로 스며나오거나 보다 미세한 모세관으로 도망치기도 한다.
- 이렇듯 다양한 유동체를 매개 삼아 권력은 모세관 현상처럼 지배·종속 관계 속으로 확산된다.
- 권력은 여러 감각에 작용하는 다양한 유동체의 교차를 통해 행사된다.
- 근대성의 비장소성인 '공허한 만남의 장'에서 상이한 유동체가 공간적으로 교차한다. 모텔, 공항, 휴게소, 인터넷, 국제 호텔, 케이블 텔레비전, 고급 레스토랑 등.

이제 유동체가 지니는 중요성을 프랑스와 미국의 컴퓨터 시스템, 과거 '동유럽'에서 '서유럽' 제품이 차지했던 의미, 글로벌화에서 발생하는 다양한 형태의 대립이라는 세 가지 사례를 통해 확인해보자. 각 사례는 국민국가의 경계를 넘어 사람과 사물의 이동이 발휘하는 힘을 보여준다. 그 힘은 여러 사회를 넘나드는 가운데 이접적이고 포개진 효과와 의도하지 않은 결과를 초래한다.

첫 번째 사례는 프랑스의 미니텔 컴퓨터 시스템이다.[102] 프랑스에서는 국내 전자산업의 발전을 도모하고자 정부가 나서서 비디오텍스 미니텔 시스템*이라는 국내용 시스템을 도입했다. 1980년대 중반에 시작되었고 1990년대 중반에는 프랑스 인구 3분의 1에 달하는 사람들이 이 시스템을 이용했다. 각 집에는 보통의 전화번호부 대신에 (제한된 화상 송수신 기술에 근거한) 미니텔 터미널이 무상으로 제공되었다. 프랑스에서는 어디에 살고 있든 전화번호부와 통일된 요금체계에 기초하여 성인 채팅 라인을 포함한 다양한 서비스를 항상 받을 수 있었다. 미니텔은 프랑스라는 국민국가가 조직하는 시스템으로 확립되었다. 미니텔은 주소와 관계없이 동일한 서비스를 모든 가입 세대에게 제공하는 내셔널 네트워크에 기초하여 공간의 차이를 점차 해소하고 모든 가입자를 내셔널한 패턴으로 연결시켰다.

그러나 1990년대 중반에 이르자 미니텔 기술은 시대에 뒤처졌다. 미니텔의 터미널은 일반적인 컴퓨터 시스템과 다르다. 미니텔 시스템 구조는 서버 네트워크가 깔린 계층적 구조였다. 수평적 소통이 불가능했고 국경을 넘어선 흐름을 만들어낼 수도 없었다. 결국 미니텔 터미널은 상당한 대가를 지불하고 나서 국제적 인터넷에 링크하게 되었다. 그리하여 현재 미니텔은 인터넷 시스템에 접속된 하나의 네트워크로 전락했다. 인터넷은 전 세계에 수억의 이용자를 지닌 수많은 네트워크를 연결하고 있으며, 방임의 무정부 상태이자 일반화된 시스템이다. 이러한 특징을 감안한다면 인터넷은 네트워크가 아닌 유동체의 사회적 토폴로지라는 성격을 띤다고 할 수 있다.

아르파넷(Arpanet)** 내지 인터넷 시스템은 미군이 개발했다. 핵 공격에도 군사적 통신이 가능하도록 고안된 것이다. 공격을 막기 위해

● 비디오텍스(videotex)는 전화를 활용한 생활 영상 정보 시스템을 말한다. 1979년 영국에서 개발된 이래 1980년대 초에 각국에서 상용 서비스를 개시했다. 프랑스의 비디오텍스 미니텔(Minitel)이 가장 성공적으로 보급되었다는 평을 받는다.

●● 미국 국방부 내의 고등연구계획국(advanced research project agency: ARPA)이 미국 각지의 대학, 비영리기관과 협력해 만들어낸 전국적 컴퓨터 네트워크다.

군 사령부와 통제실에서 독립된 컴퓨터 네트워크를 개발했다. 이때 결정적 혁신을 일으킨 것이 '패킷 교환(packet—switching)'이었다. 메시지는 같은 크기의 단위인 패킷으로 분할되며, 각각의 패킷은 개별적으로 목적지로 옮겨진 후 도착하면 다시 결합된다.[103] 동일한 메시지의 각 부분이 각 경로를 따라 흐르고 재결합된다. 메시지의 각 단위는 독자의 경로를 발견하며, 세분화된 패키지(package)로 흐른다. 따라서 적의 공격으로 시스템 일부가 망가진다 하더라도 메시지는 안전하다. 수직적 위계구도를 취하지 않기 때문에 특정한 노드가 작동하지 않더라도 네트워크는 그것을 우회하여 계속 기능할 수 있다. 라인골드는 이렇게 정리한다. "이러한 배치에 기초해 메시지를 발신하는 네트워크를 구축하고, 컴퓨터를 이용해 경로를 정하면 노드가 망가져도 살아남는 네트워크를 마련할 수 있다."[104]

군사적 용도로 개발된 이러한 시스템을 매우 유동적이고 지구 규모로 확산되는 인터넷으로 바꾸어놓으려는 시도는 미국의 과학 연구 네트워크(특히 UCLA, MIT, 하버드)나 보편적이고 수평적인 공공의 접근이 가능한 컴퓨터 네트워크를 만들고자 애썼던 대항문화가 선도했다.[105] 1978년에 모뎀을, 1992년에 웹브라우저 '모자이크(Mosaic)'를 발명한 주인공은 학생들이었다. 이것은 퍼스널 컴퓨터에 기반한 대항문화가 발전하는 데 가장 중요한 계기였다. 카스텔은 말한다. "시스템의 개방성 역시 초기의 컴퓨터 해커와 네트워크 애호가들이 일구어놓은 혁신과 접근 가능성의 진전에 빚지고 있다. 이러한 사람들은 여전히 네트 위에 무수히 존재한다."[106] 인터넷은 국민사회가 통제하거나 효과적으로 검열할 수 없는, 수평적 소통을 가능하게 하는 시스템으로 발전해왔다. 인터넷은 특정 목적(이 경우는 핵 공격에 대비하는 미국의 군사통신수단이라는 목적)을 위한 기술이 전혀 의도하지 않은 방향으로 카오스적으로 개발되고 발전할 수 있음을 보여주는 전형적 사례다.

이리하여 20세기 말에 인터넷은 사회생활에서 유동체라는 메타포가 되었다. 인터넷은 무수의 네트워크, 사람, 기계, 프로그램, 텍스트, 영상을 아우른다. 그것에서는 준주체, 준객체가 하이브리드한 형태로 한데 뒤섞인다. 최신의 컴퓨터 네트워크와 링크가 무계획으로 뒤섞이는 패턴을 취하며 끝없이 증식한다. 이러한 유동체의 공간에서 최종적 아이덴티티가 무엇인지 결정하기란 불가능하다. 유동체의 세계는 혼합체의 세계인 까닭이다. 메시지는 혈액이 다양한 모세혈관을 거쳐 이동하듯 제 갈 길을 찾아간다. 결락된 지점이 나타나면 유동체는 우회한다. 컴퓨터 네트워크는 견고하지도 안정적이지도 않다. 매우 돌출적이다. 플랜트는 하이퍼텍스트 프로그램과 네트를 "중심점도 조직화 원리도 위계도 존재하지 않는, 각주로 짜인 망"이라 표현한 바 있다.[107]

두 번째 사례는 '동유럽'에서 공산주의 체제가 붕괴하던 시기에 다양한 흐름이 얼마나 중요하게 작용했는지다.[108] 제2차 세계대전 이후 중부와 동부 유럽의 독립국가들은 '서방'뿐 아니라 서로에 대해서도 매우 강력한 국경을 구축했다. 그 사회의 안팎을 오가는 문화적 소통은 차단되었다. 냉전은 정치와 마찬가지로 문화도 얼게 만들었다. 동유럽 사회는 소련의 헤게모니 아래서 경제적으로는 코메콘(CO-MECON), 군사적으로는 바르샤바조약(Warsaw Pact)을 통해 국제적으로 결속했으며, 이와 나란히 획일적인 패턴, 특히 소비 부문에서 획일화된 패턴을 강제하고자 문화적인 말아 넣기와 강고한 내셔널 네트워크 구축에 힘을 쏟았다. '사회'에 근거한 흥미로운 실험실이 만들어진 셈이다.

그러나 유동체와 같은 다양한 운동이 사회의 영역적 경계를 침범했다. '동유럽' 사람과 문화를 유지하고 동결시키려는 시도는 지속될 수 없었다. 베를린 장벽은 한 사회의 사람들을 지키려고 만들어진 가장 극단적인 시도였다. 그러나 1960년대에 접어들자 통신이 먼저 증가했으며 이후에는 여행이 증가했다. 사람과 특히 사물은 공들여 구축해놓은 국경을 넘어 때로 "밀수업자의 보이지 않는 손(invisible hand of the smuggler)"으로 불리던 힘에 의해 흘러가기 시작했다.[109]

'서방'의 물건들이 은밀하게 돌아다녔고 화제를 불러일으켰다. 동유럽 사회 시민들은 그 물건들로 자신들을 새롭게 표현하고 집합적 기억을 만들어내며 사회의 새로운 이미지를 창조했다. 많은 사람이 서구적 멋을 풍기는 물건이나 그러한 물건에 관한 지식을 얻고자 노력을 아끼지 않았다. 직업이나 정치 영역에서 자신을 표현할 기회가 거의 없었으므로 책과 같은 고급문화든 배우 포스터와 같은 저급문화든 새로운 문화적 아이덴티티를 상징하는 물적 대상이라면 무엇이든 손에 넣으려고 애를 썼다. 브라운은 말한다. "사회적으로 만들어진 욕망이 실제로는 어떤 정치 이데올로기보다 유럽의 국가 사회주의 체제를 안으로부터 무너뜨리는 데 결정적이었다."[110]

중부와 동부 유럽은 공업생산을 우선시하고 소비자 욕구를 억제하며 경제를 운용했다. '서방'에서 보면 비교적 한정된 기간 동안만 허용될 수 있는 전시 긴축재정에 가까웠다. 소비를 많이 그리고 다양하게 하지 못하도록 줄곧 억압한 탓에 반감을 사지 않을 수 없었다. 선택이 제한될수록 개인과 집단은 특히 '서방'과 비교하며 소비재 또는 대용품을 더욱 갈구했다. 워터스는 말한다. "아마도 인구의 태반은 슬쩍 엿보았던 소비자문화에 기반한 서방의 생활방식을 기꺼이 받아들였으리라. …… 1980년대 말 일어난 '벨벳 혁명(velvet revolution)'은 개인이 제약 없이 소비할 권리를 요구한 대중의 주장이라고 이해할 수 있다."[111]

1970년대부터 1980년대에는 '서방'으로 '쇼핑 투어'가 성행했다. 서방의 물건이 들어오고 지역사회의 네트워크를 통해 전매되었다. 사람들은 '서방'의 부와 소비자가 향유하는 풍요로움에 더 많은 사극을 받았다. 바야흐로 서방의 물건은 중요한 문화적 표지가 되었다. 다른 문화권에서 흘러들어오는 물건들을 갈망하는 사람들의 흐름은 소비 장벽을 국책으로 삼았던 사회의 특징적 면모를 보여준다.[112] 사람들이 손에 넣으려는 물건 가운데에는 서방에서 그다지 값나가지 않는 것도 있었다(예를 들면 맥주용 컵받침). 그러나 그것이 구할 수 있는 전부라면 사람들은 기를 쓰고 차지하려 들기 마련이다.

이렇게 흘러들어온 물건들은 동유럽의 오늘날 역사 속에서 여러 의미를 지닌다. 먼저 단순히 소비재로서의 매력, 스타일과 취향을 남들과 차별화할 수 있다는 매력을 꼽을 수 있다. 좀더 일반적으로 쇼핑이라는 즐거운 활동도 그 매력에 포함된다. 물건을 살 수 있다는 행위 자체가 강력한 욕망의 대상이었다. 또한 '서방'은 그럴듯한 '세련됨'의 기준을 갖추었다는 생각이 확산되면서 미국의 조깅화나 서방의 책이 '컬트적' 대상이 되기도 했다. 다른 나라, 특히 '서방'으로 여행을 가면 가족을 위해 또는 남에게 팔기 위해 소비재를 대량으로 구입했다. 관광객이나 대형 트럭 운전사에 의한 밀매도 끊이지 않았다. 그들은 사온 제품을 팔기 위해 사회적 네트워크를 이용했다. 그 물건들은

'서방'의 세련됨과 아울러 '동구권'의 실패를 증명했다. 구매자, 관광객, 여행자, 암상인, 밀매업자의 흐름은 소비재, 교통, 운송과 결합해 엄격하게 구획된 '사회'를 침식했다. 사회는 이러한 흐름을 저지할 권력을 지니지 못했다. 상품, 서비스, 기호, 이미지, 사람의 피할 수 없는 흐름은 강력하게 관리되던 국가의 경계를 넘나들었다.

앞의 내용은 맥락이 바뀌면 물건이 다른 문화적 일대기를 갖는다는 점도 시사한다. 이는 코피토프가 묘사한 자동차 일대기에서도 확인할 수 있다. 외양은 비슷하게 만들어졌지만 아프리카와 프랑스에서 미국의 자동차는 운명이 달라진다. 자동차 일대기는 누가 어떻게 그 차를 소유하게 되었는지, 차를 사기 위해 어디서 돈을 마련했는지, 거래하는 사람들 사이는 어떤 관계인지, 차를 어디에 사용할 것인지, 주로 차를 운전하는 사람은 무슨 일을 하는지, 정비소는 제대로 있는지, 차 소유는 어떻게 이전되는지, 차가 어떻게 처분되는지 등에 따라 달라진다.[113]

세 번째 사례는 글로벌한 흐름이 다양한 영향과 아울러 다양한 저항을 낳는다는 역설적 사태에 관한 것이다. 많은 집단과 협회는 새로운 글로벌 질서를 담당하는 제도와 흐름에 격렬하게 저항하며 힘을 얻는다. 글로벌한 혼란의 원인과 결과가 무엇인지에 관해 일치된 의견은 나오지 않았지만, 글로벌화는 그러한 저항을 낳고 있다. 글로벌한 제도에 맞선 저항들은 파편화되어 있고 공통점을 갖지 않는 경우도 많다. 그 저항의 예로 멕시코의 사파티스타, 미국의 우익 민병대를 들 수 있으며, 나아가 애국주의자 단체, 일본의 옴진리교, 환경 NGO, 여성운동, 뉴에이지, 종교적 원리주의도 거론할 수 있다. 카스텔의 표현을 빌리면 그것들은 새로운 글로벌 질서에 맞서 "저항의 아이덴티

티(resistance identity)"에 기반하여 조직된다.[114]

그것들은 가상의 커뮤니티다. 즉 "활동가의 말, 문화적 생산물, 미디어 이미지의 비지리적 공간에서 성원이 하나로 연결될 때만 존재하는" 커뮤니티다.[115] 나아가 흐름에 맞선 저항은 국민사회의 '탈전체화'를 촉진하기도 한다. 카스텔에 따르면 "시민사회는 오그라들고 탈구된다. 글로벌 네트워크(나라면 글로벌 유동체라고 명명하겠지만) 내의 권력 형성 논리와 특정 사회와 문화 내의 결합과 표상 논리 사이에 더 이상 연속성이 보이지 않기 때문이다."[116]

또한 저항집단들은 자신의 흐름을 만들어내고 재생산하고자 글로벌화의 기술과 기계를 빈번히 활용한다. 카스텔은 사파티스타를 "최초의 정보 게릴라"라고 부른다. 사파티스타는 컴퓨터 매개통신(CMC)을 활용하여 글로벌한 연대의 네트워크를 확립했다.[117] 사파티스타만이 아니다. 미국의 애국주의자도 인터넷을 광범하게 이용한다. 그들은 연방정부가 미국을 글로벌 경제의 일부로 전락시키며 미국의 주권과 고유한 관습, 문화를 파괴하고 있다며 인터넷에서 성토한다.

앞에서 살펴본 동유럽의 경우에서 소비자의 구매 행위도 이러한 저항의 아이덴티티를 매개한다고 할 수 있다. 다른 사례로 버지스는 아마존 열대우림을 둘러싼 글로벌 문화정치를 거론한다. "아마존 열대우림 파괴에 맞선 캠페인을 지지하는 배우, 가수, 브라질계 인디언, 음악 프로모터, 환경보호단체, 미디어 산업, 그리고 레코드를 구입하는 젊은 층을 중심으로 한 소비자 사이의 연대"가 생겨난 것이다.[118]

이러한 소비재 흐름은 글로벌 시대에 조직들이 새로운 양상으로 '성원'을 모으는 방식과도 관련된다. 지금까지는 회원이 조직에 가입하고 조직에서 다양한 권리와 의무를 부여받는 식이었다. 조직은 대개 수직적 위계관계를 띠고 있으며, 노동조합이 그 고전적 모델이다.

그러나 오늘날에는 다양한 글로벌 유동체를 활용하고 미디어를 매개수단으로 하는 새로운 '조직'이 속속 등장하고 있다. 사람들은 티셔츠를 구입하고, CD를 들으며, 조직의 웹페이지에 접속하고, 주요 인물의 비디오를 구입하며 자신이 그 조직의 성원이 되었다고 상상한다. 사물이 대리적인 또는 유동적인 '네트워크 멤버십'의 감각을 제공하는 것이다. 나는 다른 책에서 여론조사 문화를 다룬 적이 있는데, 그것과도 관련 있을 것이다. 여론조사 문화에서는 사람들에게 소비자-시민으로서 당면한 문제에 관한 의견을 묻는다. 하지만 의견들이 조사되고 측정되고 매체에서 보도되고 소비되기 위해 반드시 해당 성원에게 질문을 해야 할 필요는 없다.[119] 실제로 사람들은 때로 자신을 자신이 속하지 않은 조직(예를 들면 세계적 커뮤니티인 '지구의 벗')의 '성원'으로 여기기도 한다. 또는 그린피스처럼 국민국가 경계의 안팎을 넘나드는 글로벌 브랜드에 자신을 동일시하며 성원이 되었다고 생각한다.[120]

출발점이나 종착점이 뚜렷하지 않은 여러 유동체가 발달하고 있다. 여기에는 그 유동체를 관리하고 통제하고 체계화하려는 국가와 기업에 대한 저항도 포함된다. 이 유동체는 어떤 코즈모폴리턴한 시민사회를 낳고 있다. 이는 시원의 역할을 하는 주체도, 논의할 대상에 관한 의견의 일치도 없으며, 반드시 진보주의적이거나 바람직한 미래상을 갖지도 않는 시민사회다.[121] 코즈모폴리턴한 시민사회는 오늘날의 세계를 뒤덮은 사회들에서 자신을 해방시키며 무한하게 이종적인 시민사회의 도래를 알리고 있다. 시민사회는 사회적인 만큼이나 물질적으로 구성되며, 예측 불가능한 글로벌 스케이프와 흐름의 전개를 통해 매우 멀리까지 영향을 미칠 것이다. 그러나 글로벌한 유동체의 힘에도 불구하고 조직의 '성원'은 지금이라는 시간 속에서 남들과 강렬한 공감을 '나누기' 위해 간헐적으로 모인다. 그 사례로는 축제, 비즈니스 회의, 휴가, 캠핑, 세미나 또는 이의 제기의 장 등이 있다.[122]

카스텔은 이렇게 정리한다. "주체는…… 더 이상 해체과정에 있는 시민사회에 근거해 구성되지 않는다." 특히 글로벌 과정에서 "공동의 저항을 연장함으로써 구성된다."[123]

글로브와 권역

그런데 나는 지금껏 글로브(globe), 글로벌(global), 글로벌화(globalization)라는 개념을 그다지 숙고하지 않고 사용해왔다. 영역, 네트워크, 흐름 앞에 아주 쉽게 형용사로 가져왔다. 글로벌 또는 글로벌화를 낳는 명사 글로브 자체가 어떤 종류의 메타포와 관련되어 있는지 고찰하지 않았던 것이다. 이제 그 문제에 대해 논의해보자.

먼저 오늘날의 환경주의라는 맥락에서 '글로브'와 '권역(sphere)'으로서의 지구에 대해 고찰한 잉골드의 논의를 참조해보자.[124] 잉골드는 과학적·정치적·정책적 담론 속에서 빈번히 사용되는 '글로벌한 환경의 변화'라는 표현이 모순된 것이라고 지적한다. 환경이라는 말은 대체로 둘러싸고 있는 무언가를 가리키며, 둘러싸인 것과의 관계를 늘 수반한다. 한쪽이 없으면 다른 쪽도 없다. 그러나 지구(globe)와의 관계에서 보면 무엇이 그 '환경'에 해당하는지가 불분명하다.

확실히 지구를 감싸는 생명권이 존재하며, 러브록의 가이아 가설처럼 그러한 이미지는 오늘날 환경보호의 관점에서 중요하다.[125] 그러나 잉골드가 지적하듯이 '글로벌한 환경의 변화'라는 표현은 은연중에 지구가 환경 위협에 노출되어 있다는 생각을 바탕에 깔고 있다. 그러나 그렇더라도 어떻게 또는 어떤 의미에서 인간은 지구에 에워싸여 있는 것일까? 사실 지구는 우리를 에워싸고 있지 않다. 앞에서 밝혔듯이 지구(earth)를 글로벌한 환경으로 간주하는 것은 인간을 지구와 구분하는 사고방식이 만연해 있기 때문이다.[126]

나아가 잉골드는 구체(globe)와 권역을 구별하여 지구(earth)에 대한, 점차 지역과 사회를 횡단해가는 과정에 대한 다양한 메타포를 검토한다. 잉골드는 지구본, 우주선, 인공위성에서 촬영한 사진, 텔레비전과 영화에서 사용되는 영상으로 인해 우리가 구체로서의 지구 이미지에 얼마나 익숙해졌는지를 분석한다. 그러나 사실 어느 누구도 그러한 지구를 직접 보거나 만지거나 듣거나 냄새를 맡은 바 없지 않은가. '지구(globe)'에 대한 이미지는 인간의 직접적인 감각에서 나온 것이 아니다. 생명체는 지구(earth)의 극히 표면에서 활동하고 있으며, 지구(globe)를 직접 지각하거나 경험할 수 없다. 잉골드는 이렇게 정리한다. "하나의 지구(globe)라고 상상된 세계는 생명과정으로 발생하는 것이 아니라 생명에게 주어진 또는 생명이 직면할 실체로 여겨진다. 글로벌한 환경은 삶의 세계가 아니라 삶에서 끊긴 세계다."[127]

코스그로브는 1972년 아폴로 17호가 촬영한 '지구의 전체상' 사진이 지구에 대한 현대인의 관념에 얼마나 심대한 영향을 미쳤는지 분석한 적이 있다.[128] 코스그로브는 지구를 촬영한 이 사진이 어떻게 그토록 강력한 힘을 지니고 이데올로기와 마케팅 아이콘이 되었는지에 대해 설명한다. 컴퓨터회사와 항공사는 그 사진을 즐겨 사용하여 회사의 활동 영역이 전 세계에 걸쳐 있음을 강조했다. 환경보호주의자도 이 사진을 자주 활용했다. 어둠이 가득 찬 우주 속에서 지구만이 외롭게 푸른빛을 띠고 있는 것을 보여줌으로써 상처받기 쉬운 이 행성을 보호해야 한다는 메시지를 강조했다. 미국 정부는 아폴로 계획이 인류 운명의 도달점이라고 선전하기도 했다. 이 사진은 광범하게 재생산되고 유통되어 복수의, 때로는 경합하는 담론장에 출현했다. 시각적 표상이 지닌 경이로운 힘을 증명하는 것이다(7장 참조).

이렇듯 고체이며 불투명한 지구는 기껏해야 시각으로 취할 수 있는 세계 관념이지만, 일련의 동심원적 권역은 이와 대비되는 세계 관념이다. 권역은 속이 비어 있거나 투명하며 그 안쪽도 경험할 수 있다. 권역적 시각은 내향적이고 원심적이며, 보는 것뿐 아니라 들어서도 경험할 수 있다. 여러 부족사회가 그랬듯이 중세 유럽에서 세계는 포괄적인 천구(sphere)라고 여겨졌다. 잉골드에 의하면 권역적인(spherical) 메타포에서 구체의(global) 메타포로 이행하게 된 것은 다양한 감각에 기댄 살아 있는 경험의 매트릭스에서 세계가 서서히 멀어져가는 과정이었다.[129] 구체의 메타포가 설득력을 갖는 것은 시각 중심주의 탓이다. 여기서 글로벌한 것과 로컬한 것의 이분법이 만들어지고 재생산되었다. 글로벌한 것이 지닌 힘과 중요성은 시각 이미지가 다른 감각을 압도하기에 가능했다.

특히 환경은 글로벌한 것으로 이해되어 로컬한 것으로서의 환경과 대립했다. 잉골드에 따르면 글로벌과 로컬은 정도나 규모가 아닌 질의 차이를 갖는다. 로컬한 것은 글로벌한 것과 비교하여 보다 한정되고 좁은 범위에서 존재하는 것이 아니라 다른 해석법에 근거하고 있다. "그것은 실생활 속에서 살아 있는 세계를 구성하는 요소들과 활동적이고 지각적인 관계를 맺는다. 멀찌감치 떨어져 객관적이며 공평무사하게 세계를 관찰하는 것이 아니다."[130] 환경을 글로벌한 대상으로 여긴다면 부대낌에 기초한 로컬의 존재론보다 초연함에 근거한 글로벌의 존재론을 특권화하고 그것과 공모하게 된다. 기술의 간섭, 관리, 그리고 로컬한 사람들의 권리 침해를 방관하게 된다.

그래서 우리는 글로벌한 사고의 한계를 성찰해야 한다. 글로벌한 기술과 자연과학의 설명력에 도전하는 '로컬한 지식과 실천'을 분석한다면 좋은 사례를 이끌어낼 수 있을 것이다. 과학은 다음과 같은 사회적 전제, 즉 실험실에서 도출해낸 이론적 예측은 구체적인 '현실세계'의 상황 속에서 유효하지 않을 수도 있다는 전제하에 세워져야 한다. 사실 실험실은 그 자체가 매우 특수한 사회적·자연적 배치다. 그리고 보통 사람들은 자신이 일하거나 거주하는 장소에 적용할 수 있는 과학적 이해를 체득한다. 이러한 의미에서 보통 사람들이야말로 훌륭한 '과학자'일지도 모른다. 윈은 체르노빌 원전 사고로 방사능물질이 영국의 호수 지방에 있는 목양장에 미쳤던 영향에 대해 다음과 같이 말한다.

> 농부들은 규제가 필요함을 인식하고 있었다. 그러나 전문가들이 언덕 농장의 관습적이며 유연하고도 비공식적인 관리체제에 무지했던 까닭에 농부들은 전문가들의 권고를 따를 수 없었다. 전문가들은 지역적 환경에 적합하도록 조정하지 않아도 과학적 지식을 그대로 언덕 농업에 적용할 수 있다고 믿었다. …… 전문가들은 농업 현장의 실상에 어두워 로컬한 지식을 무시했던 것이다.[131]

로컬한 사회적 실천은 로컬한 지식에 기대는 경우가 많으며 글로벌한 과학적 지식의 형태를 매개한다. 이 사례는 로컬한 사회적 실천을 규명하고 분석하는 일의 중요성을 시사한다. 그러나 서양에서 과학 모델은 글로벌한 표준화 과정을 전제해왔다. 그리하여 과학자들은 위험을 평가할 때 고려해야 할 로컬한 조건과 로컬한 지식 형태를 곧잘 무시했다.

마지막으로 지구(globe)의 메타포가 지닌 힘과 결함에 대해 두 가지 논점을 더하고자 한다. 첫째, 글로벌한 사고가 발전하는 과정에는 문화적 해석이 뒤따른다. 잎에서 살펴보았듯이 구체로서의 지구는 우리의 감각으로 직접 경험할 수 없기 때문이다. 글로벌한 사고가 형성되는 과정은 글로벌한 환경이 변화하는 과정을 염두에 두고 포착해야 한다. 스스로의 힘으로 글로벌한 환경의 변화를 낳을 수 있는 환경, 즉 이미 모습을 갖추고 있고 강력한 원인으로 작용하는 환경은 존재하지 않는다.[132] 글로벌한 환경의 위기가 그저 위험의 글로벌화에 따른 산물은 아닌 것이다.

나아가 환경의 '악화'가 글로벌한 규모에서 진행되는 중이라는 주장도 있다. 이때 '글로벌한 규모'란 여러 사회에서 살아가는 많은 사람이 (얼마간은 아폴로 사진의 효과로) 모두가 함께 하나의 지구에서 살고 있으며 누구든 공동의 위험에 처할 수 있다는 상상력을 전제한다. 이러한 글로벌한 상상의 공동체는 다양한 경제적·문화적 과정을 거치며 형성되었다.[133]

1970년부터 미국과 일부 유럽 국가에서는 핵 방사능, 농약 살포, 자동차 배기가스, 그 밖의 구조적인 대기오염과 수질오염 등 환경을 위협하는 문제에 대한 관심이 생겨났다. 여러 사건이 발생해 환경이 악화될지 모른다는 광범한 위기의식이 고조되었다. 악화는 산재하며 지리적으로 고립된 과잉의 형태를 띠기보다 나라의 경계를 넘어 잠재적으로 모든 사람에게 확산되고 있다. 여러 조직과 정부는 이러한 위험의 글로벌한 성격을 언급하고, 이제는 시각화가 가능한 '우주선 지구호'가 위험에 처했다고 말하기 시작했다.[134] 그 위험은 개별 원인에서 발생하고 한정된 범위에서만 결과를 초래하는 것이 아니라 서로 이어진 글로벌한 위기라고 경고했다.

둘째, 글로벌한 것과 로컬한 것을 분석하며 잉골드는 로컬한 것의 개념이 얼마간 비메타포적이라고 상정하고 있다. 로컬한 것은 실제로 존재하며, 지리적으로 가깝고, 일과 거주지가 겹쳐 있고, 각 장소를 가르는 경계가 분명하며, 거주 감각이 땅에 뿌리내린다는 특징을 띤다.[135] 그러나 잉골드는 재정식화된 게마인샤프트를 제시하고 있을 따름이다. 이 경우는 일종의 글로벌한 게젤샤프트와 맞서고 있는 것이다. 결국 로컬도 어느 면에서는 메타포적이다. 즉 이 말을 사용하면 명확히 구획된 커뮤니티가 떠오른다. 이 커뮤니티에는 귀속의식이 뚜렷하고 따뜻함이 감도는 끈끈한 사회적 관계가 있을 것만 같다. 잉골드는 그러한 로컬한 관계성이 내재화되어 있으며 모든 감각을 수반한다고 간주한다. 이것은 시각에 의존하는 분리된 '지구'라는 착상과 대조를 이룬다. 이러한 '지구'는 인간이 움직여주기를 기다리고 있는 것처럼 보인다. 코스그로브가 아폴로의 사진을 두고 말했듯이 이제 "사진이 인간의 흔적을 지우고 있어 로컬한 것에 대한 신념을 유지하기가 쉽지 않다."[136]

맺음말

이 장에서 나는 사회과학에서 메타포적 사고가 얼마나 만연해 있는지를 살펴보았다. 앞으로 나는 지구촌, 빙하의 시간, 권력 교체, 디아스포라, 이방인, 지도 제작, 탐험, 조원(造園), 사냥터 관리 등의 메타포를 채용할 것이다. 사회학이 선보인 많은 메타포는 공간적이다. 유추 내지 환유를 통해 사회적 현상에 다양한 공간적 특징(예를 들면 지구globe)이나 공간을 가로지르는 이동의 특징을 부여한다.[137]

지금껏 나는 특히 운동의 메타포를 조명하며 네트워크와 유동체라는 개념으로 '글로벌'을 해명할 수 있다고 제안했다. 그런데 여기서 우리가 생각해보아야 할 또 한 가지 문제가 있다. 사회의 가장자리라고 부를 만한 것의 성질에 관해서다. 즉 사회적 과정들이 사회의 가장자리와 마주칠 때 어떤 일이 벌어지며, 사회적 과정은 그것을 어떻게 가로질러 가는가? 앞 장에서 비판한 '사회'라는 용어를 사용한다면 이러한 물음이 될 것이다. 어떻게 메타포로 하나의 사회가 멈춘 곳을 개념화할 수 있을까? 그것이 멈추었다는 것을 어떻게 알 수 있을까? 가장자리 너머에는 무엇이 있을까? 비사회의 성질은 무엇인가? 사회의 '타자'란 무엇인가?

다음 장에서는 신체의 여행, 사물의 이동, 가상적 여행, 상상의 여행 같은 다양한 여행을 고찰할 것이다. 이것들은 '타자'를 지나가거나 '타자' 속으로 잠입하면서 사회의 가장자리를 넘어서는 이동들이다.

3장

여행

기차는 누군가가 올라타 한 곳에서 다른 곳으로 향하지만, 기차 스스로 이동하고 있기도 하다.

- Michel Foucault 1986: 24.

들어가며

나는 지금까지 이동이 메타포로서도 실상으로도 사회생활의 핵심을 차지하게 되었고, 이동을 분석하는 데 사회학이 보다 공을 들여야 한다고 주장했다. 이 장에서는 이동과 관련된 사회공간적 실천들을 검토하고, 그것이 사회생활 전반에 어떤 영향을 미치는지 분석할 것이다. 사람, 물건, 이미지, 정보는 여행을 한다. 그러한 이동들은 사회생활과 문화 형식을 생산하고 재생산한다. 문화는 유동적이며 여러 이동이 그러하듯 사회성의 다양한 패턴을 낳는다.

다음 절에서는 신체의 여행에 관한 주요한 사회공간적 실천들을 검토하고, 이어지는 절에서는 순서대로 사물의 이동, 상상의 여행, 가상적 여행을 살펴본다. 하지만 여러 양상의 이동을 나열하기보다는 그것들이 교차하는 지점을 주목할 것이다. 이 장에서 나는 여행을 사회생활의 구조를 구성하는 요소로 다룰 것이다. 사회생활과 문화적 아이덴티티는 이동 중에도 회귀적으로 형성되고 재형성된다. 2장에서는 사회학자가 메타포를 통해 사고한다는 것을 강조하며 유목민과 방랑자, 호텔과 모텔, 순례자와 관광객, 이방인과 모험가와 같은 여러 이동의 메타포를 간단히 다룬 바 있다. 이 장에서는 개인 이동에 관한 사회학을 전개하면서 그 가운데 몇 가지를 다시 살펴볼 것이다. 소니 워크맨에 관한 게이의 진술은 이 장에서 다룰 이동의 메타포를 사고할 때 중요할 듯하다.

워크맨은 사실상 피부의 연장이다. 현대의 다른 소비문화에서도 종종 목격되듯이 몸에 딱 맞게 달라붙어 있다. …… 그것은 운동을 위해, 가동성을 위해, 즉 늘 돌아다니고 가볍게 여행을 떠나는 사람을 위해 디자인되었다. 바로 현대의 '유목민'이 원했던 도구다. …… 그것은 후기 근대성의 문화가 가동성에 높은 가치를 부여하고 있다는 증거기도 하다.[1]

신체의 여행

캐플런의 《여행의 물음(Questions of Travel)》을 소개하며 시작해보자.[2] 캐플런의 확대가족은 여러 대륙에 걸쳐 거주하며 미국 내에서도 흩어져서 살아간다. 그녀에게 여행은 "피할 수도 물을 수도 없으며, 일뿐 아니라 가족, 사랑, 우정을 위해 늘 필요한 것"이었다.[3] 그녀는 "나라 차원에서 여행에 편의를 제공하는 것을 당연시하는 문화에서 태어났"으며, "미국 시민이라면 어디든 원하는 곳으로 여행할 수 있"다고 생각한다.[4] 한편, 프라토와 트리베로는 '수송'이 생존에서 가장 주요한 활동이라고 진술하는데, 만약 수송이 가족의 구성을 결정한다면 수송은 더 이상 진보의 메타포가 아니라고도 말한다.[5] 가족이 끊임없이 이동하고 있다면 홈과 어웨이의 구별은 조직화와 이데올로기적 힘을 잃고, 더 이상 여성을 집에 남겨둘 수 없게 된다. 여기서는 본격적으로 논의를 전개하지 않겠지만 7장에서는 사람이 여행할 권리를 가진다는, 즉 여행이 생활의 본질적 일부라는 사고방식을 좀더 심도 있게 검토할 것이다. 이 경우 현대 시민은 다른 장소와 문화에 진입할 권리를 갖는지, 그렇다면 다른 장소나 문화에 대해 상응하는 책임을 져야 하는지가 문제로 불거질 것이다.

지금은 여행에 관한 몇 가지 사회공간적 실천을 고찰해보자. 여행은 여러 문화권에서 일만큼이나 가족생활, 여가, 우정을 위해 '항상 필요'해 보인다. 여행 규모는 경이적이다. 매년 해외로 떠나는 사람은 6억 명 이상에 달하고(1950년에는 2,500만 명이었다), 미국 상공에는 언제나 30만 명 이상의 여행객이 날고 있으며, 세계에는 매년 50만 실의 호텔이 새로 지어지고 있다. 또한 8.6명에 한 대꼴로 자동차가 보급되었다.[6] 해외 여행은 세계무역의 12분의 1 이상을 차지한다. 현재 인류 역사상 가장 큰 규모로 사람들이 국경을 넘나들고 있다. 국내외 관광을 합계한다면 세계 고용과 국내총생산(GDP)의 10퍼센트를 점한다. 세계관광기구는 200개국의 관광 통계를 발표했는데, 거의 모든 나라로 방대한 수의 방문객이 드나들고 있다. 그러나 방문객의 흐름은 균등하지 않다. 여행은 선진 공업사회 사이에서, 그 가운데서도 서남 유럽과 북아메리카에서 주로 행해진다. 그 흐름이 여전히 해외 여행의 80퍼센트를 점하지만 30년 전에는 90퍼센트에 달했다.[7]

이제 여행의 특정한 사회공간적 실천, 즉 도보 여행, 철도 여행, 자동차 여행, 비행기 여행으로 초점을 옮겨보자.[8] 먼저 도보 여행이라는 수수한 실천이다.

유럽에서 18세기 말 이전에 보행자는 위험한 '타자'로 여겨졌다. 휴이슨은 이렇게 표현한다. "셰익스피어의 리어 왕이 궁전을 떠나 황야를 방황하던 때, 그는 털모자를 쓴 도보 여행자가 기능성 신발을 신고 상쾌하게 황야를 거니는 모습을 보지 못했다. 적의로 가득 찬 황무지에서 헐벗고 굶주리고 광기에 시달리는 그는 사회에서 추방된 자였다."[9] 보행자는 필연적으로 거지, 정신병자가 아니면 범죄자로 간주되었다(여기서 '노상강도footpad'라는 말이 나왔다.)[10] 그러나 19세기에 접어들자 도보는 유럽에서 긍정적 의미를 띠게 되었다.

새로운 운송수단이 등장하자 사람들은 점차 걸을 필요가 없어졌다.

그 결과 보행자는 더 이상 거지나 꼴사나운 인간으로 여겨지지 않았다.[11] 18세기 말부터 진행된 운송수단의 변화, 특히 유료도로와 철도가 깔리자 도보를 가난, 결핍, 부랑과 연결하던 고리도 사라졌다. 더구나 철도는 '방랑'이나 열려 있는 땅으로 발을 내딛으려는 대중의 움직임을 부추겼다. 또한 운송수단이 늘어나자 사람들은 이동의 형태들을 비교하고, 경우에 따라서는 좀더 느긋하게 '거리의 마찰'을 극복하는 일의 미덕을 알게 되었다. 자르비스는 거리 위의 '자유'와 한가롭게 거니는 도보가 사회적 위계에 대한 온건한 빈린을 암시했다고 강조하기도 한다.[12] 농업이 변화하자 기존의 통행권을 위협받기도 했지만 보행자들은 관습을 통해, 나중에는 집단행동을 통해 땅을 개방된 상태로 보존하려고 시도했다. '소요(peripatetic)'라는 새로운 담론이 발전했으며, 도보는 경험을 증진시키고 개인과 사회 모두에 활기를 불어넣는다는 생각이 확산되었다.

도보가 점차 유행하자 윌리스는 "내셔널화되는 물리적 변화로부터 로컬한 지형을 보호하고 농촌 잉글랜드의 이상적 가치가 담긴 장소를 지킬 수 있었다"고 말한다.[13] 사람들이 자발적으로 도보에 나선 한 가지 이유는 미학적 선택이었던 셈이다. 만보(漫步)는 규율화와 조직화를 거치며 눈부실 만큼 성장했다.[14]

워즈워스도 비슷한 말을 한다. 보행자는 목적 없이 떠돌지 않는다. 사회 속의 분열적 유행도 아니다. 방랑자는 애초 왔던 길로 되돌아간다. 도보는 목적 없는 방황이 아니라 돌아가겠다는 분명한 의도를 갖고 있기에 지속성을 지닌다. 특히 시인이었던 워즈워스와 콜리지가 호수 지방에서 선보인 실천은 동시대 사람들, 특히 돈 있는 자들이 도보에 나서도록 이끌었다. 19세기 중반에 이르자 "영국 사회에서 가장

고귀한 계층의 사람들은 도보 여행을 교육적 가치가 있는 체험으로 간주"하게 되었으며, (주로 남성 보행자가) 자연 속에서 활력을 얻게 되면서 '소요이론(peripatetic theory)'이 발전했다.[15]

20세기로 접어들면서 느긋한 도보는 신발, 지도, 양말, 방한복, 운동복, 모자와 같은 여러 제품의 수요로 이어졌다. 이 제품들은 하이브리드한 '도보자'를 등장시키는 데 한몫했다. 새뮤얼은 1930년대와 1940년대 영국에서 어슬렁거리려면 "끈기와 체력, 실용적 복장과 착용감 좋은 신발이 필요"했음을 기술한다.[16] 또한 남녀 공용의 복장은 젠더 사이의 여러 차이를 없앴다. 이와 같은 제품을 갖추면 남자든 여자든 도보 여행을 떠날 수 있었다. 새뮤얼은 그렇게 여행을 떠난다면 악천후를 무릅써야 할 때 "여성은 남성처럼 입고 남성처럼 보이고 남성처럼 행동해야 했다"고 말한다.[17] 또한 그의 어머니에게 도보란 일종의 신앙과도 같아 "신선한 공기-운동-풍경이 삼위일체였다"고 회고한다.[18]

전간기(戰間期)에 하이킹은 대중의 열광적인 인기에 힘입어 야외로 전개되었다. 바깥 공기를 마시고 구속도 인적도 없는 탁 트인 파노라마를 접하면 보다 건강해진다고 생각했다. 설령 날씨가 나쁘더라도 (또는 그때야말로) 쉬는 날의 도보는 기분 전환이라기보다 심신 연마를 위한 것이었다. 새뮤얼의 어머니에게는 걷는 동안 고생과 희생이 따를수록 의미가 배가되었다. 그녀는 완만하여 기복이 없는 영국식 지형보다 켈트의 황량한 구릉을 좋아했다.[19]

배회하는 북부의 젊은이에게도 "전원은 활력이 샘솟는 곳이었다. 그들은 풍경을 응시하기보다 걷고 오르고 자전거로 주파하며 몸으로 느끼며" 모든 감각을 사용해 전원에 닿고자 했다.[20] 하지만 다양한 감각을 매개로 하여 새로운 공간적 실천에 나선 동안에도 시골의 농업 현실에는 별로 눈을 돌리지 않았다. 전간기의 시골은 시각적으로 유혹하는 곳이라기보다 "눅눅하고 지붕은 새며 창은 비좁고 집 안은 불결한 슬럼"이었다.[21] 배회하고 등산하고 자전거로 여행하고 캠핑하는 공간적 실천은 시골 사람들의 생활과 거주환경을 거의 신경 쓰지 않았다.

채프먼은 하이브리드한 '어슬렁거리는 자'가 어떻게 영국 호수 지방과 같은 경관이나 거주시에 적응했는지를 기술한다.[22] 그곳에서 불과 수마일밖에 떨어지지 않은 곳에 공업 도시가 있었으므로 애초 그곳을 한가로이 거닌다는 것 자체가 다소 어색한 공간적 실천이었던 셈이다. 채프먼은 반바지에 장화, 알록달록한 양말, 오렌지색의 비옷 등 호수 지방을 거닐기에 안성맞춤인 차림으로 배낭을 메고 그 마을의 하나인 클리토무어(Cleator Moor)를 다닐 때의 모습을 기록한다. 별로 가파르지는 않지만 레이클랜드 산에서 앰블사이드나 케즈윅과 같은 호반 마을로 내려갈 때의 대담무쌍한 심경과는 달리 그는 장소와 어긋나 있다는 느낌을 받았다. 클리토무어에서 그의 옷차림은 딱 가장행렬 차림이었다. 그는 호수 지방에 어울리는 하이브리드로서 그곳을 유유히 걸어 나왔던 것이다.

그리고 소니 워크맨 같은 기술은 지금껏 존재하지 않았던 홀로 다니는 '쿨한 보행자'를 가능하게 했다. 특히 그는 도시생활의 사운드-스케이프에 적응한 보행자다.[23]

좀더 일반화한다면 드 세르토는 발화 행위가 언어를 구성하듯 도보가 도시를 구성한다고 말한다.[24] 그는 도보 행위에서 전략과 전술을 구분한다. 전략은 시간에 대한 공간의 승리를 위한 것이다. 전략은 각

공간 속에서 무엇이 적정한 활동인지, 그곳을 어떻게 걸어야 할지를 고려하여 규율화와 조직화를 꾀한다. 반면 전술이란 도시 속의 시간에서 발생하는 기회를 잡는 것이다. 전술은 살아 있는 공간을 구성하고 임기응변적이며 예측할 수 없다. 디켄은 덴마크의 오르후스(Aarhus)에 사는 터키인 이민자를 사례로 든다. "그들은 어떤 의미에서 기존 도시의 평면을 뒤엎고 그곳에 구멍을 낸다." "그들은 그 평면 속에서 걷고 교제하는 독자의 '전술적' 방법을 발달시킨다. 평면을 능란하게 조작하여, 말하자면 자신들만이 통할 수 있는 길을 낸다."[25] 도보는 신체적 이동, 공상, 기억, 도시생활의 얼개가 서로 뒤얽히며 빚어내는 과잉의 욕망과 목적으로 인해 활성화되고 특권화된다.

보행자와 도보는 그 장소에서 살아가고, 그 장소를 활용할 수 있는지에 관한 윤곽을 그린다. 드 세르토에 따르면 장소는 도로처럼 질서가 잡혀 있고 안정적이지만, 공간은 운동과 속도를 통해서만 존재한다. 공간은 장소에서 전개되는 운동의 앙상블에 의해 활성화된다. 즉 공간이란 수행된 장소다.[26] 그리고 그 수행에는 공간 전술과 사용을 둘러싸고 여러 사회집단 사이에서 마찰이 빚어진다.

어떤 장소는 그곳을 유랑하거나 점유하고 싶다는 욕구를 강하게 불러일으킨다. 그 장소 구석구석으로 이끌리거나 웅장한 풍광에 시선을 빼앗긴다. 장소는 그렇게 다양한 어퍼던스(affordance)*를 제공한다. 19세기 파리는 그곳을 거니는 방문객에게 눈부시도록 새로운 어퍼던스를 발산한 최초의 근대 도시였다. 주머니가 두둑한 사람들이 새로

● 미국의 심리학자 J. J. 깁슨이 제창한 지각이론에서 나온 개념으로 '제공한다'는 뜻인 어퍼드(afford)를 명사화한 것이다. 가령 어떤 환경에서 특정 생물이 생식할 때 환경은 생물이 활동할 가능성을 제공하는데, 그 환경의 기능을 어퍼던스라고 할 수 있다.

들어선 가로수 길을 걷고 환하게 불을 밝힌 상점과 카페에 드나들면서 파리는 사람들로 넘쳐났다. 파리는 마치 "어지럽게 모습을 바꾸어가며 헷갈리게 만드는 만화경" 같았다.[27] 보들레르가 신랄하게 묘사하듯 이곳에서 할 일 없는 사람들은 잔뜩 도취된 채 군중 속으로 몸을 맡길 수 있었다. '시간에서 떨어져' 이곳저곳을 어슬렁어슬렁 거닐다 보면 그 자체가 '기존의 질서'에 전복적일 수 있었다. 유랑자는 장소의 본질을 찾아 나서기도 하고 동시에 소멸시키기도 했다. 그렇게 소비와 전복이 공존했다.[28] 그러한 도보는 마치 "세계가 한 가지 시간만이 아니"라는 듯이 "시계의 계산, 테일러주의, 생산과정과는 대극에 위치했다. …… 유유히 걷는 사람들은 찬찬히 살피고 궁리하고 몽상하는 동안 러시아워 인파에서 떨어져 있었다."[29] 이동하는 타자의 무리에 자기 몸을 동조시키고 군중과 어우러져 걷노라면 즐거움을 느낄 수 있었다.[30]

그러나 도보의 양상은 사회집단마다 크게 달랐다. 19세기 말 파리라는 공간에서 노동계급의 여성에게 군중은 위험한 존재였다. 여성들은 문자 그대로 거리에서 살아가고 성적 대상으로 농락당하기 십상이었다. 한편, 걸어서 여행할 수밖에 없는 사람들에게 파리는 규모 면에서 압도적이고 장엄했다.[31] 좀더 일반적으로 말하면 권력관계가 도시에서의 이동을 중재했으며, 여러 사회집단이 언제 어디를 걸을 수 있는지를 결정했다.

인도 타지마할에서 행해진 조사에 따르면 같은 '장소'라도 걷는 모습은 달라진다.[32] 타지마할 주변의 '고립된 관광지'에서는 대개 부드럽고 질서 있게 걷는다. 각 구역의 기능은 명확히 분절되어 있으며, 관광객은 재빠르게 이동한다. 여러 관리원이 관광객의 움직임을 규제하며, 관광객 역시 지시에 따라 걸음걸이를 조절한다. 그곳에서는 공간이 시간을 지배하며 드 세르토의 말과는 반대로 전술적인 전복을 초래할 공상, 기억, 욕망이 끼어들 여지가 거의 없다.[33] 훈육된 신체와 틀에 박힌 걸음걸이만 보일 따름이다.[34]

이와 대조적으로 '체계적이지 않은 관광지'로 배낭 여행을 떠나면 걸음걸이가 제멋대로다. 다양하고 파편화된 요소와 생생하게 만나는 동안 행동거지는 한층 즉흥적이 된다. 돌아다니고 있노라면 현지 사람들과 마주친다. 탈것이나 동물과도 맞닥뜨린다. 여행 궤도가 그 지역의 골목과 겹치고 교차되기도 한다. 계획은 꼭 짜여 있지 않으며, 평상복 차림으로 어슬렁거리고, 때로는 길을 헤맬지도 모르는 곳으로 일부러 나선다.

무슬림 관광객은 인도인보다 타지마할에 오랫동안 체류하며, 특히 건물에 기록된 코란의 문헌을 읽으며 오랫동안 장내에 머문다. 그들은 느긋하게 영묘를 배회하고, 대리석 테라스에 앉아 고요하게 묵상하며 '경건한 시선'을 보낸다. 무슬림 관광객은 목적에 따라 예정대로 공간을 이동하는데, 이것은 서양의 패키지 관광객이나 동선이 정해지지 않은 서양의 배낭 여행자와는 다르다.

도보(또는 등산과 자전거 타기 등)라는 공간적 실천에는 으레 수고로움이 따르기 마련이다. 자연 지형은 그곳에 다다르기까지의 고통을 감수해야 비로소 값지게 음미할 수 있다(여행travel의 어원은 노고travail다).[35] 롤랑 바르트는 프랑스 여행 안내서 《가이드 블루(Guide Bleu)》를 분석하며 이러한 수고로움을 강조한다. 그리고 그는 자연에 대한 예찬-청교도주의-개인주의를 삼위일체로 삼는다.[36]

도덕성은 고행과 고독을 요구한다. 특히 산, 계곡, 급류처럼 기복이 심한 대지를 극복하려면 홀로 고독을 감내해야 한다. 그래야 자연 속에서 자연을 알아가는 가장 적절한 방법을 터득할 수 있다. 그리하여 《가이드 블루》는 "맑은 공기를 통한 재충전, 정상을 앞둔 도덕적 고찰, 시민적 덕으로서의 정상 정복 등"을 강조한다.[37] 아무 고생도 하지 않고 거리의 마찰을 극복할 수 없다. 자연의 진가를 알려면 개인은 여행을 떠나야 한다. 이러한 이유로 여행은 자연스럽게 길어지고 느긋해진다. 느긋함은 어떤 땅을 거쳐가면서도 최소한의 흔적만을 남기는 미덕이다. 모힘을 수반한 여러 언설에서 이러한 사고를 흔히 접할 수 있다.[38]

특히 이러한 사고는 근대적 생활에서 볼 수 있는 속도감, 황량함과 대조를 이룬다. 19세기에 거리를 배회했던 게으름뱅이도 20세기에 들어서면 덧없고 일시적인 존재가 되어 길을 내준다.[39] 대신 벅-모스가 말하듯이 20세기에는 백화점처럼 소요해야 할 소비공간이 등장한다. 예를 들면 사진 딸린 잡지가 "보세요, 하지만 만지지는 마세요"라고 말하고, 아도르노가 라디오를 "청각적 소요(aural flânerie)"라고 표현한 것처럼 말이다. 그렇다면 텔레비전은 눈의 소요가 될 것이다. 나아가 "대중관광산업은 바야흐로 2주에서 4주 간의 소요를 세계 여행과 함께 패키지로 판매한다."[40] 손태그라면 도시의 사진작가들을 고독한 보행자의 20세기판으로 여길 것이다.[41] 그러나 어떤 경우라도 그 중심축은 느긋함과 거리가 멀다. 역마차, 철도, 자전거, 버스, 오토바이, 항공기, 특히 자가용은 빠른 이동성을 가능하게 했고, 그로 인해 걷고 떠도는 행동의 즐거움과 효용은 반감되었다.

그렇다면 근대의 이동은 어떻게 구조화되었는가? 먼저 중요한 역할을 맡아왔던 철도부터 살펴보자.[42] 철도는 작업장 밖에서도 사람들이 일상에서 체험할 수 있는 기계장치다. 경이적인 힘을 과시하며 빠르게 이동하는 기계장치가 일상 속으로 침투했다. 기차의 시대는 기존의 자연-시간-공간의 관계를 뒤바꾸었고, 근대 세계 속에서 가장 독특한 경험을 산출했다. 철도가 땅을 정복하면 땅은 평면으로 바뀐다. 기차는 평탄하게 쭉 뻗은 궤도 위에 올라 교량, 굴착 수로, 제방, 터널을 통해 풍경을 가로지른다. 풍경은 그곳에 머물러 화폭에 담을 대상이 아니라 빠르게 스쳐 지나가는 창틀 속의 파노라마가 된다. '파노라마적 지각'이 등장하는 것이다.[43) 19세기 말에 니체도 이렇게 말했다. "누구나 여행자처럼 객차 안에서 땅과 그곳의 사람들을 알게 되었다."[44)

철도는 장거리 여행을 대중화했다. 여행자는 처음 보는 낯선 사람들과 함께 닫힌 공간 속에 놓인다. 이는 사회적 거리를 유지하기 위한 새로운 방법을 발달시켰다. 레이먼드 윌리엄스는 기차역에서 "남들과 거리를 두는 것은 개인의 선택이 아니라 혼잡한 사회의 관습"이라고 말한다.[45)

5장에서 다루겠지만 철도가 깔리면 서로 맞물리지 않았던 각 지역의 시간이 그리니치 표준시로 일체화된다. 또한 철도라는 이례적인 기계의 힘은 독자적 공간을 창출해 동떨어진 장소들을 복잡하고 확장된 가속화의 순환체계 속으로 끌어들인다. 그리하여 기차 여행은 "속도가 빨라지면서 그 자체가 하나의 가치가 되고 나름의 관행과 문화를 지닌 또 하나의 나라"가 된다.[46) 각 장소는 어딘가로부터 와서 어딘가로 향하는 동안 거쳐가는 경유지로 인식되었다. "모든 지방은 더이상 공간적으로 독자적이지도 자율적이지도 않다. 그곳으로 접근하도록 만드는 교통 순환 속의 한 지점일 따름이다."[47)

아울러 사람들의 주체성은 다른 장소와의 관계 속에서 구성되었다. 19세기 중엽 월든 호수(Walden Pond) 둔덕의 '자연'으로 돌아가 살았던 헨리 소로조차 철도 소리를 싫어하지 않았다. 오히려 그는 다음과 같이 생각했다.

화물 열차가 덜컹거리며 지나가면 기분이 상쾌해지고 사고가 트인다. 롱 휘프(Long Wharf)에서 샹플랭 호수(Lake Champlain)까지 거니는 동안 상점들이 쉴 새 없이 풍기는 냄새를 맡으면, 외국의 어딘가…… 그리고 지구의 광대함이 떠오른다. 내가 좀더 세계 시민으로 느껴진다.[48]

토머스 쿡 역시 철도는 민주적이며 진보적이라는 신념을 갖고 있었다. 그는 말한다. "철도 여행은 만인의 여행이다. 별 볼일 없는 사람도 부자도 여행한다. …… 기차로 여행을 떠나는 것은 공화제의 자유와 군주제의 안전을 동시에 향유하는 일이다."[49] 그러나 일찍이 철도회사는 대중과 저소득자의 시장이 지닌 경제적 장래성을 알아보지 못했다. 철도 여행이 사회적으로 조직화되려면 전문가가 필요했다. 쿡은 여행을 간소화·대중화·저렴화하여 철도의 기술 혁신을 사회 혁신으로 바꾸어놓았다. 그는 갖가지 서비스 상품을 개발했다. 다양한 노선의 티켓을 미리 공급해주고, 원하는 가격으로 티켓을 확보하기 위한 좌석 일괄 예약을 도입하고, 철도 쿠폰을 개발하고, 수화물을 먼저 배송하고, 나중에는 호텔 쿠폰과 순회어음까지 출시했다.[50] '관광의 제왕' 쿡은 힘주어 말한다. 여행은 "마음의 양식이 되고…… 보편애를 길러준다."[51] "세계 전부가 움직이는 이 변화의 시대에 가만히 있는다면 그게 바로 범죄다. 여행 만세! 저렴하고도 저렴한 여행이여!"[52]

마지막으로 철도는 여행자가 마치 소화물처럼 공간을 가르고 지나
가도록 만들었다. 신체는 익명화된 살덩어리의 소화물인 양 다른 물
건들처럼 한 장소에서 다른 장소로 할당된다.[53] 이처럼 강력한 철도
기술은 인간이 제어할 수 있는 것이 아니었다. 오히려 하이데거가 지
적하듯이 그 기계는 인간에게 "독특한 지배…… 독특한 규율과 특유
의 정복의식을 전개"했다.[54]

20세기로 들어서면 기술을 매개한 규율화와 지배의 주역이 '자동
차'로 바뀐다. 자동차는 생산, 소비, 유통, 입지, 사회성의 총체적 체
계를 낳았다. 2015년이면 전 세계에 10억 대 이상의 자동차가 보급될
것으로 예상된다. 자동차의 하이브리드적 사회·기술 체계를 이해하
려면 서로 이어진 여러 차원을 함께 검토할 필요가 있다.

- **본질의 차원** 20세기 자본주의에서 선도적 산업 부문이며, 유명
  한 기업(포드, GM, 롤스로이드, 메르세데스, 도요타, 폴크스바겐 등)
  이 생산하는 제조물이다.
- **산업의 차원** 자동차는 포디즘과 포스트포디즘이라는 현대 자본
  주의 발전의 궤적과 거기서 초래된 변화를 이해할 때 핵심이다.
- **개인적 소비의 주요 상품이라는 차원** 자동차라는 상품은 종종 의
  인화된다(이름이 붙거나 길들여지지 않는다거나 나이를 먹었다고 핀
  잔을 듣는다). 아울러 자동차에 결부된 기호적 가치(속도, 집, 안
  전, 성적 욕망, 직업상의 성공, 자유, 가족, 남성스러움)를 통해 소유
  자·사용자에게 사회적 지위를 부여한다.
- **자동차를 둘러싼 기술적·사회적 연관이 구성하는 기계 복합체라
  는 차원** 자동차는 다른 산업 분야와 연계되어 있다. 가령 부품과

액세서리, 가솔린의 정제와 유통, 도로의 건설과 유지 관리, 호텔, 길가의 휴게소와 모텔, 판매와 수리점, 교외 주택 건설, 새로운 소매업과 레저복합시설, 광고와 마케팅 등.

- **가장 심각한 환경 문제라는 차원** 광대한 범위와 규모의 자원이 자동차, 도로, 자동차환경을 만드는 데 사용되며 자동차는 원료, 대기환경, 소음, 의료, 사회, 오존층, 풍관 등에 영향을 미친다.

- **'준사적' 이동성의 지배적 형태라는 차원** 자동차 이동은 도보, 자전거, 철도 등을 통한 '공적' 이동을 자기 아래 두며 사람들이 직장, 가족생활, 여가에서 기회와 제약을 어떻게 조정할 것인지를 재편성한다.

- **다른 젠더, 여러 계급과 연령대를 가로지르는 문화의 차원** 무엇이 좋은 삶인지에 관한 담론을 양산하고, 문학과 예술에서 유력한 이미지와 상징을 제공한다. 문학에 기여한 사례로는 자동차가 일으키는 '유동하는 감각'을 부각시켰던 포스터의 《하워드 엔드(Howard's End)》[55]나 "근대사회에서 남성생활의 전체 메타포로서" 자동차를 묘사했던 발라드의 《크래쉬(Crash)》가 대표적이다.[56] 바르트는 말한다. 자동차는 "인구 전체에 의해 소비된다. 꼭 사용하지 않더라도 이미지로 소비된다. 고딕 대성당의 정확한 등가물이다."[57]

하지만 사회학은 자동차 이동이 지니는 맞물린 차원들을 외면해왔다. 그나마 산업사회학, 소비사회학, 도시사회학이라는 세 가지 하위 분야가 자동차와 그 사회적 영향력을 검토했지만 적절한 분석을 내놓지는 못했다. 산업사회학은 자동차 대량생산이 사회생활을 어떻게 바꾸어놓는지에 관해 충분한 주의를 기울이지 않는다. '포디즘'으로 생산된 수많은 자동차가 소유의 '대중화'를 거쳐 미국의 사회생활에 어떤 영향을 미치는지에 대해 분석하지 않았다.

소비사회학에서는 유례없는 이동과 이동 속의 거주라는 새로운 양식, 나아가 자동차문화를 발전시키는 자동차의 독특한 사용가치를 좀처럼 검토하지 않는다. 소비사회학은 기호적 가치에 주된 관심을 두며 자동차 소유 또는 특정 차종을 소유하는 것이 소유자의 사회적 지위를 높이는지에 대해서만 문제 삼을 뿐이었다. 자동차는 소비세계에서 집에 놓인 구동장치로 머물러 있는 것이다.

도시사회학은 도보라는 사회공간적 실천, 특히 도시를 한가롭게 거니는 행위에 관심을 기울여왔다. 하지만 자동차의 움직임, 소음, 냄새, 시각적 침입, 환경에 끼치는 위해 등은 도시 속을 배회하는 일이나 현대 도시생활의 본질과는 그다지 관계가 없다고 여겨왔다. 도시사회학은 대체로 정적인 것에 관심을 두며, 도시를 드나드는 여러 이동의 형태에 대해서는 별로 주목하지 않았다. 한 가지 예외로 실즈는 서울 로데오 거리에서 도보와 운전 사이를 오가는 촉감의 교류를 분석했다.[58] 세련된 자동차가 세워진 거리에서 길을 걷는 젊은 남녀는 서로 만남의 기회를 노린다. 여기서 자동차는 상징적 전시물에 속한다.

하지만 대체로 사회학은 자동차를 중성적 기계로 대해왔다. 자동차가 야기하는 사회생활의 패턴은 어떤 체계적 형태를 취한다고 여겼다. 사회학은 생산과 소비의 체계로 한정되지 않는 자동차 이동이 지니는 의의를 무시해왔다. 자동차는 별개의 거주방식, 여행방식, 사회화방식을 지니는 시민사회를 자동차화된 시간-공간 속에서(또는 그것을 매개하여) 재구성한다. 서양의 시민사회는 자동차로 이루어진 사회다. 이는 8장에서 이동성이 사회세계에서 지니는 일반적 함의를 고찰할 때 좀더 자세히 논할 것이다. 하지만 몇 가지 양상은 레이먼드 윌리엄스 소설을 살펴보면 확인할 수 있다. 그는 사회생활이 여러 경로의 상호연결로 이루어진다고 묘사한다(6장 참조). 이동의 기술이 시민사회의 사회성을 지탱하며, 그것은 복잡하게 구조화된 불균질한 간극을 문자 그대로 그리고 이미지로도 뛰어넘어 사람들을 하나로 이어놓는다. 가족생활, 커뮤니티, 여가, 이동으로 구성되는 복합적 사회성은 자동차가 가능하게 함과 동시에 자동차를 필요로 하는 시간과 공간을 둘러싼 복잡한 곡예를 통해 구성된다.

이 복잡한 곡예는 자동차가 지닌 두 가지 상호의존적 특성에서 비롯된다. 자동차는 매우 유연하지만 동시에 강제적이다. 자동차 이동은 자유의 원천, 즉 '통행의 자유'의 원천이다. 이는 자동차의 유동성 덕택이다. 자동차가 있으니 운전자는 집과 직장과 여행지를 하나로 연결하는 도로를 이용해 언제라도 어디로든 떠날 수 있다. 자동차는 사람들이 갈 수 있는 곳을 넓혀주었고, 인간으로서 할 수 있는 일들도 늘려주었다. 이제 자동차가 없는 사회생활은 상상하기조차 힘들다.

그러나 동시에 그 유동성은 강제되는 것이기도 하다. 자동차는 매우 먼 거리에 있는 사람들의 이동성과 사회성을 지휘한다. 자동차는 필연적으로 집에서 직장을 떨어뜨려놓아 통근 시간이 길어지며, 상점과도 멀어지고, 지역의 소매점도 무너뜨린다. 또한 집과 여러 여가 장소를 분리시키거나 가족을 흩어지게 만든다. 여가 장소는 도로망을 따라 형성된다. 혼잡과 정체는 사람들을 일시적 불확실성으로 내몬다. 자동차를 타면 사람들은 누에고치처럼 개인화되고 감싸인 이동환경 속에 봉입된다.[59]

이처럼 자동차가 만들어내는 구속은 사람들이 마주하는 어떤 구조보다도 견고하다. 하지만 사회학은 분석을 소홀히 해왔다. 이것은 아마도 유연성과 자유를 향한 개인과 가족의 갈구가 어떻게 의도하지 않은 체계화를 도출하는지를 보여주는 가장 좋은 사례가 될 것이다. 셔브가 말하듯이 "자유가 늘면 그만큼 선택지가 줄어든다. 자동차가 양산하는 문제들은 동시에 바로 자동차로 풀릴 것처럼 여겨지기 때문이다."[60]

그렇다면 자동차 이동이라는 이 괴물은 어떻게 출현했는가? 존 러스킨은 매우 통찰력 있게 이렇게 말한다. "모든 여행은 그 빠름에 비교하건대 따분해지고 말았다."[61] 속도와 그 효과는 러스킨이 죽고 나서, 즉 19세기 말 자동차가 처음 등장하던 시기부터 중요 논점으로 부각했다.[62] 영국에서는 유난히 정밀한 시계를 만드는 데 몰두하고 기록 갱신에 관심을 쏟았다. 러스킨을 불안하게 만들었던 철도에 이어 자동차가 등장하고 인간과 자동차가 복잡하게 뒤얽혀 새로운 '기계 복합체'가 되면서 생활이 가속화되었다. 경주용 자동차가 영국의 시골을 질주할 때 세계대공황으로 황폐해진 무방비의 시골과 기술의 진보 내지 기계문화의 지배라는 두 가지 이미지는 아찔한 낙차를 보였다.[63]

애초 자동차는 속도를 내기 위한 기계로 제작되었으며, 인간(실은 부자)을 더 빠른 속도로 인도했다. 그 속도에 따르는 비용과 이익을 둘러싸고 격론이 벌어졌지만, 이미 신기록을 세우려는 강박관념이 널리 퍼졌다. 많은 운전자는 속도에 대한 체험을 자연에 대립하는 것이 아니라 마치 우주에 내재하는 힘을 경험하는 것인 양 신비적 언어로 표현했다. 작가 필슨 영은 경주 자동차에 올랐던 때의 감각적 체험을

"꿈꾸는 자, 취한 자의 환희, 아니 그보다 천배는 정제되고 증폭된 환희"라고 묘사했다.[64] 아울러 이 기계 복합체가 지닌 사이보그적 특징을 포착했다. "생각하건대 그것은 강렬한 속도와 당신을 운반하는 자동차의 왜소함, 가벼움, 민감함의 감각과의 결합이며, 당신의 몸으로 달려드는 대기(大氣)와 시야로 달려오는 대지와의 결합이다."[65] 그밖에도 그는 자동차 경주 운전자는 자동차의 속도, 힘, 역동성과 맞서야 하며, 니체의 초인이 강렬한 자연의 힘과 맞서듯이 자동차를 길들여야 한다고 주장한다.

에드워드 시대와 이후 전간기 영국에서는 대안적 기계 복합체가 발달했다. '공도(open road)'의 관념이 확산되고 중산층은 오락거리 삼아 목적지도 정하지 않은 채 자동차로 여행을 떠났다. 자동차 여행을 제약하던 몇 가지 불확실한 요소가 사라지자 기계 복합체가 발달했다.[66] 자동차 여행은 "땅에서 펼쳐지는 삶과 역사를 관통하는 여행"이었다. 사람들은 느긋하게 그 즐거움을 만끽하는 방법을 점차 선호했다. 보다 많은 사람이 자동차를 소유하면서 이곳저곳 들르고, 머무르고, 느긋하게 운전하고, 더 먼 거리를 달리고, 목적지보다 가는 길을 중시하게 되었다. 이러한 행위는 자동차 여행으로 펼쳐지는 공연 가운데 일부였다. 필슨 영은 얼마나 "도로가 우리를 자유롭게 하는가"라는 물음을 던지고, "자동차 덕택에 우리가 얼마나 빠르게 얼마나 멀리 갈지 결정할 수 있고, 원한다면 능장을 부려도 상관없다"고 답한다.[67]

이러한 기계 복합체는 자동차 소유의 대중화로 가능해졌다. 특히 미국에서는 대공황으로 파산한 사람들마저 자동차로 여행을 다녔다.[68] 한편, 일찍이 자전거 클럽의 유산을 물려받은 다양한 조직적 혁신도 한몫 거들었다. 혁신 결과 도로 지도, 자동차협회, 호텔의 평가 체계, 도로 표지, 마을 안내 표지, 국도 건설, 각종 가이드북이 만들어졌다.[69] 이것들은 전간기 가족생활에 편안함을 가져다주는 새로운 기계 복합체를 구축하는 데 일조했다.[70]

또한 전간기에 자동차는 낯선 위협의 존재에서 농촌 풍경의 자연스러운 일부로 전환되었다. 라이트는 전간기에 "속도와 관능적 역동성을 지향하는 미래파의 상징인 자동차가 모리스 마이너(Morris Minor)●로 옮겨갔음"을 밝힌다.[71] 점차 가정에 충실해진 중산계급은 안락하고 안전한 자신의 모리스 마이너를 타고 "잉글랜드를 여행하며 일찍이 없었던 수많은 사진을 찍었다."[72]

한편, 미국에서는 황야로 여행과 캠핑을 떠나는 동호회들이 자동차를 열광적으로 사들이기 시작했다.[73] 1920년대에는 자동차로 여행을 즐기는 사람들에게 편의를 제공하고자 자동차 캠프가 마련되었다. 그러자 많은 사람이 국립공원으로 몰려들었다. '황야'는 소수만이 철도를 통해 다가갈 수 있던 공간이었다. 그러나 이제는 일반 자가용 소유자가 들르고, 경우에 따라서는 자리 잡고 살 수 있는 대중의 공간으로 변모했다.[74]

미국은 자동차를 아이콘으로 만드는 다채로운 경험과 장면, 문학을 생산하는 데 커다란 역할을 했다.[75] 미국의 주(州) 사이에 고속도로망이 깔리자 자동차 이동은 전기를 맞이했다. 고속도로망은 가솔린 종량세를 재원으로 하여 1956년에 착공되었다.[76] 4만 1,000마일에

● 영국의 자동차 가운데 최초로 100만 대가 넘게 팔린 차종. 유선형의 차체는 크지 않으며 장식적 요소를 절제하고 운동성을 강조했다.

달하는 고속도로가 건설되었고, 여기에 발맞추어 연방정부는 캠핑, 레저, 관광 등의 사업에 막대한 조성금을 지원했다. 윌슨은 공도를 달리는 자동차가 어떻게 미국에서 진보의 메타포이자 미국적 황야를 문화적으로 길들이는 메타포가 되었는지에 대해 다음과 같이 정리한다.

새로운 고속도로는 문화의 기술적 역량을 보여주었을 뿐 아니라 문화적 경제에 완전히 통합되었다. 사람들은 종종 고속도로가 민주화에서 중요한 진전을 이루었다고 말한다. 즉 근대의 고속도로는 자연의 경이로움을 보다 많은 사람에게 전해주었다.[77]

어떤 의미에서 자동차문화를 빼놓고는 미국 문화를 생각하기 힘들다. 대표적 사례로 케루악의 《길 위에서(On the Road)》, 영화 〈이지 라이더(Easy Rider)〉, 〈롤링스톤(Rolling Stone)〉, 〈앨리스는 이제 여기 살지 않는다(Alice Doesn't Live Here Anymore)〉, 〈우리에게 내일은 없다(Bonnie and Clyde)〉, 〈배니싱 포인트(Vanishing Point)〉, 〈황무지 Badlands)〉, 〈델마와 루이스(Thelma and Louise)〉, 〈파리, 텍사스(Paris, Texas)〉 등을 들 수 있다.[78] 보드리야르는 전후 미국의 풍경을 "고속도로(freeway)의 공허, 절대적 자유(freedom)…… 광야의 속도, 모텔, 광물적 표층의 미국"이라고 묘사한다.[79] 확실히 전후 미국의 풍경은 공허하다. 유럽의 굴곡진 역사를 거절하며 근대성을 상징한다. 그 공허가 아메리칸 드림의 메타포다.

또한 자동차 여행은 젠더화되어 있다. "달려보자고, 잭(hitting the road, Jack)"이라고 외치며 남성들은 자동차를 타고 이 행성의 탄소 자원을 엄청나게 소비하면서 끝없이 질주한다. 화이트레그는 자동차에게 '타자', 즉 여성, 아이, 노인, 보행자, 자전거 타는 사람 등 자동차 밖에 있는 사람들은 결과적으로 불가시의 존재가 된다고 강조한다.[80]

보드리야르는 '미국'이 유토피아를 현실로 만들며, 기묘한 시뮬라시옹의 운명으로 모든 것을 현실화한다고 말한다. 미국에서 문화란 "공간이고 속도이며 영화이고 기술이다."[81] 미국에서 장대한 거리를 자동차로 가로지른다면 사막의 공허함을 체험하게 된다. 여행은 '탈주선'을 품고 있다. 사막은 과거의 말소, 다르게 표현하면 깊이로서의 시간에 대한 순간으로서의 시간의 승리로 이어져 끝나지 않는 미래성의 메타포, 미래의 원시사회를 구성한다.[82] 자동차로 사막을 달리는 동안 과거는 뒤로 남겨진다. 눈은 자동차 앞 유리를 통해 스러져가는 공허함을 응시한다.[83]

윌슨도 차창 너머로 보이는 경관의 수평적 특징을 두고 "빠르게 달리면 달릴수록 세계는 평탄하게 보인다"라고 말했다.[84] 전쟁이 끝난 후 미국에서는 새로 포장한 도로를 달릴 때 그럴듯하게 보이도록 일부 풍경에 손을 댔다. 애팔래치아 산맥을 따라 놓인 관광도로 블루리지 파크웨이(Blue Ridge Parkway)•에는 두메산골 사람이 살던 방치된 폐가가 상업개발이 한창이던 때 늘어선 간판과 함께 철거되었다. 대신 "매력적인 그림을 만들어내려는 듯 대지를 활용해 운전자를 만족"시키는 여가의 풍경이 들어섰다.[85] 연방정부와 지방정부는 자연을 "오로지 눈으로 감상하는" 대상으로 바꾸어놓았다. 그 노력 덕에 운전자 눈앞으로 탁 트인 풍경이 펼쳐졌다.[86]

자동차 안에서 운전자는 안락한 운전석에 몸을 묻은 채 내비게이션

• 애팔래치아 산맥을 따라 만들어진 관광도로로 총 길이가 750킬로에 이른다.

안내에 따라 달리고 각종 오락을 선사하는 기계들에 둘러싸인다. 윌리엄스는 이것을 자동차의 '가동적 사유화(mobile privatisation)'라고 부른다.[87] 기계 조작은 디지털화되고 운전자는 자신이 지나치는 환경과는 단절된 거주의 장에 몸을 맡긴다. 이미 19세기 기차 여행에서 징후가 보이긴 했으나 도시와 시골의 경치, 소리, 냄새, 맛, 온도는 자동차 앞 유리의 이차원적 전망으로 축소된다. 앞 유리 맞은편의 환경은 이질적 타자다. 자동차에는 사유화를 촉진하는 여러 기술이 내장되어 있으며, 그것들에 힘입어 환경과 거리를 유지한다. 이러한 기술로 실내 온도가 일정하게 유지되며, 차 안에서 방대한 정보를 접하고, 고품질의 음향을 만끽할 수 있다. 운전자라는 하이브리드는 안전한 환경 속에서 위험한 도로를 빠른 속도로 달리며 바깥 환경을 이겨낸다.

2장에서 '모텔'을 메타포로 사용해볼 만하다고 언급한 바 있다. 모텔은 초근대성의 전형적인 비장소(non-place) 가운데 하나다.[88] 비장소는 도시적이지도 시골스럽지도 않으며, 로컬하지도 코즈모폴리턴하지도 않은 순수한 이동의 장이다. 공항도 비슷한 특징을 지닌다. 그곳에서는 정교한 매개가 교차하며 여러 사람과 문화를 하나로 연결한다. 어느 공항이든 출발 라운지에서는 이러한 매개를 목격할 수 있다. 라운지는 항공산업의 글로벌 네트워크와 반복되는 이동이 만들어낸 현저한 유사성의 장소이자 '환승 속에서 살아가는' 사람과 문화가 예측할 수 없이 교차하는 두드러진 하이브리드 장소다. 물론 비행기 여행은 오늘의 글로벌화하는 세계에서 마키모토와 매너스가 말하듯 '유목적 충동'이 낳은 전형적인 거주 양식이기도 하다.[89] 비행기 여행의 흐름은 사방팔방으로 이어진 도로보다 공간적으로 제약되어 있지만 리무진, 택시, 에어컨 딸린 사무실, 비즈니스 클럽 호텔이나 레스토랑

등으로 연결되면서 일종의 이음매 없는 스케이프를 형성한다. 유목적인 기업의 중역들은 별로 품을 팔지 않고도 이곳저곳을 자유롭게 왕래한다.[90]

이와 같은 스케이프에서 결정적 역할을 하는 것이 허브공항이다. 허브공항에 접근할 수 없다면 지구 대부분을 뒤덮고 있는 항공 노선 스케이프에서 배척된다. 점차 글로벌해지는 비행기의 스케이프는 지난 시절 완만하게 나라 간 이동을 맡았던 선박 운송에 치명타를 안겼다. 그뿐 아니라 전혀 동떨어진 장소에도 심각한 영향을 미치고 있다.

점보기 덕택에 한국의 컴퓨터 컨설턴트는 옆집을 드나들듯 실리콘밸리로 날아가고, 싱가포르의 사업가는 하루 만에 시애틀에 도착한다. 세계 대양의 경계는 과거 어느 때보다도 가까워졌다. 보잉사는 사람들을 결합시키고 있다. 그런데 그들이 지나가는 상공 5마일 아래의 섬들에서는 어떤 일이 벌어질까. …… 비행기 덕택에 사업가들은 바다 위를 저공비행할 수 있지만, 그로 인해 선박 운송은 쇠퇴하여 섬들의 공동체는 점차 고립되고 있다.[91]

사물의 이동

지금껏 신체의 이동을 살펴보았다. 이제 사물의 이동으로 시선을 옮겨 어떻게 "이동하는 사물이 그것을 둘러싼 인간적·사회적 맥락을 반영하는"지 검토해보자.[92] 2장에서 '서방'의 소비재, 스타일이나 취향의 구별짓기, 즐거움을 주는 쇼핑, 나아가 미국제 조깅화나 서양 책 등의 '컬트' 상품이 어떻게 동유럽 사람들을 매료시켰는지를 살펴보왔다. 다른 나라, 특히 '서방'으로 여행을 가면 이것저것 소비재를 사오기 마련이었다. 구매자, 관광객, 여행자, 암상인, 밀수업자 등의 흐름이 특정한 소비 대상이나 운송 양식과 결합되자 엄격히 구획된 '사회'를 무너뜨렸다. 국가는 상품, 서비스, 기호, 이미지, 사람들의 행진을 막을 수 없었다. 값싸고 조악한 소비재가 그것을 생산한 사회적 조건에서 벗어나 유통되며 새로운 사회생활 속으로 이동하자 동유럽에서는 마키모토와 매너스가 말하는 "새로운 유목의 시대"가 도래했다.[93] 서방에서는 상품 취급을 받지 못하던 물건도 동유럽에서는 '서방의 취향과 세련됨'을 상징하며 높은 교환가치를 지니게 되었다.

사물은 중첩된 수많은 과정을 거치면서 소용돌이치며 이동한다. 먼저 사물은 사람의 이동을 따라서 여행한다. 이것은 문화도 특정 장소에 뿌리를 둔 사물에 그저 부착되어 있는 것이 아니라 때로 여행도 한다는 것을 의미한다. 사물은 다양하고 복잡한 여정에 나선다. 사물의 거주는 고정된 것도 주어진 것도 아니다. 사물은 거주하듯이 여행한다.[94]

루리는 이동하는 사물을 세 종류로 나누고 사물의 문화적 일대기를 신체의 여행의 여러 양식과 결부시켜 풀어낸다.[95] 첫째, 여행자-사물 (traveller—object)이다. 여행자-사물은 자신의 의미를 내재적으로 간직한다. 이 사물은 처음 거주하던 장소와 긴밀한 관계를 맺고 있어 공간을 부드럽게 이동하는 동안에도 장소와 문화가 하나로 묶여 있다. 여행자-사물의 예로는 예술 작품이나 수공업품, 민속적 또는 국민적 의미를 지니는 물품 등을 들 수 있다. 이러한 사물들은 오라(aura)를 띠며 일반 상품과 다소 거리를 둔다.

단기 여행자-사물(tripper—object)도 자주 여행에 나서지만 거주 장소에 매이지 않으며 의례나 관례에도 구속받지 않는다. 그것들의 여행은 여행자의 최종 정착지에 따라 목적론적으로 결정된다. 사람들은 그 사물들을 선물, 기념품, 우연히 손에 넣은 물건, 그림엽서, 사진의 형태로 집에 가져온다. 단기 여행자–사물이 갖는 의미는 임의적이며, 돌아갈 집이나 최종적인 거주 장소(벽난로, 장식장, 앨범 등)에 의해 결정된다. 그 사물이 마지막에 정착하는 장소가 그 사물의 의미를 만든다.

관광객–사물(tourist—object)은 이동을 위해 존재하는 사물이다. 말하자면 '사이' 안에 존재하는 사물 또는 사이의 사물이다. 여기에는 티셔츠, 텔레비전 프로그램, 먹을 것 등이 포함되는데, 사물의 의미는 화장품의 '글로벌 컬렉션'처럼 사물의 이동으로 규정된다. 이렇듯 사물들이 순수하게 이동하고 사람과 장소에 관한 이국적인 이미지가 체계적으로 전개되고 순환되면서 사물과 이미지는 서로를 보증한다.

루리는 말한다. "사물은 글로벌한 세계주의의 실천 가운데 여행으로 거주하기와 거주하여 여행하기라는 두 관계를 따라 이동해간다."[96] 사물의 의미는 미리 정해져 있지 않다. 하나로 고정되지도 않는다. 우리가 '사물'로 여기는 대부분의 것들은 여러 물질적·상징적 요소로 구성된다. 그 하나하나의 요소가 사물을 구성할 때 빠질 수 없는 것들이다. 또한 사물은 다양한 방식으로 소비되고 활용된다. 그 자체로 완결된 사물이란 존재하지 않는다. 소니 워크맨이 그랬다. 원래 워크맨은 집 안에서 사용되었으며 두 사람이 같이 들을 수 있도록 두 개의 헤드폰 접속 단자가 달려 출시되었다. 하지만 사람들은 혼자 사용하기를 선호했으며, 특히 집 밖에서 자주 활용했다.

워크맨은 개인이 음악을 듣는 장치로 시판되지 않았다. 생산과 소비가 분절화되는 과정에서 그렇게 되었다. …… 제품이 소개되고 개량되는 과정과 마케팅에서 소비자 활동이 결정적이었다.[97]

럽턴은 사물에 스며든 정서적 측면을 주목한다. 어떤 물건은 '중고품'이 되면서 교환가치를 잃는 대신 감정이 담긴다. 몸으로 이동하고 또는 상상 속에서 움직이다보면 깊은 감정적 부대낌이 생긴다. 가령 원하는 시간까지 나를 공항으로 데려다줄 때 의인화되는 자동차, 나를 연모하는 사람이 보내준 그림엽서, 낭만적인 바닷가를 거닐었던 탓에 버리지 않고 간직해둔 신발, 휴일에 방문한 레스토랑을 떠올리게 하는 식사, '글로벌 컬렉션'의 향수 등이 그렇다.[98]

또한 사물이 다른 사회 속에서 어떻게 물질적으로 생산되고 상징적으로 표상되는지도 중요하다. 겉으로 보기에는 완성품이지만 각각의 사회는 그 상품을 물질적·문화적으로 재가공한다. 다양한 물질적·정보적 구성 요소와 이미지 구성 요소는 특정 장소와 하나로 결합하기 위해 때로 장대한 거리를 여행한다. 이를 '조립의 장'이라 부르는데, 물리적 요소가 조합될 뿐 아니라 모든 구성 요소가 집성된다는 점이 중요하다. 그 집성이 컴퓨터, 콜라병, 축구 셔츠, 바게트 등의 형태로 등장할 때 그 사물은 로컬, 내셔널, 트랜스내셔널한 요소들이 복잡하게 결합된 구성체가 된다. 그래서 우리는 한 사물의 문화적 연대기를 말할 수 있다. 특정한 시공간적 질서를 지니는 여러 문화에서 추출된 물체와 정보, 이미지가 한 사물에 모이는 것이다.

과거 소니의 워크맨이 좋은 사례다. 워크맨의 디자인은 분명히 일본적이다. 아담하고 간결하고 정교하다.[99] 그러나 일본적이라고는 하지만 일본적 디자인 자체가 서양과 접촉하며 만들어진 것이므로 간단하지 않다. 일본의 한 디자이너는 워크맨이 서양적 미의식의 산물이라고 말한다. 1950년대에서 1960년대에 걸쳐 일본이 서양의 디자인 개념을 광범하게 차용했기 때문이다. 워크맨은 (문법을 무시한 기묘한 영어 이름을 포함해) 하이브리드며, 기술과 이미지가 수십 년 동안 국경을 넘나들며 복합적으로 교차해온 흐름에서 가공되었다.

마지막으로 사물과 장소는 복잡한 관계를 맺는다. 어떤 사물을 소비하면 은유적으로 다른 장소나 문화도 소비하는 셈이다. 벨 훅스는 음식에 빗대 "타자를 먹는다"고 표현한 바 있다.[100] 다른 문화를 방문하며 여행자-사물을 갖고 돌아오는 경우가 그렇다. 또는 그 문화 자체가 생산-소비 체계의 일부며, '타자'의 사물이 소비가 될 수 있게 일상적으로 만들어지고 있는 것이다.

상상의 이동

앞에서 시각적 이미지의 중요성에 대해 언급한 바 있다. 이제 그 논점으로 돌아가 먼저 '상상의 여행'을 낳는 텔레비전의 능력을 살펴보기로 하자(라디오도 일부분 다룰 것이다). 세계에는 이미 10억 대가 넘는 텔레비전이 보급되어 있고, 매년 5퍼센트의 비율로 증가하고 있다.[101] 텔레비전은 집 안 풍경을 바꾸어놓았다. 텔레비전은 사물일 뿐아니라 미디어이며, 문화라는 삼중의 기능을 갖고 있다.[102]

먼저 텔레비전은 살 수 있는 물건이며, 일단 사오면 한자리를 차지한다. 어디에 놓이느냐에 따라 텔레비전은 무엇이 집이며, 가족들이 어디서, 어떻게 지내는지를 일정 정도 결정한다(또한 텔레비전은 집 말고도 카페나 바와 같은 공간도 구성한다). 텔레비전이 켜져 있든 그렇지 않든 거실로 들어오는 사람은 텔레비전을 향하기 마련이다. 가구들은 으레 텔레비전을 향해 배치되며 텔레비전이 켜지기를 기다린다. 텔레비전은 방의 초점이다. 텔레비전과 나머지 가구들은 방에 있는 사람이 텔레비전을 매개하여 아득히 먼 세계와 문화적으로 교류하며 살아가도록 함께 방을 구성하고 있다. 텔레비전은 일상의 한 가지 배경이다. "항상 손에 닿을" 곳에 있지만 특별히 눈에 띄지 않으며, 누구나 그것이 뭐하는 물건인지, 어떻게 사용하는지 알고 있다.[103]

둘째, 한 대의 텔레비전은 여러 미디어의 배치를 제공한다. 브라운관을 통해 온갖 서비스, 정보, 오락거리가 제공된다. 이 미디어는 끊임없이 그리고 무차별적으로 텔레비전 방송 흐름을 구성한다.[104] 미디어 흐름은 가족 구성원 전원에게 전달되며 가족은 홀로 또는 함께 그것을 소비한다. 때로 리모컨을 차지하려는 분쟁이 벌어지기도 한다. 말다툼을 포함한 집 안의 일상사는 하루 중 특정 시간대에 집중되는데, 이는 미디어 소비를 둘러싸고 전개되며 결국에는 텔레비전 방송 흐름을 간섭하기도 한다. 미디어 산출은 하루를 주기로 코드화된 시간인 것이다(하루 동안에도 매순간 대응하는 방식이 달라진다).

스캐널은 미디어가 만들어내는 여러 산출물이 일상의 패턴을 어떻게 규정하는지를 꽤 설득력 있게 묘사한다.[105] 시청자가 '내던지는' 미디어 산출물은 복수적·중층적으로 시간을 매개하며 다양한 일시성을 만들어낸다. 먼저 텔레비전 프로그램은 하루라는 감각을 만든다. 하루 중에서 특정 시간에 몇몇 프로그램을 둘러싸고 사회적 상호작용이 발생한다.[106] 또한 한 주를 패턴화한다. 일하느라 시달리는 주중과 설레며 기다리는 주말을 나누어준다. 나아가 프로그램 편성이 한 해의 계절을 구분한다. 마지막으로 특별한 스포츠, 문화, 정치 이벤트에 관한 프로그램들은 수년을 주기로 한다. 간혹 그 프로그램이 방영되는 날은 휴일로 지정되기도 한다.

시간의 코드화에서 '생중계'도 빼놓을 수 없는 요소다. 생중계되는 사건을 소비하며 한 사람이 동시에 두 장소에 있을 수 있다. 우리는 상상의 여행을 떠나 다이애나비(妃)의 장례식에 참례하고, 전화(戰禍)의 보스니아에 들르고, 세계기록이 깨지는 순간이나 만델라가 감옥에서 나오는 장면을 목격한다.[107] 이러한 사건들이 우리의 생활 속에서 일부로 자리 잡으면서 생활의 장소에 뿌리내린 역사 감각이 침식당하고 있다.[108]

셋째, 라디오와 텔레비전은 한 가정이 저 너머의 세계와 교류하도록 이끌어준다. 텔레비전은 여러 의미에서 문화다. 앞서 다루었던 자동차문화를 포함하여 텔레비전은 다른 모든 문화적 과정을 매개한다. 매스미디어의 소유는 점차 독점화되고 있지만, 시청자는 좀더 분절되고 다양해지고 있다. 카스텔은 간결하게 말한다. "미디어가 전 세계적으로 서로 연관되어 있고 프로그램과 메시지가 글로벌한 네트워크를 순환하지만, 우리는 지구촌이 아니라 글로벌하게 생산되고 로컬하게 배포되는 우리의 작은 집에서 살고 있다."[109] 텔레비전은 강력하지만 차별화된 문화다. 흥미롭게도 1919년에 하이데거는 라디오에 대해 다음과 같이 말한 바 있다.

나는 따분하고 칙칙한 탄광촌에 산다. …… 삼류 오락이라도 즐길라치면 버스를 타야 하고, 일류의 교육적 · 음악적 · 사회적 상품을 향유하려면 한참 먼 거리를 떠나야 한다. 그러한 공기 속에서 생활은 감동이 없고 빛을 잃게 된다. 근사한 라디오 한 대가 들어와 그 따분함이 깨졌다. 내 작은

세계는 뒤바뀌었다.[110]

라디오(나중에는 텔레비전)는 행사와 사람, 사건이 엮어가는 공적 세계를 드러낸다. 미디어는 공적 세계를 사람들의 사적 세계로 내던진다. 사람들은 라디오 또는 텔레비전이 노출시키는 공적 세계 속으로 내던져진다. 공적 세계는 각 개인들의 '작은 세계'로 파고들어가 기묘하고도 모순된 방식으로 그들을 하나로 연결한다. 집 안과 일상으로 가져온 공적 세계는 비개인적 행사와 사건의 세계지만 이는 사람들의 세계기도 하다. 스캐널은 매스미디어가 얼마나 강력하게 "세계의 재개인화(repersonalizing)에 기여했는지", 특히 어떻게 "텔레비전이 정치를 개인화해왔는지"를 밝힌다.[111] 텔레비전은 담론을 개인화하는 동시에 무대 뒤의 비공식적 이야기를 향유하도록 부추긴다.[112] 과거라면 사적 영역에 속했을 법한 일들, 특히 사람들의 사생활을 공적으로 만들었다. 텔레비전이 보급되기 전에 "공적 생활은 '나를 위해' 있는 것이 아니었다. 정의상 그것은 나 또는 누구의 손에도 닿지 않는 곳에 있었다. 따라서 당연히 익명적이며 비개인적이고 소원한 것으로 여겨졌다."[113]

하이데거는 라디오가 "일상의 환경을 확대하며 '세계'의 거리를 제거하고 있다"고 말한 바 있다.[114] 하이데거는 가까운 곳으로 잡아끈다고, 즉 라디오가 사건, 특히 사람 사이의 거리와 간격을 없앤다고 말하려 한 것이다. "하이데거는 라디오의 가능성을 이렇게 해석한다. 그것은 공간성을 변용시킨다. 사물을 가깝게 가져옴으로써 관심의 영역으로 잡아끌어온다. 나아가 내 손이 닿지 않는 커다란 세계를…… 나 또는 누군가가 접근하고 이용할 수 있는 세계로 바꾸어준다."[115]

특히 유명인들을 집으로 데려와 그들 한 사람 한 사람과 개인적으로 안면이 있는 것처럼 느끼게 만들었다. 이처럼 텔레비전은 하나의 지구촌을 형성해서 무엇이 사적이고 공적인지, 무엇이 무대 앞이고 뒤인지, 무엇이 가깝고 먼지를 애매하게 만든다. 텔레비전이 거의 모든 것을 공적으로 가공해 공공연하게 이용할 수 있게 바꾸어놓은 탓에 시계(視界) 밖에 남아 있는 것이 거의 없다.[116]

다음 장에서는 큰 세계와 모두의 작은 세계 사이의 '탈-단절'이 공공영역과 시민사회에 대한 사고방식을 어떻게 바꾸는지에 대해 고찰한다. 사회적 상호작용과 공공의 대화 양상이 바뀌면서 공공영역은 가시적인 공공무대로 옮겨가고 있다. 기틀린이 미국에서 신좌파의 미디어화와 관련해 예지적으로 꺼냈던 표현이 이를 잘 설명한다. "모든 세계가 보고 있다."[117] 특히 어떤 개인이든 단체든 비난을 살 만한 행동을 하면 고발당한다. 예외는 없다. 무대 뒤 행동이 폭로되어 화면으로 투영되고 세계 속으로 전파되어 몇 번이고 재현된다. 누군가 규범을 일탈하거나 모욕적인 언사로 남들의 비난을 사고 관계자의 '명성'에 먹칠하면 스캔들이 생긴다. 개인과 단체는 나라 안에서뿐 아니라 나라 밖에서도 평판이 떨어지게 된다.[118]

이 대목에서 어떤 패러독스를 생각할 수 있다. 책이나 라디오와 비교하건대 미디어 이미지는 안정적 의미를 제공하는 동시에 번역의 형태를 띤다. 우리의 작은 세계에서 그 이미지는 차츰 진부해지기 때문이다. "백문이 불여일견"이라고 이미지들이 몇 번이고 전송되면 거실에 앉아 있는 우리는 텔레비전 브라운관을 통해 그 이미지에 중독된다. 그리하여 미디어에 고발된 것만으로도 어떤 개인과 회사는 정말 '유죄'가 되어버린다(방송국이 《워싱턴 포스트》에 기사를 실어 워터게이트 사건은 비로소 '현실'이 되었다).[119] 물론 가상적 여행이 '치욕스러운' 내용들을 화면에 보여주기 시작했다는 점도 언급해두어야 하겠다(맷 드러지Matt Drudge●의 홈페이지와 모니카 르윈스키 사건의 폭로처럼).

지금껏 상상의 여행이 지니는 몇몇 특징을 검토해보았다. 상상의 여행을 통해 저 멀리 떨어진 곳에서 일어나는 행사, 유명인, 사건은 세속적 형태로 거실로 들어와 일상을 바꾼다. 그 결과 우리는 사건, 경험, 유명인을 수많은 타자와 공유한다고 상상하며, 그 타자들과 일종의 커뮤니티를 형성한다. 그 점에서 국가를 '상상의 공동체'라고 명명한 앤더슨의 논의는 다시 한 번 생각해볼 필요가 있다.[120] 7장에서는 지구 시민권의 개념, 상상의 여행에 기반한 새로운 시민권을 사고할 때 텔레비전이 어떤 역할을 하는지, 가능한 상상의 글로벌 커뮤니티는 무엇인지 고찰할 것이다. 다른 장소의 이미지를 집으로 가져오는 상상의 여행은 신체의 여행에서 엿볼 수 있는 다양한 과정과도 복잡하게 얽힌다.

가상적 여행

텔레비전이 그렇듯이 컴퓨터는 통신수단의 탈물질화를 이끌어냈다.[121] 이동은 순간적이다(5장 참조). 현대인은 물리적으로 이동하거나 사물을 움직이지 않고도 타자를 감지하고, 심지어 거의 함께 살아

● 미국의 인터넷 신문 창업자. 1994년 로스앤젤레스의 CBS 스튜디오 선물 판매점에서 일하면서 주워들은 연예계 소문을 실어 이메일 뉴스레터를 발행했다. 1995년부터는 〈드러지 리포트〉를 작성하기 시작했으며, 그 후 정치권 취재에 집중했다. 1998년 〈드러지 리포트〉는 클린턴과 르윈스키의 추문을 보도하며 비약적으로 성장했다.

갈 수 있다. 베네딕트는 말한다. "컴퓨터 네트워크가 미디어를 탈물질화하고 공간과 시간을 정복한다."[122] 단말장치로 조작하는 컴퓨터 시스템 노드는 신체의 제약에서 상대적으로 자유로운 네트워크나 가상 커뮤니티를 만들었다. 하임에 따르면 우리가 손쉽게 하이퍼텍스트 링크를 건너뛰어 다닐 때 사이버 공간은 "마찰도 없고 시간도 소요되지 않는 매개를 통해 이동하는 것처럼 느껴진다. 어떤 비약도 없다. 왜냐하면 모든 존재가…… 동시에 존재하기 때문이다."[123] 이메일 또는 다른 텍스트에 기초한 시스템을 통해 대량의 문서가 유통되고 있을 때 절대적인 순간성과 동시성은 이렇듯 중요한 의미를 지닌다. 그러나 앞으로는 텍스트뿐 아니라 소리, 영상을 포함해 모든 종류의 정보가 디지털화되어 그러한 정보 패킷의 구성 요소가 될 것이다. 거의 모든 감각이 디지털 정보로 변환되어 컴퓨터 단말장치를 통해 송수신될 것이다.[124]

미디어의 디지털적 집속성과 양방향성은 강력하다. 그것은 고도로 패턴화되지만 예측 불가능한 '사회적' 귀결을 초래한다. 역사적으로 전자기술은 제2차 세계대전이 끝나고 비약적으로 성장했다. 성장 방향은 계획되지 않았지만 예상할 수 있었다. 그러나 월드와이드웹(www)은 얼마 전까지만 해도 '미지의 것'이었다. GUI,* 모뎀, 웹브라우저처럼 전혀 예상하지 못한 혁신이 잇따랐다. 초기에 투자된 금액이 매우 적었는데도 그 효과는 혼란이라고 표현할 수 있을 만큼 엄청났다. 인터넷은 기묘한 하나의 사회-기술적 현상이다. 무정형하고

● GUI(graphical user interface)는 사용자가 컴퓨터로 정보를 교환할 때 그래픽을 통해 작업할 수 있는 환경을 말한다.

카오스적이며 끊임없이 변화하고 예측 불가능하다.

또한 미디어 간의 경계가 교차, 재교차하는 동안 글로벌한 투자와 개발이 잇따르고 하드웨어와 소프트웨어 모두 기술적으로 크게 발전하고 있다. 하지만 그 혁신의 결과가 무엇일지 예측하기란 쉽지 않다. 무수한 혁신이 일어날 것이라고밖에는 할 말이 없다. 단정지어 말할 수 없는 까닭은 전자기술에는 복잡한 사회공간적 실천이 얽혀 있기 때문이다. 때로 기술은 뜻밖의 방식으로 사용된다. 기술이 어떻게 발전할 깃인지는 역설석으로 기술이 어떻게 사람들이 살아가는 모습을 바꾸어놓는지에 달려 있다. 컴퓨터가 그러하며 휴대전화 역시 두드러진 사례다. 이제 세계에서 새로 만들어지는 전화기는 대부분이 휴대전화다. 낯설고도 예측 불가능한 욕망과 효용은 바로 컴퓨터-사용자-기계의 하이브리드에서 출현할 것이다. 또한 피커링이 말하듯이 인공물이 마치 행위자처럼 상호작용하는 것은 인공물 자체가 예측 불가능한 작용의 몇몇 특징을 보인다는 의미다.[125]

그러한 기술이 직장과 집에 보급된 지 이미 오래되었다. 깜빡이는 화면 위로 쏟아지는 기호를 주고받는 모습은 서양사회의 현대생활에서 매우 일상적인 풍경이다. 터클이 말하듯이 컴퓨터를 사용한다고 해서 모니터 배후에 무엇이 있는지를 알 필요는 없다. 끝없이 복제되고 있는 매킨토시의 '데스크톱'을 비롯해 모두가 시뮬레이션이다.[126] 그렇다면 터클이 말하는 '화면상의 생활'에서는 대체 무슨 일이 벌어지는 것일까?

사이버 공간은 가상의 '커뮤니티들'이 중첩되고 여러 차원에서 조합된 것이다. 더구나 컴퓨터로 생성되고 컴퓨터로 유지되며 컴퓨터로 접근하고 세계 규모로 네트워크를 이룬다.[127] 그러한 가상의 커뮤니티를 드나들 때 컴퓨터는 창구 역할을 한다. 사이버 공간에서 대상은 데이터나 순수한 정보로 구성된다. 따라서 사이버 공간에서 "(현상적) 공간의 총계는…… 사이버 공간에서 정보 총계의 함수다."[128] 공간을 어떤 그릇이나 인수(parameter)로 이해하려 하면 안 된다. 하나의 중앙처리장치(CPU)로 여러 작업을 하며 두 가지 또는 그보다 많은 장소에서 외관상 동시에 존재할 수 있다.

사이버 공간에서 기계와 인간은 과거 기계와 시계 시간의 시대보다 긴밀히 결합되어 신체의 경계가 모호해진다. 신체는 '자연적' 피부를 그 경계로 삼는다기보다 기술사회적으로 재구성된다.[129] 우리는 "인간과 기계의 관계는 사용과 작용이 아니라 내재적인 상호소통에 뿌리내리고 있다"고 생각해야 한다.[130] 컴퓨터는 실용적이고 심미적이다. 하지만 그것이 매력의 전부는 아니다. 하임이 말하듯이 컴퓨터는 에로스적이다. "기술과의 정신적 결합", 즉 인간과 기계가 공생하는 것이다. 컴퓨터는 "우리의 심장을 쥔다. …… 심장은 기계와 함께 맥동한다. 이것이 바로 에로스다."[131]

일찍이 1967년에 하이데거는 자동 기계와 생물의 차이가 사라져 "인공두뇌의 세계계획"이 등장할 것이라는 디스토피아적 전망을 내놓았다. 인간에 관한 정보가 "자기질서화, 즉 운동 시스템의 자동화"라는 특징을 띠는 거대한 피드백 회로의 일부가 된다는 것이다.[132] 가상 시스템 담론에서는 "신체의 제약에서 벗어난 가상 신체의 이미지가 넘쳐흐른다. 사이버 공간 개발자들은 신체를 잊게 될 시대가 도래할 것이라고 전망한다."[133] 하이데거라면 그러한 시대가 정말 도래해도 그다지 놀라지 않을 것이다.

기계와 신체가 결합하는 양상에는 여러 가지가 있다.[134] 먼저 분명히 개개의 물질적인 신체가 존재한다. 화면 앞에서 몇 시간씩 죽치고 있는 생짜의 신체. 윌리엄 깁슨의 유명한 작품 《뉴로맨서(Neuro mancer)》에서 묘사되듯이 "창백한 얼굴, 지친 몰골, 반쯤 감기고 풀린 눈으로 태아처럼 웅크린 채 표류한다."[135] (학자들은 주의하라!)

둘째, 신체 사이의 소통으로 구축되는 사이버 공간을 개발하려면 컴퓨터 기술자는 그 신체가 실제로 어떻게 될 것인지를 모델화해야 한다. 기술자들은 주로 젊은 남성들인데, 그들은 "신체와 사회성에 관한 자신의 가정을 세우고, 그것을 사이버 공간 체계를 정의하는 코드에 기입한다."[136] 바로 이 점은 어떤 기계를 사용할지 사용하지 않을 지를 선택하는 자율적 존재로서 인간을 파악한다기보다 오히려 기계의 작품으로 간주하는 쪽에 가깝다.[137] 젊은 남성인 컴퓨터 기술자는 기술, 속도, 힘, 성적인 공격성의 포로가 되는 신체를 만들어낸다.

셋째, 새로운 가상환경과 기존 행위 사이의 관계를 생산, 재생산하는 각각의 사회공간적 실천이 신체를 재구성한다. 가장 성공적인 가상환경은 가상 이전의 환경, 특히 교감이 짙은 감각이나 지역성이 이미 뿌리내린 환경에서의 생활을 가장 잘 재현한 것이다. 오브라이언 등은 협력적인 가상환경은 "특정한 환경에서 지니는 작업의 사회적 본질과 합치"하도록 설계되어야 한다고 주장한다. 즉 "현실세계에서의 정보 이용을 어떻게 다시 가상세계의 지도 속으로 옮겨놓을 것인지"가 문제라는 것이다.[138]

그리되면 집 안 풍경도 바뀐다. 어떤 의미에서 집은 이제 '터미널'이다. 전자기술이 거주공간에서 구체적으로 자리 잡는 방식은 복잡하다.[139] 베임은 컴퓨터만이 소통의 결과를 결정한다는 주장을 반박한다. 그녀는 보다 다양한 요인, 즉 외부의 맥락, 시간의 구조, 시스템의

인프라, 업무 또는 사교와 같은 소통의 목적, 나아가 해당 집단의 사회적 특징 등을 거론한다.[140]

넷째, 다음 장에서 다루겠지만 순간적 시간은 새로운 인지적·해석적 능력을 낳는다. 이제 5세대 컴퓨터 젊은이들은 동시에 여러 프로그램을 보면서 그것들의 줄거리를 모두 파악할 수 있다. 그들은 다양한 미디어, 속도, 동시성을 조합해 독자적인 게임을 개발하기도 한다. 앞으로 탈문자화된 멀티미디어 기능은 더욱 중요한 역할을 할 것이다. 인간은 새로운 가상의 사물이 등장하면 그것과 결합하는 다감각적 기능의 조합을 발달시킬지도 모른다. 그리하여 변용된 '청각과 시각의 문화'에서는 모든 사물과 이미지를 회복할 수 있으며, 그러한 문화가 이번에는 새로운 학습방식과 사회성을 촉진시킬 것이라는 주장이 대두된다. 스태퍼드는 디지털화된 기술이 보다 양방향적 교류의 세계를 어떻게 발달시킬 것인지를 묘사한다. 그것은 "언어 외적인 메시지, 양방향적 발화 행위, 제스처화된 회화, 생생한 팬터마임"이 끝없이 교차하는 세계다.[141]

이렇게 펼쳐지는 다양한 사회성을 긍정하는 견해와는 대조적으로 혹자는 라이프니츠의 모나드론(monadology)에서 이끌어낸 반유토피아적 형이상학을 제시한다.[142] 라이프니츠는 여러 의미에서 최초의 컴퓨터 과학자라고 할 수 있는데, 그는 세계를 다양한 모나드가 구성한다고 이해했다. 개개의 존재는 다른 모든 존재로부터 동떨어져 자신의 욕망을 추구한다. 모나드들은 독자적인 개별 활동으로 공간을 생산한다. 소통해야 할 외재적 세계란 존재하지 않는다. 모나드는 자신의 개별적인 욕망과 이념의 투사를 주시하고 있을 뿐이다.

한편, 가상의 양방향성은 새로운 거주 양식을 만들어내기도 한다.

6장에서는 근접성(propinquity), 지역성(localness), 교감(communion)이라는 커뮤니티의 세 가지 개념을 구별할 것이다. 새롭게 등장하는 전자적인 장소로 말미암아 지리적 근접성 없이도 교감이 가능해졌다. 서로 얼굴을 마주 보지 않아도, 신체가 같은 공간에 있지 않아도, 더구나 창작(또는 재창작)일지도 모를 네트상의 이름을 통해서만 서로를 알고 있을 뿐인데도 사람들은 스스로 커뮤니티의 일원이라고 상상한다. 라인골드는 《버추얼 커뮤니티(The Virtual Community)》에서 과거 국가사회 안에서 조직되었던 사회생활이 지리적인 개별사회와 특수한 커뮤니티, 연령, 아이덴티티를 초월하여 가상의 커뮤니티로 이행할 것이라고 예견했다.[143] 실제로 사람들이 가상 커뮤니티의 거주자가 되면서 새로운 '글로벌 시민사회'가 도래하고 있다. 그것은 국가 단위로 조직되지 않는다.[144] 글로벌 시민사회에서는 새로운 학습 형태, 새로운 대항문화가 출현하고, 저작권과 사생활의 의미가 달라지며, 직접민주주의로 향할 기회가 창출될 것이다.[145]

그렇다면 사이버 공간의 시민사회라는 개념을 어떻게 이해해야 할까? 컴퓨터로 운용되는 사이버 공간은 나노초 단위로 공간을 극복하지만 그것만이 아니다. 베네딕트는 욕망이란 얼마간 여행에 걸리는 시간에서 비롯되기 때문에 가상적 여행이 순간적으로 이루어지면 여행의 현상학적 경험이 대폭 줄어든다고 주장한다.[146] 그래서 어떤 논자들은 컴퓨터 기술이 사회의 의례라는 관점에서 다양한 '접속과 링크', 하이브리드한 인간-기계에 어떤 영향을 미치는지 보다 심사숙고해야 한다고 주장한다.[147] 가상 커뮤니티 연구는 이른바 네티켓(netiquette)처럼 적절한 행위에 관한 순간적 규범을 포함해 규범적 관례가 발달하고 강화되는 복잡한 양상을 다루는 데까지 진척되었다.[148] 또한 문화적·소통적·감정적 의미를 담는 물리적 환경이 어떻게 구축되는지 이해하는 일도 중요하다.[149]

컴퓨터가 매개하는 소통이란 "분명 사람들은 여전히 직접 대면하지만 '만남'도 '얼굴'도 전과는 달라지는 사회적 공간"이다.[150] 사이버 공간에는 사용자들이 모이는 사이트, 노드, 홈페이지와 같은 표지가 있기는 하지만, 사람들이 어떤 특정 장소에서 사는 것은 아니다. 사람들은 이동의 스케이프에서 살고 있다(지금 여기 존재하는 것이 나노초 후에는 사라진다!). 사람들은 '여행'의 도랑에 '속해' 있는 것이다. 따라서 사이버 공간은 이동뿐인 공간이다.[151] 그리하여 컴퓨터를 매개로 한 소통은 귀속과 여행의 구분을 실질적으로 용해시킨다.

이처럼 많은 가상 커뮤니티에서 아이덴티티는 유동적이며, 사람들은 '디지털 유목민'이 되어 고정된 아이덴티티 안팎으로 유영할 수 있다.[152] 사람들은 대체적이며 복수적인 아이덴티티를 채용하여 종종 역설적이게도 유동적인 소통과 유희적이며 일시적이고 우발적인 관계를 꾀할 수 있다.[153] 그래서 터클은 인터넷을 "포스트모던적 생활의 자기 구축 내지 재구축에서 중요한 사회적 실험실"이라고 말한다.[154] 이 경우 규범이 있으나 사람들은 그다지 얽매이지 않는다. 오히려 그것을 친근하게 느낀다.[155]

가령 이메일은 편지나 여느 발화 행위와도 다르다. 매우 비공식적이며, 때로는 기묘하게도 고백과 같은 형식을 취한다. 그리고 가상 커뮤니티는 방대한 정보를 주고받는다는 점에서 단순히 세계를 기록한다기보다 세계의 구성 요소라고 할 수 있다. 에이콕과 버치그나니는 살인사건을 두고 벌어진 이메일 토론을 보며 "민족지적 텍스트와 참조해야 할 컨텍스트가 거의 순간적으로 상호침투했다"고 말한다.[156]

한편, 사이버 공간에 관한 논의 가운데에는 '가상 커뮤니티'가 '현실의 커뮤니티'가 아니라는 주장도 있다.[157] 라이프니츠의 모나드가 그러하듯 가상 커뮤니티는 점점 서로 긴밀하게 얽히지만, 교제는 기존의 농밀하고 복잡한 다양성을 지닌 사회의 물리적 공간을 밀어내고 "점점 무르고 덧없고 단명한 것이 되고 말았다."[158] 가상 커뮤니티는 '현실의 커뮤니티'가 갖는 실체성이 결여되었다는 지적도 나온다. 그곳에 참여하는 성원은 메시지를 읽지도 무엇을 보내지도 않고, 그저 사이버 공간 안에서 잠행하고 있기 때문이다.

그러나 라인골드는 사람들이 지리적으로 떨어진 상대와 상호작용하고 '커뮤니티'를 형성하는 데 오랜 시간을 보내면서 우리가 커뮤니티라는 관념으로 떠올리는 것이 크게 바뀌었다고 말한다(그러한 까닭에 다양한 이동의 중요성에 관해서도). 이는 6장에서 좀더 검토하겠지만, 라인골드는 가상 커뮤니티 안에서도 간헐적인 "현존-유효성(presence—availability)"이 중요하다고 강조한다. 그는 그 중요성이 강렬한 가상의 교감에서 비롯된다며 가상 커뮤니티를 사례로 들고 있다.[159] 이 사례에서 가상 커뮤니티의 성원들은 실상 가끔 얼굴을 마주하고 특정 시기에만 같은 장소에서 생활한다. 이러한 "근접성에의 충동"[160]은 "그들 속에서 그들을 연마하는, 마법처럼 강력하며 매우 감정적인 유대"를 강화하는 효과가 있다는 것이다.[161] 신체의 여행과 관련지어 가상적 여행을 이해하려면, 또는 사이버 공간에서 신뢰관계를 발전시키려면 대면한 상태의 대화가 매우 중요하다.

이처럼 전자적 메시지의 흐름과 사람의 흐름 사이에는 복잡한 상호작용이 존재한다. 새로운 가상 커뮤니티는 사람들의 물리적 흐름을 가로막지 않는다. 오히려 점점 활발해지는 사람들의 신체적 이동을 전제하고 있다(전화기의 이용도 마찬가지다). 어느 IT기업의 간부는 "보통 집에 있는 고객보다는 여행자들이 매일의 정보나 오락을 더 요구한다"고 말한다.[162] 신체의 여행을 하면 할수록 사람들은 사이버 공간에서도 좀더 자주 여행을 다니게 된다.

그러나 에이콕과 버치그나니는 그러한 가상의 소통이 어떤 내용으로 진행되는지를 다룬 몇 안 되는 연구를 보면 탈중심적이고 해방적이며 코즈모폴리턴적인 언설이 그다지 많지 않다고 분석한다.[163] 유감스럽게도 사람들은 권위, 과학, 저작자, 총, 외국인, 광기에 대해 구태의연한 견해를 주로 내보인다.

나아가 구성원들이 정보로 매개된 관계를 이해하고 받아들인다 하더라도 모든 가상 커뮤니티가 합의에 도달하는 것은 아니다. 제4의 관계성에 기반하여 사람들은 새로운 전자미디어를 거쳐 타인에 관한 정보를 쉽게 입수할 수 있지만, 종종 정보의 흐름과 구체적인 내용을 놓친다.[164] 예를 들면 신용도를 평가하기 위한 데이터베이스 활용, 감시 카메라와 감시 위성, 컴퓨터 해킹, 잠재적인 고객 확보를 위해 떠도는 정보를 활용하는 일, 비합법적인 전화 도청, GIS* 소프트웨어를 활용하는 매우 세밀한 보험률 산정 등이 그렇다. 인간은 정보의 소편으로 재구성되며 컴퓨터가 제어하는 감시와 다양한 '시스템'이 매개하는 관리 대상이 된다.

소비생활, 직장생활, 도시생활에서 마주하는 감시와 관리는 접근과 권력의 새로운 불평등을 낳고 있다. 미국의 여러 도시에서는 디스토피아가 출현하고 있다. 전자적인 감시체제를 통해 미심쩍은 자는 주

● GIS(golbal information systems)은 지구 전체를 대상 범위로 하는 정보 시스템을 말한다.

시하여 이동을 차단하고, 괜찮다고 판단되면 들어오도록 이끈다. 물
리적이며 전자적인 '요새'의 출현인 것이다.[165] 데이비스는 그러한 불
평등이 신흥 정보 도시 안에서 전자 게토(electronic ghetto)를 형성한
다고도 말한다.[166] 좀더 일반적으로 비릴리오는 '시각 기계(vision
machine)'가 발달하여 눈먼 시각, 지각의 자동화, 시각의 산업화, 사실
과 가상의 융합을 낳는다고 지적한다.[167] 한편, 그 다채로운 기술적
진보는 사이보그에 관한 선언과 규약을 증식시키고 있다.[168]

맺음말

가상적 여행과 관련해 불평등을 낳는 원인들을 고찰하며 여행의 다
양한 양식을 검토했다. 여행의 스케이프가 발달하면 새로운 공간적
불평등이 발생한다. 그러한 스케이프는 그것을 배치할 수 있는 조직
의 권력을 강화하며 거기서 배제되는 사람들의 힘을 약화시킨다. 그
리하여 사회적 불평등은 새롭게 공간화되며 권력과 지식은 새롭게 배
치된다.

지금까지 여행의 네 가지 양식을 다루긴 했지만, 그다지 구체적이
지는 않았다. 다음 장에서는 이 점을 보충하여 여행에 관련된 '사물'
과 사람들이 방문하는 '장소'에 초점을 맞추어 여행이 어떻게 감각되
는지를 상세히 다루고자 한다. 나는 거기서 이동의 사회학이 사물과
장소를 둘러싼 감각을 주요 관심사로 삼아야 한다고 주장할 것이다.

4장

감각

런던은 인간의 본질을 뒤바꾸었다. 런던에서 우리는 유목 문명을 미리 맛보았다. …… 세계주의 시대에 대지는 아무런 도움이 되지 않는다. 숲과 초원, 산은 그저 풍경일 따름이다.

– E. M. Forster 1931: 243.

들어가며

오늘날 여러 문헌은 인간 주체의 죽음에 관해 말한다. 여러 지식인은 삶의 특정한 패턴을 만들고 지속시키는 인간 주체의 역할과 인간만이 지닌다고 여겨온 힘에 대해 의문을 제기했다. 인간이라는 존재의 미래는 곳곳에서 심문당하고 있다. 저자/주체의 죽음에 관한 포스트구조주의 분석,[1] '사이보그 문화'에 관한 인류학적 물음,[2] 인공기관 기술이 인간에게 무엇을 의미하는지에 관한 분석,[3] 사물에 관한 사회학적·인류학적 연구의 전개,[4] 과학사회학이 내놓은 행위자-네트워크 이론,[5] 폐기물과 물리적 환경의 위험이 증가하여 인류의 미래가 위험에 처할 것이라는 사회과학의 주장,[6] 경우에 따라 시간과 공간이 따로 작용한다는 분석,[7] 정신과 신체의 이원론에 가해진 사회물리학의 공세,[8] 인간의 구제라는 대서사에 대한 탈근대적 비판,[9] 카오스와 복잡성 이론에 비추어보건대 인간-사회 세계는 어떤 함의를 갖는가라는 물음[10] 등.

이처럼 다양한 영역에서 인간은 종 고유의 성과를 실현할 능력이 있는지 추궁당하고 있다. 나는 지금껏 사물은 인간 주체에게 단순한 그릇이 아님을 주장했다. 또한 헤모글로빈 수준의 조사, 패스트푸드 사업, 자동차 여행 등에서 확인할 수 있듯이 사물은 네트워크 안에서 인간이 어떤 역할을 맡는지를 규정하며 '행위항(actant)'으로 기능한다고도 주장했다. 역사적으로 인간적 실체와 물리적 실체로 구분되어 있던 현상들이 합쳐져 비인간적 네트워크가 형성되고 있다.[11] 기계와 사물, 기술은 인간의 영위를 지배하지도 않으며 그것에 종속되지도 않는다. 인간과 나란히 그리고 인간과 함께 구성된다. 인간에게 중요

한 의미를 지니는 기술, 과학, 신체, 자연, 환경은 인간의 순수한 의도
나 행위로 생긴 것이 아니다.

사물은 인간이 행위 주체에 영향을 미칠 때 결정적 요소로 작용한
다. 행위 주체란 하나의 수행으로 이해되어야 하며 책상, 종이, 컴퓨
터, 항공기 좌석 등 다양한 사물로 만들어진다. 행위 주체는 인간과
비인간의 연쇄, 네트워크의 형성·재형성 가운데 성립한다. 인간과
사물은 다양한 양상으로 결합되며 네트워크 안에서 교차한다. 다만
그 결합과 네트워크는 시간의 측면이나 공간의 측면에서 매우 불안정
하다. 네트워크는 사회질서를 만든다기보다 부수적으로 질서화의 경
향을 산출할 따름이다.[12] 이 경우 인간은 비인간으로부터 떨어져 있
다고 간주할 수 없으며, 반드시 중심적 역할을 맡는 것도 아니다.[13]
그래서 라투르는 새로운 헌장을 내놓았다. 우리가 인식해야 할 대상
은 하이브리드 내지 가변적 기하학이며, 여기서 인간은 매개자나 통
역자로 재정의된다. 비인간은 때로 신뢰하기 어려운 인간을 대신하기
도 한다. 비인간에게 인간의 역할을 맡기면 적절한 행동을 이끌어내
기 위해 인간을 훈련시켜야 하는 막대한 비용을 절감할 수 있다.

하이브리드의 사례로 '시민-총(citizen—gun)'을 생각해보자.[14] 사
람이 총과 관계하면 사람과 총의 모습은 모두 바뀐다. 인간과 총 어느
쪽이 중심적인지를 따지기는 어렵다. 발포하는 순간 행위하는 것은
'시민-총'이다. 사람과 총 사이의 네트워크 내지 관련성을 통해 작동
하는 하나의 행위 주체인 것이다. 물론 총을 쏘았을 때 책임이 총에
있는지 사람에게 있는지는 따져 물을 수 있다. 그러나 우리는 시민-
총의 네트워크 또는 공동-행위 주체(co-agency)를 인식하는 설명방식
을 만들어내야 한다. 이 밖에도 하이브리드는 어떤 수준에서든 존재

한다. 사물과의 관계성(자동차 운전자)도 비인간적 본성(줄에 묶인 개)도 모두 하이브리드다.[15] 그 가운데서도 이 장에서는 사진촬영가, 지도제작자, 풍경을 보는 자, 운전자, 텔레비전 시청자 등의 하이브리드를 살펴보자.

특히 이 장에서는 자연뿐 아니라 사물이나 기계와 관계를 맺을 때 인간의 감각이 어떤 역할을 맡는지에 관해 고찰한다. 생각해보면 주체와 객체라는 구분을 타파해야 한다는 일반적 주장은 오래전에 등장했지만 그 초점은 여전히 불분명하다. 인간의 몸이 어떤 역할을 하는지를 구체화하려면 다양한 하이브리드의 감각 구성을 보다 상세히 검토해야 한다. 어쩌면 우리는 마르크스가 〈포이어바흐에 관한 테제〉에서 첫 번째로 제시했던 비판을 발전시켜야 할지도 모른다. "지금까지의 모든 유물론의 주요한 결함은 대상, 현실, 감성을 오로지 객체 또는 관조 형식으로만 파악할 뿐 감성적 인간 활동으로서, 실천으로서 파악하지 않고 주체적으로도 파악하지 않았다는 것이다. …… 관념론은 현실적·감성적 행위 자체를 알지 못한다."[16]

인간의 감각적 실천을 탐구하려면 이러한 하이브리드를 생산하는 신체 감각의 위계를 조사할 필요가 있다. 그러한 까닭에 나는 이 장에서 포퍼가 말한 논점을 일반화할 생각이다. 그는 '닫힌사회(closed society)'의 특징을 이렇게 밝혔다. "그것은 여전히 구체적 개인들로 구성되는 구체적 집단으로서 분업이나 상품 교환처럼 추상적 관계를 맺고 있을 뿐 아니라 촉각, 후각, 시각을 통해 구체적 신체관계를 맺는다."[17] 다만 나는 포퍼의 논의를 참조하되 닫힌사회 안에서 주로 작용하는 감각보다 오히려 이동하는 '열린사회(open society)'에서 어떻게 다양한 감각이 작동하는지를 주목하고자 한다. 자주 이동하는 하이브리드적 실체가 구성될 때 어떤 감각이 지배적이며, 그 감각은 어떤 역할을 맡는가? 그러한 감각 가운데 하나 또는 몇 가지가 작동하지 않는다면(방사능이 유출되었을 때처럼) 어떤 사태가 벌어질 것인가? 인공물뿐 아니라 물리적 세계와의 관계에서 감각은 어떻게 기능하는가? 감각은 물적 대상 안에서 어떻게 구체화되는가? 또한 감각은 새로운 이동성에서 어떤 역할을 맡는가?

이러한 물음들을 명료하게 정립하려면 벡의 논의도 참조할 필요가 있다. 벡은 우리가 새로운 사회, 즉 산업사회와 대비되는 위험사회로 이행하고 있다고 주장한다.[18] 위험사회는 다양한 사회적 실천이 산출하는 폐기물과 그 폐기물이 초래하는 불가지의 결과에서 파생되는 위험의 흐름 위에 조직된다. 위험은 예측할 수 없다. 따라서 피해를 보상할 수도 없다. 영향 범위가 무제한이므로 계산도 할 수 없다. 그리고 무엇보다 인간의 감각으로 위험을 알아차릴 수 없다. 핵의 방사능이 가장 전형적 사례다. 직접 만질 수도 맛볼 수도 들을 수도 맡을 수도 없다. 무엇보다 보이지 않는다. 벡은 체르노빌 사건에 대해 다음과 같이 말한다.

> 우리는 보고 듣는다. 그러나 우리의 감각 지각의 정상성이 우리를 기만한다. 위기에 직면할 때 우리의 감각은 제대로 기능하지 못한다. 누구든…… 눈으로 보고 있었지만 맹목이었다. 우리의 감각으로는 어떤 변화도 없는 세계를 체험하고 있었지만, 그 배후에서는 우리의 시계에 잡히지 않는 오염과 위험이 자라나고 있었다.[19]

이어서 벡은 이러한 감각의 무력화와 위험의 글로벌화가 인간생활에 미치는 파국적 영향으로 인해 현재 특정한 사회가 발달하고 있다고 주장한다. 위험은 국경을 아랑곳하지 않는다. 보이지 않지만 모두를 덮칠 수 있다. 따라서 각 사회들 사이의 다양한 차이가 부식된다. 이러한 힘은 새로운 기계 복합체에서 기원한다. 그것은 지구를 하나의 실험실로 다루어 프랑켄슈타인 박사의 괴물처럼 상상할 수 없는 미래로 뻗어나가 유동하는 핵폐기물을 산출한다.[20]

지멜이 오감의 사회적 성격을 강조했듯이[21] 로더웨이는 오감이 지리적임을 증명하는 데 힘을 기울인다. 각각의 감각은 공간 안에서 사람들이 방향을 찾거나 공간적 관계를 자각하거나 미시·거시 환경의 질을 식별할 때 기여한다. 나아가 각 감각은 일상생활 안에서 중요한 메타포를 낳기도 한다. 촉각을 예로 들면 '연락이 닿는다(keeping in touch)', '감정을 거스른다(rubbing someone up the wrong way)', '달래기 쉬운(soft touch)' 사람, '민감한 화제(touchy subject)'의 회피, '마음에 와 닿는(touching)' 행동 등이 있다.[22] 가장 강력한 시각이라면 우리는 어떤 일을 '알고 있다(we see)'고 하며, 화제를 이해하지 못하면 '맹목(blind)'이라는 소리를 듣는다. 또한 심려 깊은 지도자를 '선견지명이 있다(visionary)'고 말한다. 한편, 지식인은 특정 화제에 '빛을 비추어(illuminate)' 그것을 '밝혀낼(shed light)' 수 있다. 거꾸로 문제를 이해하지 못하는 자는 '어둠 속(in the dark)'에 남겨진 셈이다.[23]

여러 감각이 상호작용하며 환경을 생산하는 방식에는 다섯 가지가 있다. 첫째, 감각들이 서로 협동하는 경우다. 둘째, 감각들 사이에 위계가 발생하는 경우다(서양문화에서 보이는 시각의 우위처럼). 셋째, 한 감각이 다른 감각을 시차적으로 따르는 관계다. 넷째, 다른 감각보다 먼저 작용한 감각이 문턱으로 작용하는 경우다. 마지막으로 특정 감각과 사물 사이의 호혜관계다. 이 경우 사물 쪽이 그 감각에 적합한 반응을 '어퍼드'한다.[24] 이제 시각을 둘러싼 논의를 검토하며 시각이 다른 감각과 맺는 다양한 관계성을 통해 이러한 양상들을 확인하기로 하자.

시각성

서양의 사회사상과 문화에서는 과거 수세기에 걸쳐 '시각의 헤게모니'가 확립되어왔다.[25] 유럽 전역에서 일군 여러 발전의 소산이었다. 예를 들어 중세의 대표적 건축 양식이었던 교회 안으로는 환하게 칠해진 스테인드글라스를 통해 빛이 쏟아져 들어왔다. 중세가 빛과 색채에 매료되었다는 것은 기사도적 문화에서 문장(紋章)이 복합적 시각 코드로 발달했다는 점을 보아도 알 수 있다.[26] 15세기에 들어오면선 원근법이 발달하여 삼차원 공간을 이차원 평면 위로 옮기는 것이 가능해진다. 그리고 광학이 발달하여 거울이 사물로서, 메타포로서 사람의 마음을 사로잡았다(법률가는 공동체에게 무엇이 좋고 나쁜지를 비추는 '거울' 같은 존재로 여겨졌다).[27] 사법제도는 화려한 법복과 법정으로 사람들의 시선을 끌었다. 가장 중요한 혁신은 활판인쇄의 발명이었다. 그리하여 말하고 듣는 감각은 상대적으로 약화되고, 회화나 지도를 바라보듯이 적힌 글자를 눈으로 읽는 일이 중요해졌다.[28]

시각은 감각 가운데 최상위를 차지하며 근대 인식론의 토대가 되었다. 아렌트의 표현을 빌리자면 "철학이 모습을 정비한 이래 생각은 봄(seeing)과의 관계에서 사고되었다."[29] 로티는 데카르트 이후의 사상이 '마음의 눈'에 비친 심적 표상을 외부세계의 거울상으로 특권화해왔다고 주장한다.[30] 확실히 지금껏 철학은 마음이 거대한 거울이라고 여기는 사고방식에 지배되어왔다. 정도의 차이나 인식론적 토대의 차이는 있지만 물리적 세계를 "본다=안다(see)"는 것이 가능하다는 것이다.

시각은 상상력의 역사에서도 중요한 의미를 지닌다. 제이는 태양, 달, 별, 거울, 밤과 낮 등에 관한 일련의 이미지나 성스러움과 세속의 의미를 구조화할 때 시각적 경험이 얼마나 기본적인지를 밝힌다.[31] 그는 서양사상 전반에 깔린 시각의 중요성을 이렇게 요약한다. "근대 과학이 대두하고, 인쇄 분야에서는 구텐베르크가 혁명을 일으키고, 회화에서는 알베르티 원근법을 내세우자 근대에 이르러 시각은 엄청난 영향력을 획득했다."[32] 페이비언은 이러한 시선의 독재를 '시각지상주의(visualism)'라고 부른다.[33] 한편, 마셜 매클루언은 "우리의 시대는 말하고 듣는 능력이 감퇴했으며…… 지난 수세기 동안 우리가 시각적 메타포나 모델을 얼마나 무비판으로 받아들여왔는지를 통감한다"[34]고 토로한다. 좀더 일찍이 니체는 다른 감각에 비해 시각이 점차 우위를 차지해왔음을 지적함과 동시에 추상적 사고의 개념이 시각적 측면(가령 투명성, 계몽, 베일, 원근법)에 기대고 있다고 강조했다.[35]

이쯤에서 지멜의 감각의 사회학을 참조하여 시각에 관한 세 가지 일반적 요점을 정리해두자. 첫째, 지멜에 따르면 눈은 "사회학적 성취"다.[36] 타인을 보고 있노라면 개인들 사이에 상호작용이 발생한다. 이를 두고 지멜은 가장 직접적이며 '가장 순수한' 상호관계라고 말한다. 사람들 사이에서 주고받는 시선, 이른바 눈 맞춤이 순간의 친밀함을 낳게 된다. "눈을 통해 무언가를 본다면 동시에 주어진 것을 취하기 마련이다." 즉 시선은 사람과 사람, 얼굴과 얼굴 사이의 "가장 완전한 상보관계"를 만들어낸다.[37) 또한 시선은 얼굴에 띤 표정과 함께 되돌아온다. 우리가 타인에게서 보고 있는 것은 그 사람 내부에서 지속되는 일부, 즉 "그의 생활의 역사와…… 본질의 유산"이다.[38) 이와 대조적으로 귀는 상보적이지 않다. 귀는 받을 뿐 주는 법이 없기 때문이다.

둘째, 우리가 무언가를 귀로 듣는 순간 그것은 이미 과거의 것이며 소유할 수 있는 무엇도 제공하지 않지만 눈은 소유를 가능하게 한다.[39) 눈을 통해서 타인을 소유할 수 있으며, 멀리 떨어진 여러 사물과 환경도 소유할 수 있다. 시각은 거리 두기와 지배를 동시에 가능하게 하기 때문에 사람과 사물 양측의 세계를 원격에서 통제할 수 있다.[40) 거리를 둘 수 있기에 일상의 부산한 경험에서 벗어나 적절한 '조망'을 얻을 수 있는 것이다.[41) 시각이 지니는 이러한 원격화와 대상화 역할에 관해서는 가깝거나 먼 장소의 사진, 풍경, 지도를 통해 시각의 물질화를 고찰할 때 다시 언급하겠다.

셋째, 시각의 병합이 크게 증가했다. 재현 양식은 활판인쇄에서 전자기술로 발전했다. 전에는 이미지를 취하려면 사람이 카메라를 들고 촬영 현장에 가야 했지만 지금은 이미지가 디지털화되어 세계를 돌아다닌다. 지멜이 감각을 검토한 이래 시각은 놀라울 만큼 확장되었다. 나아가 시각의 정밀화는 다른 감각의 변용, 가령 레코드, 테이프, CD, 워크맨이 초래하는 청각의 변용이나 가상현실이 낳는 촉각의 변용과도 결합된다.[42) 이와 같은 내용들에 기초하여 시선은 얼마만큼 되돌아오는가, 시각적인 것들은 어떻게 공모관계를 맺어 소유를 성립시키는가, 시각은 어느 정도 '물질화'되고 있는가라는 세 가지 물음을 검토해보자.

지금껏 나는 시각과 시각적 메타포가 서양사회 안에서 지배적이었다고 주장했다(물론 다른 문화는 다른 감각의 궤적을 밟아왔다). 그러나 그러한 주장만으로는 오해를 살 여지가 있다. 왜냐하면 시각성이 다른 감각과의 복잡한 뒤얽힘에서 벗어나기까지는 수세기에 걸친 기나긴 투쟁이 이어졌기 때문이다.

16세기의 상황에 대해 페브르는 이렇게 기술한다. "예리한 청각과 섬세한 후각처럼 이 시대의 사람들은 날카로운 시각을 갖고 있었다. 하지만 그뿐이었다. 시각은 아직 다른 감각에서 독립하지 않았다." 그러한 까닭에 당시 사람들은 유동적 세계를 살아갔다고 할 수 있다. 실체들은 갑자기 모양과 크기를 바꾸고 경계가 흔들려 물리적 세계는 안정성을 잃고 있었다. 쿠퍼는 이러한 유동성, 즉 유동적[43]이고 변화하는 16세기의 고유한 지각 양식을 묘사할 때 '상호작용'이라는 말을 꺼낸다.

> 상호작용으로 말미암아 양의성이 영원히 떠도는 상태에서 보다 꽉 짜인 구조로 전환되려면, 인식이 시각화될 수 있도록 시각의 지위를 촉각, 미각, 후각 등의 '원초적'인 감각보다 격상시키는 위계적 일보가 필요했다. ……
> 그리하여 진전된 명확성, 투명성, 그리고 멀리 떨어져서도 가능한 시각적 확실성을 통해 신체적·물질적 세계를 움켜질 수 있게 되었다.[44]

16세기 말이 지나면서 통치와 정치경제 기법을 둘러싼 관심이 고조되었다. '사회'가 관리되기 시작했다. 이것은 병원과 의료 관련 전문기관, 학교, 광인의 처우, 감옥, 물리적 세계를 이해할 때 여타 감각에서 분리된 시각, 즉 시선(le regard)을 이용하기에 가능했다.[45] 시각성은 실험하고 감시할 수 있는 가시적 '사회'를 구성할 때 점차 핵심 요소가 되었다. 벤담은 일망감시체제를 고안하면서 "각각의 부분이 가시적이며 판독 가능한 투명한 사회"를 꿈꾸었다.[46]

여기서는 두 가지 핵심적인 권력·지식 과정이 존재하며 양자는 하나로 연결되어 있다. 즉 세세한 시각적 감시가 사회의 각 활동 영역에서 늘어나는 한편, '사회' 전체는 투명하며 멀리서도 통제할 수 있다는 관념이 확산되었다. 19세기에 이르러 서양은 역사상 가장 시각화된 시대에 이르렀다. 보호소, 병원, 학교, 감옥에서 당국은 수용된 사람들을 시각적으로 감시할 수 있도록 다양한 형태의 일망감시체제를 고안했다.[47] 좀더 일반화해서 영국에서 특히 주목해야 할 평론가 존 러스킨은 이렇게 말하기도 했다. "인간 영혼이 현세에서 성취해야 할 가장 중요한 일은 무언가를 보는 것이다. …… 본다는 것, 그것은 시이고 예언이며 종교다."[48] 그때까지 외경과 두려움을 자아냈던 황야, 황량한 자연은 레이먼드 윌리엄스가 "조망, 풍경, 이미지, 신선한 공기"[49]라고 표현했듯이 공업 문명의 장소로부터 잠시 떠나온 사람들이 시각적으로 소비하는 곳으로 변모했다. 다른 종류의 장소가 다른 종류의 감흥을 불러일으킨 것이다.[50]

19세기에는 오감이 보다 확실히 분리되었다. 특히 시각이 촉각, 후각, 청각에서 떨어져 나왔다. 시각이 자립하자 시각 체험을 수량화하고 균질화할 수 있게 되었다. 사진을 필두로 거울, 판유리창, 그림엽서 등 시각에 호소하는 무수한 사물들이 대량으로 유통되기 시작했다. 이러한 사물들이 시각적 마력을 발산하자 주술성과 영성은 겉모습과 표면적 특징에게 자리를 내주었다. 그 사물들은 신흥 도시를, 그리고 거리를 걷다가 새로운 시각기술에 비치거나 포착된 자기 모습을 나르시시즘적으로 응시하는 수많은 소비자를 반영하고 있다.

도시만 그러한 것이 아니었다. 도시 밖의 물리적 환경도 풍경, 조망 거리, 지각적 감동의 대상으로 여겨지고 낭만적으로 물들어갔다. "자연은 주로 여가와 즐거움-관광, 볼 만한 오락, 눈의 피로를 덜어주는 곳"이 되었다.[51] 낭만주의 작가들도 그러한 분위기에 힘을 실어주었다. 그린은 19세기 중반 파리 주변의 지역을 사례로 스펙터클화의 의미를 밝힌다. 그곳에서는 "파리 구경꾼에 의한, 파리 관중을 위한 주변지역으로의 침입"이 잇따르고 있다.[52] 도시인들은 교외로 잠시 여행을 다녀오거나 전원주택을 구입한다. 파리 주변에는 도시인이 이따금 기분을 전환하기 위해 여가 삼아 다녀올 수 있는 안전한 장소, 즉 '대도시의 자연'이 조성되었다. 당시 주택 광고를 보면 방문자의 눈을 사로잡으려고 스펙터클을 강조하고 있다. "조망과 파노라마의 언어가 그곳에서의 시각 체험 구도를 결정했다. 그곳을 조망하고 건강한 대지의 기운을 들이마신다".[53] 비슷한 사례가 19세기 중반 영국에서도 엿보인다. 호수 지방에 지어진 집들은 "그곳에서 내다보이는 풍경을 포착하고 연출하기 위한, 이른바 카메라로" 활용되었다.[54]

6장에서 다루겠지만 1851년 런던 만국박람회는 투명해진 사회의 상징이었다. 시각이 다른 감각에서 분리되고, 시력이 감각의 위계에서 우위를 점하고, 거리를 두고 사회를 바라보고 통제하는 구조화 과정에서 시각이 힘을 얻자 '사회'의 권력·지식의 양태도 바뀌었다.

한편, 디켄은 '이론'에 관해 흥미로운 주장을 내놓았다. '이론'이라는 관념은 한 발 떨어져 대상을 바라보고 초월적 '관점'을 제시하는 사회, 경제, 정치의 외부 관찰자가 존재한다는 사고방식을 암묵적으로 전제한다는 것이다.[55] 그의 말을 요약하면 이렇다. "이론적 재현은 대체로 그 본질이 시각적이다. 더구나 그 시각성에서는 서로 힐끗 쳐다보는 것이 아니라 대상화를 동반하는 응시가 기초를 이룬다. 분석적 응시가 낳는 '지배'의 시점은 맥락, 시간, 신체로부터 벗어나 있다."[56] 7장에서는 새로운 글로벌 사회에서 '지구(globe)'라는 시각이 구성되고 있음을 검토할 것이다. 그런데 그것도 거리를 두고 통제할 수 있는, 또는 개개의 맥락을 초월해 있는 대상으로 간주되기는 마찬가지다('글로벌한 환경의 변화'라는 개념이 그러하다).

먼저 당장은 앞 장의 주제였던 여행의 양식과 감각이 어떻게 결합하는지 자세히 살펴보자. 근대로 들어서면 푸코가 분석한 감옥 안의 고정된 시선뿐 아니라 여러 이동을 통해서도 '사회'를 인식하게 되었다. 그 이동은 시각적 인식의 새로운 기술과 양식을 전제로 삼았다. 그 가운데서도 특히 '사진가'라는 하이브리드가 중요하니 자세히 다룰 필요가 있다. 이어서는 지도를 읽는 사람, 풍경을 감상하는 사람, 텔레비전 화면을 보는 사람을 주목해보자.

1839년 프랑스에서는 루이 다게르가 은판사진 제작법을 발표했고, 1840년 영국에서는 폭스 탤벗이 음화(陰畵)와 종이를 사용해 상을 정착시키는 사진 처리법을 발견했다고 공표했다.[57] 그러나 이러한 '발견'들이 아무리 대단했더라도 게른스하임이 말하듯 "왜 좀더 이른 시기에 사진이 발명되지 않았는가는 사진의 역사에서 여전히 최대의 수수께끼다."[58] 사진의 과학적 기초는 18세기 이사분기에 이미 대체로 밝혀졌다. 하지만 당시에는 '카메라오브스쿠라'를 이리저리 활용하여 상을 영원히 고정시키려는 예술가가 등장하지 않았다. 19세기에 들어와서도 영구히 남는 사진을 만들겠다는 욕망은 거의 확인되지 않는다. 그 까닭은 무엇인가?

이러한 욕망에는 세 가지 지류가 있다. 첫째, 18세기 말부터 19세기 초에 걸쳐 '찍겠다는' 욕망을 표출한 '사진의 시조', 즉 사진 발안자와 실험자들이 존재했다. 그 가운데서도 주목해야 할 발명가는 모스, 웨지우드, 데이비, 청년 다게르를 꼽을 수 있다. 그들은 모두 자신의 심상과 체험을 영원히 고정시킬 수 없다는 점에 안타까움을 토로했다.[59]

둘째, 풍경을 감상하는 행위의 성질이 크게 바뀌었다. 18세기 이후 여행자들은 자신의 현학적 관찰이 과학적 이해의 일부가 되기를 원하지 않았다.[60] 신체의 여행은 과학이 아니라 처음에는 건물과 예술 작품, 나중에는 풍경을 향한 감식안을 통해 정당화되었다. 아들러에 의하면 "시각이 주는 아름다움과 숭고함의 체험은 개인들에게 정신적 면에서 평가되었다. …… 그러한 심미적 전환 속에서 경치를 보는 일은 전에 없이 감정적이며 정열적인 활동이 되었고 동시에 보다 사적인 활동이 되었다"[61] 그러한 감식안은 새로운 봄, 새로운 관찰을 낳았다. 브라이슨은 그러한 시선을 "고요한 순간, 거리를 두고 떨어져 초연하고도 명상적으로 시계(視界)를 바라본다"고 표현했다.[62]

셋째, 18세기 말이 지나면서 명망 있는 작가와 예술가들은 흥분 속에 체험한 풍경을 간직하고 싶다며 확실한 욕망을 드러냈다. 픽처레스크(picturesque)* 제창자로 유명한 윌리엄 길핀 목사는 1782년 와이(Wye) 강 하류를 여행하다가 체험한 순간의 시각적 흥분을 봉인해두지 못해 노심초사했다. 그 다음 떠난 짧은 여행에서도 자신의 클로

● 18세기 후반 영국을 중심으로 유행한 미학 관념. '회화 같은' '회화의 주제로 어울리는'이라는 의미를 지닌다. 자연의 시각적인 미, 즉 자연의 형태나 색채로부터 형성되는 구도의 통일을 강조한다.

드 글래스(Claude Galss)●로 바라본 "광경을 남겨 자기 것으로 삼고" 싶었지만 그러지 못했다고 불만을 토로했다.[63] 1785년 윌리엄 쿠퍼도 같은 심경을 밝혔다.

마음의 거울을 통해 덧없이 스쳐 지나가는 심상을 포착하여
재빨리 쥐고 놓지 않는다.[64]

새뮤얼 테일리 콜리지, 토머스 그레이, 존 클레어, 존 컨스터블도 모두 여행하며 겪은 순간의 이미지를 포착해 고정할 수 없는 것에 노골적으로 불만을 터뜨렸다.

그런데 1790년대 이후 세 가지 지류가 합류한다. 그 전에는 사진을 찍고 싶다는 언설을 거의 발견할 수 없었다. 그런데 이 시기를 경계로 그러한 말들이 쏟아진다. 1790년 무렵 사진을 향한 욕망의 언설이 등장하여 1830년이 되면 유럽과 북아메리카 지식인 사이로 확산되었다. 따라서 서서히 전개되어가는 연속적 시각 표상의 역사에서 사진을 이해해서는 안 된다. 사진은 "이미지 생산의 산업화"의 산물이며, "소비와 유통이 만들어내는 새롭고도 균질적인 지대(관찰자는 이 장소 속에 있다)"에서 결정적 요소다.[65] 사진은 가치와 교환의 새로운 문화 경제에서 가장 중요한 구성 요소다. 사진은 통상 시각 이미지에서 기대하기 힘든 가동성과 교환 가능성을 가능하게 했다. 그리하여 근대 세계, 관찰자의 주체성, 점차 가동성을 더해가는 기호 및 이미지 증식

● 현전의 풍경을 감상하기 위한 철면거울. 픽처레스크가 유행하자 문학자나 예술가들이 회화 느낌이 나는 풍경을 찾아 나섰는데 그때 휴대하고 다녔다. 표면에는 희미하게 세피아색이 입혀져 있어 화상은 명암이 대조된 전체 윤곽을 흐릿하게 드러낸다.

과 긴밀히 연결되었다.[66] 애덤은 하이브리드한 '사진촬영가'가 어떻게 기능하는지를 이렇게 정리한다. "카메라는 홑눈이며 중립적이고 공평무사하며 실체가 없는 시선을 궁극적으로 현실화했다. 시선은 관찰자를 관찰 대상으로부터 완전히 떼어내 거리를 두고 세계를 조망하며 그 모습 그대로 고정시킨다."[67]

사진촬영가라는 하이브리드는 사람과 사물의 이동과 관련된 다양한 인간적 체험을 대중화하는 데 커다란 역할을 맡았다. 바르트가 말하듯이 사진은 일단 찍어두면 무엇이든 볼 만한 대상으로 바꾸어놓기 때문이다.[68] 아울러 우리의 여행이 찍어두어야 할 그 다음 '볼 만한 경치'를 쫓아가듯이 사진촬영은 여행의 여정에 리듬을 부여했다.[69] 카메라와 필름 대상은 장소(site)를 풍경(sight)으로 바꾸어놓으며 여행의 성격을 규정했고, 어디가 '관광(sightsee)'할 만한 곳인지에 관한 20세기적 감각을 구축하는 데도 큰 몫을 했다.[70] 이러한 맥락에서 그레고리는 19세기 말에 진행된 이집트의 '코닥화(kodakisation)'를 분석했다.[71] 이집트는 프레임에 담긴 다양한 극장형 장면들로 충만한 가시성 장소로 개발되었고, '유럽인' 방문객들은 즐거움을 만끽하며 이집트를 시각적으로 소비할 수 있었다. 그렇게 수에즈 운하, '나일 강에 비친 파리', 토머스 쿡 앤드 선(Thomas Cook & Son)의 사무소, 정제된 '고대 이집트', 이국적인 동양의 '타자', 전망 좋은 전망대 등의 '새로운 이집트'가 만들어졌다.

하이브리드한 사진촬영가는 포섭과 배제를 동반하는 특유의 미학을 창조해낸다. 예를 들면 가난함, 오염물에 찌든 풍경, 질병, 쓰레기, 약탈 등이 그려진 그림엽서나 '풍경' 사진을 본 적 있는가.[72] 사진촬영가는 작품에 지배적 시각 이미지(예를 들어 '동양')를 부여한다. 더구

나 어떻게 그러한 특징을 새겨 넣었는지 숨길 수 있다는 점에서 사진은 강력한 하이브리드다.[73]

테일러는 우리의 풍경관에는 대개 '지배'의 관념이 자리 잡고 있다고 분석한다.[74] 우리가 들여다보아야 할 저편의 풍경은 정적이고 종속적이다. 사진촬영가와 관찰자는 풍경의 우위에 서서 풍경을 지배한다. 그리하여 사진에는 어떻게 인간이 환경을 지배하고 자신에게 종속시키는지를 응시하는 것들이 많다. 풍경–사진촬영자라는 하이브리드는 지배자의 시선을 머금는 것이다. 거기에는 여성의 풍경(land-scape)/몸 스케이프(body scape)에 대한 남성의 시선도 포함된다. 이리가라이는 이렇게 말한다. "눈은 다른 감각보다 대상화와 지배화의 경향이 강하다. 눈은 거리를 상정하며 거리를 유지한다."[75]

아울러 윌슨은 사진이 여성을 잡지나 영상 속의 물질화된 대상으로 바꾸듯이 사진가는 자연에 힘을 행사하여 자연을 파악할 수 있는 대상으로 바꾼다고 말한다. "스냅촬영은 거친 자연을 우리가 기억할 수 있는 친근한 모습으로 바꾸어놓는다. 카메라를 든 우리는 우리 문화의 시각적 환경을 통제할 수 있다."[76] 나아가 자연과 환경은 사람들 사이를 이동하는 사물이 된다. 집 안을 장식하려고 사진을 찍어 벽에 걸어두면 언제라도 그 장소의 이미지를 보며 회상할 수 있다. 사진은 주관적인 동시에 객관적이다. 즉 개인적이지만 사물의 겉모습을 설명한다.

또한 사진은 과정보다 순간의 결과를 중시한다. 환경을 하이브리드화할 수 있는 음악, 회화, 조각 등의 다른 방식과 비교하건대 사진촬영은 최소한의 동작만으로 충분하다. 그러한 까닭에 러스킨은 손쉽게 구도를 결정하는 사진은 풍경을 대하는 올바른 방식이 아니라면서 스케치와 회화를 중시한다.[77) 좀더 일반화하면 사진은 20세기 시각문화를 구성하는 유동적인 기호와 이미지를 창출해냈다. 하이데거는 "사진을 통한 세계 정복은 근대라는 시대에 근간이 되는 사건이다"라고 말했다. 즉 근대세계는 인간적 표상의 이미지 내지 형상의 시대인 것이다.[78)

아울러 풍경화와 지도 역시 신체의 이동과 깊이 관련된 두 가지 시각적 틀이다.[79) 틀짓기 기술은 틀 속에 담기는 대상뿐 아니라 틀짓기에 참여하는 관찰자도 구성한다.[80) 그것에서 풍경-속-보행자와 지도-이용자라는 하이브리드가 출현한다.

먼저 풍경화에 관해 말하자면, 풍경화는 사물을 보는 한 가지 특수한 방식이다. 예술가들은 삼차원적 시각 체험을 이차원적 이미지로 환원한다. 그 이미지는 어떤 주어진 시점에서 조망한 경치를 모방한다. 시각세계에서 눈(실제로는 홑눈이지만)이 중심이 된다. 코스그로브에 따르면 "시각공간이 분리되고 개별화되어 관찰자적 특성을 띠는" 까닭도 이러한 관념에서 유래한다.[81) 19세기에 들어서자 풍경은 황량하지만 숭고하다고 여기는 낭만주의에 힘입어 선 원근법을 장착한 풍경관이 확산되었다. 이로써 개인은 물리적 세계를 보다 다채롭게 감각하고 체험하며 표상할 수 있게 되었다.[82)

두 가지 경우는 모두 보는 자(예술가)와 보이는 자(관찰 대상) 사이의 권력관계를 전제한다. 전자는 응시 구도를 결정하고 그림을 그릴 수 있는 특권적 시점과 권력을 갖는다. 풍경화는 그 장면과 표상에 대한 지배를 함의한다.[83) 그러한 까닭에 풍경은 독특한 사회적 관행을 수반한다. 예를 들면 영어에서는 땅의 넓이를 표현하는 말 가운데 시각적이지 않은 것이 없다. 풍경이라고 말하면 무언가 사람의 시선부

터 잡아끈다. 또한 풍경은 그림으로든 아니든 시각적으로 소비되기 때문에 매우 멀리까지 여행한다.[84]

한편, 지도는 시각적 표상을 위한 수단이다. 특히 풍경을 관찰할 수 있도록 돕는다.[85] 지도는 표상 형식 면에서 보건대 회화나 사진과는 다르다. 지도에서는 실재 또는 상상의 인간 주체가 지니는 시선보다 세계를 '조감하는 시선'이 활용된다. 지도는 풍경을 정밀하게 또는 사실적으로 재현하려고 애쓰지 않는다. 지도는 기본적으로 축척도다. 아울러 지도는 사진처럼 풍경의 여러 측면을 의도적으로 배제한다. 형, 선, 상, 음영 등을 시니피앙으로서 자의적으로 활용한다. 그리하여 지도는 훌륭하게 상징적이다. 지도는 상인과 정부가 관리 목적으로, 특히 군대를 위한 실용 도구로 발달시켰다. '서양'에서 지도는 인쇄술 발달에 의해 비로소 가능해졌는데, 그 점에서 지도는 근대주의적 시각의 추상화 과정을 표상하고 있다.[86] 옹은 인쇄 지도가 등장하여 생긴 일을 전해준다. "사람들은 세계를 생각할 때 인쇄된 근대의 세계 지도처럼 눈앞에 펼쳐진 것을 먼저 떠올린다. 이것은 인쇄술이 발달하고 인쇄술에 힘입어 지도를 보는 경험의 폭이 넓어졌기 때문이다."[87]

풍경화와 지도는 모두 문화적으로 제작된 시각적 재현이다. 그것들은 어떤 '서양적' 세계관을 뒷받침하는 신체의 이동의 양식에 의해 생산된다. 풍경화와 지도는 복합적이고 다감각적인 체험을 어떤 시각 코드로 환원하며, 그 특징들을 한 가지 전체 안에서 유의미하게 조립하고 종합한다. 또한 양자는 시각적 추상화와 재현을 거쳐 자연과 사회의 한 측면을 포착해내는데, 현실 감각에서부터 떨어져 나와 거리와 객관성을 표현한다.

나아가 풍경화와 지도는 시각성이 권력과 공모하는 새로운 사태의 도래를 알린다. 보이는 것들을 분절하고 통제하면 지배할 수 있다. 풍경과 지도는 시각을 통제와 감시의 수단으로 배치시켰다. 한편, 공간적으로 분산된 과학의 커뮤니티에서 활용되는 명각기(inscription device)* 또는 영상표시장치도 한 가지 시각적 사례다. 이러한 시각 표상의 수단으로 공간적 거리를 극복할 수 있기 때문에 멀리서 작업하는 다른 연구자에게도 자신의 실험 결과를 알리고 올바르다고 설득할 수 있다.[88]

20세기 말에 이르자 시각문화에서 텔레비전은 다른 것과 비교할 수 없을 만큼 중요해졌다. 3장에서 '상상의 여행'의 특징을 거론하며 텔레비전이 사물과 미디어, 문화로서도 중요하다고 이미 밝힌 바 있다. 여기서는 다음의 두 가지 내용을 추가하고자 한다. 텔레비전에서 시각적 지각은 얼마간 거리를 두고 생기며, 사람들은 소리만으로도 텔레비전을 활용할 수 있다는 점이다.

첫째, 논점과 관련하여 텔레비전은 일반 가정의 일상으로 들어와 있으며, 적어도 10억이 넘는 가정에 보급되어 있다.[89] 그러한 거주의 장은 원격 투시나 원격 지각에 기초하며, 현실 지리와는 다른 '버추얼 지리'를 매개하여 조직된다. 이것은 다양하고 교차적이며 예측 불가능한 미디어 벡터들에 기반한 지리다.[90] 워크는 수사적으로 말한다. "우리에게는 더 이상 뿌리가 없다. 대신 우리에게는 안테나가 있다."[91] 안테나와 곳곳에 퍼져 있는 텔레비전 스크린은 국내체제를 넘어 펼쳐

● 라투르의 용어로, 그는 "크기, 성질, 가격에 상관없이 과학의 텍스트 안에서 시각적 표시를 부여하는 설정을 명각기라 부르고자 한다"고 말한다(Latour 1987).

지는 비일상적 시각세계를 투영한다. 다시 말해 어느새 다른 세계를 비추고 있는 거울로서 그 세계를 집으로 전송한다. 아룬다티 로이는 인도의 나이 지긋한 한 여성을 묘사하는데, 그녀의 생활은 먼 세계를 옮겨오는 '생중계'를 즉각적으로 그리고 자주 접하면서 변화한다.

> 거실에서 위성 텔레비전으로 세계를 내다본다. …… 하룻밤 사이에 금 발 미녀, 전쟁, 기근, 축구, 섹스, 음악, 쿠데타 등 그 모든 것이 쇄도한다. 일세히 짐을 챙겨 같은 호텔에 투숙한다. 과거 마을에서 가장 큰 소리는 음악처럼 울리는 버스의 경적이었다. 지금은 전쟁, 기근, 생생한 학살, 빌 클린턴 등이 종복처럼 소환되고 있다.[92]

일정한 거리와 방향을 지닌 복수의 미디어 벡터가 몇 개의 궤도를 만들고 그 궤도들을 따라 이미지와 정보가 흘러간다. 복수의 미디어 벡터는 세계 어디라도 두 지점을 하나로 이어놓을 수 있다. "기술적인 면에서는 딱딱하고 고정되어 있지만, 이 벡터는 광범하며 경계가 불분명한 공간을 하나로 연결하고 그곳들 사이에 영상, 소리, 언어, 나아가서는 격한 분노의 감정마저 오가도록 만든다."[93]

둘째, 몰리는 텔레비전이 앞에 있을 때 시각보다 청각이 더 지배적인 감각이라고 주장한다. 그는 본다는 것 말고도 텔레비전이 켜 있는 동안 발생하는 다양한 활동에 주목한다. 텔레비전은 끊임없이 편안한 소리로 실내를 메운다. 텔레비전은 분명 시각문화를 구성하지만, 아울러 '사운드스케이프'에서도 중요한 요소다. 텔레비전에서 흘러나오는 소리는 거의 모든 가정으로 스며들며 바, 클럽, 카페와 같은 여러 '사적인' 공공공간의 일부가 되었다. 그곳에서는 소리가 분위기를 좌우한다.

시각에 관해 말하자면, 텔레비전을 시청할 때 훑어보기 또는 힐끗보기와 응시 사이에 진동이 있기 마련인데, 사람들은 여러 시청의 형태를 능란하게 오간다. 몰리는 이러한 시각 패턴을 사람들이 영화 스크린을 지속적으로 응시하는 모습과 대비한다.[94]

현대사회에서 스크린은 시각을 변용시키는 하이브리드한 물체의 일부다. 현재 디지털카메라, 엑스레이, 야간촬상장치, 열과 그 밖의 센서 기구, 원격조작형 센서, 인공위성을 포함해 '지각의 자동화'가 진행되고 있다.[95] 20세기의 감옥체계는 대개 자율적 시선을 통해 일상적 권력을 발휘했다. 도이체가 말하듯이 "멀리하고 지배하고 대상화하기와 같은 관음적 조망은 대상을 피해자로 만드는 시각화를 통해 통제력을 행사한다."[96] '감시사회(surveillance society)'를 살아가는 사람들은 백화점이나 심지어 시골을 자유롭게 거닐 때조차 녹화당하고 있다.[97] 그러한 시각 영상은 우리 눈으로 볼 수 없으며 보이지도 않는다. 기계에 의해, 기계를 위해 만들어진 '맹목'의 시각인 것이다.[98]

비릴리오는 현대 도시 형태가 변화하면서 사람들이 감시제도에 의존하자 신뢰 형태도 변화한다는 점에 주목하며 감시기술의 중요성을 강조했다.[99] 한 쇼핑센터를 배회하는 동안 수십 번 '포착'된다는 계산이 나오기도 했다. CCTV의 기술이 중요한 까닭은 그 일상성 때문이다. 즉 오락실이나 가정용 컴퓨터로 아이들이 즐기는 비디오게임과 매우 닮아 있다.[100] 한편, '우주공간'을 경유한 매우 정교한 감시장치가 독특한 시각화의 공간을 만들어내기도 한다. 미국은 현재 전 지구에 걸쳐 수십만 개의 표적을 하나하나 감시하고 있다. 물론 '시각의 자동화'가 자리 잡았기에 가능한 일이다.[101]

지금까지 사진을 찍는 사람, 풍경을 보는 사람, 지도를 읽는 사람, 스크린을 응시하는 사람, 감시체계 등 시각의 다양한 하이브리드를 검토했다. 시각은 물질화를 거치자 나머지 감각을 월등히 지배하는 일련의 하이브리드를 생산했다. 이제 시각적인 것이 지니는 힘을 비판할 차례다. 즉 시각이 초래하는 어두운 측면을 살펴보자.

특히 여행에 관한 담론에서 시각적인 것은 조롱을 받는다. 어떤 의미에서 우리는 스펙터클의 사회를 살아간다. 몇몇 장치만 있으면 우리를 둘러싼 환경들을 다채롭고 수집 가능한 스펙터클로 변환시킬 수 있다.[102] 그래서 대개 모조품으로 얼룩진 환경을 구경하러 온 관광객은 우스운 존재가 된다.[103] 멋대로 시선을 날리는 사람은 비웃음을 산다. 그들은 그 장소의 겉모습만을 가지고서 눈요기를 한다. 그 장소와 하나가 되려면 여러 감각에 기반한 체험이 요구된다. 그러려면 긴 시간이 소요될 것이다. 그러나 시각은 그러한 만남에 방해가 될 뿐이니 오감 가운데서도 고귀하기는커녕 경박한 것으로 취급된다. 시인 워즈워스는 호숫가에 갈 요량이라면 황량하고 야성적인 자연에 겁먹거나 기가 꺾이지 않는 눈이 필요하다고 말했다. 그것은 "느긋하고 점진적인 문화의 과정"을 거쳐야 생겨난다.[104]

러스킨 역시 상상력, 기억 속에 축적된 엄청난 보물창고 속을 방황하는 예술가들의 능력이 도시의 새로운 감성으로 인해 손상된다고 경고한다.[105] 특히 러스킨은 회화와 사진을 대비했다. 사진은 회화가 품는 무한의 풍요로움과 복잡성이 결여되어 있다는 것이다. 아울러 19세기 도시생활은 충격을 미리 계산하는 눈을 길러내 "예술과 자연이 제공하는 무한한 풍부함으로 눈을 돌리는" 능력이 잠식당했다고 지적한다.[106] 도시는 사람의 눈에 광고를 퍼붓는다. 그러나 정작 볼 만한 것은 하나도 없다. 도시의 상상력은 빈곤하며, 도시의 건축물은 '자연의 아름다움'과 비교하건대 지울 수 없는 낙차를 보인다. 러스킨은 이렇게 말한다. 자연 속에 있으면 풍요로움의 한복판에서도 눈은 평온하지만, 근대의 런던에 가면 '카오스'를 숭배하는 법을 배운다.[107]

　관광객은 '초현실(hyper-real)', 즉 원본보다도 '현실적인' 외관에 매달리는 가상체험을 분석할 때도 조롱의 대상이 된다.[108] 시각이 어떤 제한된 특성에만 집중한다면 그것은 과장되어 다른 감각을 지배한다. 초현실적 장소는 구경꾼에게 응답하거나 그들을 맞이하지 않는다. 표층성은 초현실적 장소의 특징이다. 우리 눈은 디즈니랜드 한복판에 있는 화려한 성처럼 여러 광경 가운데서도 가장 직접적으로 눈에 띄는 모습에 이끌린다. 한편, 초현실적 장소에서 만날 수 없는 것이 있는데, 그것은 바로 바로크다.[109] 제이는 바로크를 다음과 같이 상찬한다.

　　바로크의 충만한 이미지를 보고 있노라면 눈부시고 혼미하고 무아지경에 빠져든다. …… 바로크는 홑눈으로 기하학적 설계를 꾀하는 데카르트적 전통을 거부하고 있다. …… 표면과 심층 사이의 모순을 탐닉한다. 바로크는 시각적 공간의 다채로운 면모를 일관된 체계로 환원하려는 어떤 시도도 경멸한다.[110]

　제이는 이성이 아닌 모든 감각이 멋대로 즐거움을 만끽할 수 있도록 부추기는 바로크적 구상을 밝힌다. 그 모습은 카니발과 축제에서 발견할 수 있다. 그는 어떤 한 가지 감각의 지배에도 감각의 분리, 초현실적 과장에도 반대한다.[111] 그에게 바로크란 예기치 않은 것, 경이적인 것, 계획되지 않은 것, 부조리한 것이다. 이러한 발상은 세넷이 고안한 '중성화된 도시(neutralised city)'의 부드러움과도 일부 겹쳐진다. 세넷의 도시는 낯선 자와의 사회적 접촉에 대한 불안을 품고 있다. 그 접촉에는 시각 말고도 여러 감각이 활용된다.[112] 세넷은 현대 도시가 발전하면서 산출하는 무질서, 모순, 양의성을 적극적으로 활용하자고 제안하는 것이다.

페미니스트도 외관, 이미지, 표면 등을 과도하게 중시하는 시각을 그냥 넘기지 않는다. 세계를 이차원의 시각석 텍스트로 환원하는 시도가 남성적이라는 것이다. 이리가라이는 이렇게 말한다. 서양문화에서는 "냄새, 맛, 촉감, 소리보다 겉모습이 우위를 차지했고, 그리하여 신체적 관계는 빈곤해졌다. 겉모습이 지배하자 신체는 물질성을 상실하고 말았다."[113]

시각을 지나치게 중시하면 신체는 표면으로 환원된다. 몸이 지닌 복합적 감수성은 외면당하고, 몸과 환경의 관계성은 빈곤해진다. 동시에 시각은 포르노 사진을 통해 관음적으로 여성의 몸을 훑고[114] 자연과 풍경(흔히 남성의 눈에 비친 수동적인 여성의 몸으로 은유화된다)을 지배하려는 남성주의적 시도에서 기능한다.[115] 이와 대조적으로 페미니즘적 의식은 '타자'를 지배하려드는 것이 아니라 모든 감각을 보다 균형 잡고 통합하려고 한다.[116] 특히 여성의 섹슈얼리티는 촉각을 중시한다. 이리가라이는 말한다. "여성은 바라보기보다 만지는 쪽에서 쾌락을 느낀다. 여성이 지배적 시각체제의 시니피에로 들어간다는 것은 그녀가 수동적으로 몸을 양도한다는 의미다. 즉 여성은 보기에 좋은 대상이 되는 것이다."[117] 아울러 여성의 삶에서는 말하기의 전통, 즉 은밀하고 세세히 이야기를 하고 듣는 '소리를 보내는 것'에 관한

메타포의 사용이 특히 중요하다는 논자도 있다.[118]

제국의 젠더화를 다루는 문헌들도 종종 시각적인 것을 비판해왔다. 매클린톡은 대영제국 역사에서 남성 권력이 자연과 여성의 신체를 어떻게 식민화해왔는지 분석한다.[119] 남성은 자연과 여성을 향해 끝없이 관음적 시선을 보낸다. 그녀는 서양의 여행자들이 자연과 아울러 현지 여성을 정복했다고 하는(또는 정복하기를 몽상했다고 하는) 남성적 여행의 전통을 '황홀의 에로틱(erotic of ravishment)'•이라고 표현한다. 매클린톡은 비유럽의 자연(종종 처녀지라고 불린다)을 여성화된 풍경으로 바꾸어놓는 전통을 "포르노-열대(porno—tropics)"의 전통이라고 특징짓는다.[120]

마지막으로 사물과 기술은 시각을 확장해놓았지만, 보고 있는 자에게 시선을 되돌려주지 않는다. 지멜에 따르면 사람의 눈은 시선을 되돌리지 않은 채 받기만 할 수는 없다. 그래서 지멜은 시선의 상호관계가 사람과 사람, 얼굴과 얼굴 사이에서 가장 완전한 호혜성을 산출한다고 주장한다.[121] 우리가 타자를 보는 순간 시선은 되돌아온다. 그러나 시각이 물질화되면 시선은 되돌아오지 않는다. 시각이 사물과 맺는 관계는 일차원적이다. 그래서 베냐민과 프루스트, 러스킨은 평편하고 둔감한 사진과 오라로 풍부하고 민감한 회화를 구분했다.[122] 물론 "자연의 어퍼던스"처럼 보는 자에게 무언가를 되돌려주는 사물도 있다(8장 참조). 한편, 레비나스는 시선이 주체와 객체를 갈라놓는다는 점에 착목해 '맹목의 윤리(ethics of blindness)'를 비판했다. 접촉은 근접성을 재구축한다. 시각의 도구적 조작과 대조적으로 마주하여 진

• ravishment에는 황홀하다는 뜻 말고도 '강탈하다', '성폭행하다'는 뜻도 있다.

정한 언설을 꺼내고 구축하는 것은 얼굴이다.[123]

지금껏 사진, 지도, 풍경, 스크린 등을 다루면서 개개의 사물로서 그리고 하이브리드로서 시각적 표상이 어떤 영향력을 발휘해왔는지 분석했다. 시각이 교차적 하이브리드를 낳고, 그러한 하이브리드들이 나머지 감각을 압도했던 것이다. 아울러 시각의 지배를 둘러싼 몇 가지 주요한 비판을 고찰했다. 그러한 비판들 가운데는 시각 이외의 감각이 더욱 우월하다는 주장도 포함된다. 간단히 그 주장들을 확인하고 넘어가자.

맡기, 듣기, 만지기

19세기 영국으로 돌아가자. 1838년 하원특별위원회(House of Commons Select Committee)에서는 런던 대부분 지역에 큰 길이 깔리지 않아 '보다 교육을 받은 이웃'의 관찰과 감화력이 하층민에게 미치지 않는다는 우려 섞인 목소리가 나왔다.[124] 엥겔스는 공업 도시의 사회생태학이 어떻게 "부유한 신사숙녀의 부와 사치를 완성하려고…… 빈곤과 불결함을 가리는지"를 기록했다.[125] 한편, '하층' 계급이 중상류계급의 눈에 띄는 존재가 된다면 행동을 살피고 예절을 가르쳐 그들을 개도할 수 있다는 주장도 나왔다. 이러한 발상은 파리의 재건설로 이어졌다. 제2 제정기에 중세의 거리들을 넓은 도로로 바꾸자 파리에서 보고-보이는 가시성이 현저히 향상되었다.[126]

19세기 중반 영국 의회에서 나온 발언은 도시의 하층민을 단속하기 위해 가시성이 얼마나 중요한지를 보여준다. 그러나 또 다른 면이 있다. 19세기 영국에서 '기타' 계급은 대도시를 배회했으며, 상류계급은 되도록 그들과 접촉하기를 꺼렸다(다만 상류계급의 남성은 매춘부나 가정부와 접촉했을 것이다). '전염'과 '오염'이라는 관념은 상류계급이 19세기 도시생활에서 느끼던 불안을 수사적으로 표현한다.[127] 공공공간의 '난잡함'을 점차 피하기 어려워지자 중상류계급은 오염의 염려가 있는 '타자', 즉 '위험한 계급'과 접촉하지 않으려고 더욱 신경썼다.

이러한 사회 분위기는 빅토리아 시대의 주택 건축 양식에도 반영되었다. 가족으로부터 하인을 '하인층'으로 분리해놓고, 육아실의 아이들에게서 어른을, 여자아이에게서 남자아이를 떼어놓으며 신체의 흐름을 규제했다.

> 가족의 삶에는 두 가지 '순환'이 존재했다. …… 하나는 가장과 그 친구들의 활동이다. 그것은 눈에 띄기 쉽고 고상하고 접근하기 쉬운 경로에서 이루어진다. 다른 하나는 하인이나 상인, 나아가 그 집에서 일하는 모든 사람의 '순환'으로, 이것은 되도록 눈에 띄지 않고 조심스럽게 이루어져야 한다.[128]

발코니에서 '타자'를 내려다보는 측은 주로 상류계급이었다. 발코니는 접촉하지 않고도 시선을 보낼 수 있는 장소로서, 즉 군중에게서 멀찌감치 떨어진 채 그들 속으로 들어갈 수 있는 장소로서 19세기 생활과 문학에서 특별한 위치를 차지했다. 이것은 '접촉하는 도시'가 어떻게 '보는 도시'로 바뀌는지를 보여주는 최초의 사례 가운데 하나였다.[129] 베냐민은 관찰자가 '군중을 유심히 바라볼' 때 발코니는 군중에 대한 우월을 나타낸다고 말한다.[130]

그 후 1880년대 시카고에서 마천루가 발달하기 시작했다. 빌딩 안의 사람들은 그곳의 전망대를 통해 사람들의 냄새에 시달리거나 접촉을 우려할 일 없이 군중을 내려다볼 수 있었다. 시카고에서 마천루가 최초로 지어진 가장 중요한 이유는 당시 식육가공업의 발달로 인해 풍기는 악취 때문이었다. 이 악취에서 벗어나기 위해 하늘 높이 치솟은 마천루를 지었다. 오늘날 관광버스가 제공하는 조감의 시선도 그리 다르지 않다. 버스 안은 군중에게 둘러싸여 있어도 더러워지거나 열기, 냄새와 접촉할 필요 없이 창밖의 사람들을 안전하게 내다볼 수 있다. 마치 스크린에 비친 광경처럼 소음과 잡음, 오염을 초래할지 모를 접촉은 버스의 차창을 매개해 작동하는 '시선의 제국'에서 모두 배제된다. 이렇듯 위험한 후각에 대한 시각의 지배는 발코니, 마천루, 에어컨 딸린 버스처럼 여러 물적 대상과 기술을 통해 성립했다.[131]

특히 냄새는 19세기 서양의 도시문화에서 중요했다. 냄새는 도시의 부자연스러움을 드러냈다. 스탤리브래스와 화이트에 따르면 19세기 중반 "도시는…… 부르주아의 사유화된 신체와 가정을 여전히 냄새로 침범했다. 사회개량주의자들은 주로 냄새에 민감했다. 왜냐하면 냄새는 접촉처럼 혐오감을 주지만 주위에 만연해 있어도 눈에 보이지 않아 단속하기 어려웠기 때문이다."[132] 냄새는 19세기 대도시 내부의 계급관계에서 중요하게 작용했다. 윌리엄 코빗은 그러한 도시를 "부자연스러운 도드라짐, 타락과 범죄의 만연, 참사와 예속이 빚어낸 난육(white swelling), 추악한 낭종(wen)●"이라고 묘사했다.[133] 로버트 사우디도 버밍엄을 이렇게 묘사한다. "소음…… 필설로 다하기 어렵

● wen에는 '지나치게 방대해진 도시'라는 뜻도 있다.

다. …… 쓰레기로 구역질이 난다. …… 활기와 약동…… 공기를 가득 메워 어디로든 스며든다.”[134] 19세기 영국 도시에서 상류계급은 독특한 '감각'을 지니고 있었던 것이다. 조지 오웰도 1930년대 위건 부두로 가는 길에서 맡은 악취에 관해 기록한 바 있다.[135]

자연은 공업 도시에서 으레 따르기 마련이라고 여겨지던 죽음, 광기, 부패의 냄새와 대조되며 낭만적으로 형상화되었다.[136] 19세기 도시에 처박혀 살아가던 사람들은 '야외 공기'(즉 악취 없는 공기)를 맡았을 때의 기쁨을 표현하는 수사를 갖고 있었다. 시골은 풍경이라는 시각적 공간 표상에 매개되어 점차 욕망의 대상이 되어갔던 반면, 공업 도시는 전부 오염되어 인간의 모든 구멍으로 부자연스럽게 침식한다고 여겨졌다. 디킨스는 《하드 타임스(Hard Times)》에서 코크타운(Coketown)에서는 “염료로 물들어 악취를 풍기는” 천이 흐른다고 기록했으며, 러스킨은 19세기 공업 도시인 런던을 “창백하고 악취를 풍기며 떠도는 노동자들이 들끓고, 온몸의 모공으로 독을 퍼붓는, 구역질나는 거대한 도시”라고 묘사했다.[137] 시골을 떠올릴 때도 도시의 악취가 해석의 중심에 놓였다. 그렇지만 영국의 시골 역시 가축, 미처리 하수, 썩은 야채, 매연 냄새로 가득 찼고, 특히 고인 물에서 악취가 진동했다.[138]

악취는 문명인보다 소위 미개인들 사이에서 심하다고 여겨졌다.[139] 일반적으로 냄새는 서양문화에서 멸시의 대상이었다. 특히 땅과 물이 뒤섞여 어느 쪽이라고 할 수 없는 애매한 장소가 악취의 원천으로 지목되었다. '풍경'의 관념에서 말하면 이러한 습지대는 유해하다. 습지대와 그곳에서 사는 것들은 매력이 있지만 동시에 공포감도 조성한다. “그러한 감각은 멀찌감치 떨어져 오만하게 향유하는 시각과 청각보다 직접적이고 노골적인 후각, 미각, 촉각에 의해 야기된다."[140] 습지대는 '역겨운' 냄새가 땅에 스며들고 사람의 코를 자극하는 장소다. 그래서 서양의 미학이론은 냄새를 포착해내지 못한다. "습지대의 냄새, 감촉, 맛을 이해하는 미학이 부족하다."[141] 습지대는 일반 교통수단으로는 가로지를 수 없다. 그것이 습지대가 흥미로운 애매함을 낳는 한 가지 이유다. 습지대를 가로지를 수 없기 때문에 제대로 보기 힘들다. C. S. 포레스터의 소설 《아프리카의 여왕(African Queen)》에서 화자는 말한다. "항해에서 어려움을 겪지 않는다면 아름다운 장소도 없다."[142]

그러나 르페브르는 근대에도 모든 공간의 생산이 후각과 관련된다고 주장한다. "'주체'와 '객체' 사이에서 친밀함이 발생한다면, 그곳은 후각의 세계다."[143] 후각은 통제할 수 없는 환경과 예기치 않게 직면한다. 더구나 마음대로 켜고 끌 수 없다. 후각은 인접한 사물, 도시와 자연의 풍경 등 주변환경에 직접 반응한다. 투안은 후각의 직접성과 근접성이 시각의 추상적·구성적 면모와 뚜렷하게 대조된다고 강조한다.[144]

후각의 힘은 우리가 특정 장소나 사람으로부터 느끼는 감정을 조직하고 동원하는 다양한 "냄새의 스케이프(smellscape)"('맛의 스케이프 tastescape'라고 부를 만한 것을 포함해)의 관점에서 분석할 수 있다. 이 개념은 후각이 어떻게 장소와 긴밀히 연결되는지를 해명할 때 도움이 될 것이다.[145] 특히 후각은 극히 한정된 장소의 기억을 환기시키는 데 매우 탁월하다. 통상 어떤 장소에 있을 것이라고 여겨지는 대상물은 그 독특한 향으로 감지된다. 투안은 어린 시절 자주 들르던 곳에서 본 풍경을 생생하게 기억하지는 못하지만, 바닷말 냄새는 그를 순식간에 자신의 열두 살 시절로 데려간다고 기술한다. "냄새는 과거를 복원시키는 힘을 지녔다. 그것은 시각적 이미지와 달리 봉인된 경험이라서 해석되지도 발전되지도 않은 채 남겨져 있기 때문이다."[146]

이것을 어떤 냄새라고 명명하기는 어렵지만, 그 냄새는 일찍이 방문했거나 살았던 장소에 관한 감각을 만들어내고 지속하도록 돕는다. 냄새는 혐오감과 아울러 매력을 발산하며, 사회적 기호의 '구별짓기'에서 한 축을 담당하고 그것을 지속시키는 역할도 한다. 때로는 늪의 냄새조차 매력을 발산한다. 소로는 늪이 "강렬하면서도 건강한 향"을 풍긴다고 말했다.[147] 로더웨이도 장소와의 관계에서 냄새가 지니는 힘에 주목한다. "어떤 공간에서 때로는 그곳을 벗어나더라도 한동안 잔존하고 점차 엷어져가는 냄새의 지각, 한 냄새와 다른 냄새의 구별, 냄새와 특정 사물, 유기체, 상황, 감정과의 결합, 이것들은 모두 장소에 관한 감각을 산출하고 장소마다 개성을 부여한다"[148] 아울러 특정 장소의 냄새, 특히 양면성으로 충만한 습지대의 냄새를 없애고 질척질척하며 드넓은 공간을 문명화, 남성화하여 근대 농업과 시각적·심미적 감상에 적합한 땅으로 바꾸어놓으려는 대규모 시도가 있었다는 점도 기억해야 할 것이다.[149]

장소와 냄새가 어우러진 문학적 사례로 톨스토이의 작품이 종종 언급된다. 그는 봄의 뇌우가 지나가고 난 뒤의 냄새를 "자작나무, 제비꽃, 썩은 낙엽, 버섯, 버찌 등의 향"이라고 묘사했다.[150] G. K. 체스터턴도 "물의 반짝이는 냄새, 돌의 씩씩한 냄새, 밤안개와 번개의 냄새, 오래된 뼈는 땅속 깊이 잠든다"고 썼다.[151] 토니 모리슨의 소설 《솔로먼의 노래(Song of Soloman)》에 담긴 다음 구절도 읽어볼 만하다.

가을 밤 도시에는 슈피리어 호를 타고 온 바람이 연안으로 달콤한 냄새를 퍼뜨린다. 설탕에 절인 생강의 향처럼 또는 검은 빛깔의 정향(clove)이 떠 있는 달콤한 아이스티 향처럼…… 묵직하고도 달콤한 향은 동양과 줄무늬 텐트……를 떠올리게 만든다. …… 두 남자는 그 냄새를 맡았지만 그들은 생강을 떠올리지 않았다. 두 남자는 각각 자유 또는 정의 또는 사치 또는 복수의 냄새라고 생각했다.[152]

매클린톡은 영국인이 해외 여행을 하거나 해외에서 거주할 때 하나의 사물에 불과한 비누가 어떤 역할을 하는지를 대영제국과 관련해 검토했다. 그녀의 저서 《제국의 피부(Imperial Leather)》* 에는 당시 유닐레버(Unilever)사의 슬로건인 "비누는 문명이다"가 인용되어 있다.[153] 비누 광고는 두 가지 효과를 발휘했다. 영국인이 가정에 충실하도록 만들고, 아울러 확고한 국민적 정체성도 만들어냈다. 매클린톡은 이 과정을 '제국의 가정화(domesticating Empire)'라고 부른다. 또한 이 광고는 청결함과 위생 관념도 낳았다. 이 관념은 여전히 천연비누 향이야말로 문명세계의 증거라고 교육받았던 불결한 현지인들을 문명화했다. 특히 피어스(Pears)사의 광고는 위생과 정화의 이념을 골자로 했다(이 광고는 백인은 위생적이라고 전제했다).

따라서 '냄새의 정치'는 대중시장에서 신제품을 생산하는 데 그치지 않았다. 식민자와 피식민자 사이에서 식민주의적 조우의 양상을 결정했으며, 가정으로 침투해 사회관계에서 체취의 내밀한 구별짓기

● 제국의 피부(Imperial Leather)는 영국 비누 제품의 브랜드기도 하다. 오스트레일리아, 두바이 등지에도 퍼져 있다.

를 이끌어내기도 했다. 새로 등장한 자연적이며 위생적인 신체라는 관념은 제국의 인간이 방문하고, 특히 체취를 지우는 비누와 관련 상품이 현실에서도 메타포로서도 중요해지자 점차 강화되었다. 루아크가 "백인의 체취, 백인의 음식과 음료와 옷의 냄새, 백인이 내뿜는 가솔린 연기의 기름 냄새, 디젤 엔진이 내뿜는 배기가스 냄새"[154]를 묘사했을 때 그는 역설적으로 식민지 열강이 지닌 냄새의 스케이프를 포착했던 것이다.

한편, 지멜은 특별히 후각이 "사회해체적 감각"이며 매력보다 혐오감이 강하다고 말한다.[155] 그는 '후각의 편협함'을 고찰했다. 예를 들면 독일인과 유대인 사이에 엿보이는 상호혐오가 특히 냄새에 근거했다고 분석했다.[156] 또한 그는 노동계급의 '악취'가 사회 연대를 해친다고도 보았다.[157] 이러한 발상은 20세기 동안 집마다 위생 상태가 다르고 계급 간에 사회적·도덕적 위계가 심화되자 보다 힘을 얻었다. 냄새의 스티그마가 계급 간 격차를 불러오는 토양이 되었다. 이는 지멜이 "냄새가 유발하는 참기 힘든 혐오감"이라고 부른 것에서 기인했다.[158]

근대사회는 다른 감각보다도 후각을 제약해왔다. 근대 이전의 사회는 신분에 따라 냄새가 달랐다.[159] 그러나 근대사회에서 짙은 냄새는 노골적인 미움을 샀다. 이에 냄새를 일상생활 바깥으로 배제하려는 다양한 기술, 사물, 매뉴얼이 등장했다. 공중위생체계가 발달하고, 상수와 하수를 분리하고, 코와 눈이 닿지 않는 지하로 하수도를 냈다. 이러한 인간미 없는 복합시설은 19세기 공중위생 개혁운동과 '차이화-순환' 구조에서 발달했다.[160]

생리과정은 집 안의 '전용 장소'에서 해결하며, 대소변을 배설하면 파이프로 옮겨졌다. 몸과 배설물이 공간적으로 분화되었다. 특히 하수도에서 분리된 수도관이 물을 공급하면서 몸을 자주 씻을 수 있게 되었다. 목욕과 샤워의 기술이 발달하자 집 안에 '전용 장소'가 생겼다. 개인이든 대중이든 청결하다면 냄새를 풍기지 말아야 했기 때문에 향수는 성인 여성들의 애용품이 되었다. 향수는 복잡한 향보다는 간결한 향을 선호했다. 집은 정돈되었고 동물과 기타 모든 냄새는 집 밖으로 쫓겨났다. 이로써 공기가 '신선'하게 유지되었다. 근대사회는 냄새에 민감했으며, 근대제도는 '부자연스러운' 냄새를 억제하도록 조직되었다(물론 '부자연스러운' 냄새에는 썩은 야채 등이 풍기는 '자연스러운' 냄새도 포함된다).

바우만은 말한다. "근대성은 냄새를 향해 선전포고를 했다. 근대성이 세우려 한 완벽한 질서로 빛나는 사원에서 향을 태울 장소는 사라져야 했다."[161] 근대성은 감각의 비위를 건드리지 않도록 통제 구역을 만들어 냄새를 지우려고 애썼다. 도시계획가들은 도시의 공업화가 불가피하게 역한 냄새를 만들어낸다는 점을 인정하고 구역제를 공공정책의 기본으로 삼았다. 쓰레기하치장, 하수처리시설, 식육가공시설, 공장 등이 도시 주변부로 밀려났다. 일반 가정에서도 뒤뜰과 화장실처럼 냄새를 가두어두는 건축 양식을 선호했다. 근대에 펼쳐진 이러한 냄새와의 전쟁은 나치 시대에 정점에 달했다. 유대인은 '역한' 존재로 취급당했고, 그들의 냄새는 육체적·도덕적 부패의 상징으로 여겨졌다.[162]

그러나 냄새는 완전히 사라지지 않기 때문에 후각은 전복적 감각이기도 하다.[163] 냄새는 근대성의 인공적 속성을 폭로한다. 라투르에 따르면 냄새는 "우리가 지금껏 한 번도 진실로 근대였던 적이 없다"는 것을 보여준다.[164] 달콤한 냄새는 사물의 순수하고도 이성적인 질서를 구축하려는 근대의 프로젝트를 침식한다. 전쟁 끝자락에 나치가 죽음의 냄새로 물든 수용소를 철거하며 그곳에서 벌어진 일을 기를 쓰고 은멸하려고 했던 때조차 '아우슈비츠의 악취'는 지울 수 없었다.[165] 바햄은 아우슈비츠 생환자들이 칫솔과 화장실 휴지 사용법 등 잊고 있던 생활습관뿐 아니라 "잊고 있던 맛과 냄새 ― 꽃, 봄비의 달콤한 향"을 기억해내기 위해 어떻게 애썼는지를 생생하게 말한다. 생환자들은 "비에서는 설사 냄새가 나고 바람은 인육이 탄 냄새를 실어다주는" 아우슈비츠와 대비하며 그 감각을 회복하려고 노력했던 것이다.[166]

이처럼 다양한 사물, 특히 사람 몸에서 풍기는 냄새는 하수처리체계, 위생 관념, 주택 건설에 관한 새로운 담론과 기술이 보여주듯 사회적 의미와 권력의 문제로 귀결된다. 로더릭이 밝혔듯이 집 안에는 전기나 온수와 같은 위험한 흐름과 아울러 냄새를 풍기는 물체들이 있는데(하수, 오수, 가스 등) 근대성은 파이프 안으로 그 흐름들을 봉해두려고 애썼다. 그러나 혈액이 혈관 속에 머무르지 않듯 흘러다니는 물체는 파이프에서 새어나와 '집' 안으로 스며들지 모른다. 그리하여 근대는 항상 불안에 시달린다.[167]

더러운 유동물을 처리하는 일은 여성이 도맡았으며, 그것은 가사노동에서 큰 비중을 차지했다. 덧붙이면 유동물은 그로스가 여성의 신체를 "새어나와 제어할 수 없이 퍼져가는 액체, 무정형의 흐름, 점성, 올무, 쉬쉬하는 것"으로 포착한 발상과 얼마간 닮아 있다.[168] 남성은 여성이 그러한 누출을 감당할 수 없을 때만 등장한다. 그들은 집 안의 관을 타고 올라가 천장과 벽 뒷면으로 통하는 오물과 위험물로 가득 찬 파이프를 뚫거나 교환하는 책임을 맡는다.

이처럼 냄새는 위험하다. 근대사회는 냄새를 가두어두려 시도했으나 완벽한 성공을 거두지는 못했다. 더구나 냄새를 규제하고 적절한 경로에 따라 '적당한 장소'로 냄새가 흐르도록 만들려는 시도가 최근에는 '자연'을 대하는 문화적 전환으로 인해 쓸모없게 되었다.[169] 최근의 경향을 보면 향료를 넣은 '동양풍' 음식이 나날이 인기를 더해가고 있으며, 남녀 모두 천연물로 만든 동양적 향을 몸에 입히거나 실내에서 사용하는 사례가 늘고 있다. 지금은 가죽, 진흙, 카푸치노 향수까지 나왔다.

살균 소독을 중시하는 것은 예전만 못 하며, '자연'이라고 여겨지는 소재나 냄새(레몬 등)가 빈번이 활용된다. 또한 꽃, 풀과 같은 자연의 냄새를 알아맞히는 능력이 중시된다. 사람들은 하천과 바다로 유입되는 대량의 화학물질(이것은 장기간에 걸친 글로벌 리스크의 환유다)이나 자동차가 내뿜는 매연에 민감하지만, 동시에 점포, 사무실, 호텔에서는 향을 자주 활용한다. 냄새는 회귀하고 있다(애초 떠난 적이 없기는 하지만). 이러한 맥락에서 지브렛도 악취를 풍기는 습지대를 보전하려는 생태주의적 시도가 습지대가 지닌 탈근대적 양의성에서 유래하고 있음을 포착했다. 습지대란 "다양한 가치들이 떠도는 장소다. 장소의 의미는 순환하고 소용돌이치며 마치 물처럼 결코 일정한 상태에 머무르지도 종점에 다다르지도 않는다."[170]

후각처럼 청각도 마음대로 켜거나 끌 수 없다. 이러한 점에서 두 감각은 모두 시각과 대비된다. 텔레비전 스위치를 끄고 사진 앨범을 덮고 아픈 장면에서 눈을 돌리면 시각을 제어할 수 있다. 그러나 귀는 스스로 닫을 수 없다. 지멜에 따르면 "귀는 순수하고도 이기적인 기관이다. 받기만 할 뿐 주지 않는다."[171] 아이디가 말하듯이 우리는 시각의 대상으로부터 늘 일정한 거리를 두고 있기 때문에 시각의 가장자리에 서 있는 데 반해, 청각은 그 한복판에 있지 않을 수 없다.[172] 청각의 물리성과 사회성은 우리를 에워싸고 있다. 꼭 주고받지 않는 경우조차 우리는 청각을 통해 타자와 이어져 있는 것이다. 또한 소리는 활동의 산물이다. 우리가 귀로 접하는 모든 활동은 지속적인 경우가 많다. 들으려면 시간이 걸린다. 아울러 잘 들으려면 긴 시간에 걸쳐 숙성된 감각이 요구된다. 히비츠가 말하듯이 "청각이 펼치는 세계는 필연적으로 '지속'과 '생성'의 관념을 중시한다."[173]

청각은 전조가 흐르는 침묵에서도 힘을 발휘한다. 엔진을 껐을 때의 정적, 남극 한복판에서 야영할 때 체험하는 고요함 또는 생태계가 사멸하여 상상하기 힘든 미래로 내보내는 침묵 등이 '침묵의 소리'의 사례. 마지막 사례와 관련한 레이첼 카슨의 환경주의적 분석에 대한 고전이 《침묵의 봄(Silent Spring)》이라는 것을 상기하자.[174]

투안에 따르면 사람들이 대도시에서 살기 전에 소음은 자연의 특권이었다. 인간이 큰 소리로 절규하고 악기를 치고 울려대지만 자연의 소리, 즉 천둥소리나 폭풍, 홍수 또는 코끼리 무리가 지나가는 소리에 비길 만한 것은 아니었다. 자연의 소음은 인간사회와 물리적 세계를 이어주는 압도적인 감응의 매개 고리였다.

결국 우리는 소리가 우세한 문화에서 시각이 우위를 차지하는 문화로 역사적으로 이행했다고 말할 수 있다. 예를 들면 원생공간은 주로 청각 원리에 기초한다고 해석된다. 그 결과 오스트레일리아의 '송라인(Songlines)'에 가면 정처 없이 거닐면서 장소가 지닌 소리를 체험하게 된다.[175] 이미 살펴보았듯이 현대 서양의 공간은 시각지향적이다.

그러나 미국에서는 아프리카계 미국인이 구전의 전통을 소중히 보존해왔다. 그 유산의 예로 이야기짓기, 설교, 축배 인사, 재즈, 랩 등을 꼽을 수 있다. 그리고 침묵은 의심을 사기도 한다.[176] 반면 시각적 표현과 체험은 아프리카계 미국인의 지식인층에서 종종 경시되어왔다. 그들은 아프리카계 미국인 문화의 '뿌리'인 아프리카 사회 속에서 청각, 촉각, 시각, 몸짓의 뛰어난 통합을 발견하고자 했다.

최근에는 냄새가 그렇듯이 소리의 문화도 서양사회 내부에서 다시 활기를 찾았다. 소리의 문화는 어디든 깔려 있는 음악, 확성기, 게토 블래스터(ghetto-blaster),● 전화벨, 통화량, 보류음, 휴대전화, 모터보트, 워크맨, 섹스 회선 등으로 반영된다.[177] 또한 어디에나 있는 텔레비전이 소리의 기술이기도 하다는 점은 앞서 언급했다. 텔레비전은 항상 켜져 있으며, 집이든 공공장소든 좋은 소리를 바닥에 깔아준다. 게다가 시각 영상의 혁명과 조응하며 음향의 혁명이라 일컬을 변화도 진행되었다. 클래식 음악의 음질을 놀라울 만큼 향상시킨 기술적 변화에 더해 1950년대부터 1960년대에 걸쳐 팝음악이 '발명'되자 음향의 혁명에 박차를 가하게 되었다.

소니 워크맨은 새로운 탈근대적 사운드스케이프의 아이콘과 같았다. 개인이 선택하고 청취하는 스케이프로 몸이 어디로 향하든 소리가 따라가 공공장소에서도 사적인 소리의 공간을 구축할 수 있었다.[178] 한편, 지난 세기 끝자락의 소리의 아이콘이라면 휴대전화일 것이다.

이처럼 '소리의 산재'를 향한 요구는 아프리카계 미국인 문화에서

● 소니제의 대형 라디오 카세트 플레이어. 1980년대 초부터 아프리카계 미국인 젊은이가 이것을 어깨에 메고 큰 음향으로 곡을 흘리면서 돌아다니면서 하나의 힙합 문화 스타일이 되었다.

출현한 재즈나 랩처럼 소리를 중시하는 피억압문화의 탈근대적 호소와도 맞닿아 있다. 현재는 도서관이나 미술관처럼 정숙을 요구하는 장소에서도 카세트테이프, 음성 설명장치, 대화형 디스플레이 등 여러 물건이 소리를 퍼뜨리고 있다.

아울러 소리의 문화는 부자연스러우며 환경오염을 일으키는 주범으로 지목되기도 한다. 어떤 소리는 자연에 반하는 '소음 공해'라고 비난을 받는다. 그래서 유해한 사운드스케이프를 만들어내는 사람들에 맞서 어떤 이들은 차별화된 취향을 내세운다.[179] 그러므로 사운드스케이프는 거대한 논쟁의 장이기도 하다.

마지막으로 촉각을 다시 주목해보자. 카네티가 말하는 '미지의 것과의 조우'[180]를 피하기 위해 도시를 바꾸어온 시도, 즉 위험하고도 낯선 존재가 북적이는 '접촉의 도시'에서 벗어나 '밝은 도시'를 구축하려는 시도에 대해서는 이미 언급했다.[181] 또한 "여성에게 구성적인 감각은 촉각"이라는 논의를 채택한 페미니즘 이론에서는 촉각이 중요한 의미를 지닌다는 사실도 확인했다. 인간의 구현에서, 즉 사회생활에서 촉각을 피하기란 불가능하다. 우리는 도시 속의 여러 신체 사이를 이동하고 있다. 우리는 접촉이라는 일종의 호혜관계(그것은 매우 젠더화되어 있다) 속에서 끊임없이 신체를 만지고 만짐을 당한다.[182] 나아가 보지 않고도 볼 수 있는 '보는 자'와 달리 '닿는 자'는 늘 당연히 닿고 있는 것이다.[183]

촉각은 사물과 맺는 관계에서도 중요하다. 촉각은 물리적 세계를 탐구하고 이해하기 위한 섬세한 도구다. 딱히 '훈련'을 거치지 않아도 우리는 상당히 발달된 촉각을 갖추고 있으며 물건의 촉감, 강도, 크기, 음영, 재료의 구성 등 대부분의 속성을 만지면 알 수 있다.[184] 그 물건이 무엇이고 무엇이 될 수 있는지 우리가 진지하게 알려고 하는 까닭도 그것을 만져보거나 어떤 장소를 걷거나 오르거나 해보았기 때문이다.[185]

맺음말

지금까지의 역사에서 시각은 엄청난 힘을 발휘해왔다. 열거해보면 인식론 내지 서양의 과학적 방법의 기반은 시각적 관찰이었고, 시각은 다른 감각을 압도했으며, 그것이 계급·성·민족의 관계를 결정했고, 여행을 다니거나 경치를 미적으로 평가할 때 중심에 놓였으며, 19세기 후반에는 오감 가운데서 특히 시각이 특수화되었고, 시각의 공업화와 시각 영상(이후에는 모의 영상)은 사회에 커다란 충격을 주었으며, 시각에 관한 기술과 사물(특히 사진, 지도, 풍경, 스크린)은 대단한 사회적 충격을 초래했다. 아울러 시각은 인간이 공간으로부터 분리되는 데 결정적 역할을 맡았으며, 사람들의 '소유'가 아닌 '외관'을 둘러싸고 조직되는 새로운 하이브리드를 증식시켰다.[186]

그러나 시각이 홀로 독자적인 길을 걸었다고는 말할 수 없다. 20세기에는 시각을 향한 비판이 등장했고, 아울러 대안적인 시각의 패러다임도 발달했다. 환경의 한 단면만을 매개 없이 거머쥐는 시각적 체험에 반하는 공간적 배치는 점차 탈근대적 세계를 수놓고 있다. 또한 시각 이외의 감각도 커다란 영향력을 발휘한다. 그러한 감각은 마음대로 켜고 끌 수 없으며 고유한 물질화의 형태를 띠는 경우가 많다. 마키모토와 매너스는 향후 수십 년 안에 모든 감각이 실리콘으로 구현되어 디지털화될지도 모른다고 예견한다.[187] 더구나 시각적 기억만이 오래 지속되는 것은 아니다. 그리고 사물과 환경은 매개되고 경합하고 서로를 모방하면서 욕망과 혐오감을 함께 생산한다. 그렇게 강력한 하이브리드의 형태들이 발달하여, 이것들이 한 가지 또는 복수의 감각을 회피하거나 촉진하는 여러 경로를 따라 다양한 물체의 흐름을 조정하고 유도한다.

게다가 욕망, 두려움, 거부 또는 탐구 대상이 되는 여러 이동과 그것에 따르는 여러 감각은 나날의 생활에 시간적 리듬을 새긴다. 로더웨이는 시각이 다른 감각보다도 '시간적'이라고 주장한다.[188] 시각의 대상은 공간과 시간 양측에 걸쳐 존재한다. 즉 시각의 대상은 다른 대상과의 관계 속에 위치하며 다른 대상과의 관계 가운데서 지속된다.

영화를 떠올리면 이해하기 쉽다. 영화를 보는 동안 우리는 주체와 객체의 운동과 시간의 경과를 인식한다. 어떤 세부 장면은 그저 스쳐지나가고 어떤 것은 좀더 오래 남는다. 시각 체험이 우리를 지나가고 있지만 우리는 그 가운데서도 어떤 장면이나 등장인물에게 시선을 돌리거나 특정 사건에 머물러 있을 수 있다. 또는 시간의 흐름에 따라 편성된 여러 이미지로부터 하나의 내러티브를 모아내기도 한다. 로더웨이의 말처럼 "시각은 그 대상이 특정 순간에 특정 방법으로 눈에 들어온다는 의미에서 시간 한정적이며, 시각 이미지는 오랜 시간에 걸쳐 지속하고 지리적 경험에 연속성을 부여한다는 의미에서 시간적이다."[189]

다음 장에서는 시각이 새로운 시간, 즉 순간적 시간의 발달과도 얽혀 있음을 다룰 것이다. 시각이 디지털화되면서 시각은 사람의 일상생활에서 점차 벗어나고 있다. 오히려 시각은 상상적인 가상적 여행, 즉 스크린 위에서 펼쳐지는 생활로 나아가려 하고 있다. 한편, 거주 문제를 다루는 6장에서는 극단적인 시각의 물질화와 디지털화로 인해 후각, 청각, 촉각 등의 나머지 감각과 '매개되지 않은' 경치가 사람들의 귀속의식에서 여전히 중요한 비중을 차지한다는 점을 밝힐 것이다. 이러한 감각들은 파편화되었지만 오래 지속되는 시간의 감각을 제공해준다. 이러한 감각들은 보다 내재적이며 순간적 시간에서는 파악하기 어렵다. 5장과 6장에서는 이러한 시간적 리듬의 중요성에 더해 다양한 감각과 이동이 다양한 시간과 기억 속에서 또는 그것들을 통해서, 때로는 그것들에 반해서 어떻게 조직되는지 살펴볼 것이다.

5장

시간

……인간은 아무것도 아니다. 기껏해야 시간의 잔해다.

– Karl Marx, in Marx and Engels 1976: 127.

들어가며

앞 장 끝 부분에 잠시 언급했듯이 여러 감각은 시간적 함의를 갖는다. 이 장에서는 시간을 자세히 살펴볼 것이다. 새로 만들어질 사회학은 시간을 중심에 두고 사고해야 한다. 개별 분과학문의 경계를 가로질러 시간이 학술적 의제로 떠오른다면 새로운 지적 발전의 계기를 마련할 수 있을 것이다. 아울러 신기술이 등장하면서 시간이 새롭게 발생하며, 그 시간이 사람, 정보, 이미지 이동에 새로운 기회를 제공하고 있음을 지적해두어야겠다. 이동은 시간성에 관한 문제다. 게다가 새로운 시간의 은유, 특히 '무시간적' 또는 '가상적' 또는 '순간적' 시간의 개념이 점차 힘을 얻고 있다.

분명 시간은 만만치 않은 주제다. 시간은 복잡하다. 첫째, 공간과 달리 시간은 보이지 않는다.[1] 시간을 보려면 항상 시계나 달력 등 여러 지표를 활용해야 한다. 이러한 계산장치와 '시간' 사이의 매개관계는 복잡하다. 어떤 논자는 시간이 단순히 계산수단일 뿐이라고 하며, 다른 논자는 계산장치가 시간의 은유라고 한다. 그렇기 때문에 살아 있는 진정한 시간과 계측의 형식을 혼동해서는 안 된다고 주장한다. 그것은 범주의 착오이기 때문이다. 확실히 시간의 경과를 나타내는 지표는 여러 가지며, 그것들은 인간의 역사에서 시간을 다른 양상으로 분할해왔다. 간혹 일, 주, 년, 10년, 세기, 밀레니엄이라는 분할에는 감정이 짙게 깔리기도 한다.[2]

둘째, 지금껏 익숙하게 여겨온 한 가지 시간만 존재하는 것이 아니라 여러 시간이 존재한다.[3] 시간을 다룬 스티븐 호킹의 인기 저서의 한 구절이다. "유일한 절대 시간은 없다. 사람마다 독자적 시간의 척도를 갖고 있으며, 이것은 그 사람이 어디에 있는지, 어떻게 운동하는지에 따라 달라진다."[4] 게다가 시간이 갖는 의미는 계측체계에 따라 달라진다. 아인슈타인에 따르면 우리는 원하는 만큼 많은 시계를 상상할 수 있다.[5] 아울러 여러 역사 연구가 증명하듯이 시간의 의미는 다양하며, 문화마다 시간에 관한 언어가 다르다.[6]

셋째, 뉴턴의 주장처럼 시간이 자체의 성질, 즉 개별성을 지닌 절대적 실체인지, 아니면 라이프니츠의 주장처럼 단순한 '연속의 질서(order of succession)'인지를 두고 긴 논생이 이어져왔다.[7] 뉴턴이 주장하듯이 시간은 본질적으로 어떤 물체로부터도 떨어져 홀로 실재하는가, 아니면 우주를 구성하는 다양한 물체가 서로 시간적 관계를 지닐 뿐 시간 그 자체는 존재하지 않는 것인가? 나아가 시간에 방향이 있다는 주장까지 곁들인다면 논쟁은 한층 복잡해진다. 시간이 흐르면서 불가역적 영향을 발휘하는 시간의 화살이 실재하는가, 아니면 뉴턴과 아인슈타인이 모두 전제했듯이 시간은 가역적이며, 과거와 미래를 분리할 수 없는 것인가.[8] 물리학에서의 논쟁을 살펴보는 일은 이쯤 해두자. 다만 시간이 사물들의 상호연관으로부터 동떨어져 '독자적' 영향력을 갖는 것은 아니지만, 다른 시간은 자연적·사회적으로 다른 영향을 미치며, 지향성에서도 중요한 차이가 있다고 말할 수 있다. 이 장에서는 시계 시간과 순간적 시간이 갖는 영향력과 지향성(6장에서는 '빙하의 시간'에 대해)에 대해 논하고자 한다.[9] 즉 하나의 절대 시간은 존재하지 않지만, 물리적·사회적 세계를 변형시키는 다양한 힘을 지닌 시간체계가 존재한다. 이러한 시간은 자연적인 만큼이나 사회적인 것으로 간주해야 한다. 또는 하이브리드로서 이해해야 한다.

넷째, 다양한 시간을 둘러싸고 인간 활동도 다채롭게 펼쳐진다. "시간은 돈이다"라는 신념을 지닌 사회에서는 시간을 절약하기 위해 사회조직이 구조화된다. 주어진 시간 내에서 시간을 최소화하거나 활동(특히 다른 사람의 활동)을 극대화하려고 한다. 한편, 느긋하게 흘러가는 시간은 즐겁고 바람직한 사회적 실천으로 여겨지기도 한다. 신체적으로(또는 감각적으로) 사물이나 환경과 관계를 맺는다면 시간은 즐거움을 더한다. 예를 들면 학계에서는 신체의 여행을 검토할 때 시간이 단축되는지, 보다 여러 장소를 갈 수 있는지에 집중하는데, 이는 누구라도 아는 여행의 이유, 즉 즐거움을 간과하고 있다. 여행은 하나의 퍼포먼스다. 미적 판단의 범주들은 여행을 대하는 데 영향을 준다.[10] 가령 배로 떠나는 여행, 전간기의 자동차 여행이나 어슬렁거리기, 옛 시절의 영화가 남아 있는 중세의 거리를 거닐기 등 시간에 구애받지 않는 느긋한 여행에서는 새로운 사교성과 즐거움이 뒤따른다(3장 참조).

마지막으로 대부분의 사회과학자는 '사회적 시간'이라는 개념이 자연과학의 시간관념으로부터 떨어져 나왔거나 그 시간관념에 맞선다고 여겨왔다. 사회과학자는 보통 사회적 시간을 자연적 시간과 완전히 다른 것으로 이해했다. 그리하여 시간의 다양성에 관해 자연과학이 제공하는 소중한 통찰을 외면한 나머지 시간의 독특함에 관한 이해가 뒤처졌다.

앞으로 전개할 시간관념은 일부분 화이트헤드에게 빚지고 있다. 화이트헤드 철학은 20세기 물리학이 시간과 공간의 관념에서 지니는 의의에 대해 반성한다.[11] 그리하여 화이트헤드는 시간과 공간이 주체와 객체의 관계 바깥에 있다는 주장을 기각한다. 즉 시간과 공간은 물리적·사회적 세계 속에서 발생하는 과정으로부터 독립해 있지 않다.

화이트헤드의 '내적 관계'라는 개념은 지금이라는 다중적 시간 또는 공간이 존재한다는 주장으로 이어진다.

다음 절에서는 시간에 관한 '사회적' 분석이 다루는 주된 주제들을 살펴보고, 이어서 해석학과 현상학의 흐름으로 화제를 돌릴 것이다. 그리고 거주와 이동성을 검토할 때 '다른' 철학적 흐름도 참조해야 한다고 주장할 것이다. 아울러 자연적 시간과 사회적 시간이라는 구분을 기각해 자연과 사회의 이원론을 극복해야 함을 밝힐 것이다. 이러한 이원론이 서양사회와 환경에 적잖은 악영향을 끼쳐왔기 때문이다. 이 장에서는 하나의 특정한 시간, 즉 시계 시간이 서양사회에서 매우 큰 비중을 차지해왔다는 사실을 확인할 것이다. 그러나 최근에는 새로운 시간이 등장하고 있다. 즉 순간 또는 가상의 시간이다. 이처럼 새로운 시간의 도래를 알리는 기술과 사물을 검토해 3장에서 개설한 여러 종류의 이동을 좀더 구체화할 것이다.

사회적 시간과 살아 있는 시간

사회과학자들은 시간이 사회적이기 때문에 자연적 시간과는 다르며, 때로 대립한다는 전제하에 논의를 전개해왔다. 뒤르켐은 《종교생활의 원초적 형태(The Elementary Forms of the Religious Life)》에서 오로지 인간만이 시간 개념을 갖고 있으며, 인간사회에서 시간은 개별적인 것이 아니라 추상적이며 비개인적이라고 주장했다.[12] 더욱이 비개인성은 사회적으로 조직된다. 따라서 뒤르켐은 이것을 '사회적 시간(social time)'이라 불렀다. 뒤르켐에게 시간이란 '사회제도'며, 시간의 범주는 자연적이지 않고 사회적이다. 시간은 객관적으로 주어진 사고의 범주며, 이 범주는 사회 속에서 만들어진다. 따라서 사회마다 시간도 다르다.

일찍이 소로킨과 머튼은 사회적 시간의 관념을 넘어서는 시계 시간이라는 범주가 존재하는지에 따라 사회를 구분했다.[13] 인류학적 연구는 주로 두 가지 시간의 관계, 즉 '자연'이 규정하는 사회적 활동(삶과 죽음, 낮과 밤, 파종과 수확 등을 기본으로 하는 활동)에서 비롯되는 시간과 시계가 '부자연스럽게' 부과하는 시간의 관계를 문제 삼아왔다.[14]

또한 소로킨은 여러 사회에서 다양한 양상의 '주(week)'를 발견할 수 있는데, 일주일은 대체로 3일에서 16일 정도의 간격으로 이루어진다는 것을 밝혀냈다.[15] 인간 이외의 동물은 '주'라는 시간 단위를 활용하지 않는다. 즉 자연의 주기로부터 떨어져 나온 시간 단위를 생각해내지 못한다. 일주일을 7일로 정한 사람은 바빌로니아인이었다. 6일에 안식일을 더해 일주일이 완성된다는 유대인의 발상도 바빌로니아인에게서 비롯된 것이다. 그 이래로 일주일의 길이를 바꾸려는 여러 시도가 있었지만 성공을 거두지 못했다. 1789년 혁명 이후 프랑스는 일주일을 10일로 늘리고, 소련은 일주일을 5일로 줄인 역사가 있기는 하지만 말이다.[16]

근대사회의 편제와 근대사회를 구성하는 사회적(그리고 과학적) 영위에서 시계 시간은 핵심적 위치를 차지한다. 근대사회는 시간(그리고 공간)으로부터 의미를 없애 언제라도 계산할 수 있도록 추상적으로 분할 가능한 시간 계산을 발달시켜왔다. 근대 기계 문명의 첫 번째 특징은 시계를 통해 만들어내는 시간의 규칙성이다. 이것은 여러 면에서 증기기관의 발명보다 중요했다. 이와 관련해 자연을 지배하려는 산업자본사회의 근본적 특징은 노동이나 사회 활동보다 오히려 '시간에

대한 태도'에서 잘 드러난다는 톰프슨의 논의가 널리 알려져 있다.[17]

그는 마르크스와 베버의 고전적 저작에 의거해 자신의 주장을 내놓았다. 마르크스는 노동 시간의 조정과 착취가 자본주의의 핵심이라고 분석했다. 상품 교환은 실상 노동 시간의 교환이다. 자본주의에서 부르주아는 노동을 연장하기보다 생산성을 높이려고 노력한다. 노동계급이 이러한 요구를 거부하지 못하는 한 자본가는 경쟁력을 높이기 위해 사회적·신체적 한계를 넘어 노동 시간을 연장한다. 그러나 그렇게 할 경우 노동력의 '과잉소비'가 초래되므로 부르주아 계급의 공동 이익을 위해서는 노동의 연장을 제한해야 한다. 그렇다고 노동이 단축된다는 의미는 아니다. 그저 자본(노동력 보존)을 위해 자본주의적 경쟁이 제한될 뿐이다(8장 참조).

마르크스 이래로 여러 논자는 산업자본주의에서 대부분의 투쟁이 시간을 둘러싸고 전개되어왔음을 밝혀냈다. 노동 시간을 편성하고 연장하려는 자본의 권리와 노동 시간을 제한하려는 노동자의 도전이 충돌해온 것이다. 이때 논의의 초점은 시계 시간이라는 규격화된 구성 단위에 있다. 시계 시간을 통해 사회적·물리적 맥락으로부터 작업이 분리되고, 시간은 상품화된다. 시간은 작업량을 측정하는 기준이 되며 분업과 아울러 인간이 자신의 물리적 환경에 관계하는 방법을 구조화한다.[18]

그러나 마르크스는 시간이 어떻게 내재화되어 사람들이 시간의 주체가 되었는지에 대해서는 설명하지 않았다. 즉 시계 시간에 의한 규율화가 어떻게 보급되고, 시계 시간을 준수하는 태도가 사람들에게 어떻게 스며들었는지에 대해서는 설명하지 않았던 것이다. 베버와 푸코, 멈퍼드는 그러한 주체화가 베네딕투스 수도원의 시간 규율에서 비롯되었음에 주목했다. 한때 베네딕투스 수도원은 유럽에 4만 개의 수도원을 세웠다.[19] 그곳에서는 시간 관리 체계를 통해 매년, 매주, 매일을 정해진 관습에 따라 움직였으며 사회적 활동이 동시성을 띠고 있었다. 이러한 시간 관리 체계는 6세기에 처음 도입되었는데, 혁명적인 변화가 발생해 나태는 용서받을 수 없는 죄가 되었다. 나아가 베버는 프로테스탄티즘 윤리가 사람들을 '자연의 충동'에서 벗어나 시간을 절약하고 활동을 극대화하는 주체로 길러냈다고 주장한다.

> 따라서 시간 낭비가 원리적으로 가장 무거운 죄가 되었다. 인생이라는 시간은 자신의 소명을 달성하기에는 한없고 짧고 소중하다. 어울려 놀거나 쓸데없는 수다를 떨거나 사치를 부리는 것뿐 아니라 건강을 유지하기 위한 수면이라도 시간을 빼앗는다면 도덕적으로 배척해 마땅하다.[20]

자본주의 정신은 새로 등장한 주체성을 다시 한 번 비틀었다. 벤저민 프랭클린은 말했다. "시간은 돈이다." 이는 시간을 낭비하면 화폐를 낭비하는 것을 의미한다.[21] 이제 사람들은 시간을 낭비하지 않고 능숙하게 활용해 부단한 근면함으로 자신과 타인의 시간을 관리하고 절약한다는 의무를 지게 되었다.

하지만 시간이 문자 그대로 화폐와 완전히 똑같을 수는 없다. 확실히 시간을 축적하고 교환하고(예를 들어 시간 분할에 근거한 휴가 임대주택의 공동 소유), 일정 부분 분담할 수 있으며(예를 들어 돌아가면서 아이들을 돌보아주는 모임), 시간을 유용하게 활용하는 능력(즉 '시간 관리')도 사람마다 다르다. 더욱이 전 세계 구석구석으로 침투하는 화폐의 순환방식과 비교하건대 이러한 시간의 상태는 한정적이다.[22] 그러나 시계 시간은 화폐보다 인간의 활동을 확실하게 장악한다. 시계 시간은 거의 모든 사람과 자연을 질서정연하게 움직이도록 지배하며, 그 흐름을 시계로 세세하게 분절해 예속시킨다. "시간은 돈이다"는 쓸모 있는 비유일 뿐이다.

실상 시간은 돈이라기보다 돈이 시간이다.[23] 많은 경우 화폐를 갖지 않은 사람들, 예를 들면 빈민, 실업자, 시설의 피수용자에게 남는 시간은 거의 가치가 없다.[24] 중요한 것은 (시간이 지나가더라도) 자신의 시간을 십분 활용하고 타인의 시간을 원하는 대로 조직할 수 있도록 화폐를 손에 넣는 일이다. 지위나 권력의 차이는 물론이며 화폐를 소유하고 있는지 여부에 따라서도 시간의 의미가 달라진다. 주된 사회적 불평등은 시간(그리고 공간)을 둘러싼 불평등한 사회관계에서 비롯된다.

시계 시간은 이미 확고부동하게 자리 잡았지만, 그것이 출현한 경위는 톰프슨의 생각 이상으로 복잡하다.[25] 16세기까지 영국의 일상생활에서는 하루가 중심이었으며(수도원은 예외), 주(week)는 그다지 중요한 시간 단위가 아니었다. 그리고 사계절과 정기 시장, 교회 달력이 일상을 조직하는 기초 역할을 했다. 하지만 집으로 시계가 들어오고 공공장소에서 시계와 종이 사용되기 시작한 16세기부터 18세기 사이에 변화가 일기 시작했다. 중상류계급은 시간표에 따라서 수업을 진행하는 전용학교로 아이들을 보냈고, 청교도들은 주 단위로 작업을 정리했으며, 노동과 임금률의 계산을 바탕으로 현금 경제가 발달했고, 보통 사람들도 '시간 엄수'라는 말을 쓰게 되었다.

18세기에 이르자 시간은 사회적 활동으로부터 보다 뚜렷하게 '탈내재화(disembedded)'되었다.[26] 부분적으로는 새로 출현한 산업노동력에 새로운 시간 규율을 철저히 주입시켜 이루어낸 생산 현장의 혁신도 한몫했다. 가령 경적이나 시계를 사용했고, 한 주를 '일'과 '여가'로 나누었으며, 축제와 전야제로 보내는 휴가를 단축시켰다. 또는 지나치게 복잡한 영국 유한계급의 방문문화를 바로잡기도 했다. 이러한 변화로 징 및 가정용 벨을 사용하거나 만찬회를 위한 옷을 입거나 부재시 방문자에게 메시지를 남기거나 특정 시간에만 방문을 허락하는 스케줄 관리가 등장했다.[27]

아울러 신체의 여행에 대한 욕망이 고조되고 수단도 늘어나자 시계 시간이 확산되었다. 지멜이 주목했듯이 '대도시'에서 사회생활과 경제 활동을 영위하려면 훌륭한 계획과 정밀함이 필요했다. 대도시생활의 수많은 관계와 사무는 너무 복잡해 "시간을 엄격히 엄수하고 약속을 지키지 않는다면 전체가 붕괴될 것이다."[28] 시간 엄수를 통해 안정적이고 비개인적 시간표로 사회 활동을 통합하지 않는다면 대도시 생활은 보장받기 어려워진다. 또한 효율적으로 여행을 준비하고 예약하기 위해서도 탁상시계나 괘종시계, 회중시계가 광범위하게 활용되었다. 이리하여 '쓸데없이 남은 시간'은 사라진다.[29] 결국 사회 형태가 복잡해지고 여행을 멀리까지 다니게 되면서 실용적 이유로 시계 시간이 요구되었다. 19세기 말부터 20세기 초에 걸쳐 대도시가 급성장했으며, 도시에 사는 사람들은 보다 먼 거리를 이동하게 되었다.

더구나 유럽과 미국처럼 급속히 공업화된 사회에서는 도시 안에서 이동할 뿐 아니라 도시 사이의 이동이 증가해 여행거리가 한층 늘어났다. 이러한 장거리 대규모 이동에서 시계 시간이 결정적 역할을 했다. 감스트는 19세기에 시계 시간이 표준화된 데는 철도 여행과 관련 업무가 중요하게 작용했다고 발표했다.[30] 여러 도시를 여행하는 사람들은 좀더 확대된 규모에서 약속을 하고 시간표를 짰으며, 보다 엄밀하고 정확하고 계산 가능한 시간을 요구했다.

18세기 말 영국에서는 정기적인 역마차 사업이 시작됨과 동시에 장거리 이동이 양적으로 크게 증가했다. 1830년에 이르면 하루 48편의 역마차가 런던과 브라이턴 사이를 오갔고 소요 시간은 4시간 30분으로 단축되었다.[31] 그러나 유료 도로망은 1830년대 이후에 전국에 깔렸으며, 여행하는 데 걸리는 시간은 괄목할 만큼 줄어들었다. 하지만 1830년대에 들어서도 마차 여행은 여전히 가격이 비싸고 불편했다. 대부분의 도시는 독자의 시간을 지니고 있었기 때문에 마부는 도시를 통과할 때마다 다음 도시의 시간에 맞추어 시계를 조정해야 했다.

1840년대가 되어 철도가 발달하자 시간 조정은 한층 심각한 문제가 되었다. 1844년 글래드스톤의 철도법이 제정되자 부유층은 물론 많은 노동계급도 일자리를 찾기 위해 또는 행락을 목적으로 먼 거리를 이동했다.[32] 그러나 여전히 기차는 고유의 시간을 지니는 도시들을 통과해야 했다. 1841년 그레이트웨스턴 철도의 시각표를 보자. "런던의 시간은 모든 역에서 기록하고 있습니다. 런던 시간은 리딩보다 대략 4분, 시런세스터보다 대략 5분, 치펜햄보다 대략 8분, 브리지워터보다 대략 14분 빠릅니다."[33] 그러나 이와 같은 상황이 오래가지는 않았다. 1847년 무렵 철도회사와 우체국, 많은 도시는 그리니치 표준시를 채용했다. 이로써 빅토리아 시대에 대규모 이동환경을 조성하기 위해 시계 시간이 전국에서 표준화되었다.

1839년의 논설을 보면 철도가 시간과 공간을 얼마나 '압축'했는지를 알 수 있다. 만약 전국으로 기차가 달리게 된다면 "지금 영국인 개개인을 소원하게 만드는 시간은 3분의 2로 줄어들 것이다. …… 그리하여 거리를 이겨내면 우리나라의 표면이 하나의 거대 도시 크기로 축소될 것이다."[34] 이러한 와중에 시인 하이네는 파리와 루앙을 잇는 노선이 개통되었을 때의 불안한 예감을 전했다. "시간과 공간이라는 기본 개념마저 흔들린다. 기차가 공간을 살해한다."[35]

19세기 후반이 되면 유럽 국가들 사이에서, 그리고 유럽과 미국 사이에서 시간이 조정된다. 당시 이동이 활발해진 증거로는 도버 해협과 대서양을 횡단하는 증기선 운행, 국제전신 업무, 광대한 미국의 철도망을 깔기 위한 국내 시간 체계 확립, 1884년 국제회의에서 시간을 계산하는 세계 기준으로 그리니치 표준시 채택 등을 들 수 있다. 새로운 사회적 영위, 즉 대중적인 여행, 국내 또는 국가를 넘나드는 새로운 통신 양식에 대한 욕망이 이와 같은 횡단적 전개를 이끌어냈다. 그리니치 표준시와 나머지 세계의 시간대가 동조화되어 초래된 결과에 대해 응우옌은 다음과 같이 말한다.

다른 모든 나라가 점차 자오선을 경계로 한 그리니치 시간체계를 따르기 시작했다. 이처럼 특정한 서양적 시간체계는 중세 유럽에서 시계가 발명된 데 힘입은 것이었다. 그것이 시간을 계산하는 세계 기준이 되었다. 이러한 패권적 전개는 다른 나라의 여러 시간체계를 파괴했고 그 결과는 돌이킬 수 없는 것이었다. 이제 과거의 흔적은 그저 역사적·인류학적 호기심의 대상으로 남을 뿐이다.[36]

그리니치 표준시는 수학적 허구다. 시간(그리고 공간)에서 인간의 경험을 거세했으며 그 상징이기도 하다. 1913년에 최초의 전파 신호가 에펠탑에서 전 세계에 전송된 이래 세계 시간은 그렇게 확정되었다.

시계 시간은 사회생활 곳곳으로 스며들었다. 시계 시간은 카이로스적 시간, 즉 시계가 몇 시라고 알리든 말든 지금 해야 할 일을 하는 시간 감각을 대체했다.[37] 카이로스적 시간의 바탕에는 앞으로 언제 어떤 사건이 일어날지 또는 언제 그 일이 발생하기에 적합한 때인지에 관한 감각을 키우기 위해 과거의 경험을 되살리려는 노력이 깔려 있다. 이러한 카이로스적 시간을 거의 완벽하게 시계 시간으로 대체한 장소가 학교다. 이 교실에서 저 교실로 이동하고, 독일어로 떠들다가 프랑스어 수업을 빈고, 지도를 들여다보나 컴퓨터를 켜는 것은 바로 분침이 9시 59분에서 10시로 이동했기 때문이다. 애덤은 서양의 학교 교육에서 시계 시간이 발휘하는 막강한 힘을 다음과 같이 표현한다.

학교에서 모든 구성원의 행위와 상호작용은 버저, 벨, 일정표, 스케줄, 마감일의 심포니로 연주된다. 시간의 지표를 기초로 학생과 교직원은 같은 시간표 속에 묶이고 각자의 활동이 구조화되고 일정한 속도로 조정되고 박자를 맞추게 되고 연속되고 우선순위가 매겨진다. 이리하여 각각의 활동은 각기 분리되고 구획되어 사람들은 규칙적이고 집합적인 박자에 따르게 된다.[38]

이쯤에서 시계 시간의 주요 특징을 정리해보자.

시계 시간
- 정확히 계측되고 고정된 무수히 작은 단위로 시간을 분해한다.
- 유의미한 사회적 영위로부터, 그리고 낮과 밤, 사계, 삶에서 죽음으로의 운동이라는 자연적 구획으로부터 시간을 분리한다.

- 시간의 흐름을 계산하고 표시하는 여러 수단을 활용한다(탁상시계, 괘종시계, 알람시계, 시각표, 달력, 사이렌, 스케줄, 벨, 마감일, 일기, 자명종 등).
- 작업과 여가 시간을 정확하게 배분한다.
- 시간은 활동과 의미가 아닌 관리되는 자원이다.
- 시간은 절약하고 소비하고 활용하고 소진할 수 있는 독립적 자원이 되어 광범하게 활용된다.
- 시간을 수학적으로 정확한 양적 척도로, 즉 가역적이며 방향을 갖지 않는 것으로 바꾸어놓는다.
- 학생, 여행자, 피고용자, 피수용자, 행락객 등의 시간을 동조화하고 규율한다.
- 국내에서 또는 세계적으로 생활의 단위를 동조화한다.
- 시간을 절약하고 조직하고 기록하고 조정하고 할당해야 한다는 담론을 퍼뜨린다.

이러한 시계 시간의 특성은 단순히 시계를 많이 사용한다고 생기는 것이 아니다. 사실 어떤 시계인가가 이미 수천 년 전부터 존재해왔다. 오히려 시계 시간은 '근대 시간'에 적합한 은유다. 19세기 후반과 20세기에 걸쳐 그러한 특징들이 일제히 출현해 자연과 사회를 바꾼 것이다.[39] 애덤은 말한다. "시간의 계산도 계측도…… 산업(또는 근대) 시간의 특징이 아니다. 산업 시간은 자연적 원천에서 추상화된 시간, 즉 독립적이고 탈맥락적이고 합리화된 시간이다. 균질적인 공간의 단위로 거의 무한으로 쪼갤 수 있으며…… 시간에 대한 시간인 것이다."[40]

르페브르는 사회와 자연으로 퍼져간 시계 시간을 이렇게 개괄한다.[41] 자연을 매개해 경험하는 '살아 있는 시간'은 서서히 사라진다. 시간은 더 이상 눈에 보이거나 공간에 새겨지지 않는다. 자연과 사회 공간에서 분리된 계측장치, 즉 시계로 바뀌었다. 이제 시간은 자원이다. 사회공간에서 유리되어 소비되고 활용되고 탕진된다. '시계 시간'이 지배하자 살아 있는 (카이로스적) 시간은 추방된다. 르페브르는 시간이 갖는 성질의 이러한 변화를 메타포적 언어로 기술한다. 전근대사회는 살아 있는 시간이 공간에 새겨져 있고 나이테처럼 성장의 세월을 흔적으로 남겼다. 그러나 근대사회에서 시간은 도시 속으로 흡수되어 살아 있는 시간은 보이지 않고 계산의 수단으로 환원된다. 살아 있는 시간은 '사회에 살해당했다.'[42]

따라서 시계 시간과 살아 있는 시간을 확실히 구별하려면 논의를 보다 심화할 필요가 있다. 여기서 시간철학에서 내놓은 시간의 A계열과 B계열의 구분을 가져오고자 한다.[43] 지금껏 이 장에서는 주로 B계열, 즉 '앞뒤'의 형태로 파악할 수 있는 아리스토텔레스적 시간관념을 다루어왔다. 각각의 사건은 서로 독립해 사차원(즉 시간의 차원) 위에 줄서 있으며 서로의 앞이나 뒤에 위치한다.[44] B계열에서 각각의 사건은 분리되어 있으며 다른 사건과의 관계를 바꾸지 못한다. 시간은 완전히 등질적인 순간의 무한한 연속으로 가정되며, 하나의 순간이 다른 것보다 '앞'에 있는지 '뒤'에 있는지 확정할 수 있다. 즉 사건 y가 사건 x 후에 일어났다면, 어떤 일이 생기든 간에 y는 x 뒤에 있으며, 항상 x 뒤에 있다. 따라서 이 경우 현상에 대한 언명은 무시간적으로 진리다. 지금껏 많은 분석가는 베냐민이 지적하는 B계열의 '공허하고 균질적인' 시간의 프리즘(대략적으로 시계 시간에 대응한다)을

통해 물리적 세계를 조사할 수 있다는 전제를 공유해왔다.[45)

A계열의 시간은 B계열의 시간과 다르다. '과거-현재-미래'의 관계
에서 암시되는 아우구스티누스적 시간관념이다. 여기서 과거의 사건
일부는 현재에 유지된 채 미래로 이어진다. 또한 현재 역시 순간이 아
니라 지속이다. 후설과 베르그송도 살아 있는 현재는 지속된다고 주
장했다. 과거는 단순히 뒤에 머무르지 않으며, 현재에 녹아들어 미래
의 어떤 예견을 구체화한다. 이 대목에서 널리 알려진 것은 하이데거
가 말하는 인간적 시간성의 초월적 지평인 죽음의 예감이다.[46)] A계열
에서 각각의 사건은 과거성, 현재성, 미래성이라는 점에서 구분된다.
즉 시간은 맥락에 기대고 있다. 여러 논자는 다양한 방식으로 이러한
A계열 시간의 특성을 탐색해왔다.

조지 허버트 미드는 일관되게 '시간성'이라는 관점에서 사물을 이
해한다.[47)] 그는 시간이 어떻게 행위와 사건, 역할에 묻어 있는지를 주
목한다. 그는 시간을 추상적 틀로 여기지 않는다. 미드는 시계, 달력
(일력)과 같은 B계열의 추상적 시간은 '관습적 말투'에 불과하다고 생
각했다. '실재'하는 것은 현재다. 따라서 그는 시간에 관해《현재의 철
학(The Philosophy of the Present)》이라는 제목의 중요한 저작을 발표
했다. 미드가 말하듯이 "실재는 늘 현재 속에 있다."[48)] 우리가 과거라
고 여기는 것은 필연적으로 현재 속에서 재구축된 것이다. 과거의 순
간은 지금 새롭게 만들어지고 있다. '과거'는 저 멀리 있다기보다 오
히려 배후에 있다. 현재만이 존재할 뿐이며, 현재의 맥락에서 과거는
끊임없이 재가공된다. 발생하는 현재가 과거를 비추지 않는다면, 과
거는 어떤 지위도 갖지 못한다. '발생(emergence)'이란 과거의 모양을
바꾸어 미래로 의식과 지향을 보내는 것이다. '발생'은 사람과 환경의

상호작용으로 출현한다. 즉 미드는 인간을 자연으로부터 떼어낼 수 없는 일부라고 여겼다. 출현은 늘 그것을 초래하는 사건 이상의 것이다. 더구나 현재는 실재하지만 과거와 미래는 관념적이며 '가설적'이다. 과거와 미래는 정신을 통과해야 비로소 우리에게 열린다.

한편, 하이데거도 돌이킬 수 없이 시간적인 인간의 실존을 규명하려고 했다. 하이데거는 《존재와 시간(Being and Time)》에서 철학은 '존재'의 물음으로 돌아가야 한다고 역설했다. 서양철학은 인식론에 몰두해왔기 때문에 존재의 문제를 놓쳐왔다는 것이다.[49] 그리고 존재의 존재론 중심에 시간의 존재론이 자리하며, 시간의 존재론은 인간 주체의 본질이 무엇인지를 알려준다. 하이데거에 따르면 인간 존재는 근원적으로 시간적이며, 시간성 속에서 자신의 의미를 발견한다. 존재는 시간적 속성, 특히 태어나 죽음으로 향한다는 사실에서 가시화된다. 죽음을 향하는 운동은 부수적인 것이 아니라 필연적으로 존재에 스며들어 있다. 탄생과 죽음은 결합되어 하나를 이룬다. '현존재(dasein)'란 '사이'다. 존재란 필연적으로 탄생과 죽음 사이를 움직인다. 즉 미래, 과거, 현재로 도착하고 또한 그것들을 향해 따라서 간격이나 순간이라는 종래의 계측방식과 시간의 본질을 혼동해서는 안 된다. 하이데거에 따르면 서양 문명에서는 척도화된 시간-공간이 존재와 시간을 강요해왔다.

페미니즘 진영에서는 이러한 하이데거의 사유를 비판하기도 한다. 즉 죽음으로 향할 수밖에 없다는 주장, '죽음에 임하는 존재'라는 관념이 시간에 대한 남성주의적 태도라는 것이다. 하이데거의 관점은 출산('시간'을 낳는다고도 할 수 있는)이라는 생식 능력이 여성에게 얼마나 중요한지를 간과하고, 또한 미래의 세대, 즉 '우리 아이의 아이'

를 위해 환경을 보호해야 한다는 사실을 외면하기 때문이다.[50]

여기서 하이데거와 비슷한 입장을 취하면서도 시간에 대한 분석을 공간에 대한 분석과 결합시킨 두 명의 논자를 소개하고자 한다. 먼저 베르그송은 시간(temps)과 지속(durée)을 구별해 전자를 양적인 공간 단위로 분할 가능한 시간 관념, 앞서 살펴본 B계열로 이해한다.[51] 베르그송은 이처럼 공간화된 시간관념에 맞서 살아 있는 지속이 진정한 '시간'이라고 주장한다. 베르그송에게 지속 내지 본래의 시간이란 생성의 시간이다. 시간을 어떤 분리된 요소 내지 외부에 존재하는 것으로 여기지 않고, 시간 속에 사람이 있다고 생각해야 한다는 것이다. 시간은 각각 분리되어 있다고 여겨지는 과거, 현재, 미래의 시간을 '침투'한다. 각각이 서로에게 흘러들어 과거와 미래는 현재 속에서 만들어진다.

아울러 베르그송은 시간이 신체로부터 분리될 수 없다고 본다. 사람들은 실제 시간이 어떤지 곰곰이 생각하기보다 감각적이고 질적으로 시간을 살아간다. 베르그송은 사람의 기억을 서랍이나 저장고로 보아서는 안 된다고 말한다. 그것은 공간에 기대어 시간을 오해하는 일이다. 시간은 '공간적'이지 않다. 즉 기억은 과거의 단순한 표상이 아니므로 시간적으로 이해해야 한다. 과거는 과거 위에 겹겹이 쌓인다. 따라서 어떤 요소가 현재인 것이 아니라 현재는 새로운 요소가 끊임없이 축적하며 변화해나가는 것이다.

베르그송의 논의에 '사회학적' 시점을 가미한 논자가 알바슈다. 그는 집합적 기억을 검토했다.[52] 알바슈는 사회제도, 기념, 축제의 관습을 통해 과거가 현재로, 특히 현세대를 향해 축적되고 해석된다고 주장한다.[53] 나아가 귀르비치의 경우에는 베르그송이 자신의 분석 범주로부터 연역 가능한 시간의 복수성을 검토하지 않아서 이론을 전개하지 못했다고 비판한다.[54] 귀르비치가 주장하는 복수적 시간 가운데 특히 두 가지는 지금의 논의와 관련 있다. 먼저 '폭발하는 시간'이다. 과거와 현재는 매개 없이 초월된 미래의 창조 속에서 융해된다. 그 시간은 불연속성과 우발성을 띤다. 나는 그것을 '순간적 시간'이라 부른다. 다른 하나는 '영속적 시간'이다. 느리고도 오래 지속되는 시간이다. 아득히 먼 과거가 현재와 미래로 투사된다. 귀르비치는 이것을 생태학적인 것의 시간이라 했으며, 이것은 다음 장에서 '빙하의 시간'이라 부를 내용과 통한다.[55]

베르그송은 '서랍'이라는 '공간화된' 기억 개념을 비판하며 시간을 공간보다 우위에 두고 공간은 추상적이며 양적이라고 본다.[56] 그러나 지속에 관한 베르그송의 설명은 구체성이 부족하며, 공간이 지닌 질적 속성을 다루지 않았다. 베르그송에게서 보이는 이러한 한계를 넘어서고자 바슐라르는 추상적이며 공허하고 정적인 공간이 아니라 질적이며 혼성적인 공간 개념을 발전시킨다.[57] 바슐라르는 넓은 의미에서 베르그송의 시간 개념을 자신의 질적인 공간 개념과 통합시키고자 시도하며, 질적이고 감각적이고 살아 있는 공간 감각이 베르그송이 말하는 시간의 중심에 있다고 주장한다. 이 주장은 세 가지 요소로 구성된다.

첫째, 바슐라르는 현상학적으로 이미지를 시각적 영향이 아니라 '반향' 속에서 경험한다고 주장한다. 따라서 그는 시각이 아니라 음파의 관념을 통한 청각의 은유를 활용한다. 반향이라는 개념을 도입하는 까닭은 주체와 객체 사이의 선명한 구분을 무너뜨리기 위해서다. 반향이라는 은유는 시각적 전유에서는 보이지 않는 주체와 객체 사이

의 무매개성을 암시한다. 바슐라르는 자신의 저작이 '반향'의 존재론을 다룬다고 말한 적도 있다.[58]

둘째, 바슐라르는 특히 '집'의 성질에 주목하며 집을 단순한 물체로 이해해서는 안 된다고 주장한다. 집은 인간이 상상과 백일몽을 꿈꿀 수 있고 몸을 맡길 수 있는 장이다.[59] 또한 집은 친밀성의 은유기도 하다. 집은 우리 안에 있으며 우리는 집에 산다. 특히 고향집 같은 공간에는 기억의 흔적이 각인되어 있다. 이러한 귀속성은 바로 그곳의 물질성에서 비롯된다. 헤서링턴은 바슐라르의 견해를 이렇게 묘사한다. "찬장 시트의 냄새, 지하실 계단의 비탈, 어린 시절 심심풀이로 창가에서 벗겨낸 페인트를 덧바른 자리, 이 모두는 우리의 기억을 구성하는 물질의 실체다. …… 산다는 것은…… 백일몽과 기억으로 오랫동안 잊고 있던 과거를 되돌리고 기억된 친근함의 반향 속에서 산다는 것이다."[60]

나아가 바슐라르는 베르그송이 주목한 시간의 지속 역시 공간적 차이에 의존한다고 말한다. 시간에 질을 부여하려면 공간은 필수적이다. 또는 게임의 표현에 의하면 "공간이 시간을 바꾸어놓기 때문에 기억은 비로소 가능해진다."[61] 그리하여 집과 같은 공간은 기억을 만들어내고 유지할 때 매우 중요하다. 꿈이 머무르는 곳이자 베르그송적 시간이 작동하는 은유적 공간인 것이다.

셋째, 바슐라르는 따져보면 기억의 관념이 신체화된 것임을 밝히고 있다. 특히 우리 몸은 맨 처음 만난 집을 잊지 못한다. 몸과 태어난 집 사이에는 '정열적 관계'가 발생한다.[62] 태어난 집의 특징은 신체에 새겨진다. 기억은 물질적으로 지역화되고 기억의 시간성은 공간적으로 뿌리를 내린다. 바슐라르는 이렇게 기억의 시간성을 공간화한다. 집은 사람의 몸과 기억에서 살아간다.[63] 살아 있는 공간 없이는 살아 있는 지속의 시간도 존재하지 않는다.

앞의 내용은 시간과 공간, 사회적인 것과 신체적인 것, 과거-현재-미래의 경계를 융해하는 힘과 관련 있는데, 이에 관해서는 주로 다음 장에서 검토하고자 한다. 다만 지금까지의 논의는 고향집을 들르거나 어린 시절의 백일몽처럼 매우 제한된 사회적 행위만을 다루었기에 부족한 점이 많다. 나는 보다 광범위한 사회적 행위, 특히 장대한 시공간에 길쳐 사회생활을 다시 뒤틀고 있는 강력하고 글로벌한 네트워크와 흐름에 관한 관념을 발전시키고자 한다.

그리고 다음 절에서는 이러한 강력한 사회적 행위의 조합, 즉 물리과학으로 관심을 돌릴 생각이다. 나아가 이어지는 절에서는 지속의 경험, 특히 과거-현재-미래의 경험에 '무시간적' 방식으로 질서를 다시 부여하는 여러 기술을 살펴볼 것이다. 이 절에서 살펴본 철학적 정식화는 여전히 규범적이기 때문에 시간 변화와 그것의 제도적 구체화가 지니는 가공할 힘을 다루기에는 충분하지 않다.

자연의 시간과 사회의 시간

지금껏 사회과학자는 자연의 시간과 사회의 시간이 근본적으로 다르다고 여겨왔다. 그러나 그들이 사회의 시간이라고 보여주었던 것들은 대체로 자연 전반에도 들어맞는다. 사회과학자와 현상학자가 시간의 '인간적' 측면으로 간주해온 것들은 실상 물리과학의 성질들이다. 애덤은 말한다. "과거, 현재, 미래라는 역사적 시간, 시간의 질적 경험, 에피소드로의 '미분화된 변화'의 구조화, 이것들은 모두 자연과학이 시간을 다룰 때 빼놓을 수 없는 주제들이다."[64] 더구나 "시계 시간, 불변의 척도, 닫힌 순환, 완벽한 대칭성, 가역적 시간은 우리(물리과학)의 창조물"이다.[65]

사실 시계 시간은 자연 전체로 일반화할 수 없는 시간이며, 인간의 발명품이다. 그런데 사회과학은 시계 시간이 사회적 시간에서 분리되어 나온 시간이라고 간주했다. 즉 자연적 시간의 결정적 특징이라고 여겨왔던 것이다.[66] 사회과학은 자연과학의 부적당한 시간 개념, 즉 뉴턴적 · 데카르트적이라고 말할 수 있을, 거의 시간적이지 않은 시간을 활용해왔던 것이다.

뉴턴적이라 하는 것은 절대 시간의 개념에 기대고 있기 때문이다. 즉 절대 시간은 "무언가 영원성과는 상관없이 자신의 본성에 따라 한결같이 흐른다. …… 절대 시간의 흐름은 변화에 기대지 않는다."[67] 절대 시간은 불변이며 공간적 단위로 무한히 분할할 수 있고 길이를 잴 수 있으며 수치로 표시할 수 있고 가역적이다. 즉 절대 시간은 본질적으로 공간이다. 앞뒤로 움직일 수 있으며 계측 가능한 불변의 길이로 구성되는 시간이다. 아울러 데카르트적 공간이라 하는 것은 정신과 신체, 반복과 과정, 질과 양, 형식과 내용, 주체와 객체 등의 이원론을 전제하고 있기 때문이다.

그러나 20세기 과학은 자연적 시간에 관한 우리의 생각을 뒤흔들었다. 더 이상 뉴턴적 · 데카르트적 시간을 끌어안고 있을 수 없다.[68] 호킹은 다음과 같이 말한다.

공간과 시간은 이제 역동적인 질이다. 몸을 움직이고 힘을 가하면 공간과 시간을 구부릴 수 있다. 그러면 시공의 구조가 몸이 움직이고 힘이 가

해지는 방식에 영향을 미친다.[69]

    사회과학은 '자연'과학이 내놓은 성과를 등한시했다. 오직 소수만이 "자연, 사회, 개인은 서로에게 새겨져 있고 서로에게 의존하고 있다"[70]는 엘리아스의 주장을 받아들였다. 의심해 마땅한 시간 개념을 신봉하는 현재의 사회과학은 20세기 자연과학의 뛰어난 통찰력을 외면했다.

    자연계의 시간을 이해하는 방식은 20세기의 수많은 과학적 '발견'을 거치며 바뀌었다.[71] 첫째, 아인슈타인은(스물여섯이라는 젊은 나이로!) 자신이 속한 좌표계로부터 독립해 있는 고정된 또는 절대적인 시간이 존재하지 않음을 증명했다. 예컨대 시간 내지 고유시(Eigenzeit)란 관찰과 계측을 위한 어떤 시스템의 국소적·내재적 특징이다. 나아가 아인슈타인은 시간과 공간은 분리되지 않으며, 질량의 영향으로 굴절하는 사차원의 시공으로 융해된다고 주장한다. 여기서 파생되는 이론적 귀결로서 과거가 미래를 따라잡거나, 웜홀(wormhole)●을 통해 시간 여행을 떠나거나 빅뱅이 발생했을 때 시간과 공간이 매우 뒤틀려 있었으리라는 가능성이 제시된다.

    양자론은 지금까지의 인과 개념에 대해 일보 진전된 비판을 제기했다. 양자물리학은 특정한 패턴이 마련되기 전에 전자가 순간적으로 가능한 모든 미래를 향한 잠재성의 상태에 있음을 밝혀냈다. 양자는 신비롭고 순간적으로 움직인다. 원인과 결과라는 개념은 이렇듯 지극

● 우주의 시간과 공간의 벽에 존재하는 구멍. 블랙홀이 회전할 때 만들어지며 웜홀을 통해 블랙홀과 화이트홀이 이어질 수 있다.

히 미세한 전체 안에서는 적용할 수 없다. 전자의 위치와 운동을 미리 알 수는 없다. 각각의 부분보다 부분 간의 상호관계와 상호작용이 훨씬 근본적이다. 봄은 이것을 "무용수 없는 춤(dance without dancer)"의 발생이라고 표현했다.

한편, 시간생물학자는 시간을 경험한다. 시간에 따라 생활을 조직하는 것이 인간사회만의 특징이 아니라고 주장한다. 주기성은 하나의 유기체 내에도 존재하며, 환경과 유기체의 관계에도 적용되는 자연의 기본 원리다. 인간과 다른 동물은 시계 시간의 영향을 받을 뿐 아니라 그 자신이 시계다. 모든 동식물은 24시간 주기로 내부 기능을 조정하는 시간장치를 갖고 있다. 실제로 최근 연구들은 시간 보존 유전자(timekeeping gene)의 존재를 밝혀내기도 했다. 생물학적 시간은 노화로만 한정되지 않는다. 역동적·순환적으로 생물학적 존재의 본성을 표현한다. 생물의 변화는 생성과 주기성의 관념을 포함한다.

좀더 일반적으로는 열역학이 시간 속의 불가역적 흐름을 증명했다. 고전물리학이 가정하는 시간의 대칭성, 결국 시간의 가역성은 존재하지 않으며, 과거와 미래는 분명하게 구분된다. 열역학은 B계열보다 A계열의 시간 감각에 부합한다. '시간의 화살'은 존재한다. 시간이 흐르면 모든 체계는 조직성이 떨어지고 무작위성, 무질서성이 증가한다. 무질서성의 증가는 이른바 열역학 제2법칙이 도출해낸 정의 엔트로피(positive entropy)라고 불린다. 부의 엔트로피(negative entropy)는 진화적 발전과 증가하는 복잡성으로 특징지어지는 열적 비평형(thermal disequilibrium)을 수반한다.[72] 즉 모든 에너지 변환은 불가역적이며 방향을 갖는다.

불가역성의 가장 분명한 사례는 특이적인 역사적 사건, 즉 빅뱅으로 우주가 확대되는 과정이다. 우리는 빅뱅에서 우주론적인 '시간의 화살'의 존재를 확인할 수 있다. 그러나 빅뱅이 아니더라도 불가역성의 사례는 매우 흔하다. 커피는 머지않아 식고, 살아 있는 것은 늙고, 겨울 뒤에는 봄이 찾아온다. 우주가 수축하고, 잃은 열을 다시 흡수하고, 젊어지고, 겨울보다 봄이 먼저 오는 법은 없다. 자연법칙은 역사적이며 과거와 현재, 미래를 함축한다. "시간의 놀라운 점이란 그것이 나아간다는 사실이다."[73] "(시간의) 불가역성은 카오스에서 질서를 낳는 메커니즘이다."[74]

카오스와 복잡계 이론은 질서와 무질서, 존재와 생성이라는 단순한 이분법을 거부한다. 물리계는 구조적 안정성을 띠면서 유지되는 것이 아니다. 원인에서 변화량이 작다고 결과에서도 작은 변화가 일어날 것이라는 통념은 그릇된 것이다. 오히려 각각의 요소가 변한다기보다 결정론적 카오스, 즉 전체로서의 시스템 속성에서 역동적 생성과 비선형적 변화가 일어날 수 있다. 이 관점에서 보았을 때 시간은 매우 불연속적이며, 실제로 수많은 비평형 상태를 관찰할 수 있다. 비평형 상태에서는 시간이 지나면서 매개변수가 돌발적이며 예측할 수 없게 바뀐다. 결정론적인 일련의 규칙으로는 예측할 수 없는, 그러나 패턴화된 결과가 발생한다.

비평형 상태의 고전적 사례가 나비효과(butterfly effect)●다. 한 장소에서 아주 미세한 변화가 일어났을 뿐인데도 다른 곳의 날씨가 크게 바뀐다. 이러한 복잡계는 애초 발생 장소에서 시간적·공간적으로 멀

● 1961년 미국의 기상학자 에드워드 로렌츠가 발견한 수학 모델. 로렌츠 모델이라고 불리는 대기의 난류 모델이 나비 모형의 프랙탈 이론 구조가 되는 것을 시각적으로 밝혀 장기에 걸친 기상예보가 불가능하다는 사실을 증명했다.

리 떨어져 반직관적인 결과를 초래하는 특징을 지닌다. 복잡계 이론은 복잡한 피드백 루프가 시스템의 초기 응력을 증폭시켜 초기의 평형 상태를 다시 확립하는 방식으로는 충격을 감당할 수 없음을 강조한다. 여기서는 중심을 지니는 위계적 구조를 찾아볼 수 없다. 대신 시스템의 부분들 간에 매우 강력한 상호작용이 발생한다.

무질서 상태에서 어떤 패턴화를 낳는 것이 이른바 '기묘한 끌개(strange attractor)'다. 기묘한 끌개는 수천, 수백만 번에 걸친 반복의 결과로 어떤 패턴을 발생시킨다. 이 끌개는 스스로가 영향을 낳는 동시에 초기 조건의 미세한 변화에도 민감하게 반응한다. 반복이 몇 번이고 일어나 패턴화된 무질서가 전개된다. 망델브로는 이처럼 패턴화된 무질서를 프랙탈 이론으로 포착해냈다. 즉 어떤 비례를 단위로 삼아 단편적 현상을 관측해도 불규칙하지만 기묘하게 닮은 형태를 확인할 수 있는 것이다. 프랙탈 이론은 측량이 측량 단위와 밀접하게 관계하고 있음을 보여준다. 가령 잣대를 측량하는 기준에 따라 해안선 길이가 달라진다.

특히 복잡계 이론이 시스템을 분산구조(dissipative structure)로 분석하며 주장해왔듯이 분산구조는 열역학적으로 열려 있어 환경으로부터 많은 에너지를 흡수해 구조적 복잡계를 증대시킨다.[75] 그리고 동시에 체계는 높은 수준의 여열을 환경으로 분산시킨다. 일단 분산되기 시작하면 이 과정은 불가역적이다. 그렇지만 분산구조는 분기점에 이르면 이후의 경로를 예측할 수 없으며, 더 높은 질서와 복잡성을 지닌 새로운 구조가 나타난다. 이처럼 분산구조에서는 비선형성, 시간의 흐름, 체계와 환경의 연관성과 새로운 질서를 자기생산적으로 재출현시키는 능력을 확인할 수 있다.[76]

사회과학(또는 사회철학)은 이러한 성과를 이론과 연구의 자양분으로 받아들이는 데 매우 인색했다.[77] 예외적으로 조하르와 마셜은 '양자적 사회(quantum society)'라는 개념을 내놓았다.[78] 그들은 절대 시간, 절대 공간이라는 고정된 범주, 상호작용하지만 '당구공'처럼 딱딱해서 파고들 여지가 없는 사물, 고전물리학이 가정하고 있는 결정론적 운동법칙에 근거하는 확실성의 세계가 이미 붕괴되었다고 강조한다. 이를 대신해 "양자물리학의 기묘한 세계, 즉 공간과 시간, 물질의 경계에 개의치 않는 기괴한 법칙으로 구현되는 불확정적인 세계"가 출현하고 있다는 것이다.[79] 그들은 특히 파동·입자가 지닌 효과를 사회생활에 적용하여 분석한다. "양자적 실재는…… 잠재적으로 입자 및 파동과 닮아 있다. 입자는 단일체이며 공간적·시간적으로 자기 자리를 가지며 계측 가능하다. 그것은 여기 아니면 저기, 지금 아니면 나중에 존재한다. 파동은 장소를 지정할 수 없다. 공간과 시간을 넘어 펼쳐져 순식간에 모든 곳으로 작용한다. 파동은 동시에 모든 방향으로 퍼져 다른 파동과 겹쳐지고 하나가 되어 새로운 실재(새로 출현하는 전체)를 형성한다."[80] 이 책에서는 '새로 출현하는 전체'를 생산한다고 여겨지는 글로벌한 '파동' 가운데 몇 가지를 선택해 분석할 것이다.[81] 그러나 동시에 셀 수 없이 많은 '공간적·시간적으로 자기 자리를 갖고 계측 가능'한 개별적 입자, 즉 인간과 사회집단도 분명히 존재한다는 점도 밝혀두고자 한다.

켈리는 복잡성을 2장에서 언급한 네트워크의 메타포와 관련지어 분석한다. 그는 말한다. 지난 시절 물리학을 상징하는 것은 원자였지만 "다음 세기에 과학을 상징하는 것은 역동적 네트다."[82] 네트워크는 "복잡성이 지닌 혼돈스러운 힘에 수로를 낸다." 왜냐하면 네트워크가 "전체로서 작동하는 진정한 다양성"을 유지하는 유일한 조직구조이기 때문이다.[83] 이러한 자기생산적 시스템 개념은 WWW를 분석할 때 활용되기도 했다. 플랜트는 다음과 같이 말한다.

> WWW를 구성하는 중심 허브 내지 명령체계는 존재하지 않는다. ……이것은 특별한 하드웨어를 장착하지 않더라도 기존의 컴퓨터, 네트워크, 전환기. 전화선에 무임승차하여 연결되고 작동한다. 이것은 다중적이며 상향식이고 단편적이며 자기조직적인 네트워크로서 등장한 최초의 시스템이며…… 어떤 중앙 관리 없이도 출현한다.[84]

그렇다면 이쯤에서 복잡계의 특징을 정리해보자.

복잡계
- 무수한 요소들이 재현의 형식적 수단을 어그러뜨린다.
- 이러한 요소들은 시간이 흐르면서 물리적 · 정보적으로 상호작용한다.
- 그 상호작용은 풍부하며 비선형적이다. 상호작용의 기초인 정보는 상대적으로 국지적인 범위를 넘어서 있다.
- 복합계는 정과 부의 피드백 루프를 지닌다.
- 복합계는 분산됨으로써 환경과 상호작용한다.
- 복합계가 평형에서 멀리 벗어나 작용하는 까닭은 부분적으로 각각의 요소가 로컬한 정보원에만 반응하기 때문이다.
- 복합계의 역사는 시간을 통해 불가역적으로 진화하며, 여기서 그것들의 과거는 그것들의 미래로 뻗어간다.

대체로 사회과학은 시간을 다루는 자연과학의 잘못된 모델을 줄곧 사용해왔다. 그리하여 '과학'에서 얻을 수 있는 착상을 무시해 물리적 세계와 사회적 세계의 구분을 극복할 새로운 사회학을 구성해내지 못했다. 콩트는 사회학을 '사회물리학(social physics)'이라 정의한 바 있다. 진정 그렇다면 17세기 것이 아닌 21세기 사회물리학을 구현해야 할 것이다.

그렇다고 시간에 관한 자연과학의 모델을 그대로 사회과학에 도입하자는 말은 아니다. 지금 사회과학자들은 모델과 경험적 현상 사이의 복잡한 관계를 보다 면밀히 인식하고 있다. 여러 연구 영역이 발달시킨 현상 모델 사이에 유비관계를 그려내다보면 예기치 않은 '카오스적' 결과와 직면한다. 그러나 사회과학이 필연적으로 수반하는 메타포적 성격을 감안한다면 새로운 과학이 사회생활의 이동과 시간을 이해할 때 생산적 메타포, 즉 기계적 · 선형적 · 대칭적 시계 시간의 관념을 대체할 메타포를 낳을 수 있을지 고민해야 한다.

나는 두 가지 메타포를 검토하고자 한다. 하나는 천천히 움직이며 침전하는 '빙하의 시간'이라는 메타포다. 이것으로는 환경에 파묻혀 분산구조의 개념에 대응하는 시간관념을 성찰할 수 있을 것이다. '빙하의 시간'이라는 메타포는 6장에서 집중적으로 다루기로 하겠다. 또다른 하나는 '순간적 시간'이라는 메타포다. 이 메타포는 예측할 수 없는 변화와 양자적 동시성을 특징으로 하는 시간을 살펴볼 때 유용할 것이다. 그럼 지금부터 '순간적 시간'의 메타포를 살펴보자.

순간적 시간

지금까지 살펴보았듯이 양자역학은 순간적(그리고 동시적) 시간관념을 활용하고 있다. 이것은 시간의 사회과학에 어떤 생산적 메타포를 제공할 수 있을까? 전근대사회에서는 여러 동물의 메타포와 다양한 농사일의 메타포가 지배적이었다(오늘날에도 여전히 영향력을 잃지 않았다). 근대사회에서는 시계, 다양한 종류의 기계장치, 사진용 렌즈의 메타포가 곧잘 사용되었다. 그러나 탈근대사회에서는 홀로그램이 생산적 메타포가 될 것이다.

홀로그래피는 비연속성과 개체-전체의 관계, 복잡성에 근거하고 있다. 홀로그램은 부분이 달라진다고 해도 정보가 달라지지 않는다. 어느 부분이든 전체의 정보를 함유하고 암시하며 공명하고 있다. 이에 대해 봄은 "숨겨진 질서(implicate order)"라고 불렀다.[85] 홀로그램은 '전체를 쓴다'는 뜻이다. 예컨대 "여기서는 연속적으로 시간과 공간을 횡단하여 운동하는 개개의 입자가 아니라 동시에 모이는 모든 정보가 핵심에 놓인다."[86] 연결이 동시적이고 순간적으로 발생한다면 '원인과 결과'라는 개념은 더 이상 적절하지 않다. 모든 것은 다른 모든 것을 뜻한다. 따라서 상호의존적이더라도 시스템에서 유리된 '부분'을 주목하는 것은 의미가 없다. 이 대목은 최근 새롭게 주목받고 있는 라이프니츠의 관점과 유사하다. 왜냐하면 라이프니츠의 모나드론적 형이상학에서는 각각의 모나드가 자신의 관점으로 전체를 비추기 때문이다.[87]

홀로그램이라는 메타포는 '근대' 인식론과 미학에서 힘을 발휘해온 사진용 렌즈라는 메타포와 대조를 이룬다. 대상의 각각의 점과 감광

판이나 필름에 찍히는 이미지의 각각의 점 사이에는 렌즈를 통한 일 대일 관계가 형성된다. 렌즈라는 메타포는 연속성, 부분과 전체의 구 분, 시계 시간에 근거해 이미지가 만들어지는 과정을 의미한다. 그러 나 렌즈라는 메타포는 이제 그다지 유용하지 않다.

나는 시간, 공간, 기술의 관계에서 엿보이는 최근의 변화를 주목하 고 싶다. 바로 그 변화가 순간적 시간의 이론적·실질적 토대가 되고 있기 때문이다. 하비는 시대에 따라 자본주의가 서로 다른 '공간적 조 정'을 거쳐왔음을 논증한다.[88] 각각의 자본주의 국면에서는 생산력 을 확대하고 노동력을 재생산하며 이윤을 극대화하기 위해 공간이 재편되었다. 시간-공간의 재편을 통해 자본주의는 위기를 극복하고 새로운 자본 축적의 토대를 마련하며 시간을 통해 공간과 자연을 변 형한다.

하비는 "시간에 의한 공간의 소멸"이라는 마르크스의 명제에 근거 해 '포디즘'에서 보다 유연한 축적체계인 '포스트포디즘'으로의 복잡 한 이행과정을 설명한다. 포스트포디즘에는 새로운 공간적 조정과 새 로운 시간-공간적 표상이 뒤따른다. 그리하여 인간적·물리적 경험 과 과정에서 '시간-공간의 압축'이 발생한다.

신체가 이동하는 양상을 보면 쉽게 알 수 있다. 18세기에는 미국의 서해안에서 동해안까지 걸어서 여행하려면 2년이 소요되었다. 19세 기의 역마차는 4개월, 20세기 초의 철도는 4일이 걸렸다. 이제 비행 기로는 4시간이면 충분하다.[89] 앞서 언급한 것처럼 하비는 철도가 등 장하여 시골을 바꾸어놓았을 때 어떤 예감을 불러왔는지 보여준다. 조지 엘리엇, 디킨스, 하이네, 보들레르, 플로베르 등 여러 작가는 시 간과 공간이 이제 따로 논다고 느꼈으며, 급격한 이동으로 '감정구조'가 변질된다고 소설에 묘사했다.[90] 하비는 결과적으로 시간과 공간이 문자 그대로 압축되었다고 말한다.

> 우리 자신이 세계를 표상하는 방식을…… 바꾸지 않을 수 없었다. …… 공간은 정보통신의 '지구촌', 경제적으로 아울러 생태학적으로도 상호의존하는 '우주선 지구호'로 줄어들었다. …… 오로지 현재만이 존재한다는 지점까지 시간의 지평이 수축되었다. 우리의 공간적·시간적 세계들이 '압축'되고 있다는 압도적인 감각에 우리는 어떻게 대처해야 할지를 배워야 하게 생겼다.[91]

생산 현장의 회전 속도는 빨라지고 유행은 눈 깜짝할 새 바뀐다. 한 제품이 출시되면 모든 곳, 적어도 '서양'에서는 즉시 같은 제품을 사용하게 되고, 제품과 장소, 사람이 같은 시간에 급작스럽게 유행 속으로 빨려들어간다. 의사결정 시간은 극적으로 줄어들어 현재 국제금융시장은 분 단위로 움직인다. 금융과 그 밖의 거래 속도는 무한히 빨라지고 있다.[92] 단기성과주의가 만연하고 '기다림의 문화'는 쇠락하며 상품, 관계, 계약은 보다 일시적이 되었다. 빠른 속도로 바뀌는 미디어 영상이 생산되고 전파되며, 다른 시간과 장소로부터 건물과 자연경관을 가져오는 기술도 점차 빈번히 활용된다. 정보와 통신기술은 나노초의 속도로 순식간에 공간을 뛰어넘는다. 흥미롭게도 하이데거는 1950년 시점에 이미 사회생활의 가속화를 대부분 예견했다. 그는 시간과 공간의 거리가 '수축'되고, 라디오 '속보'가 중요해지며, 텔레비전이 멀리 떨어진 사람들을 한데 모으고, 결국 사람과 사물의 '거리상실'이 발생하리라고 내다보았다.[93]

하지만 자본을 축적하기 위한 새로운 환경을 실현하고자 시간과 공간을 압축시키더라도 장소가 반드시 중요성을 잃는 것은 아니다. 물론 자본의 '창조적 파괴'가 장소를 탈색시킬 수 있다. 그러나 대체로 사람들은 세계의 각 장소가 지니고 의미하는 것에 관해 더욱 민감해지는 듯하다. 다음의 인용구가 전하듯이 뿌리를 찾으려는 강렬한 충동을 확인할 수 있다.

이미지의 폭우가 몰아치는 세계에서 장소는 점차 근거를 잃는다. 우리는 누구인가? 우리는 어느 공간·장소에 속하는가? 나는 세계 시민인가, 국민인가, 현지인인가? 그도 아니라면 사이버 공간의 가상 존재인가?[94]

즉 시간적·공간적 장벽이 무너지면서 장소의 차이에 관한 유동 자본, 이민, 관광객, 망명 희망자의 민감도가 증가하는 동시에, 2장에서 다루었듯이 대부분의 흐름을 유입시켜 장소를 차이화하려는 유인도 높아진다.[95]

카스텔은 네트워크 사회에서 정보와 시간의 긴밀한 관련성을 보다 상세히 설명한다.[96] 1970년대 이후 미국에서 발달한 '정보사회'의 핵심적 특징으로 다음의 사실을 꼽을 수 있다. 즉 사실상 인간의 모든 실천이 정보를 요구하자 새로운 기술이 침투한다. 그 기본 요소는 전자화된 정보신호다. 복잡하고 순간적이며 예측할 수 없는 정보 발전의 패턴이 엿보인다. 완만하게 조직되고 유연하게 변화하는 네트워크를 따라 새로운 기술이 등장한다. 다양한 기술(특히 전에는 분리되어 있던 생물공학과 마이크로 전자공학)이 점진적으로 통합되어 정보 시스템으로 수렴되며, 이러한 정보 시스템을 통해 실시간으로 조직이 '지구

규모'로 움직인다. 이와 같은 순간적인 전자적 충동이 흐름의 공간을 물질적으로 떠받치고 있다.[97] 전자 정보는 '시간 없는 시간'을 낳는다. 자본이 시간에서 해방되고 문화가 시계에서 벗어나는 일은 모두 새로운 정보 시스템이 좌우한다.

예컨대 현대기술과 사회적 영위는 인간의 의식적 경험을 넘어선 시간의 틀을 토대로 삼는다. 전신, 전화, 팩스가 인간의 반응 시간을 수개월, 수주, 수일로부터 몇 초 단위로 줄였다면, 컴퓨터는 나노초의 단위로, 10억 분의 1초 단위로 사건의 시간을 압축시켜놓았다.[98] 지금껏 시간이 인간의식의 영역을 넘어서는 속도를 지닌 적은 없었다. 이제 컴퓨터는 나노초 단위로 결정을 이끌어낸다. 결국

컴퓨터가 처리하는 안건은 우리가 결코 경험할 수 없는 시간 영역에 속해 있다. 새로운 '컴퓨타임(computime)'은 시간의 궁극적 추상화를 뜻하며, 시간이 인간의 경험과 자연의 리듬에서 완전히 벗어났음을 시사한다.[99]

순간적 시간은 네그로폰테가 말한 '원자에서 비트로의 이동'으로부터 출현한다. 즉 정보를 기초로 한 디지털 시대에는 "빛의 속도로 전 세계를 돌아다니는 무게 없는 비트"가 핵심이다.[100] 정보는 순간적이며 동시적으로 어디서나(물론 모든 장소는 아니겠지만) 손에 넣을 수 있다.

따라서 '순간적 시간'이라는 개념은 다음의 것들을 가리킨다. 첫째, 인간의식을 아득히 초월하며 상상할 수도 없는 찰나에 기반하는 정보와 통신의 신기술. 둘째, 다른 순간에 발생하는 원인과 결과를 시간적

으로 분리하는 시계 시간의 선형적 논리를 대신해 사회적·기술적 관계의 동시성이 등장한다는 사실. 셋째, 문자 그대로 순간적이거나 동시적이지는 않지만, 매우 단기적이며 단편적인 시간이 지니는 폭넓은 의미를 드러내려면 적절한 메타포가 요청된다는 상황.

특히 나는 마지막 대목, 즉 메타포로서의 순간성에 관심을 갖는다. 먼저 콜라주 효과가 있다. 즉 사건이 장소보다 중요해지면 미디어는 '보도가치'가 있을 뿐 아무 맥락도 없는 화제와 기사를 늘어놓는다.[101] 여러 장소와 환경에서 모은 화제들을 어수선하고 멋대로 늘어놓아 사건은 구체적 맥락에서 유리된다. 뉴스를 보고 있으면 병렬되는 이야기를 그 자리에서 얻을 수 있다. 뉴스는 시간적·공간적으로 혼란스러운 콜라주인 것이다.

둘째, 미디어를 접하노라면 "멀리 떨어진 곳에서 일어나는 사건이 나날의 의식으로 침투"해온다.[102] 기아, 가뭄, 학살, 핵사고 등 비극적 색채를 띤 사건들이 매일의 경험 속으로 드라마틱하게 파고든다. 관련 없는 정보의 콜라주가 일상생활로 침투하고 일상생활을 형성한다. 그리하여 시간-공간을 압축시킨다. '글로벌한 현재'가 생산되며, 그곳에서는 거의 순식간에 사람들이 하나의 비극으로부터 다른 비극으로 의식하지도 못한 채 '옮겨 다닌다.' 이를 '순간적 편재(instantaneous ubiquity)'의 세계라고도 할 수 있을 것이다.[103] 세계는 위험으로 가득 찬 것처럼 보인다. 하지만 기사거리가 될 만한 비극은 나날이 쏟아지고 있어 그 비극이 어떻게 종결되었는지 알 겨를이 없다. 이러한 시간-공간의 압축으로 말미암아 우리 감각은 강력하고도 순간적인 위험을 안고 이 세계를 살아간다는 식으로 과장된다.

한편, 의사결정 책임을 진 사람들은 이처럼 기묘하게 위험으로 가득 찬 세계에 즉시 대응하지 않으면 안 된다. 주식시장의 대폭락처럼 한 가지 사건이 다른 지역에 터무니없이 큰 영향을 미친다.[104] 즉각적 대응의 기원은 20세기 초로 거슬러 올라간다. 컨의 보고에 따르면 그 당시 등장한 기술로 말미암아 '신사적인' 심사숙고, 협의, 조정에 들이는 관습적 시간을 기초로 한 기성의 외교술은 황폐해지고 말았다.[105]

이른바 '3분 문화(three-minute culture)'의 발전도 검토해야 한다. 텔레비전과 비디오를 보는 사람들은 긴 프로그램 하나를 꾸준히 시청하지 않는다. 수시로 채널을 바꾼다. 오히려 지금은 각종 프로그램이 시청자의 패턴에 맞추어 제작된다. 바로 시청각 이미지의 콜라주, 즉 '사운드 비트(sound bit)'의 물결이 프로그램을 구성한다. 각각의 이미지는 잠시 지속될 뿐 앞뒤 이미지 사이에는 개연성이 없다. 캐넌의 분석에 따르면 상관없는 이미지를 30초짜리 광고에 22개나 집어넣을 수 있다.[106] 이처럼 순간적인 관념을 '비디오 시간(video—time)'이라고 바꾸어 부를 수도 있다. 비디오 시간에서는 자연계의 시각·청각 이미지가 '문화'의 다양한 이미지와 함께 병렬된다. 윌리엄스의 개념을 빌린다면 '텔레비전의 흐름(televisual flow)'이 구체적인 개별 사건의 흐름을 대체한다.[107] 그리고 3장에서 순간적 시간이 새로운 지각 능력을 낳는다고 밝힌 바 있다. 앞으로는 선형적 시간 개념에 근거한 능력보다 시간의 동시성에 근거한 '멀티미디어' 능력이 더욱 중시될지도 모른다.

또한 점차 즉각적 대응이 요구되면서, 특히 전신, 전화, 팩스, 전자 통신 등이 구현하는 속도로 말미암아 미래는 확장된 현재 속으로 융해되어간다. 이미 사람들은 미래에 기대를 걸지 않는다. 한 질적 연구조사에 따르면 영국인의 거의 모든 집단이 미래를 비관하고 있다. 아울러 새로운 생활 양식이 보급되고 생활 속도가 빨라지면서 스트레스와 압력을 더 많이 느끼고 단기성과주의의 경향이 짙어지고 있다.[108]

비릴리오에 따르면 사회생활에서 속도 감각이 가중되며, 이 감각은 시간과 공간의 분명한 거리를 대체한다. 군대, 미디어, 도시가 행사하는 '속도의 폭력'은 장소를 넘어 파괴한다.[109] 그는 수사적으로 묻는다. "우리가 지구 반대편으로 갔다가 곧바로 돌아온다면 우리는 어떻게 되는 걸까?"[110] 더구나 캐넌이 진행한 소규모 조사에 따르면 젊은이에게 미래는 그다지 멀지 않으며 점차 가까워지고 있다.[111] 젊은 세대는 미래에 대한 장기적 계획이나 꿈을 갖지 않는 것처럼 보인다. 그들은 이렇게 생각한다. "대부분의 조직은…… 젊은 세대에게 뚜렷한 미래를 제공하는 데 완전히 무력하다. …… 베어링스(Barings)●는 젊은이들에게 삶을 저당잡히는 것이 위험한 계획임을 일깨워준, 긴 목록에 들어갈 하나의 이름에 불과하다."[112] 캐넌은 말한다. 젊은 세대는 '실시간'을 살아가며 하루하루를 먹고 자고 일하고 쉬고 즐기는 24시간으로 받아들인다. 다시 말해 시간 할당이 일상에 기입된 것이다. 비아치니는 이러한 사회생활의 패턴을 보다 제대로 반영하는 도시의 시간표를 만들려는 시도를 묘사한다.[113] 도시의 주말 밤이면 달아오르는 레이브 문화(rave culture)는 전통적인 밤과 낮의 구분을 흩뜨려놓고 있다.[114]

마지막으로 순간적 시간은 개인들의 시간-공간 통로가 탈동조화됨

● 여왕 폐하의 은행이라고도 불리며 200년의 역사를 자랑했지만, 딜러의 거래 실수가 발단이 되어 1995년에 도산했다.

을 의미한다. 사람들마다 점차 시간이 달라진다. 24시간 내내 지속되지 않더라도 자기만의 시간을 꽤 오랫동안 향유한다. 대량소비의 패턴이 보다 다양하고 분절된 패턴으로 바뀌어가고 있으며, 인간 활동을 집합적으로 조직하는 힘이 약화되고 있다. 시간-공간의 탈동조화를 보여주는 사례는 헤아릴 수 없이 많다. 정해진 시간에 한 장소에서 가족이나 동료와 식사하지 않고 패스트푸드로 해결한다든가,[115] 일정표대로 함께 움직여야 하는 단체 여행을 꺼리는 '자유롭고 독립적인 여행자'가 증가하고, 자유 근무 시간제가 확대됨으로써 피고용자가 같은 시간에 일을 시작해 마치는 경우가 줄어든다. 비디오가 보급되어 텔레비전 프로그램을 녹화, 재생, 소거할 수 있게 되자 가족 모두가 방송 시간표에 따라 특정 프로그램을 함께 보는 풍경이 사라진다.

이제 순간적 시간이 초래하는 사회 변화를 정리해보자.

순간적 시간

- 정보와 아이디어를 순식간에 전송하고 전 세계에서 동시에 접근할 수 있게 되면서 정보와 소통의 측면에서 혁신이 일어난다.
- 기술과 조직적 변화로 인해 낮과 밤, 주중과 주말, 가정과 직장, 여가와 일이라는 구분이 융해된다.
- '일회용 사회(throwaway society)'에서 제품, 장소, 이미지를 한 번 쓰고 버리는 일이 늘어난다.
- 유행, 제품, 노동과정, 관념, 이미지가 점차 즉흥적으로 발생하고 수명이 짧아진다.
- 제품, 노동, 경력, 성질, 가치, 인간관계가 점차 일시적이 되어간다.

- 신제품, 신기술, 대량 폐기물이 종종 국경을 넘어 확산된다.
- 단기계약노동, 이른바 적시생산(just-in-time) 노동력이 증가하고, 노동자들은 작업의 '포트폴리오'를 만들어내는 데 열중한다.
- 거래 시간이 24시간으로 늘어난다. 투자가와 딜러는 지체 없이 전 지구를 휘저으며 유가증권과 외환을 사고팔 수 있다.
- 여가, 교육, 훈련, 작업이 '모듈화'된다.
- 다른 사회에서 입수할 수 있는 제품이 크게 늘어난다. 현지에 가지 않아도 사람들은 그곳의 생활 양식과 풍습을 대부분 소비할 수 있다.
- 이혼이 늘어나고 가족이 붕괴된다.
- 가족을 믿고 사랑하고 책임진다는 감각이 줄어든다.
- 세계 전역에 걸친 '삶의 속도'가 지나치게 빨라져 사람들은 자신의 경험에서 어긋나 있다는 느낌을 받는다.
- 정치적 선호가 즉흥적으로 바뀐다.

순간적 시간은 국민국가의 권력을 침식하고 있다. 순간적 시간은 과거 '동유럽'이라고 불렸던 곳에서도 큰 의미를 지녔다. 점차 속도를 더해가는 시간에 대처할 능력을 갖추지 못했기에 동구권 국가들에서는 동시다발적으로 변혁이 발생한 것이다. 그 나라들은 근대주의적 시계 시간으로부터 벗어난 유행, 이미지, 컴퓨터의 순간성과 그에 따른 공간의 변화를 따라잡지 못했다. 동유럽 사회는 시대착오, 즉 시계 시간을 중심으로 한 강제된 근대화에 얽매여 있었다(레닌은 과학적 관리에 커다란 매력을 느꼈다).

그러나 사방에서 시간이 모습을 바꾸며 점차 국경을 넘나들었다.

그 결과 근대주의적 시계 시간에 근거한 육지의 고도는 종래 방식을 고수할 수 없게 되었다. 보네먼은 서양의 '가속화'에 비교하건대 동독의 시간이 '석화'되어 있었다고 꼬집는다.[116] 가속화를 자극하는 힘이 없어 "주위의 모든 것은 움직임을 멈추고 석화되고 반복될" 뿐 시간은 정지해 있는 것과 마찬가지였다.[117] 즉흥적이고 과시적인 소비로 사회적 지위를 획득할 기회가 동구권 사람들에게는 없었던 것이다(2장 참조).

독일의 통일과정은 동독이 근본적으로 시간의 흐름에 뒤처져 있었음을 증명한다. 서독을 상징하는 두 가지는 해외 여행과 속도 제한이 없는 아우토반이었다. 동독이 시계 시간에 매여 있던 시기에 서독은 매우 유동적인 '나노초의 (1980년대와) 1990년대'로 이행해 킨이 '정보의 폭풍(information blizzard)'이라고 부르는 상태를 맞이했던 것이다.[118]

맺음말

다음 장에서는 '서양'에서 순간적 시간이 귀속과 여행의 형식을 어떻게 바꾸어놓았는지에 대해 검토할 것이다. 그러한 귀속과 여행은 시계 시간에 근거하기도 하지만, 여러 글로벌한 네트워크와 흐름이 지니는 순간적 시간에 기대기도 한다. 아울러 시계와 나노초에 맞서 내가 '빙하의 시간'이라고 부르는 것에 뿌리를 내리는 거주의 형식도 확인할 것이다.

7장에서는 국가의 조정과 규제에서, 나아가 새로운 세계질서의 시민권에서 순간적 시간이 어떤 의미를 갖는지 살펴볼 것이다. 그리고

8장에서는 복잡성의 개념이 지니는 의미를 검토할 것이다. 그때 나는 예측 불가능한, 그러나 패턴화된 '글로벌 시스템'을 이해할 때 복잡계라는 메타포가 유용하다는 점을 밝힐 것이다.

6장

거주

우리는 동시성의 시대, 즉 원근이 혼재하고 병존하며 분산하는 시대를 살아가고 있다.

- Michel Foucault 1986: 22.

거주와 커뮤니티

나는 이 책에서 '거주'라는 말을 종종 사용했다. 이 개념은 '거주하는 것(dwelling)'과 '짓는 것(building)'에 관한 하이데거의 주장에서 중요한 의미를 지닌다.[1] 하이데거에 따르면 일찍이 '짓는 것'과 '거주하는 것'은 같은 뜻이었다. 짓는다(bauen) 함은 돌보고 지키고 경작하여 식물을 기른다는 의미다. 결국 짓는다는 것은 일상적인 일이다. 그러나 짓는 것과 거주하는 것이 지니는 본래 의미는 근대기술의 세계에서 잊혀졌다. 이미 뿌리를 잃어버린 근대인은 본래의 의미대로 대지에서 살아갈 수 없는 것이다.[2] 하이데거는 짓는 것과 거주하는 것을 다시 결합하고자 했다. 여기서 짓는 것의 본질은 추상적 기술이 아니라 짓는 것으로서 거주하는 것을 가능하게 하고 촉진하는 데 있다. 하이데거의 용어로는 '거주함'이다.[3]

하이데거에게 거주함(wohnen)은 어느 장소에 있는 것, 머무르는 것, 평온하게 지내는 것, 편안해지는 것, 느긋하게 쉬는 것을 의미한다. 거주란 인간이 대지에서 생활하는 양식이다. 하이데거는 거주 장소를 철도역과 다리라는 다른 종류의 건축 형태와 구별한다. 그러한 공공건물에 사람들이 있다고 해서 그들이 거기서 거주하는 것은 아니다. 거주란 늘 사물 속에 머문다는 의미다. 따라서 하이데거는 맞은편에 서 있는 것처럼 인간과 공간을 분리하는 발상에 반대한다. 오히려 인간에 관해 말한다 함은 공간을 통해 이미 거주함을 말하는 것이다. "죽음에 관해 말한다 함은 그들이 사물과 장소 사이에 머물며 공간을 통해 존속함을 말하는 것이다. 그 본질에서 그것은 공간을 지나갈 수 있기에 죽음은 퍼지고 지속된다."[4] 그러나 사람들은 어디까지나 '원근의 장소와 사물'로 구축된 관계를 통해 공간을 유지하는 형태로만 공간을 지나갈 수 있다.[5] 누군가가 방문을 열러 갈 때 그 사람은 이미 그 방의 일부다. 그는 따로 떨어져 '봉해진 몸'이 아니다. 이미 들어가려는 방의 공간으로 스며들고 있다. 거주 형식을 빌려서야 그 문을 통과할 수 있는 것이다.

집을 포함한 여러 장소에서 사람들이 어떻게 거주하는지를 다룬 하이데거의 분석은 오늘날 사물에 중심 역할을 두는 행위자-연결망 이론(actor—network theory)과 비슷한 면이 있다(비록 하이데거는 인간의 현존재라는 독자적 성격을 거듭 강조했지만). 예를 들어 하이데거는 주전자조차도 인간의 목적을 위한 도구가 아니라 세계를 함께 구성한다고 말한다. 치머만은 간명하게 풀이한다. "인간 존재와 사물이 함께 참여하는 공통의 춤과 연극 속에서 세계는 자신을 유지할 수 있다."[6]

또한 하이데거는 말한다. 다리를 놓으면 다리가 원래 그곳에 있던 강기슭을 잇는 것이 아니다. 지금 다리가 강을 가로지르고 있어 비로소 강기슭이 모습을 드러내는 것이다. 다리가 있기 때문에 강기슭이 이어지고 양안의 토지가 나란히 놓인다. 다리에 의해 "강줄기, 강기슭, 땅이 서로 이웃한다. 다리는 강줄기를 둘러싼 경관으로서 대지를 결합시킨다."[7] 게다가 다리는 그곳에서 사람들이 거주하는 방식도 재조직한다. 다리가 놓이면 새로운 사회적 패턴이 생기고 장소가 형성되어 한 마을 안에서 다른 부분들이 연결되고, 도시와 시골이 연결되며, 마을과 마을이 "최대의 이익을 끌어내도록 장거리 수송망으로 연결된다."[8] 또한 다리로 인해 그곳을 건너다니는 느긋한 움직임, 즉 다리를 넘어 왕래하거나 한쪽 기슭에서 다른 쪽 기슭으로 이동하면서도 한가롭게 거니는 길이 생겨난다. 한편, 하이데거는 트럭 운전사가 고

속도로를 집처럼 여긴다고 하여 거기서 거주하는 것은 아니라고 말한다. 트럭 운전사가 거주하는 곳은 집이다.

그러나 하이데거가 제시한 사례는 제한적이다. 오늘날의 거주 형식에 관해서는 구체적으로 살펴보아야 한다. 하이데거가 말한 다리와 트럭 운전사의 사례가 그렇듯 현대의 거주 형식은 항상 다양한 이동을 수반한다. 그것을 검토하려면 그 이동을 구성하는 요소, 곧 지도, 자동차, 열차, 길, 컴퓨터 등이 어떻게 귀속과 여행의 관계를 강력하게 재구축하는지에 대해 분석해야 한다. 하이데거와 달리 나는 여기서 진정하지 않은 사회생활의 양식을 밝히거나 특정한 대지 및 세계에 뿌리를 두어야만 진정한 거주라고 주장할 생각은 없다.

나는 하이데거가 제시한 다리에 관한 논의를 발전시켜 사람들이 어떻게 집에 머무르고, 또 집을 떠나며 거주하는지, 어떻게 뿌리(root)와 경로(route)의 변증법을 통해 또는 클리퍼드가 '여행 속의 거주(dwelling-in-travel)'라고 부른 것을 통해 거주하는지 밝히고자 한다.[9] 오늘날의 사회과정에는 나라의 경계 안으로 온전하게 지도화될 수 없는 새로운 거주 양식이 뒤따른다. 여러 사회적 유대는 지금까지보다 우연적·유동적이다.

사회학에서 거주라는 관념은 '커뮤니티'라는 말로 개념화되어 농촌이나 도시 어느 '마을'에서나 찾아볼 수 있는 전형적인 생활 형식을 기술하는 용어로 받아들여왔다.[10] 그리고 이러한 연구들은 농촌 커뮤니티를 노스탤지어적으로 개념화해 농촌지역에서 생활하는 사람 또는 생활하기를 바라는 사람이 지닌 이데올로기적 관념을 재생산했다.[11]

그리하여 벨과 뉴비는 지금까지와는 다른 분석 틀을 만들어내고자 커뮤니티가 지닌 의미를 세 가지로 나누어 접근했다.[12] 첫째, 지형학적 의미로서의 커뮤니티다. 이것은 지리적 근접성에 기댄 정착을 가리킨다. 이 개념은 공현존(co-presence)의 정착에서 보이는 사회관계의 질을 묻기 위한 것이 아니다. 둘째, 사회집단과 로컬한 제도의 상호관계로 로컬화되고 상대적으로 묶여진 로컬한 사회 시스템으로서의 커뮤니티다. 셋째, 정감 즉 성원 간의 인격에 근거한 끈끈한 유대, 귀속의식, 따뜻함을 특징으로 하는 인간끼리의 인연이다. 흔히 '커뮤니티'라고 하면 마지막 것을 띠올리기 십상이다. 하지만 벨과 뉴비의 주장에 따르면 교감은 특정한 거주 형태를 취한다고 해서 반드시 생겨나는 것이 아니며, 가까이 살지 않아도 서로 연관된 사람들 사이에는 발생하기도 한다. 또한 로컬에서만 지리적 근접성이 가능한 것도 아니며, 로컬성이 반드시 교감으로 이어지지도 않는다('가상 커뮤니티'의 문제는 3장에서 논한 바 있다).

이렇듯 각기 다른 거주 형태로부터 상이한 '커뮤니티'를 생각해볼 수 있다. 따라서 거주의 개념을 분석하려면 하이데거의 논의보다 한층 복잡한 작업이 요구된다. 그러나 기존의 사회학이 활용하는 세 가지 개념은 한계를 지닌다. 첫째, 이러한 개념은 '커뮤니티' 속에서, 특히 '커뮤니티'를 횡단하여 움직이는 신체성을 간과한다. 시간과 공간을 넘어 타인과 사물이 감각된다는 점에 관해서도 무방비다. 4장에서 살펴보았듯이 감각들이 결합되고 다양한 감각 스케이프가 구축되어 다양한 '장소'가 생성된다면, 이 점을 무시해서는 안 된다.

둘째, 기존의 사회학은 지나치게 사람 사이의 상호작용에만 초점을 맞추어 커뮤니티를 개념화했다. 헤서링턴이 '장소의 물질성'이라고 부르는 사물의 역할을 간과했던 것이다.[13] 뒤에서는 특정한 거주의 장소로서 나무와 교회가 어떻게 하나의 마을을 이루는지 살펴볼 것이다. 또한 이 장에서는 다양한 '상상의 공동체'와의 관계에서 사물이, 국가라는 상상의 공동체에서 활자와 회화가, 글로벌 커뮤니티라는 상상의 공동체에서 스크린이 수행하는 기능을 밝힐 것이다. 이 사례들에서 상상의 공동체는 사물을 매개해 먼 거리를 극복하며 어떤 가상의 거주지를 만든다. 대체로 사회학은 인간과 사회집단 사이의 상호작용에만 몰두해왔다. 이 책에서는 규칙적 토대 위에서 상호작용하는 사람과 사회집단뿐 아니라 어떤 만남과 귀속이 지속된다고 감각하는 사람과 사회집단도 분석할 생각이다. 우리는 존재 또는 부재뿐 아니라 '상상된 현존'도 다루어야 하며, 상상된 현존이 다양한 사물을 통해 여러 양상의 거주를 횡단해 전해지고 있음을 연구해야 한다.[14]

셋째, 커뮤니티는 권력의 성격을 띠는 담론과 메타포의 문제기도 하다. 게마인샤프트의 성격을 띤 이념은 특정한 사회적 그룹을 끌어모으는 데 큰 힘을 발휘한다. 특히 최근의 서양사회에서는 커뮤니티(community)와 교감(communion)이 전반적으로 사라졌다고 회자된다. 한편, 커뮤니티라는 관념이 퍼져 있는 장소에서는 종종 내부 사회관계의 불평등과 외부인에 대한 적의를 엿볼 수 있다. 즉 커뮤니티를 말하는 것은 메타포적으로 말하는 것이며, 이데올로기로서 말하는 것이다. 또한 커뮤니티라는 메타포는 필연적으로 따뜻한 '얼굴 대 얼굴'의 관계를 떠올리게 만드는데, 컴퓨터를 매개로 한 소통을 염두에 둔다면 논쟁적인 개념이라고 할 수 있다.

이제 근접성, 로컬성, 교감이라는 구분으로 되돌아가 여러 이동, 감각, 시간, 사물, 담론을 분석해보자. 헤서링턴은 유비적으로 배의 메타포를 활용한다. 그는 장소가 배라고 상상할 것을 제안한다.[15] 배는 한 장소에 머무르지 않으며, 인간과 인간이 아닌 것인 행위자의 네트워크를 떠돌아다닌다. 다시 말해 장소란 관계성, 즉 사물의 위치 설정과 사물이 수행하는 차이의 체계다. 장소는 주체와 그들의 고유한 인간적 의미와 상호작용에 따라 결정된다고 여기기보다 일련의 사물과의 관계에서 파악해야 한다.

같은 맥락에서 브뤼헐의 그림 〈수확하는 농부(The Harvester)〉에 관한 잉골드의 하이데거적 분석을 참조해보자.[16] "풍경이란 그곳에서 살아오고 자신의 자취를 남겨온 앞 세대의 생활과 노동에 관한 불후의 기록과 증거로서 지속된다."[17] 풍경은 자연도 문화도 아니며 정신이나 물질적 소재도 아니다. 풍경이란 그곳에서 살아왔던 사람, 그곳에서 살기 시작한 사람, 그곳에서 살아갈 사람, 그곳에서 무언가를 실천하는 사람, 여러 경로를 통해 그곳으로 여행을 온 사람에게 알려진 세계다.

그리고 풍경은 기억과 시간성을 지닌 장소다. 잉골드가 주장하는 것처럼 현재의 사건은 과거를 머금고 미래를 향해 던져진다(A계열의 시간, 5장 참조). 이러한 과거, 현재, 미래의 상호침투는 어떤 환경의 작용, 다시 말해 '작업 스케이프(taskscape)'를 둘러싸고 순환한다. 이러한 작업 스케이프가 풍경의 사회적 성격을 빚어낸다. 그리고 사람들이 실제로 그 환경을 통해 나날의 생업에 종사하고 활동을 벌여나가는 한, 작업 스케이프는 사라지지 않는다.

또한 잉골드는 풍경은 오감으로 느끼는 것이라고 주장한다. 우리의 신체적 경험은 풍경으로 스며든다. 브뤼헐의 그림을 볼 때 우리는 눈을 위아래로 움직이는데, 그렇게 함으로써 그림 속의 골짜기를 '느끼고' 그 강력한 존재감을 체감한다. 풍경의 윤곽은 마치 "길은 자신의 근육 또는 반(反)근육을 갖고 있다"며 바슐라르가 우리의 "근육의식 (muscular consciousness)"이라고 명명한 것 속으로 스며든다.[18]

〈수확하는 농부〉에 그려진 길이 당시 이동의 중심이었음을 상기해 보자. 사람들이 매일매일의 생활을 영위하는 동안 길에는 무수한 이들의 자취가 퇴적된다. 그래서 길의 네트워크는 수세대에 걸친 커뮤니티 전체 활동의 퇴적, 즉 가시화된 작업 스케이프를 보여준다.[19] 그리하여 커뮤니티가 특정한 길의 네트워크를 왜 그토록 자주 욕망하고 그곳으로 나서는지를 알 수 있다.[20] 사람들은 그 길을 걸어가는 자신을 보며 그곳에서 살았던 옛사람들을 떠올린다. 따라서 길의 방향을 바꾸거나 길을 없애는 일은 퇴적된 작업 스케이프와 커뮤니티, 그 집합적 기억과 거주 형태를 파괴하는 행위로 여겨진다. 새로 낸 길은 나무와 주민, 옛길을 집어삼킨다. 새 길은 순식간에 현존하는 작업 스케이프를 파괴하며(길이 서서히 바뀌는 경우와는 반대로) 경관을 바꾼다. 일단 그러한 일이 발생하면 돌이킬 수 없다. 새 길은 풍경 속으로 들어올 새로운 이동수단에 길을 내준다. 새 길을 누빌 자동차는 '근육의식'을 신경 쓰지 않는다. 이동은 순식간에 발생한다.

장소 가운데서도 나무는 종종 중요한 의미를 지닌다. 잉골드는 〈수확하는 농부〉에서 늙은 배나무가 장소를 '만들어낸다'고 말한다. "장소는 나무가 있기 전부터 있던 것이 아니라 나무와 함께 등장한다. …… 달리 말해 나무가 사람들의 삶과 밀접히 관계하듯이 사람들은 나무의 삶과 밀접히 관계한다."[21] 그림을 보면 나무에서 그다지 떨어지지 않은 곳에 교회가 세워져 있다. 교회도 시간의 흐름을 새기는 기념비다.[22] 나무처럼 교회는 풍경을 만들어내고 주위 경관, 특히 풍경을 통해 드러나고 떠받쳐지는 작업 스케이프를 통합하며 장소를 구성하는 데 한몫한다. 이처럼 나무와 교회는 여러 면에서 닮아 있다. "그 둘의 모습은 역사과정의 체현이며, 인간이 세계 속에서 살아간다는 맥락에서 비롯된다."[23] 사물은 인간에게 어퍼던스를 선사한다(8장 참조). 코먼 그라운드(Common Ground)라는 단체의 클리퍼드는 다음과 같이 말한다. 과수원을 잃으면 나무만 사라지는 것이 아니다.

> 그 지역 특유의 열매, 야생성, 노래, 요리법…… 풍경, 그리고 세대를 통해 전해지던 가지치기와 접목에 관한 지혜도 사라진다. …… 문화적 풍경이 다양한 차원에서 일거에 시들어버린다.[24]

결국 내가 나중에 논할 '빙하의 시간'을 상실한다.

4장의 논의를 상기하면 사람들은 〈수확하는 농부〉를 볼 뿐 아니라 귀로도 듣는다. 우리는 〈수확하는 농부〉를 보는 동안 사람들이 이야기하고 먹고 마시고 코를 고는 소리를 상상한다. 그 독특한 풍경을 생산해내는 감각을 재조직한다. 〈수확하는 농부〉에 담긴 질감은 여러 시대를 거쳐온 것이다. 그 질감은 다양한 감각을 통해 사람들을 잇고 그들의 거주지를 연결한다. 잉골드는 말한다. "풍경은 당신 또는 누군가가 바라볼 수 있는 전체성이 아니다. 오히려 그 안에 서서 환경에 대한 우리의 시점을 정하는 세계다. …… 메를로퐁티의 표현을 빌리면 풍경은 대상이라기보다 '사색의 고향'이다."[25]

이와 같이 〈수확하는 농부〉에는 근접성, 로컬성, 교감이 한데 녹아 있다. 그러나 오늘날의 세계에서는 그것들 사이의 결합을 찾아보기 힘들다. 이동은 새로우며 대체로 순식간에 진행되어 잉골드(그리고 하이데거)가 말한 거주의 개념이 나날이 변해가고 있다. 거주 양식은

1565년 브뤼헐의 세계보다 훨씬 복잡하고 다양해졌다. 물질적·문화적인 복합적 변용이 근접성, 로컬성, 교감의 조화를 어지럽히고 있다.

먼저 다음 절에서는 세 가지 관계를 염두에 두며 로컬한 '신종족적 (neo—tribal)' 커뮤니티를 자세히 살펴본다. 이어지는 장에서는 3장에서 개관한 복잡한 여행의 양식이라는 관점에서 내셔널 커뮤니티, 디아스포라 커뮤니티에 관해 간략히 검토할 것이다. 마지막으로 빙하의 시간이 서로 경합하는 여러 거주 양식에서 중요한 요소가 되고 있음을 밝히며 이 장의 논의를 마무리하고자 한다.

앞의 내용은 이 장에서 다룰 또 하나의 주제인 오늘날의 거주 형태와 다양한 기억 행위가 어떻게 이어져 있는지와도 관련 있다. 기억은 뇌 일부분에 물리적으로 붙어 있어 때와 장소에 따라 꺼낼 수 있도록 마냥 기다리지 않는다.[26] 기억은 사회적 실천을 통해 떠오른다. 즉 기억은 특정한 사회적 맥락 속에서 자신들의 기억을 함께 생산하고 함께 기억하려는 사회적 실천에 의해 활성화된다. 단 하나의 사건과 장소, 사람에 대한 기억을 생산하려 해도 공동 작업이 요청된다. 대개의 경우 상당한 시간이 소요되며 지리적으로 멀리 떨어진 맥락도 필요하다. 따라서 기억을 생산하고자 종종 여행을 하고 함께 모이고 특정 장소를 방문한다.

더구나 기억에는 다양한 시간과 공간을 가로질러 작동하는 복수의 감각이 수반된다. 이를 담론으로 표현하려면 종종 복잡한 수사가 요구된다. 프루스트는 "우리의 손발은 동면하는 기억으로 가득 차 있다"고 말하며 인간의 기억이 장소에 대해 지니는 신체적 성격을 표현하기도 했다.[27] 또한 집합적 기억의 중요한 형식 가운데 하나는 의례화된 기념, 즉 사회 속의 '공식 기억'이다. 이러한 기억 형식은 특정 장소에 관한 대항적 기억을 봉하는 힘도 지닌다. 특정한 경관과 건물, 기념비가 국민을 표상하고 상징하려는 의도로 활용될 때 특히 여성, 노동계급, 소수민족, 젊은 세대와 같은 집단의 기억은 끊긴다. 어떤 사회집단과 조직, 전체 사회는 복합적이며 때로 모순되는 기억의 실천을 거듭하지만, 이러한 기억은 공적인 승인을 받지 못한 채 배제된다.[28]

나아가 기억은 대개 건물, 작은 풍경, 방, 기계, 벽, 냄새, 가구, 사진, 맛, 소리, 나무, 언덕의 정상과 같은 사물 내지 특정 공간을 둘러싸고 만들어진다.[29] 이처럼 여러 물건과 환경을 통해서 사람들은 과거를 되살리고, 일어났을 수도 있었던 일을 꿈꾸고, 자기 생활과 타인의 생활을 서로 포개 추억하는 힘을 자극하고 이끌어낼 수 있는 것이다. 베냐민은 이 점을 주목하라고 권한다. 그리고 프루스트는 무의식적 기억(mémoire involuntaire)을 강조한다. 즉 어떤 기억은 예고도 없이 떠올라 현재 속에서 믿을 수 없을 만큼 선명하게 과거를 보여준다. 프루스트는 마들렌 과자를 먹는 순간 무의식적 기억을 떠올렸다.[30]

로컬한 귀속

이 절에서는 로컬한 귀속의 여러 형태에 대해 논한다. 아울러 각각의 경우에 여행과 기억의 감각이 관계하는 양상을 살펴보기로 한다. 먼저 로컬한 귀속에서 대지(land)와 풍경(landscape)을 구분할 생각이다.[31] 대지는 〈수확하는 농부〉와 하이데거에서 보이는 거주의 장소다. 경작하고 씨를 뿌리고 방목하는, 물질적이며 만질 수 있는 자원이다. 그리고 심미적이라기보다 기능적이라고 여겨지는 작업의 장소다.

유형의 자원인 대지는 오랜 시간에 걸쳐 사용한 결과 인정받은 권리를 통해 매매하거나 상속할 수 있다. 소유권과 경작권이 분리되는 경우도 있지만, 대지는 '농부'가 직접 소유하고 활용한다. 대개 농사일과 가사, 여가는 근거리에서 행해진다. 농장에서 살면 어떤 생활의 패턴에 속하게 된다. 그곳에서는 생산적·비생산적 활동이 공명하며, 주민은 특정한 땅과 영향을 서로 주고받는다. 그리하여 주민은 대개 그 땅의 역사와 지형을 자세히 알고 있다. 거주에 관한 하이데거의 이해는 이러한 대지의 실천을 잘 포착하고 있다. 인간 주체는 분명 주위 환경과 이어져 있다.[32] 사람과 사물 사이에는 그다지 간극이 없다.

토지의 영위는 경관의 영위와 전혀 다르다. 후자는 외관을 두드러진 특징으로 하는 무형의 자원을 동반한다.[33] 경관이라는 개념은 방문자의 여가, 휴양, 시각적 소비에 중점을 두고 있다. 워즈워스는 1844년의 저작에서 풍경이라는 관념이 비교적 최근에야 발전했다고 밝혔다.[34] 과거에 알프스로 떠난 여행자는 알프스의 아름다움이나 장엄함을 입에 담지 않았다. 워즈워스는 젊은 시절 세 들어 살던 방의 여주인이 꺼낸 말을 인용한다. 요즘에는 모두가 "매일같이 경치를 운운하더군. 내가 어렸을 때는 이름조차 없었는데 말이야."[35] 18세기까지는 "창밖으로 보이는 풍경이 아무리 아름다워도" 집 앞에 헛간을 지었던 것이다.[36]

그러나 20세기 후반에 이르자 풍경은 공동 소유라고 여겨지며, 워즈워스의 표현에 따르면 "일종의 국민 자산"이라는 사고가 확산되었다. 풍경은 보기를 원하는 누구에게나 제공되어야 한다. 걷고 차를 몰고 산에 오르고 사진을 찍으며 풍경과 만난다. 풍경 속으로 들어갈 수 있다는 것은 눈으로 풍경을 소비할 수 있다는 뜻이다. 또한 풍경을 향유할 권리는 미래 세대에게도 속한 것이다. 지금 그 땅의 소유주만이 갖는 권리가 아니다.

풍경을 체험하려는 사람들이 일시적으로 그 땅에 '거주'하려 할 때 땅과 풍경의 실천은 뚜렷한 모순으로 드러난다. 그 모순의 양상은 유동적인 '풍경'이 그 땅에 속해 있는지, 그들이 얼마나 머무는지, 어떤 감각으로 들어오는지, 풍경을 즐기며 무엇을 요구하는지, 시장이 서비스를 제공할 때 어떻게 행동하는지, 대지를 어떻게 가로지르는지, 어떤 시선을 성취하려는지에 따라 달라진다. 따라서 대지는 배타적 소유나 관리의 권리를 제공해주지 않는다. 완전한 타지 사람이 역사상의 권리를 행사하여 거주지 근처의 농지로 발을 들여놓으려 한다면 여가를 즐기려는 그들을 현지인이 막아 나서기도 한다. 이처럼 귀속의 문제는 여행 패턴과 밀접히 연관된다. 영국에서는 누군가의 소유지라고 하더라도 일반인의 '배회할 권리'(또는 여행할 권리)를 허용하는 정책이 도입되어 대지와 풍경 사이의 이러한 모순이 심화되고 있다.

오닐은 대지와 풍경의 이러한 구분에 관해 다른 관점을 제시한다. 오닐은 수세대에 걸쳐 농부는 "이문을 남기지 못하는 것을 아는데도 왜 땅을 경작하는가?"라고 묻는다.[37] 그리고는 농민들은 여러 세대에 걸쳐 천천히 흘러가는 빙하의 시간 속에서 토지를 가족이나 커뮤니티의 공유재산으로 여기기 때문이라고 답한다. 각 세대의 사람들은 시간을 넘어 과거, 미래의 소유자와 거주의 감각을 공유한다. 시간의 연속성에 대한 강한 감각으로 인해 사람들은 과거로부터 뻗어 나온 현재를 거쳐 미래에 이르는 과정에 자신이 참여한다고 생각한다. 나무를 심고 기르는 모습은 세대를 이어가는 가족들의 구성원이 '빙하의 시간' 속에서 매우 긴 호흡의 공동과정에 참가하고 있음을 보여주는 좋은 사례다. 자라난 나무는 한곳에서 수세대에 걸쳐 일가가 어떻게 살아왔는지를 기록하고 있다.

그러나 순간적 시간은 이러한 거주의 연속성을 파괴한다. 다음과 같은 세 가지 속성을 갖기 때문이다. 첫째, 즉각적 환금 수익을 중시하는 글로벌한 농업 경쟁. 둘째, 땅을 생산 요소 이상, 이하로도 보지 않는 기업적 소유로의 변화. 셋째, 세대를 넘어 길게 이어지는 유대관계와 진정 대지를 소유하고 있다는 감각을 효과적으로 파괴하는 토지 소유의 유동성 증대.[38] 여기에 신제품의 회전율이 급격히 올라가고, 힘을 더해가는 세계시장 속에서 제품이 도처로 옮겨 다니고, 관광객을 유치하려고 경치를 중시하여 '대지'가 '풍경'으로 바뀌는 것도 거주의 연속성을 잠식해간다.

다음으로 여러 '로컬' 커뮤니티가 지니는 보다 일반적 특징을 살펴보자.[39] 첫째, 앞 장에서 언급한 바 있는데, 로컬 커뮤니티는 각각 다른 시간성을 근거해 조직되는 것처럼 보인다. 이것은 커뮤니티가 역사적으로 지금까지 그곳에서 생활하고 거쳐간 여러 사회집단의 기억을 흔적으로 전하고 있음을 의미한다. 사람들이 기억에 관해 논쟁할 때 그들은 장소 하나하나를 구분한다. 아울러 장소는 시간적으로 풍부한지, 빈곤한지의 관점에서도 구분할 수 있다. 세넷은 "시간으로 가득 찬 장소"라는 표현을 꺼내면서 코즈모폴리턴한 기회로 흘러넘치는 장소의 성격을 강조하고 있다.[40] 이와 달리 "고된 장소(drudgery of place)"가 있다. 이 표현은 그 장소에 꼼짝없이 묶여 있다는 감각을 전한다. 거기서 시간은 변하지 않은 채 고정되어 있다. 그리하여 장소는 시간과 함께 무겁게 남겨진다. 더욱이 장소에 따라 다른 시간이 파묻혀 있는 것처럼 보이기도 한다. 5장에서 언급했듯이 1989년 이전의 동구권은 대체로 시계 시간을 중심으로 편성되었다. 시계 시간이라는 '저속용 차선'에 남겨진 장소가 있다면, 비릴리오가 말한 것처럼 아찔한 '속도'가 야기하는 순간적 시간에 기대는 장소도 있는 것이다.[41]

둘째, 시간은 (정적이라고 여겨지는 공간과 달리) 반드시 점진적이지 않다. 운동과 변화, 변형을 전제로 하는 시간이 있다면 그렇지 않은 시간도 있다. 장소도 반드시 정적이고 불변하는 것이 아니다.[42] 장소는 과정을 수반하는데, 그 과정 속에서 보다 로컬한 사회관계 그리고 훨씬 광범위한 사회관계와 결부된다. 내가 지금껏 로컬성이라 부른 것은 "어떤 장소에서 생긴 독특한 혼합이며, 그렇지 않다면 발생하지 않았을 영향을 초래한다."[43] 따라서 장소는 범박하게나마 멀티플렉스라고 이해할 수 있다. 즉 관련 있는 네트워크와 흐름이 합체하고 연결되고 분해되는 공간의 조합이라고 이해할 수 있는 것이다. 장소에서는 매우 두터운 공생적 상호작용을 특징으로 하는 근접성과 빠르게 흐르고 신체적·가상적·상상적으로 거리를 넘어 퍼지는 웹과 네트워크가 연쇄반응을 일으킨다. 이러한 근접성과 광범위하게 걸쳐 있는 네트워크가 합쳐져 각 장소가 작용할 수 있는 것이다.

셋째, 이러한 로컬성을 구성하는 데서 사물은 매우 중요한 역할을 맡는다. 〈수확하는 농부〉에서는 마을이라는 거주 장소를 구성할 때 나무와 교회가 중요했다. 자연적이고 물리적인 사물이 빙하의 시간에 속해 있는 기억의 흔적을 전해준다. 또한 다양한 종류의 사물, 활동, 미디어의 이미지 등이 앞서 언급한 '상상의 현존'의 토대를 이루기도 한다. 그것들은 로컬 커뮤니티 구성원에게 '상상의 현존'을 전해주는데, 많은 경우 그들은 그러한 상상의 커뮤니티를 의식하지 않는다.[44]

르페브르가 분석한 거대한 기념비적 장소나 커뮤니티뿐 아니라[45] 다양한 사물이 '상상의 현존'을 만들어내는 데 기여한다. 올덴부르크는 일상적 모임을 갖는 장소인 바, 카페, 커뮤니티 센터, 느티나무 그늘 아래의 중요성에 대해 기술했다. 올덴부르크는 그곳을 작업과 가사 이외의 '제3의 공간(third place)'이라 불렀다. 그곳은 커뮤니티가 만들어지고 이웃생활이 유지되는 장소다.[46]

넷째, 성원이 자신을 '커뮤니티'의 일부로 여기는 장소에서는 계급, 젠더, 민족, 연령에 따라 차등화되는 로컬한 사회관계 그리고 외부인을 향한 적의를 엿볼 수 있다. 그뿐 아니라 외부인, 타지인을 향한 적의는 내부의 불평등관계를 확립하고 유지하는 메커니즘의 일부기도 하다. 불평등성은 '커뮤니티'라는 말과 결부되어 있다. 커뮤니티라는 말은 로컬성이 따뜻하고 잡음이 없으며 얼굴을 직접 마주하는 교감의 관계에 근거한다는 인상을 준다. 디켄은 덴마크인의 커뮤니티가 지닌 '폭력적 위계성'을 증명한다. 그로 인해 터키인을 비롯한 비덴마크인은 적대시되고 배제당하며 주변화된다.[47] 또한 딕스는 론다사적공원(Rhondda Heritage Park)에서 어떤 이야기가 '광산 커뮤니티(mining community)'라는 수사를 중심으로 짜였음을 분석한다. 그 이야기는 어떻게 광산이 폐광되었는지로 끝나는데, '커뮤니티' 내부에 만연한, 특히 성적 불평등을 되도록 감추는 이야기로 꾸며졌다는 것이다.[48]

다섯째, 로컬 커뮤니티는 소비하는 장소다. 원재료를 조달하고, 18세기의 건축물이 남아 있으며, 호반의 경치가 아름답다. 장소마다 여러 상품, 특히 서비스를 비교하고 평가하고 구입하고 이용하는 맥락이 주어진다. 게다가 4장에서 다룬 감각의 논의를 끌어온다면 어떤 의미에서는 장소 자체가 소비된다고 말할 수 있다. 장소는 다양한 감각 스케이프의 일부이자 동시에 그것을 구성하며, 헤게모니적 시각을 통해 매개되는 감각 스케이프를 품는다.[49] 그러나 장소를 경험할 때 사람에 따라 장소를 소비하고 구성하는 방식은 달라지며 장소의 시야, 소리, 냄새, 감촉은 매력적일 때도 있지만 불쾌할 때도 있다.

　마지막으로 가장 중요한데, 지리적 근접성에 근거한 커뮤니티 역시 다양한 이동에 의존한다(3장 참조). 밟아서 다져놓은 길을 거니는 산책처럼 커뮤니티 안에서 움직이면서 거주의 감각을 재확인하는 방법은 수없이 많다. 그러나 이러한 커뮤니티들은 여러 양상의 여행을 통해 다른 많은 장소와 이어진다.《변경(Border Country)》의 저자 레이먼드 윌리엄스가 말한 것처럼 "우리는 남자와 여자가 만들어내는 네트워크와 그들이 장소를 옮기면서 남기는 발자국, 상호운동과 상호간섭의 방식들에 매료당한다."[50] 매시도 장소의 아이덴티티는 대체로 자극적이고 앞서 나아간 타 장소와의 교환 가운데서 발생한다고 본다. 하지만 그러한 관념은 때로 여행할 자유에 관한 성차별적 관계를 전제하기도 한다. 매시는 떠났던 아들이 타지에서 험한 꼴을 당하고 돌아올 때 그 '탕자'가 돌아올 상징으로 '어머니'가 기능하고 있음을 논증한다.[51]

　더구나 윌리엄스는《변경》에서 1926년 영국의 총파업 기간 동안 네트워크마다 영향력이 달랐음을 묘사한다. 여기서는 트럭 운송과 무선에 근거한 국가 또는 사용주의 풍부한 네트워크와 오토바이나 전신에 의존하는 파업 노동자의 빈약한 네트워크가 대비된다.[52] 또한 윌리엄스는 종종 소설에서 지역민의 사랑을 받는 고유한 장소와 여러 나라 사이에 걸쳐 있는 글로벌한 공간 사이의 모순을 형상화한다. 이러한 지방주의와 국제주의의 대립축은 "기존 국민국가의 영역을 뛰어넘는다."[53] 비슷한 맥락에서 맥도널드도 스코틀랜드의 외진 섬 스카이 (Skye)에서 들은 이야기를 가져온다.

> X군에는 노부인이…… 살고 있었다. 어느 날 두 명의 관광객이 찾아와 그녀에게 물었다. "마을을 떠나보신 적 있으세요?"…… "그야 물론이지. (이웃 마을의) 여동생에게 다녀온 적 있는걸."…… "그러면 섬 밖으로 나가 본 적이 없단 말이에요?" "아니, 있다니까. 그렇게 자주는 아니지만." "그러면 본토에 가본 적이 있으셨어요?" 할머니는 고개를 끄덕였다. "그러면 그때는 인버네스(Inverness)가 큰 도시라고 생각하셨겠네요." "그렇지. 파리나 뉴욕, 시드니만큼 크지는 않더라만……"[54]

분트

이제 다양한 '커뮤니티'를 살펴보자. 앞으로 다룰 것들은 주로 지리적 근접성이 필요하지 않거나 적어도 지리적 근접성에 '의존하지' 않는다. 때로 이러한 커뮤니티는 카이로스적 시간의 '성스러운 순간'에서 '실현'되는 지리적 근접성과 관련 있다. '신종족' 커뮤니티로는 자조단체, 직접행동조직, 커뮤니티 그룹, 에스닉 집단, 여성단체, 여행자, 레저 그룹, 게이·레즈비언 그룹, 자원봉사조직, 환경 NGO 등을 들 수 있다.[55] 이러한 집단들에서 귀속과 여행은 독특하게 교차한다. 이들 가운데 다수는 저항의 문화, 즉 시민사회 네트워크가 지닌 일종의 수평적 확장성에 근거해 국민국가 안에 머물지 않고 국경을 넘나들기도 한다. 이러한 저항의 네트워크로 인해 "정보시대의 사회 통치에서는 장소를 가리지 않는 흐름의 공간이 활성화되지만, 그들은 그 논리에 맞서 자신들의 공간과 장소를 지켜낼 수 있다."[56] 카스텔은 인간 주체를 이렇게 이해한다. "내셔널한 시민사회가 붕괴하고 있는 이상 거기에 기반하기보다 공통의 저항을 연장시키려 한다."[57]

헤서링턴은 이처럼 완만한 소시에이션(sociation)을 분트(bund)라 명명한다.[58] 초기에 독일 청년운동인 반더포겔(Wandervogel)●은 자신들을 분트와 유사하다고 여겼다. 이 시기에는 유스호스텔도 정비가 잘된 여행 경로도 전원을 거닐기 위한 별다른 방식도 없었다. 이러한 조건에서 분트를 닮은 반더포겔은 독일 청년들에게 전원으로 나갈 것을 호소했다. 반더포겔은 소집단으로 유동적 교감을 형성하고, 보헤미안 숲을 방황하면서 친교를 쌓으며, 사라진 게마인샤프트의 진정한 재생을 기도했다.

슈말렌바흐는 유동적 소시에이션의 이념형인 분트에서 영감을 얻고 분트를 기존의 게마인샤프트-게젤샤프트와 구분되는 제3의 것으로 평가한다.[59] 분트는 커뮤니티를 포함한다. 그러나 이 커뮤니티는 공감과 정감에 기대지만 의식적이며 자유롭게 선택할 수 있다. 더욱이 베버의 견해와 달리 분트의 정서적 기초는 비합리적이지도 무의식적이지도 않다. 전통적이지도 않다. 분트를 대하는 정서는 의식적이며 합리적이다. 분트는 게마인샤프트적 커뮤니티와 달리 영속적이지 않으며 반드시 안정되어 있지도 않다. 헤서링턴은 말한다.

분트는 당사자들이 집단적으로 연대하고 능동적·성찰적으로 감시하여

....

● 1901년부터 독일에서 시작된 자발적 청년운동. 반더포겔은 독일어로 '철새'를 뜻하는데, 철새처럼 산과 들을 다니며 심신의 수양을 도모하는 움직임이다.

상징적으로 유지된다. 다르게 말하면 매우 자기언급적이다. …… 분트는 자기내포적이다. 스스로 지켜야 할 윤리 규정과 상징체계를 만들어낸다. …… 분트에서는 구성원의 공적·사적 생활의 경계가 모호하다.[60]

오늘날의 사례로는 음식, 젠더, 동물, 채식주의, DIY,• 애완동물, 대체의학, 영성, 전원, 축제, 도로 봉쇄 행동, 춤문화, 그리고 전문화된 여러 여가 활동을 통해 조직되는 집단 등을 꼽을 수 있다.[61] 여기서는 상대적으로 비공식적이며 부분적으로 겹쳐진 네트워크의 역할이 중요하다. 이 네트워크는 내셔널한 시민사회라는 맥락에서 정치적·사회적이라기보다 문화적으로 규정된다.[62] 이러한 분트 내지 소시에이션은 선택적으로 가입할 수 있으며 탈퇴도 자유롭다. 실제로 사람들은 소시에이션에 쉽게 가입하고 쉽게 떠난다. 사람들은 목표와 체험을 공유하며 감정을 충족시킬 수 있을 때 성원으로 남는다. 그러나 그 목표와 체험은 일시적이다. 사람들은 소시에이션을 거치면서 짧게나마 다양한 이동을 수반하는 새로운 거주지를 경험한다. 사람들은 아이덴티티를 확인할 수 있는 장소에 머물고 맥락 위에 놓여 새로운 기능을 습득하는 동안 힘을 얻는다. 아울러 소시에이션의 형태는 다양하다. 중심으로부터 권력이 얼마나 분산되어 있는지, 조직구조가 얼마나 형식적으로 규정되어 있는지, 로컬한 수준에서 어떤 형태와 어느 정도의 수준으로 참가하는지, 성원들이 참가해서 무엇을 하는지, 멤버십이 국경과 얼마나 교차하고 다양한 여행의 양식을 수반하는 네트워크와 어떤 관계를 맺는지에 따라 달라진다.[63] 어떤 논자들

• DIY는 "네가 직접 만들어라"는 뜻의 "Do it yourself"의 준말이다. 전문업자나 업체에 맡기지 않고 자신의 생활공간을 스스로 꾸려나간다는 의미다.

은 이러한 집단을 '집합적 열광(collective enthusiasms)'이라는 표현으로 묘사하기도 한다.[64] 집합적 열광은 통상 공식적인 '여가' 시간에 이루어진다. 사람들은 이러한 여가 활동을 유급의 본업보다 매력적이라고 느낀다. 열광에 사로잡힌 구성원들은 호혜와 상호부조에 근거해 활동한다. 소시에이션의 성원은 자기조직적이다. 외부 전문가가 어떻게 행동해야 할지에 관해 지침을 내리고 관리하려 하면 곧잘 화를 낸다. 그리하여 네트워크를 통해 밖에서는 얻을 수 없는 지식과 기능을 습득하는 데 중점을 둔다. 또한 누군가가 생산물 내지 그것에 따르는 노동 형식을 상품화하려 하면 강하게 반발한다. 그 안에서는 미적이고 문학적이며, 말해지고 보여지는 (스포츠에 관한 내용을 포함해) 많은 것이 만들어지고, 오로지 성원 자신과 주위 가족이나 친구에 의해 소비된다.[65] 집합적 열광에 빠진 사람들의 활동은 커뮤니케이션, 네트워킹, 감정적 충족을 아우른다. 그리고 특정 이벤트는 연간 일정의 특정 시간 속에 자리한다. 이러한 열광은 진보된 사회의 매우 매개화된 팬 조직, 여러 컬트 집단, '핫 로딩(hot-rodding)',● 모임, 환경 NGO와 같은 순수한 집합적 열광에 이르기까지 다방면에서 발견된다.[66]

매케이는 공동 저항을 꾀하는 소시에이션에 대해 다음의 네 가지를 강조한다.[67] 첫째, 사람들은 '우리 자신의 구역, 우리 자신의 공간'을 구성하고 있다. 대개 이러한 공간은 로컬한 입지성, 즉 바자회, 시장, 집, 일터처럼 애초 그 장소에 있던 거주 형태의 감각을 활용한다.[68] 또한 이 공간은 '살아 있는 공간이며 활기와 상상으로 가득 차고' 다른 사회로부터 떨어져 있으며, 어떤 의미에서는 다른 사회를 배경으

● 자동차를 개조하거나 고속으로 모는 모임을 말한다.

로 하여 규정되는 공간이다.[69] 이러한 거주 구역은 주위에서 해방된 '일시적 자율성을 지닌 구역' 또는 '일탈의 헤테로토피아'다. 즉 '대 안적 질서화'다. 그곳은 공약 불가능한 사물의 병치를 뒤흔들고 그것에 자주 충격을 가한다. 헤테로토피아적 장소는 위반적이며 주변화되어 있으며 부조리하고 갈등으로 가득 차 있다.[70]

대체로 거주는 영속적이지 않다. 한 소시에이션의 참가자는 이렇게 말한다. 거주의 특징은 "비영속적 분위기를…… 다른 대학, 다른 산 정상, 다른 게토, 다른 공장, 다른 아지트, 다른 황폐한 농지로 옮겨갈 마음가짐을 공유하는 데 있다."[71] 호송선단(peace convoy)*이 그러하듯 이동의 감각과 끊임없는 위반 행위의 감각이 발생한다. 이러한 거주공간은 땅 위에서 펼쳐지는 영속적인 거주 형태와 달리 다양한 경로, 특히 종종 성스러운 노드를 통해 구성된다. 감정적으로 강렬한 교감은 우정과 유사성을 통해 1년 중 어느 특정 시기에 특정한 노드를 발생시킨다. 여기서 거주는 강렬하며 비영속적이며 유동적이다.

그런데 시각뿐 아니라 다른 감각, 특히 청각도 이러한 거주공간을 규정하는 데 중요한 역할을 한다. 매케이는 스톤헨지 프리 페스티벌(Stonehenge Free Festival)** 창시자의 말을 인용한다. "우리의 신전은 소리다. 우리는 천둥소리와도 같은 드럼, 번갯불과 같은 심벌즈를 울리며 싸운다."[72] 냄새와 맛도 저항문화의 거주 장소를 구성한다. 실제로 어떤 집단들은 시각성에 근거한 감각 스케이프의 정통성에 도전

....

* 1980년대부터 영국에서는 여행자들이 오래된 승합차와 트럭, 버스처럼 움직이는 선단을 거주공 간으로 삼았다.

** 스톤헨지 프리 페스티벌 히피였던 필 러셀과 펑크 밴드인 클래스가 스톤헨지에서 우드스톡과 같은 프리 페스티벌을 시도했다. 첫 번째 페스티벌은 1974년 하지에 시작되었으며 1,000명 정도 가 모였는데, 이후 페스티벌이 이어지자 국가가 나서서 탄압을 가했다.

장을 내밀면서 저항한다(4장 참조). 그러나 저항문화는 동일한 감각스케이프 속에서 '편안하게 있기를 거부하기도 한다. 예를 들면 동가(Donga) 부족 사람들은 집 밖에서 들려오는 레이브 음악을 싫어한다. 그러한 모더니즘의 음향기술이 소음을 낳기 때문이다.

마지막으로 이러한 저항문화는 "독자적인 집합체와 커뮤니티로 구성되는…… 네트워크"를 형성한다.[73] "느슨한 네트워크들을 연결하는 느슨한 네트워크"로는 프리 페스티벌, 시골 바자회, 대안 음악, 뉴에이지 여행자, 레이브 문화, 인두세 반대운동, 호송선단, 동물권리보호 주장 등이 있다.[74] 이 네트워크들은 다양한 양상의 신체의 여행을 거치며 강도를 높인다. 여기서 우리는 중요한 사건, 장소, 경로 등에 관한 일종의 저항의 지도화를 확인할 수 있다. 트와이퍼드다운 항의운동(Twyford Down protest)•에 처음 참가한 동가 부족의 한 사람은 동가가 분트로서 지니는 비영속성과 가변성을 밝히며, 간헐적인 교감의 감각에서 특정한 공간·시간적 노드가 얼마나 중요한지를 역설했다.

우리 부족은 풀뿌리항의운동의 확산 속에서 또는 식수(植樹)와 생태농업운동(permaculture)••에서 활동하는 사람들과 함께 성장하고 확장해왔습니다. 지금 모든 시간을 이 운동에 바치는 사람도 있습니다. 소집단이 유목생활을 영위해나가고 말과 당나귀, 손으로 만든 짐수레를 통해 이 시장에서 저 시장으로 개인 소유물과 공동 소유물을 나릅니다. 우리는 긴밀한 연락을 취합니다. 주된 계절, 중요한 축제 때 만납니다. 우리는 경험과

....

• 트와이퍼드다운 항의운동에서는 자동차와 도로를 강요하는 체제에 맞선 직접행동이 전개되었다.
•• 1979년 빌 모리슨이 제창한 운동. 문화는 영속 가능한 농업과 토지의 윤리적 사용이 전제되어야만 지속될 수 있다는 발상에서 전개되었다.

공통의 비전을 통해 서로 이어져 있다고 느낍니다.[75]

젊은이들은 마음 내키는 대로 모여 1년에 적어도 수개월 동안 지방을 부정기적으로 떠돌며 보내는데, 이러한 여행자도 특유의 네트워크를 형성한다.[76] 여행자들은 화려하게 칠한 임시 트럭, 버스, 캐러밴에서 생활한다. 그곳이 여행자의 거주 장소. 여행자는 단속적인 이동 속에 거주하며, 여행자가 갖고 있는 지도와 예정표에는 여러 프리 페스티벌, 헤테로토피아적 성지, 마술적인 경로가 표시되어 있다. 그들은 기존의 장소, 토지, 경관에 개의치 않고 길 위를 마음껏 점거할 권리를 주장한다. 그런데 그 지방 사람들과 그 '땅'에서 살아가는 사람들, 심지어 '경관' 안에서 잠시 머물다 떠나는 관광객들마저도 그러한 여행자들의 페스티벌과 캠프장을 경멸한다.

그들은 자신들이 사는 곳을 더럽히는 여행하는 침입자를 향해 격한 증오심을 내보이고 기존의 커뮤니티를 옹호한다. 이러한 이방인, 즉 마시장을 따라 유랑하는 집시, 프리 페스티벌을 찾아다니는 여행자, 매력적인 행락지로 떠나는 관광객, 자가용을 타고 다니며 마을에 매연을 내뿜는 통근자를 비난하며 거주자들 사이에 교감을 형성하기도 한다. 그리고 자신들 가까이에 잠시 동안 머물지도 모를 사람을 향해서는 적의를 내비친다. 헤서링턴은 '침입'에 대한 반응을 이렇게 정리한다. "수세기 동안 유대인과 집시의 경우에서 보아왔듯이 '뉴에이지 여행자(New Age Traveller)'가 혐오 대상이 되는 까닭은 늘 떠돌아다니기 때문이 아니다. 그들은 모순적이다. 그들은 머물기도 하며 '오염시킬' 수도 있다."[77]

한편, 사회가 고도로 개인화, 시장화되어 발생하는 의도하지 않은 효과로 "교환가치의 명령과 시장 논리를 조직적으로 빠져나가는" 사회적 실천이 늘어난다.[78] 이처럼 네트워크화된 실천은 여러 선물, 자원봉사, 자조 네트워크, 우정을 간직한 호혜관계에 근거한다. 거기서는 글로벌한 관계, 사적 이해, 지배적인 시장관계를 통해 구조화되고 규제받는다고 여겨지는 세계에 맞설 저항의 지점으로서 상징적 가치가 중시된다.[79] 카스텔은 현존하는 대부분의 소시에이션이 글로벌화에 저항하면서도 글로벌한 사물을 활용한다고 지적한다.[80]

켁과 시킹크는 '월경하는 활동가'의 중요성을 전반적으로 분석하며 그 활동가가 "횡국가적 권리를 옹호하는 네트워크"로 조직되고 있는 상황에 대해 보고한다.[81] 이러한 네트워크는 냉전기 동안 폭증했다. '사회 변화를 꾀하는 국제비정부조직'(횡국가적 네트워크라는 포괄적 범주에 들어가는 일종의 '공식적 대리기관')은 1953년에는 102개에 불과했지만 1993년에는 5배 이상 증가해 569개에 달했다.[82] 그 가운데서도 특히 놀랄 만한 증가를 보이는 영역이 있다. 40년 동안 '개발'단체는 10배, '환경'단체는 45배 증가했다. 덧붙여 인권, 환경, 여성의 권리에 개입하는 단체들이 횡국가적 네트워크에서 과반수를 넘기고 있다. 또한 모든 종류의 국제비정부기구를 합산하면 5,000개에 육박한다는 보고도 있다.[83]

이러한 횡국가적 네트워크가 성장한 배경으로는 저가항공이 등장하고, 새로운 통신기술에 힘입어 네트워크 구성원들이 비공식적 연락을 수시로 취할 수 있게 되었으며, 1960년대의 유산으로 글로벌한 공중이 폭넓게 출현했다는 점을 꼽을 수 있다. 켁과 시킹크는 다음과 같이 정리한다.

1960년대 서유럽, 미국, 제3세계 대부분을 석권한 행동주의와 국제적 접촉 기회의 현저한 증가가 그러한 변화의 한 가지 요인이었다. 항공 운임이 낮아졌으니 더 이상 비행기는 부유층의 독점적 특권이 아니었다. 평화봉사단이나 선교 프로그램을 통해 수천 명의 젊은이가 발전도상의 세계로 파견되고 거기서 활동하며 살아갔다.[84]

이러한 횡국가적 네트워크를 통한 즉각적이며 새로운 흐름, 이미지, 정보, 목격이 초래한 결과로서 정보를 국가나 기업이 독점하는 것이 아니라 대중도 이용할 수 있게 되었다. 특히 발전도상세계를 발착지로 하는 흐름이 중요하다. 전에는 느리고 불안정한 우편체계에 의존했지만, 이제 정보와 이미지는 횡국가적 네트워크를 연결하는 조밀한 통신망을 타고 흐를 수 있다. 이러한 네트워크는 경쟁력 있는 미디어와 연결되어 나라와 기업에 맞서기도 한다.[85] 특히 환경, 인권, 개발, 여성 문제를 쟁점으로 하는 세계회의에서는 이미지와 정보가 범람한다. 예를 들면 1993년 빈에서 열린 세계인권회의에서는 1,500개의 비정부기구 대표가 참가했다. 켁과 시컹크는 현재 "투쟁의 무대, 즉 분절적이며 경합하는 장인 횡국가적 시민사회"가 출현한다고 주장한다.[86] 이 점에 관해 보다 진전된 논의는 7장과 8장에서 전개하도록 하겠다.

문화유산, 네이션, 디아스포라

지금껏 다양한 형식의 현대적 거주를 고찰했다. 대개의 경우 거주 형식의 중심에는 사물이 자리 잡고 있었다. 각각의 거주마다 귀속과 여행의 편성이 달라지며, 그러한 거주 형식은 대체로 느슨한 네트워크와 비슷한 패턴을 취한다. 그리고 내셔널한 시민사회는 그 패턴의 영향으로 수축되고 해체되어간다. 따라서 나는 네이션의 문제로 관심을 옮겨 내셔널한 아이덴티티가 역사적으로 형성되고 유지되며 논의되는 세속적 실천에 관해 생각해보고자 한다. 이를 위해 '진부한 내셔널리즘'이라는 관념으로 일단 되돌아가 고유하고 배타적인 국민 관념이 생산되고 기억되는 다양한 방법을 고찰한 뒤 국민의식과 내셔널리즘의 다양한 변용 을 분석하고자 한다.

　앞에서 나는 자신과 일상을 함께하는 다른 존재의 '상상된 현재'가 중요하다고 밝혔다. 아울러 사람들이 자신을 누구로 여기는지, 즉 사람들의 아이덴티티 형성과정에는 고유한 내셔널리즘의 역할이 크다는 점을 주목했다. 이러한 네이션의 중심에는 내러티브가 존재한다. 국민의 역사는 한 민족의 지나간 역사 이야기로 구성되는데, 그 이야기는 종종 안개로 가려진 아주 오래된 시대로부터 시작된다.[87] 국민의 역사에서 빙하의 시간은 아주 천천히 흐른다. 그 시간은 네이션 고유의 시간이다. 즉 구성원 모두가 공유하는 시간으로 상정된다.[88] 그런데 이러한 '진부한 내셔널리즘'과 각 네이션의 독자적 역사는 프랙탈의 성격을 띤다. 진부한 내셔널리즘은 단편적 상황에서는 불규칙하지만 기묘하게도 닮은 형태를 취하고 있으며, 이는 한 사람 한 사람의 수준에서, 각 로컬의 수준에서, 그리고 사회의 중심에 이르기까지 다양한 위상의 사회체에서 확인할 수 있다.

　이러한 식의 프랙탈 형태라면 분명 '자연'적이지 않을 것이다. 어느 사회든 국민적 전통과 상징은 역사적으로 발명된 산물이며, 그것들을 발명하는 데는 과거를 기억하는 일만큼이나 망각하는 일도 중요했다.[89] 19세기 말 유럽은 국민적 전통이 발명되는 시대였다고 말할 수 있다. 실로 괄목할 만한 진전을 보였다. 그 운동을 거치자 특정한 시간과 장소가 신성시되었다. 네언이 논증하듯이 영국에서는 강력한 내셔널리스트가 군주제라는 '마법의 거울(enchanted glass)'을 통해 전통을 만들어냈다.[90] 프랑스에서는 1879년 〈라 마르세예즈(La Marsei-llaise)〉가 국가(國歌)로 채택되었고, 이듬해에는 7월 14일이 프랑스혁명 기념일로 지정되었다. 이보다 앞서 1870년대에는 잔다르크에 의해 가톨릭교회의 오랜 잠에서 깨어날 수 있었다.[91] 보다 일반적인 수준에서 말하면 프랑스라는 관념이 당대의 엘리트적 이념 너머로 퍼질 수 있었던 것은 "도로와 철도, 특히 신문이 보급되어 교통·통신 수단에 근거해 식민지화와 유사한 과정이 일어나 19세기 말에는 대중문화와 엘리트 문화가 합류"했기 때문이다. 그리고 그것은 신체적이고 상상적인 여러 이동의 결과였다.[92] 특히 이 부분에서 중요한 사건은 파리를 개조하면서 프랑스의 네이션을 기념하는 공공 건축물을 대거 세운 일이다. 그러한 기념물들은 그림과 사진, 나중에는 영상을 통해 여행자와 관람자에게 공유되었다.

1851년 런던의 수정궁에서 개최된 만국박람회는 여행이 집합적 참가의 감각을 기르고, 나아가 국민의식을 고무시킬 수 있음을 보여준 선구적 사례였다. 이 박람회는 영국에서 개최된 최초의 국민적 관광 이벤트였다. 당시 영국 인구는 1,800만 명에 불과했는데, 박람회에는 600만 명 이상이 몰렸다. 대개 철도라는 새로운 기술을 이용해 처음으로 수도 런던을 방문한 자들이었다. 당시 여행은 여행 상품화의 원조 격인 토머스 쿡이 주로 기획했다. 1854년 그는 "전 세계는 언제나 움직이고 있다"고 선언했다.[93] 19세기 후반에는 그러한 대규모 이벤트가 유럽 곳곳에서 개최되어 참가자가 3,000만 명에 이르렀다.[94] 그리고 대규모 국제박람회를 개최하려는 움직임이 세계로 확산되었다. 대량 운송과 관광산업 그리고 일종의 세계주의에 기반해 국제적 이벤트가 전개된 결과, 유럽이라는 무대 안과 밖에서 내셔널한 아이덴티티가 더욱 선명히 각인되었다. 아울러 이러한 무대가 마련되자 대규모 이벤트를 찾아나서는 신체·상상의 여행도 크게 증가했다.[95]

미국에서는 1876년, 오스트레일리아에서는 1888년에 건국 100주년 축제가 개최되었다.[96] 미국에서는 축제가 1년 내내 이어졌는데, 중심에 놓인 이벤트는 단연 800만 명이 넘는 입장객을 동원한 필라델피아 건국 100년 박람회였다. 미국인 가운데 20명당 한 명꼴로 방문한 셈이다. 실제로 가보지 못했더라도 사진을 통해 이 이벤트를 즐겼다.[97] 1888년 오스트레일리아 멜버른에서는 건국 100주년 국제박람회가 개최되었다. 그동안 시드니에서는 여러 이벤트가 마련되었다. 오스트레일리아의 경우에는 인구 세 명 가운데 두 명꼴로 멜버른 박람회에 입장했다고 한다.[98] 미국이든 오스트레일리아든 내셔널 아이덴티티를 표현하고 다지는 데는 국제박람회가 최선책이었다. 박람회를 개최하면 세계의 시선이 집중되므로 자신들의 위업을 과시하고 차별성을 내세울 수 있었던 것이다. 국내 방문자든 국외 방문자든 그 나라의 위업과 특성을 확인할 수 있었다.[99]

이처럼 신체의 이동은 자국이 영유하는 또는 자국 땅이라고 여기는 영토와 결부된 공동의 아이덴티티를 구성원들이 공유하는 데 중요한 역할을 했다. 19세기 중반 이후 한 사회에서 소중한 장소, 텍스트, 전시물, 건물, 경관, 위업을 탐방하는 여행이 네이션의 상상된 현존에 관한 문화적 감각을 끌어올렸다. 대부분의 사회에서 내셔널리즘의 계보를 작성할 때 국립박물관을 설립하고 국민적 예술가, 건축가, 음악가, 극작가, 소설가, 역사가, 고고학자를 배출하고 세계적 박람회를 유치해 국민적 위업을 드높이는 일은 매우 중요한 사건이었다.[100] 여러 예술가와 지식인은 국민적 문화를 육성하고 꼭 들러보아야 할 이벤트와 장소를 만들어내는 데 깊이 관여했다.

그러한 의미에서 일견 단순하게 보이는 잉글랜드 문화 역시 다양한 요소와 성분으로 조립되었다. 그 안에는 '제국'에 속해 있는 나라와 문화로 여행을 떠나는 역사적 패턴도 포함된다.[101] 물론 내부에서도 신체의 여행을 거쳐 잉글랜드의 내셔널 아이덴티티라는 감각이 양성되었다. 사람들은 문화의 성지(버킹엄 궁전, 전원), 중요한 저작 내지 시각 텍스트의 소재지(호수 지방, 셰익스피어의 고향인 스트랫퍼드어폰에이번), 국민적으로 중대한 사건이 발생한 장소(시민전투가 벌어진 헤이스팅스), 널리 알려진 개인의 발자취(군주, 셰익스피어)를 찾아 나섰다. 아울러 국가적 우월의식을 고취하고자 타 문화(다른 '유럽', 구식민지)로 떠나기도 했다.

역사적으로 보건대 내셔널리즘은 자연 경관이 지닌 특징에 가치를 주입하는 데 큰 역할을 했다. 로웬탈에 따르면 잉글랜드에는 민족의상, 국기, 국경일 등 내셔널 아이덴티티의 상징물이 그다지 많지 않기 때문에 풍경에서 드러나는 특징을 잉글랜드의 아이덴티티로 전유하는 데 공을 들였다.

> 문화유산 가운데는 분명 잉글랜드적 특색을 지니는 아이콘이 있다. 바로 경관이다. 경관은 문화유산과 같은 위상에서 칭송받아 마땅하다. 경관은 경치나 사는 법(genres de vie)만 의미하는 것이 아니다. 경관이 아니라

면 달리 무엇이 국민적 덕목의 정수를 떠올리게 하겠는가. …… 잉글랜드의 농촌지역은 세계의 기적으로서 앞으로도 영원히 찬미되리라.[102]

　이처럼 잉글랜드의 시골은 사회적 공간화의 중심에 자리 잡고 있었다. 힐레르 벨록은 (남부) 잉글랜드의 진정한 심장은 시골이며, 시골은 잉글랜드 커뮤니티의 원형으로 거의 신화적 지위를 갖는다고 여겼다. 전간기에 당시 수상이었던 볼드윈은 자신을 "들길 속의 남자"라고 불렀으며, 잉글랜드의 선원주의 이데올로기를 고취하고 시골을 도시와는 확실히 구분되는 장소로 사회적 공간화를 진행하는 데 모범적 역할을 수행했다. 그리고 전간기에는 컨스터블의 〈건초 마차(Hay Wain)〉가 특별한 잉글랜드적 아이콘으로 유포되기도 했다. 밀러에 따르면 1930년대 국영 라디오 방송의 성장도 전원주의 이데올로기가 점차 내셔널하게 확산되는 데 이바지했다. 당연한 말이지만 전원주의는 주로 도시에서 살아가는 사람들이 국내 소비용으로 만들어낸 것이었다.[103]

　잉글랜드의 시골은 다른 연합국가를 지배한 흔적을 포함해 과거 위업의 기념비로 충만하다. 반면 아일랜드나 스코틀랜드, 웨일스의 시골은 실패로 끝난 운동, 특히 전투에서 패배해 남겨진 추도비가 여기저기 흩어져 있다.[104] 다른 피식민지 사회처럼 아일랜드의 내셔널리즘은 회화에 담긴 아일랜드 시골을 가치화하는 동안 스스로 맞서 싸워온 식민지문화를 구성하는 요소들을 내면화했다. 프랫은 이처럼 아일랜드가 노력하는 모습을 두고 자기민족지적 표현(auto—ethno-graphic expression)이라고 불렀다. 이러한 자기민족지적 표현은 거의 지구 전체를 시야에 둔 제국의 시선으로 정복에 나서는 '보는 자

(seeing-man)'●의 표현에 피식민자가 동조하고, 그 표현을 자신의 것으로 삼는 것이다.[105]

물론 각국의 풍경은 저마다 특징이 다르며 각국 국민은 그것을 아이콘으로 삼고 있다. 예를 들어 스위스 알프스의 고도와 공기, 노르웨이의 피오르, 아일랜드의 습지, 미국 서부의 황야, 덴마크의 황무지, 뉴질랜드의 간헐천처럼 말이다.[106] 때로는 프랑스처럼 풍경의 복잡함 자체가 국민적 상징이 되기도 한다.[107] 또한 물리적 특징이 비슷해도 국민마다 부여하는 의미가 달라지기도 한다. 샤마는 숲을 사례로 드는데, 울창한 숲속에는 신비로운 힘을 지닌 독특한 신화가 깃들어 있으며, 그 신화는 문화의 뿌리와 가지로 스며든다.[108] 독일에서 숲은 오랫동안 군국주의의 정신을 담는다고 여겨졌다. 그리하여 나치스는 근대화를 진행하며 그렇게 육화된 기억을 널리 활용했다. 잉글랜드에서 숲은 오랫동안 (로빈후드 신화처럼) 전제군주로부터 자유를 되찾고자 숲으로 떠나 살아가는 사람들을 상징해왔다. 프랑스에서 숲은 질서를 향한 희구와 국가의 개입을 의미해왔다. 폴란드에서 숲은 자유를 향한 국민의 끝없는 고투를 연상시킨다. 미국에서 숲은 캘리포니아의 빅 트리(Big Tree)가 상징하듯 신으로부터 미국이 받은 선물, 즉 미국의 유일성과 미국인의 선민적 지위를 계시한다.

여기서 짚고 가야 할 대목은 지금껏 늘 일정한 대상만이 한 사회에서 '국민적 유산'으로 받아들여지고 기억되어왔으며, 그 과정은 국민적 엘리트의 이익을 대변하거나 적어도 그것에 어긋나지 않았다는 점

● 프랫의 개념. 프랫은 노골적 식민주의에 반대하는 여행가나 탐험가의 시선이 결과적으로 관찰 대상과의 거리를 발생시켜 '부르주아 주체'의 창출로 이어진다는 점을 드러내고자 이 개념을 사용했다.

이다. 실제로 잉글랜드에서는 내셔널 트러스트(National Trust) 등의 보존단체가 '네이션을 지키기 위한' 대상으로 선정한 것은 대개 농업에 기반한 남부 지주계급의 저택과 대농장이었다. 이러한 저택과 농장, 그리고 그것에 반영된 상류계급의 생활방식이 국민적 유산을 구성하고 잉글랜드적임을 규정한다고 여겼던 것이다.[109] 다른 내셔널 아이덴티티에서도 비슷한 사례를 찾아볼 수 있다. 하지만 이처럼 단일하고 배외적인 국민적 유산은 세 가지 측면에서 변화를 겪고 있다. 그리고 세 가지 변화는 상호작용한다. 모두 신체와 상상의 이동으로 초래된 변화들이며, 이러한 이동들이 국민과 국민적 유산에 관한 획일적이고 공고한 인식을 침식하고 있다.

첫째, 최근 글로벌한 공공무대가 성장하고 있다. 그 무대에서는 거의 모든 네이션이 스펙터클로 등장하고 자신을 결집하고 서로 경합한다. 국가는 특히 미디어를 통해 무대 위로 올라간다. 다음 장에서는 '공공영역으로부터 공공무대로의 이행'이라는 관점에서 이 문제를 다룰 것이다. 즉 만국 공통의 수행성을 지니는 글로벌한 공공무대에서는 국가조차 퍼포먼스에 나서야 하는 것이다. 그리고 공공무대에서는 사람들이 가보거나 미디어를 통해 엿보는 올림픽, 월드컵, 엑스포와 같은 대규모 이벤트가 배치된다.

이 과정을 이해할 때 1992년의 세비야 만국박람회는 좋은 사례가 될 것이다. 앞에서 언급했듯이 박람회는 국민을 일체화시키는 장치로 기능하고 국민문화를 상상하기 위한 내러티브를 제공한다.[110] 강력한 이미지, 상징, 아이콘을 통해 국민국가는 안정, 연속, 독자성, 조화의 저장고로 표상된다. 하지만 세비야는 국제자본의 거점이기도 하다. 즉 국경을 넘나드는 정보통신의 진보에 힘입어 국제자본은 나라별 전시장, 자신들의 전시장, 그리고 세비야 만국박람회 전체에 자금을 조달해주었던 것이다. 그때 전시물들은 소비자 욕망, 개인의 선택, 세계주의, 국경을 횡단하는 시장의 자유를 강조했다. 만국박람회는 글로벌한 스케이프와 흐름을 칭송하는 장이며, 이동을 촉진하는 기업의 장이다. 엑스포가 만들어내고 칭송하는 순간적 투어리즘 속에서 국가는 스펙터클로서, 기호로서 등장하고 있다.

이와 관련하여 마이어는 내셔널리티 자체가 이동한다고 주장한다.[111] 과거에 내셔널리티는 지도에 그려진 균질적 영토에 기반했으며, 그 영토 내에서 법이 제정되고 권리가 요구되며 충성을 약속받았다. 지금은 여러 문화적 생활(예를 들면 엑스포)이 국경을 넘어 투과되고 전 지구적으로 변환되어 "네이션이 자기를 규정할 때 영역은 전처럼 중심적이지 않다."[112] 네이션의 중심이 되는 곳은 내셔널한 아이콘인 특정 장소와 경관이다. 덧붙이면 특정 장소와 경관이 네이션에서 중심적 위치를 차지하는 것은 특정 장소와 경관이 매스미디어와 대규모 이벤트를 통한 글로벌한 무대 위에서 끊임없이 순환과 재순환을 거치고 있기 때문이다.

둘째, 대체로 로컬한 특색을 지닌 여러 소시에이션이 등장하고 있다. 이러한 소시에이션은 '그들의 역사' 가운데서도 자신들이 한때 살아갔던 모습을 담고 있는 기호와 기억을 지키려고 한다. 1988년에 열린 오스트레일리아 건국 200주년 기념제 당시의 격한 논쟁은 국민적 엘리트의 권력에 맞선 분쟁을 보여준다.[113] 선주민은 행사를 격렬하게 반대하며 오스트레일리아 건국기념일을 '침략의 날'로 표현했다. 기억과 역사를 둘러싼 분쟁의 결과 200주년 기념제 실행위원회는 200년 전 '오스트레일리아'의 시작을 축하하는 공적 이벤트를 되도록 간소화했다. 그리고 행사는 200년 전의 시작이나 2세기 동안 일어난 특정 사건을 강조하는 것이 아니라 고유한 문화들의 다양성에 힘입어 강하고도 풍요로운 오스트레일리아 문화가 형성되는 과정을 강조하는 쪽으로 방향을 수정했다. 고유한 전통에 기반한 선주민의 항의가 행사에 그 흔적을 뚜렷하게 남긴 것이다.

영국에서는 새뮤얼이 고유한 전통의 재발견에서 드러나는 특징을 효과적으로 그려내고 있다.[114] 그에 따르면 여러 소시에이션은 새로운 민주주의, 가족·노동자 옹호, 페미니즘, 소비자주의를 활용하고 토착유산을 기록하고 진열하여 방문자들이 보고 만지고 듣고 기억하도록 힘쓰고 있다.

> 보호론자가 지키려는 '유산', 개발계획에 따라 개간될 '유산', 휴갓길의 대중과 박물관 방문자가 들러보고 '체험'하는 '유산'은 여러 면에서 새롭고 이색적이다. 분명 영국이지만 …… 이러한 유산은 교과서적인 "우리 섬의 이야기"로부터 많이 벗어나 있다. 그 유산은 군주제와 의회라는 영국의 내셔널한 제도, 그곳에서 등장하는 인물들과 결부되지 않는다. …… 네이션의 과거를 대하는 새로운 시각은 거대사회가 아닌 소집단에 초점을 맞추고 있다.[115]

1960년대 초반 이후 이곳저곳에서 새로운 유산 장소가 등장하고 있다. 이 장소들을 발굴하고 유지하는 자들은 일찍이 지배적 전통에 맞서서 시민사회를 확장시키고자 힘을 쏟았던 사람들이다. 그리하여 네이션 속에 있는 것, 네이션 속에 있는 자가 해체되고 있다. 이러한 '소집단'은 거주지의 모습을 띠는 유산을 보존하기도 하는데 철도기관차, 운하, 산업고고학적 유적, 독, 고대 언어, 수목, 증기기관차, 시골 오두막, 제분소, 폐탄광 등이 그러한 사례들이다.[116] 영국에서는 이미 1만 3,000개 이상의 사적이 등록되었고, 2주마다 새로운 박물관이 새로 개관되며, 철도박물관만 78곳을 헤아리며, 180여 개의 물방아와 풍차가 일반에게 공개되어 있다.[117]

여기서 '소집단' 내지 분트에 관한 한 가지 흥미로운 사례를 살펴보자. 이 분트는 스코틀랜드의 섬 스카이에서 아로스 민속자료관(Aros Heritage Centre)을 열었다.[118] 두 명의 자료관 창설자는 게일어(Gaelic language) 사용을 부활시키려는 목적에서 여러 계획을 세웠다. 자료관을 창설하면 게일인 언어와 문화를 보존하고 알릴 수 있을 것이라고 기대했던 것이다.

하지만 아로스 민속자료관에 가면 '진짜' 전시물은 찾아보기 힘들다. 즉 물질적 자취를 거의 남기지 못한 문화인 까닭에 전시물 태반이 '복제물'이다. 따라서 자료관에서 더욱 중시하는 것은 '이야기'다. 비록 게일 문화가 지금은 쇠퇴하고 있지만, 과거에 게일인이 잉글랜드 일족, 스코틀랜드 일족의 족장과 맞서 저항했다는 이야기다.[119] 아로스 민속자료관 간판 아래는 게일어로 "(스카이) 섬의 유산"이라고 적혀 있다. 여기서 유산은 "본성, 속성, 본분이라는 무형의 것"으로서, 타인에게 양도하거나 매매할 수 없는 것으로 여겨진다.[120] 그러나 양도 불가능한 유산은 태곳적의 변치 않는 문화를 전제로 하지 않는다. 오히려 외부인과 숱하게 접촉해온 이야기야말로 게일의 유산이다. 그리하여 게일인의 이야기는 게일인의 반발과 저항을 골자로 하고 있을 뿐 아니라 게일 문화를 넘어선 요소를 전용하고 있다. 이처럼 게일의 유산은 타인이 들어오기 전에 순수한 상태로 존재했던 것이 아니라 필연적으로 하이브리드였던 것이다. 또한 이익을 고려하고 자율적인 스코틀랜드다움(Scottishness) 속에서 게일어를 사용하는 분트는 새로운 귀속과 여행의 방법을 발전시켰다. 이로써 게일의 유산은 확대되고 세련된 모습을 갖추어가고 있다.[121]

스코틀랜드는 북아메리카, 서유럽과 같은 여러 선진사회 속에서 '신내셔널리즘(neo-nationalism)'이 고양되는 한 가지 사례다. 최근 '신내셔널리즘'의 동향은 궁핍한 조건보다는 상대적으로 풍요로운 조건에서 빌생하며, 에스닉한 내셔널리즘보다는 시민적 내셔널리즘을 강조한다. 이러한 종류의 내셔널리즘은 반동적이기보다 대체로 진보적이며, '응집적인 시민사회'를 지닌 네이션 속에서 이러한 움직임들이 일어나고 있다.[122] 주목해야 할 점은 신내셔널리즘이 복합적 아이덴티티를 특징으로 한다는 것이다. 하나의 '순수하게 내셔널한 자아'는 존재하지 않으며, 사람들은 복합적 아이덴티티를 갖는다. 스코틀랜드에서 생활하는 사람들 가운데 절반에서 3분의 2는 자신을 스코틀랜드인이자 영국인이라고 여기고 있다.[123]

셋째, 디아스포라 문학이 진전하자 단일하고 포괄적인 국민유산을 유지하기가 점차 어려워지고 있다. 포스트콜로니얼 작품들은 일반적으로 모든 문화는 무근하며, 자연 발생한 것이 아니라 고안된 것이며, 타 문화와의 복잡한 교류를 거치며 구성되었음을 밝히고 있다. 예를 들어 거나가 보여주듯이 에티오피아의 식민지문화는 단순히 억압적인 것이 아니었다. "서양문화는 우리가 본래 갖고 있던 문화를 대체했다기보다 우리의 세계관을 발달시키는 데 크게 기여했다. …… 가공된 '바깥' 문화가 일단 유입되면 그것은 우리 것이 되었다."[124] 이처럼 식민지문화는 국경을 횡단해 왕래하는 사람, 사물, 이미지 흐름의 결과로 형성되고 재형성되어왔다. 이러한 신체와 상상의 이동은 여러 식민 통치, 노동 이민, 추방과 망명, 여행과 관광, 대중문화와 매스미디어, 포스트식민지주의 내의 복잡한 교환관계, 디아스포라의 '귀환의 신화(myth of return)' 등으로 초래되었다.[125] 길로이는 말한다. 예를 들어 아프리카, 유럽, 남북아메리카라는 대륙을 범주로 하는 지역에서 대체로 "나는 민족을 중심에 두지 않고도…… 문화사가가 대서양을 공통의 복합 단위로 분석할 수 있는 것은 아닌지에 대해 천착해왔다. …… 그리고 이 방법을 통해 나는 국가를 넘어서고 이종문화에 걸쳐 있는 시점을 분명하게 제시할 수 있었다고 생각한다."[126] 그 맥락에서 길로이는 배라는 메타포를 효과적으로 활용한다(2장 참조).

크리올화(creolisation) 내지 하이브리드화(hybridisation)하는 문화는 때로 수세기에 걸친 불규칙하고 불평등한 사회적 변환과정에서 출현한다. 이러한 변환과정이 세계에서 여러 '사회'를 증식시켜왔다. 현재로서는 한편에 200여 개국이 있지만, 적어도 2,000여 가지의 '네이션'이 있을 것으로 추산된다. 그리고 그 양상이 다르고 어떤 위상을 부여할지 애매하다.[127] 즉 가장 좁은 의미에서 소수의 '사회'만이 독자적인 국민국가 사회로 성립해 있다. 대부분의 사회는 국민의 모임으로 간주할 수 없다. 따라서 국민국가로 여겨서는 안 된다. 아마도 2,200만 내지 4,500만의 구성원이 만들어내는 '화교'는 이처럼 국민국가가 아닌 사회 가운데서 특히 이채로운 것이라고 하겠다.[128]

이러한 2,000여 사회는 대부분 디아스포라적이다. 디아스포라라고 하면 박해에 시달리며 강제적으로 쫓겨나고 희생당해 정신적 외상을 입은 유대인의 경험을 전형으로 간주할지도 모르지만, 반드시 그러한 경우로 한정되지는 않는다. 코언은 디아스포라에 관해 다음과 같은 유형학을 제시한다. 즉 피해자 디아스포라(노예무역으로 떠나온 아프리카인), 노동 디아스포라(미국의 이탈리아인), 교역 디아스포라(레바논인), 제국 디아스포라(시크교도), 문화 디아스포라다.[129] 디아스포라 개념에는 떠나온 '고국'을 향한 충성, 정감, 아이덴티티가 요구된다는 생각이 항상 따라다닌다. 물론 디아스포라의 고국은 언어, 종교, 관습, 민속으로 규정되기도 한다. 예컨대 디아스포라 커뮤니티는 어떤 경우든 문화적 산물이다.

이러한 디아스포라 사회는 고향과 타지로 떠나는 신체와 상상의 여행과 오늘날 늘어나는 가상적 여행 없이 유지되지 않는다.[130] 여기서 클리퍼드는 이동수단의 중요성을 강조한다. "일찍이 광대한 바다가 가로놓이고 정치적 장벽이 세워져 조국으로부터 멀어지고 흩어졌던 사람들은 현대의 운송과 통신기술이 발달하자 왕래가 가능해져 자신들이 고국과 이웃해 있음을 점차 실감하게 되었다. 비행기, 전화, 카세트테이프, 캠코더, 그리고 유동적인 노동시장으로 세계의 장소들을 연결하는 거리가 줄어들어 합법적·비합법적으로 장소들 사이를 오갈 수 있게 되었다."[131]

디아스포라 가족이나 커뮤니티 구성원뿐 아니라 신체적으로 또는 상상적으로 방문하는 디아스포라의 성지도 다양한 '사회'에 놓여 있다. 이러한 디아스포라 사회는 '구조화된 여행의 회로'를 통해 결합된다.[132] 이러한 여행과 교환, 즉 클리퍼드가 "디아스포라의 횡축(lateral axes of diaspora)"이라 명명한 것의 양태에 따라 한 사회집단에서 '유산'으로 여겨지는 것에 관한 감각이 재조직된다. 이 감각은 결코 고정적·안정적·자연적일 수 없으며, '진정한' 것도 아니다.[133] 여기서 생산되는 문화는 하이브리드며 이질성, 차이성, 다양한 이동성을 통해 구성되고 복구된다. 디켄의 경우에는 덴마크의 터키인 디아스포라를 취해 하이브리드적 아이덴티티의 불안정성을 다룬다.[134] 디켄이 지적하듯이 "유니온 덴마크인(Union Danish)에 하이브리드는 없다"는 발언은 순수함과 질서를 향한 덴마크인의 동경과 터키인의 문화적 혼종성에 관한 덴마크인의 적의를 여실히 보여준다.

또한 텔레비전 이미지를 통한 상상의 여행은 한 집단에서 유산을 만들고 아이덴티티를 형성하는 데 특히 중요한 역할을 한다.[135] 아일랜드 문화는 디아스포라의 유산이 어떻게 상상의 여행을 통해 재구성되는지를 인상적으로 보여준다. 아일랜드다움의 시니피에에는 문학, 예술, 무용, 스포츠, 술, '켈트의 호랑이(Celtic Tiger)'● 같은 표상을 통해 글로벌화되는 현대문화에서 주요 요소로 자리매김했다.[136] 아일랜드 하면 가난과 만취한 노동자를 떠올리던 시기는 지났다. 글로벌한 무대로 접어드는 가운데 아일랜드다움은 재구성되고 있다. 흥미로운 사례로 고전문화의 하이브리드인 '리버댄스(Riverdance)'를 들 수 있다. '리버댄스'는 아일랜드 전통무용에서 유래하는 면이 있지만, 동시에 귀를 멍하게 만드는 스펙터클, 시각적 자극, 신체의 청각화를 활용하는 전형적인 '글로벌 댄스'다.[137] 유명한 '리버댄스'의 댄서는 여러 분야의 세계적 저명인사와 어깨를 나란히 하며 아일랜드에서 '디아스포라 영웅'으로 추앙받는다. 댄서는 디아스포라의 엘리트다. 그리고 엘리트의 일원은 글로벌한 흐름과 네트워크 속에서 자전적 이야기를 갖는다. 이에 대해 코코런은 말한다. "우리의 디아스포라 영웅은 분명 그 사람들의 생활권에서 등장했다. 그러나 그 생활권은 트랜스내셔널

● '아시아의 호랑이'에 빗대어 경제적으로 급성장한 아일랜드를 상징적으로 표현하는 말이다.

한 미디어 시스템, 국제 스포츠, 출판이라는 글로벌한 정보통신의 구조와 깊이 연관되어 있다."[138]

나아가 코언은 '디아스포라화' 과정과 글로벌한 네트워크와 흐름 사이에서 엿볼 수 있는 선택적 친화성을 강조한다. 그 이유는 다음과 같다.

> 디아스포라는 영토적 구획이 없고 여러 언어를 구사하며, 글로벌화와 로컬화의 경향 사이에 다리를 놓기도 한다. 따라서 디아스포라는 경제적 · 문화적 기회를 재빠르게 거머쥘 수도 있다. …… 디아스포라가 세계를 연결하면서 그들은 점차 많은 권력을 획득하고 있다.[139]

디아스포라는 끈끈하게 이어진 가족, 친족, 씨족, 민족의 유대에 기반해 국경을 넘어선 노동 이민과 수입의 흐름, 더 넓은 의미에서는 교역을 조직하고 있다. 디아스포라는 주요한 '세계' 도시에서 생활하는데, 그것은 디아스포라가 그곳의 코즈모폴리턴적 성격에 기여하는 동시에 그곳에서 이익을 취한다는 것을 의미한다.[140] 그래서 샌프란시스코의 한 중국인 투자가는 공항에서 멀지만 않다면 세계 어디서든 살아갈 수 있다고 말한다.[141] 화교가 전 지구의 주요 도시에 대부분 차이나타운을 건설한 것을 보면 디아스포라에서 노드가 얼마나 중요한지를 확인할 수 있다. 현재 가장 큰 차이나타운은 뉴욕에 있는데, 최근에 벌어진 현상이다. 1960년대에는 불과 1만 5,000명이 거주했을 뿐이다. 하지만 20년 사이에 무려 20배가 늘어나 방대한 수의 서비스, 공장, 전문직이 생겨났다. 주지하는 바와 같이 차이나타운은 '글로벌 투어리즘'에서 중요한 노드이기도 하다. 차이나타운 사람들

은 국제적 관광의 시선에 맞도록 제작되고 포장된 '민족의 예스러움'을 팔고 있다.[142]

마지막으로 다른 종류의 트랜스내셔널한 아이덴티티의 형성과정에 주목해보자. 유럽연합에 속한 나라들 가운데 3분의 2의 사람들은 스스로를 '유럽인'이라고 여긴다.[143] 하지만 유럽연합 자체에 그러한 감각을 갖는 사람은 비교적 드물다. 유럽인이라는 감각이 확산되는 가운데 하버마스는 만약 유럽의 공공영역을 발전시킬 수 있다면, 그러한 의식이 유럽 시민사회에 뿌리내릴 수 있으리라고 내다본다.[144] 하버마스가 말하는 공공영역은 유럽연합의 공통 사안을 두고 논의하고, 유럽에 관한 정보가 늘어나며, 공통의 문화·스포츠 이벤트를 즐기고, 여행을 더욱 자주 다니는 동안 발전해갈 것이다.[145] 그러나 유럽인이라는 의식에서는 뚜렷한 계급분화도 감지된다. 가장 유럽적인 존재는 자본가, 경영자, 전문가이며 그들이 유럽적인 동시에 글로벌적이다.[146]

지금껏 나는 국가와 국민의 세 가지 유산이 붕괴되어가는 사실을 기술하는 데 주력해왔다. 첫째, 여러 글로벌한 '무대'의 출현으로 네이션과 아이덴티티가 스펙터클화되고 있다. 둘째, 국민적 엘리트보다는 소집단이 나서서 지금까지와는 다른 대안적 기억과 유산의 복합적 형식을 만들어내고 있다. 마지막으로 경제적·문화적 디아스포라와 트랜스내셔널한 아이덴티티가 복잡한 이동으로부터 발생하고 복잡한 이동을 발생시키고 있다.

다음 장에서는 이 과정에서 출현한 시민권에 주목하여 구획된 공간에 근거하는 배타적 시민권을 토대로 국민적 경쟁을 추동해온 국민국가가 어떻게 잠식당하고 있는지를 살펴볼 것이다. 코언은 국민국가를 통한 그리고 국민국가를 넘어선 다원적 교류가 활성화된다는 점을 강조한다. "국제 도시가 서로 연결되어 서브내셔널, 트랜스내셔널한 아이덴티티가 점차 증식하고 있다. 이러한 아이덴티티는 국민국가 시스템에 포섭되지 않으며, 명확하게 주어지고 배타성을 띠는 내셔널한 시민권 관념에 포섭되지도 않는다."[147]

맺음말

지금껏 살펴보았듯이 거주방식은 여러 가지다. 땅을 넘나들면 국민적 사회의 경계 내부에서, 그리고 경계를 넘어서서 귀속과 여행의 복잡한 관계가 발생한다. 사람들은 다양한 이동성 속에서 거주한다. 벨훅스는 말한다. "집은 더 이상 하나의 장소가 아니다. 그것은 장소들이다."[148] 앞에서 언급했듯이 순간적 시간은 귀속과 여행의 현대적 양태를 변용시킨다. 현대는 "계속 작아지는 상자와 같다. 우리는 이 상자 속에서 미쳐 날뛰는 속도로 쳇바퀴를 돌리는 경주를 하고 있다." 그리고 "순간을 경험"할 뿐이다(우리에게는 '아주 짧은 시간의 경험'이 제공될 뿐이다).[149]

이 장을 마무리하기 전에 거주 형식과 시간의 양태, 즉 빙하의 시간에 관해 좀더 보충하고자 한다. 빙하의 시간은 순간적 시간에 맞서 시간을 '자연의 속도'로까지 끌어내리려 한다.[150] 이때 빙하라는 메타포는 여러 특징을 함축한다. 첫째, 빙하의 시간은 매우 천천히 그리고 묵직하게 흘러간다. 시계 시간 및 순간적 시간의 틀과 동조화되지 않는다. 변화는 몇 세대에 걸쳐 일어나며, 실제로 몇 세대를 거쳐야만 변화를 알아차릴 수 있다. 이때 변화란 빙하의 맥락 내지 환경에서 초래되는 것이다. 빙하를 빙하가 놓인 환경에서 떼어내 말할 수는 없다. 이 경우 변화를 읽어내려면 장기적 관찰과 기록이 필요하다. 또한 오랜 시간이 축적되어야 형성되는 빙하는 예측하기 어렵다. 빙하의 '환경'에서 일어나는 작은 변화가 빙하의 장기적 생존 능력에 변화를 주기 때문이다. 마찬가지로 빙하 상태도 '환경'에 큰 영향을 미친다. 빙하의 시간은 빙하의 형성에서 빠질 수 없는 요소며, 어떤 계측장치로 재단할 수 있는 것이 아니다.

이처럼 빙하의 시간은 현존하는 세대의 관찰과 평가를 넘어 천천히 흘러간다. 각각의 세대는 그때마다 자신의 맥락 안에서 빙하의 시간이 흘러가는 과정과 관계하며, 또 그러면서 여러 세대에 걸쳐 일어날 일을 상상한다. 빙하의 시간은 빙하가 거주하는 양태에 고유한 시간이며, 물리적 세계의 끝없고 긴 '타임스케이프'와 닮아 있다. 물리적 세계의 타임스케이프에서 토질이 바뀌거나 방사능 오염이 사라지거나 유전자 조작이 동식물에 미치는 영향을 판명하려면 수천 년의 세월을 필요로 한다.[151]

여러 작가와 환경보호론자는 이러한 시간을 담아내고 표현하기 시작했다. 그들은 인간이 물리적 세계를 관류하는 빙하의 시간성에 조율하며 생활해야 한다고 주장한다. 예를 들어 그리피스는 속도에 대한 강박관념을 거부하고 자동차나 비행기를 타기보다 걷거나 자전거를 이용해 자연의 느긋한 움직임을 느낄 것을 제안한다. 평소 행동을 시간의 완만한 본질에 맞추자는 것이다.[152] 마찬가지로 메이시는 오늘날 순간적 시간이 낳는 "시간의 구속으로부터 벗어나자"고 역설한다. 그녀는 '좀더 건강하고 건전한 모습으로' 시간 속에서 살아가기를 희망한다. 이것은 "우리의 시간 경험을 유기적·생태적 관계 속으로,

또한 지질학적 맥락에서 다른 종과의 관계를 회복하는 방향으로 열어가는 것"이다.[153] 매케이에 따르면 길 위를 점거한 사람들의 행동은 직선적 시간관념(나는 시계 시간이라고 불렀다)을 원환적(cyclical) · 우주질서적(cosmological) · 신체적 시간관념으로 바꾸어놓으려는 시도라고 할 수 있다.[154] 애덤은 조원을 하려면 미래에 관한 고려가 얼마나 중요한지를 강조하고, 그 모든 활동의 특징이 복수의 동시적인 시간 지평에 존재한다는 사실을 보여준다.[155] 또한 그녀는 그 지방에서 나오는 계절 식품을 먹는 것이 시민의 기본 권리며, 슈퍼마켓은 이 권리를 충족해주기 위해 노력해야 한다고도 주장한다.[156] 이처럼 인간과 동물 등 다른 '자연'과의 지속적 관계를 성찰하는 일이 늘어나고 있다. 이러한 의식은 동시대에서 벗어나 명시될 수 없는 미래로 뻗어나가기도 한다.

일반적으로 미래가 현재의 경계를 침범할수록 현재는 과거에 더 강하게 관여한다. 출판, 텔레비전, 전자 기록, 박물관이나 사적공원에서, 그리고 미술품, 공예품 수집, 동식물 종의 시대 추정 등을 통해서 말이다.[157] 호이센은 "정보의 처리 속도를 떨어뜨리고 시간의 융해에 저항하려는 시도…… 혼란을 초래하고 위협으로 등장할지 모를 이질성, 비공시성, 정보 과다의 세계 속에 공간을 붙잡아두려는 시도"에서 기억이 매우 중요한 의미를 지닌다고 강조한다.[158]

빙하의 시간은 순간적 시간이 띠는 '몰장소성'에 맞선 다양한 형태의 저항에서 확인할 수 있다. 코먼 그라운드 조직은 '순간적으로' 지나가는 장소가 아니라 '유유히 거느리고' '느긋하게 정착하는' 장소를 구현하고자 노력한다. 이 단체는 커뮤니티를 기본으로 하는 '교구 지도(parish map)'의 아이디어를 내놓고 있다. 클리퍼드에 따르면 이러한 사고는 "지역 사람들이 지금보다 서로를 더 잘 알고, 배려하며, 용기 있는 결단을 내리고, 변화를 이끌어가며, 활기를 유지하고 풍요로운 자연의 역사와 어우러질 수 있다는 신념"[159)]으로 집약된다.

이처럼 장소의 속도를 떨어뜨리는 것 또는 그 '커뮤니티'를 매개해 장소를 파악하는 것은 빙하의 시간을 전제로 한다. 사람들은 역사의 무게, 즉 그 장소에 새겨질 자신들의 기억과 행동의 무게를 느낀다. 그리고 그 장소는 몇 세대에 걸쳐 여전히 지속될 것이라고 믿는다. 코먼그라운드는 그럴듯한 외관을 지닌 곳뿐 아니라 어디든 이러한 장소가 될 수 있다고 여긴다. 클리퍼드는 로컬한 지시성을 결정하는 요인은 자신들의 다양한 감각을 자극하고 장기에 걸쳐 "아이덴티티와 고유성을 부여하는 일상의 장을 만들어내는 고색(patina)과 세부사항"[160)]이라고 정리한다. 이처럼 어느 지역을 구석구석 음미할 때는 빙하의 시간을 마음속에 떠올리기 마련이며, 빙하의 시간은 국민국가의 시계 시간과도 여러 신체적·상상적·가상적 여행이 지니는 순간적 시간과도 다르다.

이러한 빙하의 시간은 한 인간이 태어나고 자란 장소, 지금의 거주지 내지 일터, 전에 들러보았거나 앞으로 들러볼지 모를 장소와의 관계 속에서 발달해간다. 하지만 이로 인해 다양한 빙하의 시간들이 충돌하기도 한다. 리는 유 트리(Yew Tree) 지방의 호수에 관해 논의하던 중에 두 가지 '빙하의 시간'이 충돌했다는 것을 보여준다.[161)] 첫째, 잉글랜드에서 내셔널 트러스트에 의해 구성되는 심미적 시간이다. 후대에 이르기까지 호수의 모습을 영속적으로 보호하려는 것이다. 이러한 시각적 보호를 위해서는 자연에 손을 대야 한다. 둘째, 근저적인 지질, 지형상의 과정이다. 그 과정은 '자연스럽게' 호수를 초원으로 바꾼다. 자연은 후대에게 남기려고 호수를 보전하지는 않는다. 둘째 의미와 관련해서는 눈에 보이지 않는 자연의 장기적 과정이 중요하다. 결국 상이한 감각체제 사이의 분쟁은 어느 쪽 빙하의 시간이 승리를 거둘 것인지에 영향을 줄 것이다.

또한 여성에게 빙하의 시간을 개척할 역량이 있다는 주장이 등장하기도 한다. 이는 먼저 여성이 그늘의 시간(shadow time)을 길러야 하기 때문이다. 이것은 시계 시간의 그늘에 있으면서도 시계 시간과는 구분할 수 있는 시간이다.[162] 데이비스가 말하는 바와 같이 '보살피는 자'의 시간은 끝이 없으며 대체로 남성의 시간인 상품화된 시계 시간 외부에 존재한다.[163] 여성은 보살피는 사람으로서 시간에 따라야 할 뿐 아니라 시간을 타인에게 내주어야만 한다.[164] 여성들은 아이를 낳고 기르는 '자연스러운' 활동을 하고 있기 때문에 시계 시간에 맞선 대안적 시간을 만들어낼 수 있다. "자연과 신체는 다양성과 시간성의 원리를 창조와 진화의 원천으로 삼고 있다. 시계 시간은 그것들의 리듬과는 분명히 맞지 않는다."[165] 폭스의 주장에 따르면 분만 중인 여성은 "자신의 의식을 모두 집중하여 격렬하게 근육을 수축시키는데, 이때 긴밀했던 시계 시간과의 관계를 끊어낼 수 있다."[166] 좀더 일반적으로 말해 여성은 생식, 출산, 육아와 같은 활동을 감당하기 위해 남성보다 세대를 잇는 시간에 깊이 발을 들여놓아야 한다.[167]

이 책 마지막 장에서는 '자연과 함께하는 사회학'의 전개와 관련해 지금껏 다루어왔던 자연과 시간의 문제를 다시 살펴볼 것이다. 그러나 그에 앞서 국경을 횡단하는 스케이프와 흐름에 관해 검토할 필요가 있다. 이러한 스케이프와 흐름에 따라 거주의 현대적 형식이 재형성되고, 그 결과 환경, 넓게는 지구에 관한 시민의 권리와 의무가 재형성되기 때문이다. 그리하여 다음 장에서는 다양한 시간에 조응하는 다양한 거주와 관련하여 시민권이 어떻게 성립되고 수정되는지를 중점적으로 살펴보고자 한다.

7장

시민권

베트남전쟁, 동유럽과 중유럽에서 벌어진 혁명적 변화, 걸프전쟁은 엄밀한 의미에서 역사상 최초의 '세계정치'적 사건이었다. 전자적 매스미디어는 이 사건들에 세계적 동시성과 편재성을 부여했다. …… 세계적 시민권의 도래는 더 이상 환영이 아니다. 비록 우리 손으로 쥐기에는 여전히 먼 곳에 있지만 말이다.

—Jürgen Habermas 1995: 279

들어가며

먼저 1990년대 중반에 보도된 한 신문기사 "'사탄의 접시' 추방—이란, 베이워치를 금지하다"를 소재로 간단히 살펴보자.[1] 기사를 보면 '사탄의 접시'가 국외에서 방영되는 TV 프로그램을 수신하는 위성 안테나임을 알 수 있다. 이슬람 지도자들은 이 접시를 서양에서 온 '전 세계에 걸친 오만한 문화적 침략'의 도구로 여겼으며, 이슬람의 순수성을 지키기 위해서는 나라가 나서서 '면역'해야 한다고 주장했다. 실제로 1995년 4월 이후 이 접시를 사용하면 투옥당하거나 무거운 벌금이 부과되었다. 이 기사에서 이슬람 지도자들은 언제까지고 "세계로부터 얼굴을 돌리려는" 자로 묘사된다. 이때 세계란 글로벌한 흐름으로 구성되며, 그것에는 외국 뉴스나 베이워치 같은 외국의 오락프로그램도 포함된다. 이러한 프로그램을 전송하는 위성의 영역은 어느 사회에도 속해 있지 않다. '세계'란 자신의 주민들이 무엇을 시청해야 할지 결정할 수 있는 200여 개의 분리되고 독자적인 사회의 집합이 아니다. 이 기사가 말하는 '세계'는 이 책에서 지금껏 다루어온 글로벌한 스케이프와 흐름으로 구성된다.

기사에는 살펴보아야 할 두 가지 대목이 있다. 첫째, 위성안테나가 철거되면 이란인과 글로벌 미디어를 연결해온 독특한 관계성이 훼손될 것이다. 위성안테나가 매우 중요한 까닭은 사람과 사물 사이에서 하이브리드한 네트워크를 효율적으로 구축해왔기 때문이다. 이탈리아에서처럼 이란에서도 같은 내용의 CNN 뉴스와 베이워치를 볼 수 있다(자막인지 더빙인지는 불문하고). 저가의 위성안테나만이 광범하고 글로벌한 흐름으로 이란인을 이어주고 있었다. 글로벌한 연쇄 속에서

양자를 이어주는 마지막 링크였던 것이다.

둘째, 이 기사는 글로벌화는 좋은 것이므로 위성안테나를 비합법화하는 방침이 글로벌한 텔레비전을 시청할 이란인의 권리를 침해한다고 주장한다. 베이워치처럼 시시한 프로그램 말고는 딱히 볼 것이 없다 하더라도 시청할 권리는 보장되어야 마땅하다는 것이다. 테모우리안의 관점에 따르면, 이란 밖에서 제작되어 이란인에게 친숙하지 않은 생활 양식, 섹슈얼리티, 젠더의 표현을 담은 프로그램을 보는 일은 이란인에게 하나의 권리인 것이다. '글로벌 시민'의 권리를 다듬어가는 데서 어떤 종류의 감각을 충족할 수 있는 권리는 중요하며, 이란의 경우에는 남성이 소비자주의를 반영하는 서양의 영상(특히 여성의 섹슈얼리티)을 마음껏 볼 수 있다는 것이 특히 중요하다. 이 기사는 글로벌한 세계에 참가하는 권리를 당연하다고 여기며, 이를 가로막는 이란 정부의 부당한 권리와 대조시키고 있다. 즉 글로벌한 흐름을 차단하기 위해 사회가 경계를 그으려고 하면 안 된다는 것이다.

간략하게 언급했지만 이 사례는 시민권과 글로벌화 간의 역설적 관계를 보여준다. 시민권과 글로벌화는 담론으로서든 과정으로서든 근래에 점차 범람하고 있다. 시민권의 경우에는 내셔널한 시민권을 요구하는 운동이 대륙을 넘어 영향력이 매우 커지고 있다.[2] 특히 과거 동유럽에서는 시민권 요구와 시민사회 제도 요구가 분출했다. 1989년은 파리 시민이 시민의 지위를 요구하며 거리로 나온 지 정확히 200년으로 여러 의미에서 시민의 해로 표상되었다.[3] 그해에는 다양한 사회의 사람들이 "시민이 되기를 원했다. 즉 존엄과 책임을 지니고, 권리와 더불어 의무를 갖고, 시민사회에 자유롭게 참여하는 개인으로서 남성·여성이기를 요구했다."[4]

한편, 1989년은 글로벌화의 담론이 갑자기 활발해진 해이기도 했다. 글로벌한 것에 관한 분석이 기하급수적으로 증가한 것은 경제적·정치적·문화적 관계의 글로벌한 재구성을 짐작하게 한다. 시민권과 민주주의를 요구하는 투쟁은 1989년 베를린 장벽 붕괴와 중국의 민주화운동에서 가장 두드러졌는데, 이는 즉각 정치적 세계로 전해졌다. 글로벌한 금융시장, 세계 여행, 인터넷, 세계적 명성의 브랜드, 다국적기업, 리오 지구 서밋, 세계 시민 등은 내셔널한 시민과 내셔널하게 조직된 시민사회를 곳곳에서 뒤흔들고 있다.

따라서 누구든 어느 사회의 시민이 되어야 한다고 요구하는 이 시대에 글로벌한 네트워크와 흐름은 내셔널한 시민 되기를 밑바탕부터 침식하고 있다. 그렇다면 글로벌화는 내셔널한 것에 기반하는 시민권 형태가 의미를 상실했음을, 또는 상실하리라는 것을 의미하는 것일까? 국경 안쪽에서 형성되던 사회와 그 사회의 시민은 글로벌화로 인해 자취를 감추게 되는 것일까? 글로벌한 흐름을 조정하는 데 국가는 어떤 권리를 지닐 수 있을까? 글로벌화로부터 인간의 보편적인 권리와 의무 개념을 도출해낼 수 있을까? '지구' 시민은 진정 존재한다고 말할 수 있는 것일까?

기존의 논의는 주로 시민권이 개인적인 것인지, 집합적인 것인지에 초점을 맞추어왔다. 그리고 권리를 강조하는 접근은 지나치게 개인주의적이라는 비판을 받아왔으며, 그리하여 권리를 낳고 권리의 토대를 이루는 사회적 실천이 강조되었다.[5] 나 역시 집합적 접근을 채택할 것이다. 하지만 시민권과 관련된 집합적 실천은 다양하며 사회 내부에서 발생하는 것으로 국한되지 않는다. 따라서 다방면에 걸친 이동과 새로우면서도 다양한 시민권 개념의 관계를 밝혀낼 필요가 있다.

현대의 시민권은 '포스트모던'한 양상을 띠기도 한다. 권력을 독점하며 네이션을 구성하는 시민에게 권리와 의무를 부여하는 근대적인 합리적–법적(rational-legal) 국가가 지역에 따라서는 존재하지 않기도 한다. 또한 글로벌한 네트워크와 흐름이 사회적 불평등을 재구조화하고 여러 국가를 그 흐름의 '조정자'로 유인하는 경우도 있다. 또한 기업, 브랜드, 비정부기구 등 민족을 가로지르는 소문자 국가들이 국민국가보다 강력한 면모를 보일 때도 있다. 더구나 앞 장에서 살펴보았듯이 화교와 같은 '사회'가 커다란 영향력을 행사하기도 하는데, 이 '사회'는 국민국가의 경계에 따르지 않는다. 대체로 탈식민기의 여러 사회가 지니는 하이브리드적 속성은 이접적·경합적·비정합적 시민권으로 귀결된다. 유발데이비스는 이를 '미분화되고 중층화된 시민권(differential multi-tiered citizenship)'의 질서라고 이해했다.[6]

따라서 지리적 범위를 달리하는 다양한 시민에게 각기 다른 권리와 의무를 부과하려는 여러 사회조직이 존재한다. 시민권이란 재산과 노동, 보건의료 등의 권리에 대한 다양한 사회집단의 접근권과 관련되며, 단일한 국민국가 내부로 한정해서 논할 필요는 없다. 실제로 논의는 좀더 근본적으로 진행되어야 한다. 예를 들어 현대세계에서 생활하고 이동하는 시민에게 걸맞은 권리와 의무란 무엇인가, 어떤 실체가 시민권을 부여해야 하는가, 어떤 메커니즘으로 매우 다양한 시간적·공간적 범위에서 발생하는 권리와 의무의 복합체를 이해할 수 있는가 등이 문제인 것이다.

다음 절에서는 시민권에 관한 기존 문헌의 한계를 꼼꼼히 살펴보고자 한다. 특히 세계적으로 큰 영향을 준 T. H. 마셜의 사회중심적 정식화(society-centric formulation)에 초점을 맞출 것이다. 이어서 현대의 시민권에서 '환경'이 갖는 의미를 고찰할 것이다. 아울러 매스미디어와 글로벌한 이미지에 관한 몇몇 연구를 검토하며 위험 요소, 권리와 의무의 프리즘을 통해 글로벌 시민권의 개념을 면밀히 검토할 것이다. 나아가 오늘날의 코즈모폴리턴과 이동성의 질서 속에 놓인 시민권과 소비주의의 역설적 뒤얽힘을 짚어볼 것이다.

시민권을 둘러싼 논쟁

시민권에 관한 사회학은 경계를 지니는 사회라는 개념을 전제하고 있다. 각 사회는 구성원의 권리와 의무를 체계화시키는 국가를 중심으로 하는 독립된 사회적 실체라고 여겨졌으며, 사회적 관계들은 대체로 각 사회의 영토적 경계 안에서 순환한다고 간주되었다. 그곳에서 국가는 사회 전역에 걸쳐 관할권을 독점한다. 그리고 경제·사회적 계급관계, 정치·문화·젠더·에스니시티 등은 사회조성적으로 구조화되며, 이 관계에 조응하여 해당 사회의 구성원이 누리는 생활 기회를 규정하는 사회구조가 조직된다는 것이 통념이다. 이러한 사회 개념은 인간이란 무엇인가, 즉 누가 시민으로서 권리와 의무를 향유하는가에 관한 서양적 사고의 근간을 이루어왔다. 모름지기 인간이란 특정 사회의 일원인 것이다.

브루베이커는 인간과 사회의 이중성이 어떤 모습으로 드러났는지를 간결하게 말한다. "국민 주권의 교리가 확고해지고 시민권과 국민임(nationhood)의 관계도 명확해진다. 그리고 시민과 국가 사이의 비매개적·직접적 관계가 구체제 특유의 매개적·간접적 관계를 대체한다."[7] 경제적·사회적 문제와 위험은 대체로 각 사회에서 만들어지고 해결된다고 여겨져왔다. 각 사회는 국가정치로서 자신들의 과제를 풀어간다. 그리고 시민은 자신의 사회에 대해 의무를 지고 자신의 사회로부터 권리를 보장받는다.

이러한 사회조성적 시민권 개념이 형성되는 과정에서 1949년 마셜의 강연은 특히 중요한 의미를 지닌다.[8] 당시는 영국의 복지국가체제가 전성기를 구가하던 때였다. 마셜은 앞서 언급한 사회와 시민권의 관계를 명쾌하게 정리한다. "이처럼 '문명화된 생활'의 조건을 모두가 향유해야 한다는 요구는 사회적 유산의 공유를 인정해야 한다는 요구다. 또한 이것은 사회의 완전한 성원으로서, 즉 시민으로서 받아들여야 한다는 요구인 것이다."[9]

이는 사회계급의 불평등이 어떻게 시민권의 형식적 평등과 공존할수 있는지를 보여준다. 마셜에 따르면 영국에서 시민권은 수세기에 걸쳐 확립되었다. 시민적 권리는 18세기, 정치적 권리는 19세기, 사회적 권리는 20세기 초반에 성취되었다.[10] 20세기 중반에 이르자 영국에 사는 사람들은 대부분 사회의 온전한 성원, 즉 시민이 되었다. 시민권이란 사회에 온전하게 참가하는 사람에게 부여되는 지위다.[11] 그리고 사회란 수세기에 걸쳐 공동의 권리를 향유하고 공동의 의무를 지게 된 시민들로 구성된다.

마셜은 시민권이란 '어떤 이미지를 만들어내며 발전해가는 제도'라고 표현한 바 있다. 사람들은 그 이미지에 비추어 달성의 정도를 측정하고 그 이미지를 향해 나아가고자 한다. 따라서 어떤 의미에서 시민권은 규범적이다. 모름지기 시민권이 성립된 사회라면 "사회보장이라는 지원체제를 통해 인구 대다수를 포용해야 한다."[12] 사회계급이 그렇듯 시민권은 자본주의적 사회관계의 산물이다. 그리고 20세기 내내 사회계급과 시민권은 격전을 벌여왔다. 마셜은 말한다. 시민권은 계급이 초래한 너무나 불평등한 결과에 맞서 활성화되었다. 그 결과 20세기에 계급 간 수입과 재산의 격차가 줄어들었다.[13] 그리고 '사회'적인 것을 전체적으로 관리하는 여러 형태의 '국유화'된 전문기술이 시민권을 떠받치고 있다.[14]

마셜의 주장을 지지하는 측이나 반박하는 측은 여러 논의를 개진했다. 첫 번째 비판은 이러한 것이다. 마셜은 당분간 시민권이 계속 발전하리라는 잘못된 믿음 탓에 시민권을 향한 저항의 가능성을 간과했다.[15] 어떤 각도에서 보면 영국의 대처주의는 반세기에 걸쳐 획득한 사회적 권리를 논쟁에 부치는 데 일정하게 성공한 기획이었다.

또한 노동조합운동을 통해 획득된 '시민'적 권리를 고려한다면 마셜의 시기 구분은 혼란스러운 면이 있다. 영국에서도 그 권리는 18세기가 한참 지나고 나서야 획득되었으며, 개인주의적인 권리보다도 '집합'적인 성격을 띠었다.[16] 더구나 영국은 다민족국가이며, 스코틀랜드나 웨일스, 아일랜드·북아일랜드(특히 가톨릭교도에 대해)에서 시민권은 잉글랜드보다 제한되어왔다.[17] 권리들은 아직 확립되지 않았으며, 영국 내의 다른 지역에서는 지배자 잉글랜드에 맞서 완전한 시민권을 쟁취하고자 광범한 투쟁을 벌여왔다. 따라서 마셜의 설명은 잉글랜드는 해당되지만 다른 '서양' 나라들에서는 그다지 적절하지 않다는 것이다. 하물며 일찍이 제국 영토의 일부로 편입되어 '서양' 사회의 지배를 받았던 나라에 대해서라면 말할 필요도 없을 것이다.[18]

특히 마셜의 설명은 성적 불평등의 문제를 간과했다는 약점이 있다. 실제로 마셜은 건강한 성인 백인 남성의 시민권 확대만을 분석했다.[19] 여성이 시민이 되는 과정은 남성과는 달랐다. 분명히 여성은 오랫동안 여러 권리를 박탈당한 채 살아왔다. 시민권 획득의 역사는 성별에 따라 매우 달랐다. 예를 들어 여성에게는 정치적 권리가 기본적인 시민적 권리를 획득하기 위한 전제조건이었으며, 남성의 경우처럼 그 반대 상황은 아니었다.[20] 따라서 모든 성인이 시민권을 획득한다는 국민국가 형성의 단일한 계기 따위는 존재하지 않는다.[21] 또한 게이나 레즈비언은 '서양'에서도 불완전한 시민으로 남아 있다. 이러한 사람들은 아직도 여러 시민적 권리와 정치적 권리를 얻지 못했다.[22]

더구나 마셜은 시민권이 어떻게 전개되는지에 대해 거의 설명하지 않았다. 특히 무력 분쟁과 그때 발생하는 시민 동원의 문제를 간과했다.[23] '아래로부터' 시민권을 획득해가는 과정에서 하위계급, 여성, 소수민족, 동성애자, 장애인을 사회적으로 동원하는 일은 매우 중요한데, 이를 도외시한 것이다.[24]

그러나 조금 다른 각도에서 비판을 하고 싶다. 첫째, 서양에서 시민권은 일정한 영역 안에서 거주하는 사람이라면 누구나 직면할 수 있는 국민적 문제, 완전한 성원 자격을 지닌 사람이라면 누구나 향유해야 할 국민적 권리, 한 사회에 속한 시민이라면 누구에게나 요구되는 국민적 의무라는 각도에서 고려되어왔다. 이러한 관념의 밑바탕에는 사회적 통치성의 프리즘, 즉 "사회적 관점에서의 통치"가 자리 잡고 있었다.[25] 영국의 맥락에서는 다음과 같다.

베버리지와 마셜 같은 법전 편찬자는 가난이 그러하듯 가난에 대한 대책도 사회적이어야 하며 급부와 보험을 방책으로 삼아야 한다는 신념을 가졌다. 그 방책은 적어도 명목적으로는 '보편적'이어야 하며, 전체적으로

통합된 '사회적 시민권'을 포함해야 한다.[26)]

마셜은 직업, 수입, 계급을 고려하며 사회적 시민권을 사회조성적 성취의 최종 단계로 상정했던 것이다.

그러나 커뮤니티가 재평가되고 글로벌화가 진전됨에 따라 사회적인 것의 힘이 전반적으로 쇠약해져 소이살의 표현에 따른다면 '포스트내셔널'한 시민권이 확산되고 있다.[27)] 소이살은 인간의 보편적 권리라는 탈영토화된 관념에 근거한 보편적 구성원 모델이 등장하면서 내셔널한 시민권이 지반을 잃어간다고 주장한다.[28)] 특히 포스트내셔널한 시민권은 여러 사회를 관류하는 외국인 노동자가 갑자기 늘어나는 현상과 결부되어 있다. 또한 글로벌한 수준에서 상호의존이 심화되는 현상, 다양한 종류의 시민권 멤버십이 서로 겹치는 현상, 인권을 둘러싼 보편적 규칙과 개념이 다양한 국제적 법규(국제연합, 유네스코, 국제노동기구, 유럽연합, 유럽평의회, 제네바조약, 유럽인권조약)로 정식화되고 있는 현상과도 관련되어 있다. 그리하여 전체적으로 보면 보편적이고 일률적이며 글로벌하게 정의되는 권리와 개별적이며 영역적으로 제한되는 사회적 아이덴티티 사이에 모순이 고조되고 있다.

여러 사회로 확산되는 새로운 과정과 제도적 결정은 이러한 포스트내셔널한 시민권을 성장시키고 글로벌한 수준의 인권 개념을 강화하고 있다. 오늘날 세계에서는 매우 다양한 종류의 시민권이 성장하고 있다. 첫째, 문화적 시민권이다. 이것은 민족, 젠더, 연령을 불문하고 모든 사회집단이 해당 사회에서 문화적으로 온전히 참가할 수 있는 권리를 의미한다.[29)] 둘째, 소수자의 시민권이다. 다른 사회에 참가할 권리, 다른 사회에 머물며 필요한 권리와 의무를 향유할 권리를 의미한다.[30] 셋째, 생태학적 시민권이다. 이것은 지구 시민의 권리, 책무와 관련되어 있다.[31] 넷째, 코즈모폴리턴한 시민권이다. 이것은 사람들이 세계의 다른 사회, 문화, 시민에 대한 유대감을 길러내는 것과 관련되어 있다.[32] 다섯째, 소비자의 시민권이다. 이것은 소비자가 민간과 공적 양측 부문에서 적절한 재화, 서비스, 정보를 제공받을 권리를 의미한다.[33] 마지막으로 이동성의 시민권이다. 이것은 다른 장소와 문화를 방문하는 사람의 권리, 책무와 관련되어 있다.[34]

이와 같은 여러 시민권은 마셜의 시민적·정치적·사회적이라는 삼부 구성의 한계를 드러낸다. 삼부 구성은 정태적 시민권을 바탕으로 한다. 즉 제한된 영역 안에서 생활하고 노동하는 사람이 오랫동안 해당 사회의 성원이었다는 이유에서 부여받고 향유할 수 있는 권리와 의무를 중심으로 성립되었다. 그러나 이러한 사고가 흔들리고 있다. 다양한 경계를 횡단하는 여행자, 소비자, 소비재, 서비스, 문화, 위험, 이민, 방문자 등 흐름의 시민권, 이동하는 이러한 실체들이 누려야 할 권리와 의무의 시민권이 부상하고 있기 때문이다. 이러한 흐름은 애초 분간하기 어려웠던 시민적·정치적·사회적 요소들을 위협하고 그것에 저항한다. 흐름의 시민권은 시민적·정치적·사회적이라는 권리와 책무를 탈분화한다.

마셜이 시민을 국민-국가-사회의 수준에서 사고한 데는 또 다른 문제가 있다. 현실의 시민권은 특정한 공간의 형태를 취하지 않는다.[35] 마셜처럼 사회조성적·국민적 수준에 초점을 둔다는 것은 역사의 어떤 국면에 존재했던 시민권 형태를 채택하는 일이다. 여러 문헌에 따르면 시민권의 고전적 흔적은 도시국가 그리스의 아고라에 있었다. 시티즌(citizen)은 도시(cité)와 살다(sein)의 합성어다.[36] 시민권의 공간적 '경계'는 분명히 시민이 어떻게 구성되는지에 따르는데, 역사적으로 불변하는 것이 아니다. 이 경계가 반드시 국민국가의 경계와 일치할 필요는 없다.[37]

1949년의 시점이라면 마셜이 국민국가의 경계에 근거해 시민권을 사고했더라도 그다지 문제는 없었을 것이다. 그러나 오늘날 시민권과 관련된 과정들은 국민국가의 경계를 넘어서고 있으며, 다양한 시민권 개념 사이에 모순이 심화되고 있다. 어떤 권리와 의무는 특정 사회의 경계 바깥에 있으며, 어쩌면 모든 사회의 '외부'에 있다고 할 사람과 사물에 의해 지탱되고 있다.[38] 이러한 의미에서 마셜의 시민 개념은 지나치게 국가중심적이다. 더구나 경제적·문화적 측면을 충분히 고려하지 않았다. 그리하여 다음 절에서는 새로운 "취미, 습관, 신념의 커뮤니티가 내셔널한 맥락에서 벗어남"[39]에 따라 글로벌 시민권이 주목을 받는데, 이것에서 여행과 소비 형태의 변화와 글로벌한 미디어의 확산이 어떻게 기능하는지에 대해 살펴보고자 한다. 마셜의 내셔널한 권리, 의무와 이러한 흐름의 시민권들 사이에 모순이 확대되고 있는 것이다.

또한 마셜은 (의무에 보다 중점을 둔 고대세계의 시민권 개념과 달리) 권리에 무게를 두고 있으며 의무에 관해서는 그다지 언급하지 않는다. 최근 신공동체주의자는 '활동적 시민(active citizen)'의 개념을 제시한 바 있다. 즉 공동체 내부 성원의 의무가 타인이 갖는 권리의 중요 원천임을 강조하여 권리와 의무의 균형을 회복하려는 것이다.[40] 또한 환경운동은 하나뿐인 지구를 향한 보호 윤리와 (어느 세제를 사야 할지처럼) 거의 모든 일상적 의사결정에서 드러날 수 있는 책임 윤리를 제창하여 상당한 힘을 모으고 있다. 따라서 흐름의 시민권에서 볼 수 있었듯이 오늘날의 시민권에서는 몇 가지 중요한 의무가 등장하고 있다. 더구나 이러한 의무는 일반 시민의 일상생활뿐 아니라 국가와 기업, 국제기관에도 요구되고 있다. 아울러 시민권의 의무를 개별적이든 집합적이든 모든 법인으로 확대하려는 시도도 엿볼 수 있다.[41]

시민권과 환경

여기서는 환경 문제와 관련된 새로운 시민권 형태에 대해 집중적으로 살펴보고자 한다. 환경 문제가 사회와 자연을 분리시키는 발상이 지닌 약점을 보여주기 때문이다. 먼저 터너가 시민권을 어떻게 정의했는지를 확인하는 데서 시작해보자. 그것은 "누군가를 사회의 합법적 성원으로 정의하고, 그로써 인간과 사회집단 자원의 흐름을 형성하는 일련의(법적·정치적·경제적·문화적) 영위"인 것이다.[42] 이러한 정의에 따르면 시민권은 법적일 뿐 아니라 사회적인 동시에 문화적이기도 하다. 또한 시민권은 자원, 권력, 불평등의 흐름을 포함하고 있으며, 거기서는 사회적 영위가 중요한 위치를 차지한다. 더구나 시민권의 권리와 의무는 원자화된 개인이 아니라 사회조성적 멤버십과 관련된다.

그러나 지금까지 검토한 여러 과정을 고려하건대 누군가가 '사회'의 온전한 성원이라는 것은 오늘날 어떤 의미를 갖는가? 터너는 인권이론을 개괄하며 '글로벌화'의 국면에서 유엔인권헌장이 지니는 중요성을 강조한다.[43] 보다 일반적으로는 문화적인 글로벌화의 진전, 국제연합, 유럽연합, 유럽인권재판소, 세계난민 문제, 경제협력개발기구, 선주민 권리 문제에서 분명히 드러나듯이 "시민권을 다루고자 할 때 국민국가가 반드시 최적의 정치적 틀은 아니다."[44]

그런데 터너의 정의는 인간중심적이다. 인간만이 권리를 가진다는 것이다. 터너는 인간의 연약함을 보충하는 필요라는 개념에 근거해 인권을 이해한다. 인간은 언제나 굶주림과 질병, 위험에 노출되어 있다. 더구나 근대세계에서는 인간을 보호해야 할 제도가 인간의 생존을 위협하는 새로운 위험 요소가 되기도 한다. 사회조성적 제도가 시민권을 항상 보호해주지는 못한다. 이러한 제도는 인간의 연약함을 심화시키는 경향이 있다는 것이다.[45]

그러나 타인에게 의지해야 한다는 인간의 연약함에 관한 이론은 자연도 인간처럼 매우 연약한 까닭에 '자연의 권리'도 존재할 수 있다는 것을 간과하고 있다.[46] 지금껏 서양인들은 (동물을 포함한) 자연은 권리를 갖지 않으며, 인간 이외의 존재는 인간에게 봉사하기 위해 존재한다고 여겼다. 인간과 자연 사이에는 공리적 관계만 상정될 뿐 포괄적인 윤리 공동체라는 감각은 형성되지 않은 것이다.[47] 하지만 최근에는 적어도 몇몇 동물의 권리가 주장되고 있다. 동물들 가운데 특히 연약한 종이 있는데, 인간 없이는 생존할 수 없다는 것이 그 이유다 (영국의 소처럼!). 내시는 미국에서 자연권(natural right)이라는 개념과 동물의 '시민권'을 요구하는 목소리가 커지고 있음을 보고한다.[48] 1980년 워스터는 분명히 말했다. "이제는 자연이 해방될 차례다."[49] 지금은 생물에게 기본적 권리를 인정하고, 특정 동물의 자유와 해방을 위한 권리를 외치는 격렬한 운동이 빈발한다.[50] 최근에는 많은 사람이 가축과 야생동물, 여러 실험동물이 지니는 권리를 옹호하며, 관련 운동도 전개되고 있다. 그러한 권리가 시민사회에 통합되고 있는 것이다.[51] 1980년에 페툴라는 이렇게 말했다. "바다 포유류 보호법과

종 보존법은 거기서 거론되는, 미국에서 살아가는 인간 이외의 동물도 생명과 자유를 보장받을 수 있다는 법적 이해를 보여준다."[52]

좀더 일반적으로는 로샤크가 1970년대에 생물이 아닌 자연의 권리를 기술한 바 있다. "우리는 자연환경이 산업체계 속에서 착취당하는 프롤레타리아트, 시달리는 흑인임을 깨닫기 시작했다. …… 자연 역시 고유한 권리를 가져야 한다."[53] 브룬틀란위원회 보고서 《우리 공동의 미래(Our Common Future)》에는 "모든 인간은 건강과 복지를 위해 적당한 환경을 요구할 기본적 권리를 갖는다"고 기술되어 있다.[54] 미국의 여러 주에서는 시민의 생태학적 권리가 인정되며 새롭게 구성된 남아프리카 헌법에도 그 권리가 명시되어 있다.[55]

그런데 대부분의 글로벌한 기구는 184개국에서 대표자가 파견되는 국제연합총회처럼 국민국가의 합으로 구성되어 있는 까닭에 환경 문제에 대처하기가 여의치 않다. 국제연합의 구조로 인해 개개의 국민국가라는 틀에 담기지 않는 문제는 외면당하기 십상이다. 국제연합은 동남아시아국가연합(ASEAN)이나 유럽연합 같은 지역연합을 충분히 고려하지 않으며, 실리콘밸리 같은 개별국가 내의 강력한 지역을 무시하고, 그린피스처럼 글로벌한 이해를 주장하려는 조직들을 대표하지 못하며, 대체로 글로벌한 네트워크나 흐름의 원인과 결과를 고려하지 않는다. 뉴비는 글로벌 코먼스를 보호하기 위해 각 국민국가에 대해 녹색 리바이어던(green Leviathan)이 개입해야 할 것인지를 고찰하고 있다. 녹색 리바이어던이 없는 한 글로벌 환경에 관해 우리 모두는 '전 시민(pre-citizens)'인 상태에 머물 수 있다고 경고하는 것이다.[56]

반 스텐베르겐은 세 가지 존재의 권리 확장, 즉 미래 세대의 권리 확장, 동물의 권리 확장, '자연'인 사물의 권리 확장을 제창한다.[57] 동물과 사물에 관한 새로운 의무를 감안한다면, 인간은 특별한 권력과 동시에 책무를 지니는 존재가 되어야 한다. 이와 같이 생태학적 시민권은 일련의 권리(좋은 물과 공기)와 의무(프레온가스 규제)로 구성된다.

하지만 이러한 정식화는 너무 기계론적이다. 사실 생태학적 권리와 의무는 별개라고 간주되어온 시민적 · 정치적 · 사회적 권리를 내파 (內破)한다. 실제로 위험의 글로벌화가 진행되자 마셜의 구분은 현실에서 유리되고 있으며, 현대 사회생활이 수반하는 동시병행적 경험으로 인해 시민적 · 정치적 · 사회적 권리의 기반이 뒤섞이고 융합되고 있다. 배티와 그레이에 따르면 환경보호 의무가 존재하더라도 종래의 시민적 · 정치적 · 사회적 권리 안에는 이에 걸맞은 권리, 즉 충분한 환경을 요구할 권리가 존재하지 않는다.[58]

1980년대부터 1990년대에 걸쳐 영국에서 발생한 쇠고기 문제는 환경에 대한 권리와 의무의 복잡함을 시사했다.[59] 우뇌해면증(Bovine Spongiform Encephalopathy : BSE)●으로 인해 글로벌 흐름의 세계에서, 특히 대규모 농가와 기업이 빙하의 시간에서 발생하는 결과에 책임을 지지 않는다면 국민국가가 엄청난 리스크를 관리하는 데 곤란을 겪는다는 사실이 드러났다. 공설도살장 작업과정에서 빚어진 별것 아닌, 거의 눈치채기 어려운 변화가 납세자에게는 40억 파운드의 부담으로 돌아왔고, 유럽연합의 생존력을 일부 위협하는 놀랄 만한 사건의 연쇄를 야기했다. 이처럼 우뇌해면증은 카오스적으로 상호작용하

● 소에게 생기는 치명적인 신경 퇴행성 질환. 광우병(Mad Cow Disease : MCD)이라고도 부른다. 이 질병에 걸리면 소의 뇌와 척수가 스펀지 모양으로 변질되며 눈이 붉어진다. 한편, 변종 크로이츠펠트–야콥병(CJD)은 증상과 병인체가 우뇌해면증과 유사하기 때문에 인간광우병으로 불린다. 영국에서는 18만 마리의 소가 우뇌해면증에 감염되어 440만 마리의 소를 도살 처분한 일이 있다.

는 하이브리드 세계에서 국민국가가 리스크를 예측하고 관리하고 통제하기 어렵다는 것을 보여주었다. 벡은 다음과 같이 풍자한다.

> 정치가는 말한다. "우리에게는 책임이 없습니다. 우리는 기껏해야 발전을 조정할 따름입니다." 과학자는 말한다. "우리는 그저 기술적 선택사항을 제공할 뿐 어떻게 다룰지는 결정하지 않습니다." 사업가는 말한다. "우리는 소비자의 수요에 따를 뿐입니다." …… 우리 사회는 실험 결과에 대해 어느 누구도 책임지지 않는 실험실이 되고 말았다.[60]

영국 문화에서 쇠고기를 먹는다는 것은 중요한 일이다. 로스트비프와 요크셔푸딩은 일반화된 중산계급 교외생활자의 기호를 나타낸다. 가정에서 로스트비프를 자주 먹음으로써 이제 로스트비프는 가정생활을 상징하게 되었다. 아울러 로스트비프는 우리에게 좋은 것이라고 여겨진다. 즉 로스트비프를 먹는다는 것은 영국인의 권리다. 그러나 1980년대를 거치며 영국인은 소를 육식동물로, 때로는 동족끼리 잡아먹는 동물로 바꾸는 실험실에서 살아가게 되었다. 그런데 이 실험은 실험 결과에 관한 확실한 지식이 완전히 결여된 채 진행되었다.[61]
인간의 오감으로는 실험실의 리스크를 눈치챌 수 없다(4장 참조). 쇠고기가 유해한지 알 수 없으므로 사람들은 시간과 공간을 넘어 보증해주는 전문가체계에 의존한다. 그러나 우뇌해면증처럼 매우 불확정적인 사항이라면 누구도 그러한 보증을 할 수 없다. 이러한 하이브리드 과학은 외부세계에 대한 '사실 판단'의 기준을 제공하는 데 자주 실패한다. 현재의 지식은 가변적이고 불확실하다. 더구나 도축장에서 노동자가 어떻게 작업하느냐라는 사회학적 조건에 영향을 받는다. 우뇌해면증이 보고된 지 제법 시간이 흘렀지만, 발생원이나 감염원, 잠복 기간, 감염 경로, 인간의 크로이츠펠트-야콥병과의 관계도 거의 밝혀내지 못했다. 영국 정부는 '과학'의 힘을 빌려 현재와 미래의 시민이 향유해야 할 권리를 보호하기 위해 노력하고, 논쟁의 여지가 없는 증거를 과학이 제공해주기를 바라지만, 그러한 기대는 실현되지 않을 것 같다.

아울러 우뇌해면증은 글로벌한 식품산업의 '산업적' 영위로 말미암아 사적인 측면을 관리하는 우리의 권리가 침해당할 수 있음을 시사해주었다. 국가가 인가한 농가에서 '자연'의 초식동물이 육식동물로 길러졌다는 점은 동물의 권리를 등한시하는 근대 농업의 '부자연'스러운 성격을 재차 부각시켰다. 인간의 크로이츠펠트-야콥병은 '자연'이 '부자연'스러운 권리 침해에 맞서 보복할 줄 안다는 사실을 증명하고 있다. 광우병 사태는 자연이 자신의 권리를 심각하게 침해받으면 인간에게 복수할 수 있다는 '자연'의 힘을 보여준다.

이처럼 우뇌해면증을 둘러싼 논의는 현대 시민권의 복잡계를 나타낸다. 빙하의 시간에서 권리를 위협하는 요소들이 돌아다니는 글로벌 흐름의 세계에서 국민국가는 자연을 어디까지 통제하고 시민의 권리를 어디까지 보호할 수 있을까? 우뇌해면증의 카오스가 일어났을 때 국가는 과학자에게 의지했지만 말끔한 결론을 내리지 못했다. 시민에게 영향을 주는 리스크에 직면했을 때 국민국가가 대처할 수 있는 범위는 제한되어 있다. 확고부동한 검사방식을 제공해줄 수 있는 글로벌한 네트워크는 존재하지 않는다. 더욱이 리스크는 기술적·과학적 문제일 뿐 아니라 정치적·사회적·도덕적 과정과도 폭넓게 뒤얽힌다. 그리고 대중은 주로 미디어 영상을 통해 리스크에 관심을 갖는다. 그리하여 한 나라 안에서의 리스크도 종종 나라 밖으로 흘러나가 대중을 분개하게 만들고, 때로 국민국가의 위신에 해를 끼친다.

지금껏 시민의 권리와 의무의 속성을 기술하려고 '리스크'라는 말을 사용해왔다. 그런데 현대사회에서 권리를 위협하는 것은 자동차 사고나 강도사건과 같은 친숙한 리스크와는 다르다.[62] 이러한 리스크라면 경우에 따라서는 합리적이라고도 할 수 있는 행위가 부작용을 일으킨 것이며, 국소적인 범위에서 가능성을 계산할 수도 있다. 특정한 시간, 공간 속에서 빌생하는 행위와 그로 인한 결과 사이에는 매우 직접적인 관계도 성립한다. 그러나 엄밀히 말해 우뇌해면증은 리스크라기보다 글로벌 경제의 본질적 속성에서 유래하는 위험 요소다. 순간적인 시장의 힘이 동물과 인간(역사적·지리적으로 떨어진 존재를 포함해)의 권리를 심각하게 침해하는 위험 요소를 낳은 것이다. 시장의 힘은 동물과 인간(우뇌해면증의 경우 영국의 소와 영국 국경 안팎에 존재하는 소비자)에게 피할 수 없는 위험을 안겼다. 즉 사람들은 국소적인 행위의 맥락 바깥에서 형성된 대규모적이고 종종 불가시한 인위적 위험 요소에 노출된 것이다. 현대의 경제와 사회가 세계를 하나의 실험실로 만들면서 새로운 위험 요소가 대거 등장하고 있다. 따라서 시민권은 인간, 동물, 그 밖의 '자연'의 권리에 대한 수많은 위험 요소의 영향을 인식하고 회피하고 최소화하려는 노력과 복잡하게 얽히고 있다.

글로벌 시민

여기서 글로벌한 수준의 문제로 시선을 돌려보자. 먼저 나는 매우 다양한 양상의 글로벌한 시민이 존재하며, 그들의 사회공간적 실천이 권리와 의무를 드러내고 보호하고 위협한다고 주장하는 반 스텐베르겐의 주장을 이어받을 셈이다.[63] 그의 분석을 확장한다면 적어도 일곱 가지 유형의 '글로벌한 시민'을 제시할 수 있다.[64]

첫째, 글로벌 기업의 이익 아래 세계를 묶으려는 글로벌한 자본가를 꼽을 수 있다. 기업의 수익구조는 국가와 국경으로부터 자유로워지고 있다. 자본가는 나날이 국제화되는 과학을 활용하는데, 사용하기에 따라 예측할 수 없는 위험 요소를 낳기도 한다.[65] 둘째, 대규모 국제기관(유네스코, 국제노동기구, 세계은행, 국제통화기금, 세계보건기구 등)을 이용해 글로벌 자본주의의 영향을 규제하려는 여러 양상의 글로벌한 개혁자가 존재한다. 그들은 종종 과학을 활용해 자신의 개입을 정당화하고 권리에 관한 담론을 전개한다. 셋째, 이러한 조직들 내부에서 활동하고 위험 요소를 줄일 목적으로 경영적·과학적·기술적 해법을 도입하려는 글로벌한 관리자가 존재한다. 넷째, 이 책에서 지금껏 논의해온 글로벌한 네트워커(networker)가 존재한다. 그들은 업무 때문이든 휴가를 위해서든 상상 또는 가상의 여행을 통해 국경을 넘어선 네트워크를 만들고 유지한다.[66] 다섯째, 매우 로컬화된 케어의 윤리를 강조하여 지구에 대한 책임을 지려는 '지구 시민(earth citizen)'이 존재한다.[67] 여섯째, '다른' 문화와 민족, 환경에 열려 있어야 한다고 주장하는 글로벌한 코스모폴리턴이 있다. 그들의 등장은 신체의 여행의 범람에서 기인하는 측면이 크다.[68] 마지막으로, 환경 보호에 맞선 글로벌한 반동도 엿보인다. 그들은 포스트공산주의 시대에 비판과 공격을 가하기 위한 새로운 글로벌한 희생양으로서 '환경주의자'와 '정치적 올바름' 신봉자를 선택했다. 그들은 미디어를 활용하고 때로는 물리적 위해도 불사하며 반환경주의적 시위를 벌인다.[69]

전 세계인이 미래의 권리를 쟁취할 수 있을지 여부는 글로벌 하이 브리드들 사이의 힘 관계와 누가 어떤 종류의 글로벌 헤게모니를 얼마나 거머쥘 수 있는지에 달려 있다. 각 영위는 시민권 개념을 분절화하고 위험 요소와 권리, 의무 또는 내가 흐름의 시민권이라고 부르는 것을 재구성한다. 스티븐슨은 시민권의 변화를 이렇게 묘사한다. "사람과 이미지 운동이 시간과 공간의 차원에서 새로운 문화적 맥락을 정의하며"[70] 변화를 초래한다는 것이다. 이제 위험 요소, 권리, 의무의 관점에서 글로벌 시민권의 윤곽을 그려보자.

먼저 글로벌한 규모로 전개되는 위험 요소로는 다음의 것을 들 수 있다.[71]

- 지구를 과학실험실로 다룬 까닭에 '글로벌'한 환경 변화로부터 발생하는 환경상 또는 건강상의 '해악'
- 지역문화를 파괴할지도 모를 문화적 균질화(이른바 문화의 '코카콜라 식민지화cocacolonisation')
- 여행자와 함께 국경을 넘어 확산되는 질병(에이즈)
- 세계시장, 특히 농산물시장의 간헐적 폭락
- 금융 붕괴와 그로 인해 초래되는 특정 지역(특히 발전도상세계)의 경제, 사회적 생활의 파괴
- 치안이 불안하고 경찰력이 미치지 않는 '무법 지대'의 증식(예를 들어 구유고슬라비아, 소말리아, 미국의 도심 빈민가)
- (여행, 환경보호, 의료, 먹을거리 안전 등의 문제에서) 전문가체계에 대한 의존의 심화. 일상의 사회 경험이나 일상에 밀착한 지식으로부터 유리되어 있기 때문에 사람들은 이러한 체계를 불신하기

도 한다.

　글로벌 커뮤니티에 참가할 권리에 대해서는 다음의 것을 들 수 있다.[72]

- 한 사회에서 다른 사회로 이동하고 잠시라도 그곳에 머물면서 현지 사람들과 동등한 권리를 갖는 것. 그리고 국적을 잃거나 권리를 박탈당하지 않고도 귀환할 수 있는 것
- 자신의 문화에 속해 있되 다른 장소에서는 타인의 문화적 요소가 반영된 하이브리드 문화와 접촉할 수 있는 것
- 모든 사회집단이 국제사회 속에서 전면적인 문화적 참가를 실현하는 것(즉 정보, 표상, 지식, 커뮤니케이션을 갖는 것)
- 전 세계로부터 다양한 문화의 제품, 서비스, 아이콘을 구입하고, 점점 변화해가는 자신의 문화 안에 그것들을 위치시키는 것
- 특정 나라(프랑스의 핵실험), 국가군(북측의 선진국들), 기업(신문사), 나아가 일반적 해악에 맞서고자 다른 사회의 시민과 함께 사회운동을 조직하는 것. 이러한 운동은 대개 광고를 활용하며 브랜드화와 상업화의 경향을 띠는데, 대항적이기는 하지만 반드시 진보적이지는 않다.
- 즐길 목적으로 세계 여러 나라를 돌아다니며 그 장소와 환경의 모든 것을 '소비'하는 것. 관광 여행에 관한 제도상의 장벽이 무너지면서 현대 시민은 모든 장소를 소비하려 하고 있다(특히 유네스코의 세계유산처럼 세계적 중요성을 띠는 곳이 그렇다).
- 그 지역에서 발생하는 원인이든 멀리서 미치는 영향이든 건강과

안전 면에서 위험이 적은 환경에서 살아가는 것

- 신뢰하기 힘든 전문가체계에 의지하기보다 환경의 풍요로움을 직접 느끼며 살아가는 것
- 동시에 멀티미디어로 정보를 얻고 이해하고 숙고함으로써 환경에 관해 알아가는 수단을 획득하는 것

글로벌 커뮤니티에서는 다음과 같은 의무를 갖는다.

- 국내의 정보와 이미지 또는 국제적 정보와 이미지를 받아들이며 세계 정세를 따라잡는 것[73]
- 다른 환경과 문화, 사람들을 향해 세계주의의 입장을 실천하는 것. 세계주의는 지구환경을 소비하는 경우도 있지만, 보다 넓은 영향을 고려해 환경의 소비를 거절하는 경우도 있다.
- 다른 문화와 장소로 진입할 때 그곳이 지속될 수 있도록 관심을 갖고 행동하는 것. 윤리적인 방문자가 되는 것[74]
- 사람들을 특정한 국가, 민족, 젠더, 계급, 세대의 구성원으로 한정하기보다 고도로 분화된 지구 시민으로 명명하는 이미지와 이야기에 호응하는 것[75]
- 아이덴티티에 근거한 이해관계를 공유하기보다는 지구의 일원으로서 타자와 함께 고민하고 행동하는 것
- 자기 지역이나 국가의 이익보다 글로벌한 공공이익에 근거해 행동하는 것[76]

앞에서 글로벌 시민권의 목록과 권리, 의무에 대해 살펴보았다. 하

지만 매우 개략적인 정식화이며, 주로 세계주의와 시민권의 관계를 밝힌 것에 불과하다.[78] 분명히 여러 사회집단은 시민권의 양태에서 다른 위치를 점한다. 먼저 여성에 관해 말해보자. 여성은 국민국가가 제공하는 시민의 권리와 의무에서 뒷전으로 밀려나기 일쑤였다. 국가적 기획은 남성이 주도했으며, 남성 권력은 구조적이었다(예를 들어 남성은 '가계소득'의 담당자로 간주된다). 대부분의 사회에서 여성은 가정에서 공적 영역으로 활동을 넓혀가기 위해 운동을 벌여왔으며, 주류 종교는 여성의 권리를 제약해왔다. 종교 지도자들은 종종 여성은 국민으로서 아이를 낳아 기르는 데 힘써야 한다고 주장한다. 여성이 출산 역할을 맡는 대신 군사적 의무는 면제된다고 여겨졌다(그러나 최근에는 몇몇 나라에서 부대에 배속되기도 했다). 또한 여성은 일반적으로 평화주의자이며, 군사적 영역에는 그다지 관심을 갖지 않는다고 여겨지기도 한다.[79] 버지니아 울프의 《3기니(The Tree Guineas)》의 한 평화주의자는 다음과 같은 유명한 말을 했다. "여자인 내게 나라는 없다. 여자인 나는 나라를 원하지 않는다. 여자인 내게 나라는 전 세계다."[80] 여성들 가운데는 유목적 지구 시민도 있다. 그녀들은 전쟁을 거부하고,[81] 국가 권력을 상징하는 남성적 속성이 문제를 낳고 있음을 간파하고,[82] 자연보호에 관심을 갖고,[83] 국가로부터 상대적으로 자유로운 시민권 개념을 타인에게 설파하려 한다.[84]

과학자 가운데도 글로벌 시민권의 개념을 전개하려는 자들이 있다. 노벨상 수상자 조지프 로트블랫은 국가가 아닌 '인간성'에 의무를 다해야 한다고 주장했다.[85] 세계에는 아주 많은 인구가 살아가지만 그것이 장애가 되지는 않는다. 2억 5,600만 명의 인구를 거느리고 매우 다양한 민족으로 구성된 미국은 네이션의 강한 귀속의식을 갖고 있다. 따라서 로트블랫은 내셔널 아이덴티티가 아니라 세계 사람들의 상호의존이 '인간성'을 향한 충성심을 길러내기 위한 관건이라고 주장한다.

> 정보통신과 수송수단의 눈부신 진보가 세계를 하나의 공동체로 바꾸어 놓고 있다. 모든 구성원은 다른 존재의 삶에 서로 의존한다. 지구 어디서 무슨 일이 일어나는지 즉시 알 수 있고 필요한 장소에 도움의 손길을 내밀 수도 있다. …… 우리는 단결하여 진정 글로벌한 공동체를 형성하기 위해 새로운 정보통신의 채널을 개척해야 한다. 우리는 세계의 시민이 되어야 한다.[86]

로트블랫은 국민국가는 이제 주권이 구석구석으로 두루 미친다는 현재의 사고방식을 버려야 한다고 주장한다. 대신 필요한 것은 특정 권역 안에서 작용하는 자율성과 그 밖의 장소에서 활동하는 상위조직을 향한 책무라는 이분화된 개념이다.[87] 나아가 내셔널한 시민권은 영주(永住)에만 기초를 두어야 한다는 것이다. 로트블랫에 따르면 국민국가는 인종, 민족, 종교처럼 이른바 시민권의 '자연'적 기초를 완전히 버려야 한다.[88]

"국경을 넘나드는 공동체가 일반인의 생활 속에서 역할을 더해감"에 따라 글로벌 시민권 전개는 더욱 가속화될 것이다.[89] 과학자들(그리고 그 밖의 학술단체)은 얼마간 세계적으로 인정받는 독자적 수상체계(노벨상처럼)를 구비하고 있기 때문에 '준국가(quasi-nations)'라고 말할 수 있다. 통신수단이 발달하자 이러한 준국가는 중요성을 더해가고 동시에 저변을 넓혀간다. 그리고 일반적으로 전자통신은 이미

"지리적으로 떨어진 사람들을 긴밀하게 이어준다. …… 전자 커뮤니티는 영토적 기반을 갖지 않는다."[90] 이러한 커뮤니케이션은 영토에 근거한 낡은 형태의 아이덴티티의 중요성을 잠식하거나 심지어 지우기도 한다(6장 참조). 과학자 가운데는 전자통신이 종이를 기반으로 하는 통신을 대신하고 '전 지구'가 '구획된 영토'를 대신함에 따라 지구촌이 국민국가를 대체하리라고 내다보는 사람도 있다.

어떤 과학자는 우주 여행이 가져다준 상상의 성과를 주목하기도 했다. 우주비행사 윌리엄 앤더스는 다음과 같은 유명한 말을 남겼다.

> 지구는 너무 섬세하고 유한하며…… 아름다운 보석처럼 작은 청록색 구체로 빛나고 있었다. 인류가 대대로 살아온 집은 광대하지도 무한하지도 강고해 보이지도 않았다. …… 주의를 기울여 보살피지 않으면 안 될 섬세하고도 깨지기 쉬운 보석 같았다. 생각해보건대 그곳에는 국경이 없었다. 인간이 부자연스럽게 구획해놓은 지구본과 달리 지구는 어떤 나라로도 나뉘어 있지 않았다.[91]

각각의 천체는 섬세하다는 착상이 우주 여행과 흥미롭게 접목되어 1979년에는 달을 인류 공유 유산으로 삼는다는 조약이 체결되었다. 그해에는 인류 공통의 이익과 평화를 위해 남극을 보존하기로 한 남극조약(Antarctica Treaty)•이 맺어지기도 했다. 비슷한 시기인 1972년에는 세계의 문화유산 및 자연유산의 보호에 관한 조약(세계유산조약)이 체결되고, 1982년에는 유엔 해양법 조약이 체결되었다.[92]

• 남극조약은 1959년에 채택되고 1961년에 발효되었다.

메논은 이렇게 말한다. 근대과학은 기술과 공생하며 "지구는 외로우면서도 망가지기 쉬운 우주선으로서 국적, 종교, 피부색, 커뮤니티, 민족으로 찢겨져 있으나 모든 인류에게 유일한 거처임을 입증해왔다. 또한 과학은 사상, 정보, 사람, 재화, 서비스의 움직임을 이용 가능하게 만들어 세계를 축소하고 있다. 더구나 생존을 기도하는 모든 시스템의 바탕에 존재하는 본질적 일체성을 밝혀내고 있다."[93] 바츨라프 하벨은 이렇게 말한다. "미래의 보다 밝은 희망은…… 사람들의 국제적 연대를 통해 구현되지 않겠는가? 고도화된 전통적 정치의 게임 바깥에서…… 인간의 양심을 현실의 정치적 힘으로 실현시키려는 연대 말이다."[94] 앨브로도 비슷한 제안을 한다. 앨브로에 따르면 글로벌한 것이 아래로부터 축적되면 양심적 의무를 지니는 새로운 '수행적 시민권(performative citizenship)'이 구성될 것이다. 이러한 시민권은 국가체계가 강제할 수 없다.[95]

이러한 시민권이 지금 단계에서 얼마나 유효한지는 아직 충분히 검증되지 않았다. 1990년 세계가치관조사(World Value Survey)는 20개 사회에서 같은 형식으로 표본을 취해 "자신이 세계에 속하는지, 자국에 속하는지, 자기 지역에 속하는지"를 물었다.[96] 대부분의 사회에서 반 정도의 사람들이 "자기 지역에 속한다"고 답했다. 흥미로운 점은 '코즈모폴리턴'과 '내셔널리스트'의 비율이다. 스칸디나비아 반도 대부분과 과거 동유럽은 낮은 비율을 보였다(약 1대 3). 서유럽에서는 대체로 비율이 1대 1.5~2로 높아졌다. 벨기에, 이탈리아, 독일에서는 자신을 코즈모폴리턴으로 여기는 사람이 내셔널리스트라는 사람과 거의 비슷했다. 꽤 많은 사람이 자신을 트랜스내셔널한 요소를 지닌 시민으로 상정한 것이다.

특히 환경을 위해 행동에 나서는 활동가들은 글로벌 시민권에 호소한다. 사람들을 글로벌 시민권으로 호명해내는 것은 그 자체가 일종의 문화다. 마치 국민문화가 국민은 운명공동체라는 감각을 지탱해주는 문화적 자원(상징, 서사, 의례)을 필요로 하듯이 세계주의도 그러한 자원을 요구한다. 로컬하고 근거리에 있는 대상으로부터 글로벌한 대상으로 관심을 돌리려면, 글로벌한 수준의 '상상의 공동체'를 형성하기 위한 문화적 자원의 창조, 순환, 소비, 빙하의 시간이라는 감각이 필요하다. 글로벌 미디어를 통해 사람들은 이미 자신이 한 가지 공동체의 일부라고 감각하고, 인간 이외의 종과도 무언가를, 어떤 상황인가를 공유한다고 느끼기 시작했는지 모른다.[97] 벡의 주장에 따르면 "핵물질과 화학물질에 의한 오염으로 우리는 '타자의 끝(end of the other)'을 경험했다. 즉 우리가 아무리 노력한들 거기서 벗어나기 힘들다는 것을 경험했다."[98]

과학과 세계의 여러 문제를 다루는 퍼그워시 회의(Pugwash Conference)는 글로벌 미디어가 특히 중요한 역할을 담당할 것이라고 예견한 바 있다. 사실 이러한 예견은 색다를 것이 없다. 다만 그 이유가 중요한데, 퍼그워시 회의는 미디어가 전 세계를 향해 이성적 인지 정보를 전달한다는 점을 주목한 것이 아니라 오히려 미디어가 이미지를 전달해 일종의 문화를 형성한다는 데 초점을 맞추었다. 그 이미지는 "그것이 묘사하는 세계의 사건에 대한 감정적 반응"을 불러일으킨다. 이러한 작용을 통해 글로벌 미디어는 글로벌과 로컬이 상호의존한다는 사실을 사람들에게 일깨우고, 정부가 섣불리 문제가 될 만한 행동을 일으키지 못하도록 압력을 가한다.[99]

시민권은 항상 커뮤니케이션 과정과 상징 자원의 배분을 필요로 한다.[100] 인쇄물, 특히 신문은 19세기에 유럽 민족이라는 상상의 공동체가 형성되고 국민국가가 성장하는 데 지대한 공헌을 했다. 한편, 20세기에 내셔널한 시민권 개념이 발달하는 데는 라디오 방송의 역할이 컸다. 머독이 말하듯이 "상업방송이 청중을 상품의 소비자로 여겼다면, 공공 서비스 정신은 청중을 국민국가의 시민으로 여겼다. 이러한 정신은 문화를 형성하는 기존의 구조를 아무나 이용할 수 있도록 만드는 데 목표를 두었다."[101] 라디오 방송은 수신기 주위로 모여든 가족을 청취자로 삼아 말을 건네며 집과 나라, 아버지와 조국(fatherland)과의 상상적 관계를 긴밀하게 만들었다.

특히 대전간기의 영국에서는 점차 내셔널한 성격을 더해가는 영국인다움의 이데올로기를 확산시키는 데 BBC의 라디오 방송이 한몫했다. 홀에 따르면 BBC는 "국민을 구축하는 도구, 장치, '기계'다. BBC는 자신이 호소할 대상인 국민을 스스로 낳았다. 즉 청중을 표상함으로써 청중을 만들어낸 것이다."[102] 공영방송의 발전과 더불어 BBC는 "노동과 민족, 지역성에서 발생하는 문화적 형태(국민의 지배적 편성에 맞지 않는)를 주변화하고 억압했던 것이다."[103]

사람과 장소, 이미지로 네이션을 표상하는 방식은 크게 두 가지로 나뉜다.[104] 하나는 묘사다. 즉 말과 이미지, 사건으로 네이션의 핵심적 특징이나 본질적 속성을 나타낸다. 그리하여 특정 경관은 자주 네이션을 표상한다.[105] 또 다른 하나는 누군가 또는 어떤 기관이 네이션을 위해 말하는 것이다. 정부는 자주 '국민의 대표'임을 내세우며 자신을 수식하고 국민을 위해 주장하고 행동한다. 분명 두 가지 표현방식은 밀접히 연관되어 있다. 네이션을 위해 말한다는 것은 네이션에 말을 걸어 네이션의 가장 중요한 특징을 묘사하는 것으로 이어진다.

그렇다면 여기서 네이션을 표상하는 두 가지 감각을 글로벌한 수준으로 옮겨 검토해보자. 즉 지구는 어떻게 묘사되고 회자되는가? 또한 지구를 표상하는 두 가지 방식에서 매스미디어는 어떻게 기능하는가? 우리는 어떤 의미에서 글로벌한 '공적 영역'의 출현을 거론할 수 있는가?[106]

하버마스가 고찰했듯이 공공영역은 제약 없는 토론, 아무나 이용할 수 있는 공공광장, 표현과 언론의 자유, 이성적인 설득과 토의를 기반으로 한다.[107] 특히 하버마스는 초기 저작에서 매스미디어는 공공영역에 유해하다고 지적한 바 있다. 대중의 이성적이고 비판적인 능력을 매스미디어가 훼손하기 때문이다.[108]

그러나 훗날 하버마스는 라디오와 텔레비전이 '공공영역의 미디어'이며, 그것들은 '생활세계'의 자원에 의존한다고 말했다.[109] 특히 매스미디어는 "시간적·공간적으로 동떨어진 대화 내용을 가상의 네트워크로 옮겨 추상적인 동시성을 만들어낸다. 그리하여 커뮤니케이션 과정은 시간적·공간적으로 제한된 지방성에서 자유로워지며, 공공영역을 발현시킨다."[110] 과거 프랑크푸르트학파는 미디어가 지닌 '양가적 잠재력'에 주목하고 상품화, 중앙집권화, 획일화에 대항할 수 있는 가능성을 주목했다.[111] 하버마스가 공공영역의 복수성을 강조하듯이 공공영역은 다원적 매스미디어로 구성되며, 그것이 분권화, 메시지 경합, 저널리즘적 윤리의 파급, 직접적 조작에 대한 미디어의 저항을 가능하게 한다.[112]

그렇지만 매스미디어는 공공영역(public sphere)을 공공무대(public stage)로 바꾸어놓고 있는지 모른다. 매스미디어는 대화와 행동의 양상을 바꾸고, 매우 매개화된 형식의 의사-상호작용으로 공공영역을 재구축하며, 자신과 자신의 아이덴티티를 사고하는 새로운 방식을 제공하고, 근원적으로 새로운 수행성을 낳는다.[113] 그리하여 얼굴을 마주하는 대화, 정보의 직접적인 흐름이 아닌 다양한 이미지가 글로벌한 공공무대의 중심에 자리 잡게 된다.

공공무대에서는 흥행이 될 만한 사건과 개인의 퍼포먼스가 연출된다. 유명인은 차례차례로 공공무대 위에 오르고, 우리는 매일 그들의 이미지를 집으로 가져오다보니 마치 유명인들과 개인적 친분이 있다는 착각에 빠진다.[114] 텔레비전은 비공식적 장소와 무대 뒤의 발언과 사건을 편애하며 담론을 개인화한다.[115] 정치적 담론의 공식적 발언들이 비공식화되고 친밀하게 느껴진다. 텔레비전은 과거에 사적이었던 것을 공적인 것으로 최대한 가져다 쓴다. 방송이 없던 시대 "공적 생활은 '나를 위한' 것이 아니었다." 그것은 사람의 손이 닿지 않는 곳에 있었다.

이 대목에서 이미지는 중심적 역할을 한다. 인지 정보의 소스는 신뢰를 얻기가 점차 어려워지지만, 글로벌화하는 문화에서 미디어 이미지는 보다 안정된 의미와 해석의 틀을 제공해주기 때문이다. 앞 장에서 확인했듯이 글로벌 문화에서 이미지가 거듭 반복되면 "백문이 불여일견"인 효과를 낸다.[116] 이미지는 로컬한 경험들을 연결하고, 동떨어진 사건과 현상에 유기적 의미를 부여하는 해석학의 원천이다. 라모네에 따르면 "객관적인 것(the objective)이란 우리에게 상황을 이해시키기보다 우리를 사건에 참가시키는 것"이며, 이러한 의미에서도 이미지는 중요하다고 할 수 있다.[117]

하지만 정보가 지나치게 많으면 처리하는 데 부하가 걸린다.[118] 몰리와 로빈스는 파고들려고 하면 꺼림칙할 수 있으므로 "알고 싶어하지 않는 욕망(desire not to know)"도 발생한다고 말한다. 기껏해야 사람들은 아마존 밀림의 위기, 보스니아 분쟁, 에티오피아 기아를 우려하는 상상의 공동체에서 작은 일부가 되기를 원할 뿐, 사건의 본질을 진지하게 고민하고 문제를 해결하려 하지는 않는다. 이미지는 '배양'이라고 부를 법한 누적과정을 거치며, 그동안 사람들은 불가피하게 지속적이고 오랫동안 다양한 상징의 흐름에 노출된다.[119]

이처럼 매스미디어는 사적으로 머물러 있었을 대상을 공공무대 위로 올려놓기 때문에 영향력이 크다. 어떤 개인과 사회조직이든 무대로 올려 노출시킬 수 있다. 그리고 상영되기 전에 준비할 시간은 거의 허용하지 않는다. 감추어둘 수 있는 것도 거의 남아 있지 않다. 경계를 넘나들며 훔쳐보는 미디어의 시선으로부터 자신을 숨길 수 있는 자는 없다. '공공영역에서 공공무대로'의 변화는 지금껏 '공과 사'로 구획되어온 영역을 탈분화하고 있다.[120]

메이로비츠는 노출되는 대상 이상으로 노출시키려는 행위 자체가 어떻게 사람들을 흥분시키는지를 분석하며 노출의 매력을 묘사한다.[121] 글로벌한 순환에는 분명 폭로하고 욕보이고 스캔들을 터뜨리고 싶은 욕망이 잠재해 있다. 하나를 폭로하고 나면 다른 것을 건드리고 싶어진다. 권력자의 비리는 물론 모든 사람, 모든 조직이 폭로의 대상이 될 수 있다. 이와 같은 욕보이는 문화(shaming culture)로부터 자유로울 수 있는 자는 없다. 유력한 인물과 조직이라면 더욱 그렇다. 개인의 '명성'(클린턴), 국가의 '브랜드'(프랑스와 핵실험), 기업의 '브랜드'(연금의 부정 판매로 도마에 오른 영국의 은행) 등과 같이 이것들은 모두 매우 깨지기 쉬운 상징 자본으로 구축되어 있다. 불과 일주일 사이에 셸(Shell), P&G, 프리미어 오일(Premier Oil), 네슬레(Nestlé),

ICI, 리오틴토(Rio Tinto)의 주주총회 자리에서 항의 세력들은 기업들의 부정행위를 잇달아 폭로했다. 그들은 굴지의 미디어를 대동했다. 기업들은 주주총회 장소나 멀리 떨어진 곳에서도 욕을 먹었다. 이러한 폭로 앞에서는 시간을 들이고 공을 들여 쌓아온 브랜드도 쉽게 무너질 수 있다. 특히 국제회의가 벌어지는 등 중요한 국면에서는 미디어가 글로벌한 감시자 역할을 자임하기도 한다.[122] 이와 같은 추문은 즉시 전 세계로 퍼진다. 추문은 지금껏 상징 자본이자 권력으로 기능해온 '명성'을 흔들고 국경을 넘어 확산된다.[123] 그 예로 나이키를 들 수 있다. 나이키는 노동자에게 '노예 수준의 임금'을 지불했고, 이것이 알려지면서 브랜드가 흔들렸다. 이는 "공공연한 망신과 소비자의 압력이 유력한 제조업자에게 큰 영향을 미친다"는 것을 보여준다.[124]

또한 미디어 이벤트도 시각적으로 연출된다. 미디어 이벤트는 퍼포먼스를 벌이며 거의 모든 일을 공공무대 위로 올릴 수 있다. 앨브로는 세계가 자신을 응시할 때 글로벌한 사건이 얼마나 중요한지를 강조한다. 세계라는 무대 위에서 펼쳐진 이벤트로는 전 세계로 방송된 넬슨 만델라의 석방, 다이애나비의 갑작스러운 사망과 장례식, 올림픽, 밀레니엄 등이 있다.[125] 각각의 사건들에서 충격적 이미지는 글로벌하게 유포되고 인식되고 소비되었다. 이러한 이미지는 바로 글로벌 시민권의 도상학(iconography)에서 중심을 이룬다. 지구를 묘사하고 지구에 말을 걸 때도 이러한 이미지가 출현한다.

물론 여러 시각 이미지는 쓰고 말한 텍스트로 구성되며, 그것들이 시각 이미지의 맥락을 형성한다. 전자시대에 들어서자 화자와 청중은 수많은 방식으로 관계하게 되었다. 이러한 텍스트에서는 화자를 특정의 청중과 상상력으로 이어주는 "작은 말의 복잡한 직증(直證)"

이 엿보인다.[126] 여기서 '작은 말'이란 '나', '당신', '여러분', '우리', '그들', '그녀들', '여기', '지금', '이것', '저것' 등이다. 이것들은 모두 직증적으로 사용되어 그 발언을 둘러싼 여러 맥락을 지시한다. 클린턴이 "인류 역사상 가장 위대한 이 나라"라고 연설할 때 '이'는 내셔널한 귀속의 장이다. 즉 클린턴이 행하는 연설에서 '이'가 미국을 가리킨다는 것을 암묵적으로 받아들이는 네이션인 것이다.[127] 모든 미국인은 미국이 "인류 역사상 가장 위대한 나라"라는 이때의 직증을 이해한다. '우리'란 대체로 화자와 화자가 직접 호소하는 청중뿐 아니라 일상적 의무와 연대관계로 묶인 장소, 즉 상상의 네이션을 의미한다.[128]

그런데 이러한 직증적 지시가 네이션에 한정되지 않고 보다 광범한 상상의 공동체에서도 일어날 수 있을까?[129] 빌리그는 "남아프리카인과 그들에게 관심을 갖는 세계"라는 만델라의 말을 인용한다.[130] 만델라는 연설할 때 '우리'라는 표현을 자주 사용하는데, 대개 남아프리카 밖에서 살아가지만 글로벌 미디어를 통해 남아프리카에 관심을 갖고 있으며 남아프리카의 재건에 집합적으로 참가한 사람들을 환기시킨다. 만델라가 "우리는 하나"라고 말할 때 그는 남아프리카와 나머지 세계를 동시에 가리키는 것이다. 마찬가지로 다이애나비의 장례식에서도 텔레비전 해설자는 2억 5,000만 명으로 추정되는 시청자를 향해 '우리'라고 말했다.

여기서 잠시 '글로벌한 이미지'가 갖는 규모와 영향력에 관한 연구를 살펴보자. 빌리그의 표현을 빌리면 "흔해 빠진 글로벌리즘"이라고 명명할 만한 것에 관해 연구물들은 어떤 증거를 제시하고 있을까? 묘사로 지구를 표상하는 방법에는 어떤 것이 있을까?

영국에서 텔레비전의 모든 채널에서 나오는 시각적 이미지를 24시간에 걸쳐 기록한 조사가 있었다.[131] 다음에 나열하는 '글로벌'한 이미지는 24시간 동안 일반 프로그램뿐 아니라 광고에도 등장한 것을 포함한다. 각각의 항목은 수많은 사례가 있었다.

- 지구의 이미지(푸른색 지구를 본뜬 것을 포함한다). 축구를 세계적 스포츠로 받아들이는 곳에서는 축구도 지구를 상징할 수 있다.
- 항공기로 촬영한 사막과 해양, 열대우림의 영상. 특정한 나라에 속한 땅이라기보다 지구(그리고 지구를 향한 위협)를 묘사한다.
- 야생동물의 이미지. 특히 범상치 않은 동물(라이온), 남획된 동물(바다표범), 환경 전반의 상태를 알려주는 지표가 되는 동물(독수리).
- 인류 가족이라는 이미지. 지구의 거의 모든 문화의 사람이 운동 경기장 같은 한 장소에 모여 코카콜라 같은 세계적 상품을 공유한다.
- 상대적으로 이국적인 장소나 사람의 이미지(해변가, 민속무용, 스키슬로프). 원근감을 부각시키는 데 공들인 이미지로서 글로벌한 이동과 소통, 그리고 무한한 세계주의의 가능성을 상징한다.
- 세계의 미디어를 통해 범죄와 같은 행위가 전 세계로 노출되는 글로벌한 영상(OJ. 심프슨, 마돈나, 엘리자베스 여왕).
- 자신만의 무대장치와 의상을 갖추고 글로벌한 책무를 표현하는 모범적 인물의 이미지. 그들은 지구를 위해 발언하고 행동한다고 여겨진다(만델라, '마음의 여왕'인 다이애나비,● 켄 사로위와Ken Saro-Wiwa●●).

- 지구 공동체를 웅변하는 듯한 활동에 나선 자들의 영상. 다양한 문화와 장소의 몽타주 또는 빈곤과 기아, 질병에 직면한 자들과의 몽타주로 처리된다(적십자, 유엔 자원자).
- 지구와 인류의 장기적 미래를 위해 활동하는 기업의 이미지(환경을 깨끗이 만드는 정수회사, 새로운 의료 연구에 막대한 투자를 하는 제약회사).
- 지구에 대해 말하고 논평하고 해설할 수 있는 아이콘적 인물 (BBC의 케이트 아디, CNN의 크리스티안 아만푸어, ITV의 존 필저가 사회를 맡아 중계하는 글로벌한 보도 영상).

이처럼 널리 활용되는 이미지는 현대 시민권의 특징을 보여준다. 첫째, 현대의 시민권은 현대의 미디어가 지구를 표상하는 다양한 방식과 긴밀히 연관된다. 그리고 그 표상은 여러 양상의 세계주의나 이동성과 결합된다. 상술한 이미지는 자유롭게 이동할 수 있어야 하며, 세계시장에 참가하는 것을 가로막으면 권리 침해임을 은근히 드러낸다.[132] 둘째, 이러한 글로벌한 이미지는 지구를 묘사하고 지구를 위한 이야기를 만들어낸다. 하나의 미디어가 두 가지 모두를 활용하는 경우도 있다. 셋째, 이러한 글로벌한 이미지는 시민권을 둘러싼 여러 물음과 긴밀하게 얽히며 현대문화를 구성한다.[133] 글로벌 시민권은 문화, 그리고 문화적 접근이나 문화적 평등의 양식과 뒤얽혀 있으며 뒤

- 다이애나비는 지뢰철폐운동과 에이즈 환자 지원 등의 활동에 적극적이어서 '마음의 여왕 (queen of heart)'이라는 칭호를 얻었다.
- ● 나이지리아의 인권활동가. 소수민족 억압과 환경 파괴에 맞서 저항하다가 1995년 군사정권에 의해 처형당했다.

얽혀가고 있다. 마지막으로, 글로벌한 표상은 대체로 광고에서 활용된다. 글로벌한 네트워크와 흐름은 과거라면 나뉘어졌던 공적 영역과 사적 영역 사이에서 기묘한 하이브리드를 만들어낸다.

그렇다면 공적 영역과 사적 영역이, 그리고 시민권과 현대 소비주의를 둘러싼 문제가 점차 겹쳐가는 양상을 좀더 자세히 알아보자. 종래에 시민권과 소비주의는 대립하는 행위이자 담론이었다. 시민권은 공(公), 행정 서비스, 정부와 관련되며 소비주의는 사(私), 시장, 고객과 관련되었다. 그러나 지금은 '공'적 시민권과 '사'적 소비주의 사이에 분명한 선을 긋기 어렵다. 여러 과정을 거치며 경계가 흐릿해졌다. 즉 포스트포디즘적 생산·소비 방식으로 전환되며 소비자 권리가 확대되었고, 여러 경제 부문에서 서비스의 질이 점차 중요해졌으며, 흐름의 시민권을 형성하는 데 일조하는 다양한 서비스가 늘어났고, 재화와 서비스를 직접 공급하는 데서 간접적으로 규제하는 방향으로 정부의 성격이 변하고 있다(8장 참조).

스티븐슨은 다음과 같이 주장한다.

> 시민이 되고자 하는 사람들에게 글로벌 시장에서 상품을 사들이는 능력은 더욱 중요해지고 있다. 시민권에서 제도화된 권리와 의무는 점차 약화되지만, 이국적 식품, 할리우드 영화, 영국의 팝 CD, 오스트리아산 와인을 소비하는 일은 점차 중요해지고 있다. 근대 서양사회를 살아가는 자가 상업 제품에서 배제된다면 그것은 온전한 시민권을 박탈당했다는 의미다.[134]

이러한 탈분화로 인해 국민국가가 강제적으로 과세하고 대신 보호해주던 공적 시민권이 '소비자 시민권(consumer citizenship)'으로 이행되고 있다. 새로운 시민권은 국가뿐 아니라 다양한 조직, 국제기관, 국민국가, 기업, 비정부기구, 소비자단체, 미디어, 자원봉사단체 등이 제공한다. 이제 국가는 활동을 감시하고 공통 기준을 내놓으면서 규제하는 역할을 맡는 데 머무른다.

현대의 시민권에서 광고와 브랜드화는 핵심 요소다. 공적 안내와 사적 광고 사이, 교육과 오락 사이(즉 에듀테인먼트), 나아가 문자 정보와 시각 이미지 사이에서는 탈분화가 진행되고 있다. 그리고 현대의 시민권은 국경 밖에서 넘어온 사물과 서비스로 구성되는 측면이 있다. 2장에서 다루었듯이 '동유럽' 말기에는 소비주의와 '관광객 쇼핑'이 시민권 진전에서 큰 의미를 지녔다.

마이어도 브랜드 제품의 광고가 어떻게 사람들에게 글로벌 의식을 심어주는지에 대해 분석했다.[135] 그녀는 코카콜라를 "글로벌 문화가치를 생활에서 받아들이고 이해하는 새로운 표현방식"이라고 표현한다.[136] 비슷한 논의인데 버지스는 글로벌 상품을 구입할 의무를 요구하는 새로운 문화 형태를 다룬다.[137] 사람들은 티셔츠를 입고, CD를 들으며, 인터넷 서핑을 하고, 유명인의 비디오를 사면서 자신이 어느 단체의 일원이라고 상상한다. 사물은 상상하고 엿보고 느끼는 '네트워크 멤버십' 또는 소비자 시민권이라 불러야 할 감각도 제공한다.

이러한 소비주의는 오늘날의 글로벌 시대에 '멤버'임의 의미가 변화하는 현상과 이어져 있다. 멤버십이란 일반적으로 여러 권리와 의무를 부여하는 조직에 가입하는 것을 뜻했다. 그리고 멤버십은 비교적 가시화된 위계질서를 통해 조직되었다. 노동조합이 고전적 사례일 것이다. 그러나 지금은 고도로 네트워크화되고 매개화된 새로운 '조직'이 발전하고 있다. 그린피스는 자신의 미디어 이미지를 활용하는

'반대자 조직'의 대표적 사례일 것이다.[138] 브렌트 스파(Brent Spar) 사건● 경우에는 다음과 같이 항의했다.

무엇보다 통신을 활용하는 것이 가장 중요했다. 항의자들은 위성전화와 매킨토시를 사용해 사진과 동영상을 프랑크푸르트의 미디어 서버로 전송했다. 그린피스는 사진가와 촬영팀을 고용해 이 사안이 전 세계의 신문, 잡지, 텔레비전 화면에 선명하게 나올 수 있도록 영상을 찍을 것을 주문했다.[139]

그린피스는 바다야말로 글로벌한 자연을 상징하는 힘을 지닌다는 점에 주목하고 자신들이 이미 바다가 파괴되는 증거를 목도하고 있다는 이미지를 만드는 데 공을 들였다. 그린피스 활동가는 브렌트 스파에서 세계를 향해 손을 흔들고 (그린피스의 설비를 사용하도록 요구받은) 세계의 미디어가 그 장면을 기록했다. 이처럼 여러 나라를 아우르는 네트워크가 목격자의 역할을 맡아 그 이미지를 전 세계로 퍼뜨렸다.[140] 휴고 영은 최종적으로 셸이 계획을 백지화시킨 일의 장기적 영향에 대해 이렇게 총괄한다. "기업이 있고 정부가 있으며 그린피스가 있다. 그린피스는 세계의 공민이라 부를 만하다. 그린피스는 기업과 정부의 악의적 책모에 맞서 세계 시민의 이익을 대변한다."[141]

세계 시민을 위해 발언하고 행동한다는 이미지를 발산하여 그린피스는 브랜드 아이덴티티를 개발해왔다. 그린피스 외에도 트랜스내셔

● 브렌트 스파는 북해 유전에 있는 석유 저장시설의 명칭이다. 1996년에 석유회사인 셸이 브렌트 스파를 바다에 폐기하려고 하자 이에 반대해 그린피스의 활동가가 시설을 점거했다. 그리고 셸에 대한 불매운동을 벌였다. 1999년 비정부조직인 환경위원회는 셸의 의뢰를 받아 중재에 나섰으며 결국 셸과 그린피스는 브렌트 스파를 부두로 재활용하는 데 합의했다.

널한 네트워크가 목격담을 수집하고 이미지를 증식하는 데 힘쓰지만, 소비자의 불매운동을 제외하면 대중 동원에 나서는 경우는 아직 드물다.[142] 환경보호 활동가들은 자신을 특정 국가의 시민이 아닌 그린피스와 같은 조직의 시민으로 인식할지도 모른다. 이들의 권리와 의무는 국가로부터 주어진 것이 아니라 그러한 조직과의 문화적 동일화, 특히 브랜드화로부터 발생하기 때문이다.

맺음말

권리와 의무를 둘러싼 언어는 수세기에 걸쳐 발전해왔다. 그리고 새롭게 등장하는 여러 인간집단이 시민권을 획득해가는 데 일조했다. 권리와 의무를 둘러싼 언어가 발전해온 과정은 경쟁적 양상을 띠기도 하며, 불공정하고 불균질할 때도 있었다. 지나치게 개인주의적 관점으로 기운 경우도 있었다. 그러나 발전의 결과는 대체로 유익했다. 그리고 시민의 권리와 의무가 조화를 이루는 포괄적 '사회'로 주민들을 조직했다.[143]

이 장에서는 이제 시민권 요구가 전 세계로 확산되었으며, 내셔널한 시민권이 글로벌 사회의 핵심 요소라는 점을 확인했다. 어떤 권리를 주장한다는 것은 다음과 같이 요구한다는 뜻이다. 즉 어떤 식으로든 그 권리를 능가할 다른 권리가 존재하지 않는 한, 국민국가는 자신의 사회적 범주에 포함된 구성원이라면 누구든 권리를 향유할 수 있도록 보장해야 하는 것이다.

앞 절에서는 각 국민국가가 그 권리를 내부에서 제대로 조율하지 못하는 실정이며, 오직 글로벌이라고 불러야 할 장소만이 그 권리를 실현시켜줄 수 있다는 점을 밝히는 데 노력했다. 하지만 세계는 여전히 국민국가의 모임으로 조직된 까닭에 권리에 관한 큰 문제를 배태하고 있다. 또한 글로벌한 시민이어야 할 자들이 글로벌한 책임의 감각을 계발하더라도 국민국가를 신뢰하기 어렵다면, 의무의 영역도 문제로 남는다.

정리해보면 새로운 위험 요소와 권리, 의무는 기존의 내셔널한 시민권 개념과 교차하고 있으며, 사람들이 '우리는 같은 시민'이라고 상징힐 사회공간적 맥락은 일부 분 국가에서 지구 수준으로 이행하고 있다. 앞서 아이덴티티, 충성, 애착의 감각을 바꾸어놓는 매스미디어의 발달을 다루었다. 하지만 그렇더라도 '내셔널'한 시민권 형태가 소멸된다든지, '사회적 평등'이라는 관점에서 시민권의 '소비주의화'가 바람직하기만 하다든지, 글로벌 시민권은 영향력이 제한된 허약한 꽃이라고 단정해서는 안 될 것이다.

그런데도 앞의 논의에 회의적인 사람들이라면 시민권에서는 '생활양식의 공유'가 필수적이라는 마셜의 주장을 재고해보는 편이 좋을 것이다. 마셜에 따르면 취향과 생활 양식의 차이는 "깊은 균열을 만들지 않으며 단일 문명으로 결합되는" 사람들 내부에서 생겨난다.[144] 따라서 역설적이게도 글로벌한 균질화, 소비주의, 세계주의와 같은 양상은 현대세계의 사회적 경계가 '깊은 균열을 만들어서' 시민권의 존속을 위협하는 사태를 회피하기 위한 필요조건이라고 할 수 있을 것이다. 대부분의 국민사회가 매우 혼성적 성격을 지닌다는 점을 고려한다면, 글로벌한 매스미디어의 힘을 빌려 '단일한 문명으로 결합'되는 양상은 역설적이게도 현대의 시민권이 지니는 고유성에서 불가피하다고 보아야 할 것이다.

8장

사회학

이 거대한 생산수단과 교환수단을 마법으로 불러낸 근대 부르주아 사회는 자신이 불러낸 지하의 악마를 더 이상 통제하지 못하는 마법사를 닮았다.

― Karl Marx and Friedrich Engels [1848] 1964: 58.

정원사와 사냥터 관리인

이 책에서 나는 세 가지 주요 논점을 논하고 전개했다. 첫째, 그동안 사회학은 사람의 이동에 관한 분석을 간과해왔다. 사람의 이동은 너무 흔한 행위지만, 제대로 고찰하려면 적합한 메타포가 필요하고 사회학의 개념이 전환되어야 한다. 아울러 전에 없던 공간과 시간을 개척하는 여러 이동을 포함해 사회과정을 재고해야 한다. 둘째, 이동하는 사람들에 관한 개념은 메타포나 문자 그대로의 의미에서 다양한 실체의 이동, 곧 관념, 이미지, 기술, 화폐, 폐기물 등의 이동으로 옮겨낼 수 있다. 이동은 어느 경우에도 하이브리드며 다양한 스케이프에 따른다. 그러한 네트워크는 '물리적' 실체와 '인간적' 실체로 구성되며 양자의 복잡하고도 가동적인 결합이 그러한 실체의 힘을 이끌어낸다. 셋째, 이처럼 이동하는 하이브리드가 자기재생산적 '사회'의 성질 또는 사회학이라는 영역에 파탄을 초래하고 있다.

나는 이 장을 시작하며 먼저 바우만의 유명한 '정원사'라는 메타포에 대해 논하고자 한다. 바우만은 국가가 감시를 통해 주도하는 근대 사회를 묘사하기 위해 이 메타포를 사용했다.[1] 바우만에 따르면 정원사 국가는 그와 대조되는 종전의 '사냥터를 관리하는' 국가를 대신한다. 사냥터를 관리하는 국가는 일부러 사회를 전체적으로 정돈하려고 하지 않으며 세세한 일에 무관심했다. 이와 대조적으로 정원사 국가는 규칙성을 만들고 질서화를 꾀하는 데 각별히 신경을 쓰고 길러야 할 것과 숙아내야 할 것을 보다 엄밀하게 구별했다. 정원사 국가의 핵심은 입법자이며, 입법자는 자신의 이성을 작동해 무엇이 질서 유지에 보탬이 되고 그렇지 않은지를 결정한다. 사회과학 역시 사회조성적 자원의 관리를 원활히 하고, 재배할 것과 그렇지 않은 것을 지켜보며, 각 작물의 바람직한 생육조건이 무엇인지를 결정하여 사회를 이성적으로 통제하는 데 기능해왔다.

그런데 새로운 글로벌한 질서는 사냥터를 관리하는 국가로 회귀하는 경향을 띠며 정원사 국가로부터 멀어지고 있다. 사냥터 관리인은 이러저러한 방식으로 이동을 제한하고 사냥하기에 충분한 자원을 확보하는 데 공을 들이지만, 각 장소에서 동물들을 하나하나 꼼꼼하게 살피는 일에는 무관심하다. 그런데 이제 동물들이 영지 안팎을 돌아다닌다. 하이브리드로서 국경선을 넘나든다. 국가는 더 이상 자기 사회를 정원으로 관리할 수 없으며, 그것을 바라지도 않는다. 다만 사냥꾼이 필요한 자원을 손에 넣을 수 있도록 자원의 조건을 조정할 뿐이다.

과거 동유럽 사회는 유례없을 만큼 세세한 조원에 입각한 사회였다. 그러나 사회는 역동성을 잃고 '동물' 무리(소비재, 이미지, 서양 사상 등)로 둘러싸이더니 애써 지켜온 땅으로 점차 동물들이 드나들었다. 주민들은 동물들을 따라가며 소중히 돌보아오던 식물들을 짓밟았다(조지 오웰의 묘사와는 다른 종류의 '동물농장').

마지막 장에서는 현대사회가 발전하는 여러 양상을 다루기에 사냥터 관리가 조원보다 적절한 메타포임을 밝힐 것이다. 그리고 포스트 사회조성적 시대, 즉 포스트 조원의 시대에 관한 이론과 연구를 결집할 수 있는 사회학을 제창하고자 한다. 이 장에서는 네 가지 중요한 영역, 즉 시민사회, 국가, 자연, 글로벌에 관해 사냥터 관리가 어떤 함의를 갖는지에 대해 검토하며 논의를 전개하고자 한다.

먼저 사회적 불평등을 어떻게 공간적·시간적인 것으로 파악해야 할지를 살펴보고, 나아가 사회적 불평등이 단순히 정원 안에만 존재하는 것이 아님을 밝힐 것이다. 또한 이동에 근거하는 시민사회의 발달을 고찰할 것이다. 이제 시민사회는 이곳저곳으로 옮겨 다니고 지금까지의 공적인 시간과 공간의 고정성에서 벗어날 수 있는 능력을 요구한다. 시민사회는 이동을 규제할 수 있지만, 더 이상 자동차의 군중이 언제 어디로 향할 것인지를 결정할 수는 없다. 이어지는 절에서는 국가의 구성에서 시민사회의 흐름과 네트워크를 조정하는 것이 관건임을 밝히고, 그로 인해 빚어지는 국가의 성격 변화를 분석할 것이다. 국가는 영토의 안팎을 이동하는 군중을 규제할 때 정원사보다는 사냥터 관리인에 가까워진다.

　그 다음 절에서는 조원이 정원사와 정원을 엄밀히 구분짓는 데서 성립할 수 있었음을 고찰하고, 그러한 구획이 어떻게 사회와 자연 또는 사회학과 물리과학의 역사적 분기와 평행해왔는지를 밝힐 것이다. 아울러 이러한 구분에 맞서 어퍼던스의 개념을 통해 현대의 시민권에서 '자연-사회적' 하이브리드가 어떤 함의를 지니는지를 탐구할 것이다. 그러고 나서 상호작용적이고 패턴화되어 있으며 지구를 배회하는, 가동적인 하이브리드의 무리로 되돌아갈 것이다. 아울러 카오스와 복합계에 관한 발상이 '사회를 넘어선 사회학', 즉 조원보다 사냥터 관리에 유용한 사회학을 정리하는 데 도움이 될 것인지에 관해 간략히 고찰한다. 그러고는 이 책을 마무리하며 이동의 사회학을 제창하고자 한다.

이동하는 시민사회

잠시 자동차 이야기로 돌아가보자. 자동차 이동은 시민사회의 성격에 관한 몇 가지 괄목할 만한 변화를 예고한다. 또한 그것의 의의를 밝힌다면 오늘날의 사회생활을 분석하는 단서를 얻을 수 있다(3장 참조).

자동차 이동은 기계, 사회적 영위, 거주가 서로 연결되는 하나의 복합체로 파악할 수 있다. 자동자는 고정된 주거공간이 아니라 반쯤 개인화된 형태로 이동하는 캡슐이다. 하이브리드인 자동차 운전자는 대규모 이동에 능숙하며, 고도로 단편화된 시간의 순간순간 속에서 일련의 역할을 완수하며 상당한 거리를 오간다. 자동차 이동의 여정에서는 여러 기술이 활용되며 다양한 감시도 뒤따른다. 자동차 이동은 순간적 시간과 새로운 공간에서 사회생활이 조직되는 주된 방법이다. 사람들은 자동차에서 이동 중에 거주하며 사회적으로 상호작용한다. 그러므로 자동차는 개인의 단순한 외연이 아니며, 자동차 이동은 단순히 소비 행위에 머무르지 않는다. 그것은 사회성의 양식을 재구성하는 새로운 방식이다. 사회생활을 영위하려면 늘 이러저러한 방식으로 이동하게 마련이지만, 자동차는 유동성, 강제력과도 특이하게 결합되어 여러 이동에 변화를 준다. 시민사회는 일부 '자동차 이동의 사회' 또는 반물건(quasi-object) 내지 '자동차 운전자'로 구성되는 사회라고 말할 수 있다. 새로운 시민사회에서 자율적이라 여겨지는 인간 주체는 기계로부터 떼어낼 수 없다. 그리고 사람들은 스스로 이동함으로써 공공영역에 참여한다.

자동차 이동은 자유의 원천, 즉 '길 위의 자유'의 원천이다. 일찍이 시민사회는 엘리트층의 영역이었던 도로와 탈것으로 손을 뻗어 그것들을 오늘날의 대량수송체계로 바꾸어놓았다. 자동차의 유동성 덕분에 운전자는 거의 모든 집과 직장, 오락시설로 이어진 서양사회의 도로망을 따라 언제라도 어디로든 다닐 수 있게 되었다. 자동차는 사람들의 행동 반경, 즉 인간으로서 운신할 수 있는 폭을 넓혀주었다. 자동차의 유동성이 없었다면, 만약 하루 24시간 동안 언제든 자유롭게 자동차를 이용할 수 없었다면 사람들은 오늘날 '사회생활'로 간주하는 대부분을 포기해야 할 것이다. 누구든 원하는 때 직장이나 친구에게 가고 집으로 돌아올 수 있다. 자동차 덕분에 여유 있게 집에서 나오고, 환승 시간을 덜 신경 쓰고, 시간에 그다지 구애받지 않고 여행할 수 있다. 사람들은 자신이 선택한 경로를 따라 예상치 않은 새로운 장소를 찾아 멈추고 끌리는 만큼 머무르며 원할 때 떠난다.

더구나 사람들은 자동차 운전 자체를 즐기며 자동차 운전이 현대의 시민됨의 일부를 이룬다고 여긴다. 자동차 운전은 그 자체로 하나의 목적인 동시에 일련의 기술이자 소양이다. 자동차 운전은 즐거움(즉 유동성, 기능, 소유, 흥분)의 원천이 될 수 있다. 자동차를 운전하지 않는다는 것 또는 소유하지 않는다는 것은 서양사회에 온전히 참여할 수 없다는 의미다. 이미 1970년대에 실시한 조사에 따르면 피고용자의 압도적 다수는 직장에서 업무를 볼 때보다 출퇴근길에 자동차를 운전할 때 높은 기능을 발휘했다.[2] 자동차는 단순한 수송수단이 아니다. 자동차를 소유하고 운전한다는 것은 자동차로 조직화되는 사회에서 매우 소중한 권리다.

그리하여 '거주지'의 성격이 '길 위의 거주지'로부터 '자동차 안의 거주지'로 변했다. 전자는 일찍이 대전간기의 북아메리카와 유럽에서 볼 수 있었지만, 오늘날에는 아프리카와 아시아 전역에서 볼 수 있다.

이 경우 운전자는 자동차로 여행하는 환경의 일부며, 그곳에서는 격리의 기술이 미비한 상태다. 운전자는 도로 위에서 살아가기에 감각적인 것으로부터 유지되지 않는다.

이것은 자동차 안에서 살아가는 현대적인 서양의 자동차 운전자와 대조된다. 그들의 경우에는 리스크가 자동차 밖으로 외부화되며, 운전자는 보다 안전한 상태에서 차를 몰 수 있다. 또한 바깥의 냄새와 소리는 차내에 들어오지 못하도록 차단되며, 운전자는 일종의 사교성 어린 환경을 향유할 수 있다. 운전자는 집주인이 자택에서 방문객의 출입을 제어하듯이 자동차 안에서 사회적 교제를 제어한다. 자동차는 '집 밖의 집', 즉 사무, 사랑, 가족, 우정, 범죄가 전개되는 장소다. '공적' 수송기관과 달리 자동차는 가정적인 거주 양식을 재촉한다. 자동차는 운전자에게 낯선 환경을 유연하고 대담하게 이동하는 두 번째 집이다. 자동차에는 가정환경의 시뮬레이션을 실현시키는 제어 시스템이 장착되어 있다.

그러나 사람들은 자동차 이동으로 지나친 유동성에 시달리기도 한다. 자동차 이동에는 복잡하고 불균등하며 조작과 관리가 불확실한 순간적 시간이 뒤따른다.[3] 이러한 순간적 시간은 19세기 중반에 실현된 이동의 공식적인 시각표화와 대비를 이룬다. 당시 철도가 발달하자 수많은 시각표가 제작되었다.[4] 이것은 공적 시각표(사냥터라기보다 오히려 조원)에 근거한 모더니즘의 시계 시간이었다. 이와 대조적으로 자동차 이동은 보다 개인주의적 양상으로 생활의 시각표화, 즉 순간적이고 단편적인 여러 시간으로 구성되는 개인의 시각표화를 초래한다. 여기서는 사회보다는 자기 안으로 향하는 내성적 감시가 엿보인다. 사람들은 "추상적 시스템으로 걸러지고 복수의 선택으로 짜인 맥락"에 자신을 두고 "일관되지만 부단히 수정되는 생활사"를 유지하려 노력한다.[5] 사람들이 자가용을 이용해 생활을 영위하게 되자 근대적인 철도 시각표의 객관적인 시계 시간은 개인화되고 주관적인 시간성으로 대체되었다. 선진사회의 거의 모든 사람은 자동차 이동으로 내성적인 자기사를 스스로 만들어냈지만, 이를 위해 복잡하고 깨지기 쉬우며 우발적인 사회생활의 패턴을 정리하려고 한 나머지 극히 작고 단편화된 시간과 상대해야 할 상황에 처하게 되었다.

자동차의 자유는 그 권력 아래로 시민사회의 모든 것을 복속시킨다. 더 멀리 '떠나야' 하기에 사람들은 시간에 쫓기고, 고도로 유연화된 이동에서 자동차는 유일한 수단이 되었다. 걷고 자전거를 타고 버스와 증기선 또는 철도로 여행하는 것은 역사의 뒤안길로 밀려날지 모른다. 이러한 수단들은 이곳저곳을 누비기에 상대적으로 비효율적이기 때문이다.[6]

그 밖에도 자동차 이동이 구성하는 시민사회는 세 가지 양상을 띤다. 첫째, 자동차 운전자라는 하이브리드는 평소에는 그다지 눈에 띄지 않는다.[7] 대체로 자동차 기계는 가만히 기다리고 있다. 그러나 '길 위의 열기' 상태에서는 공격과 경쟁, 속도라는 다른 시나리오를 따른다. 마이클은 자동차 이동이 사람을 진중하고 세련되게 만들거나(볼보 신드롬) 속도와 흥분을 즐기도록 재촉하는 식으로 다의적인 성격을 지닌다고 상술한다. 이 경우 복수의 줄거리가 동반되며, 따라서 운전자에게 경쟁 심리를 불러일으킨다. 이들은 공히 하이브리드인 자동차 운전자로서 자동차화된 시민사회의 일부를 이룬다.[8] 예를 들어 '길 위의 열기'에 관해 마이클은 다음과 같이 말한다.

믿음직스럽고 세련된 운전자 이상으로 사람은 숙련되고 신체와 기계 양측을 정렬할 수 있어야 한다. …… '사회적 통제를 줄이기' 위해 사람은 좀더 탁월하게 기술적 통제를 실행해야 한다.[9]

마이클은 사람이 기술에 덮이거나 매몰되는 상태(또는 역상태)를 '초하이브리드화(hyperhybridisation)'라고 부른다. 이처럼 치명적인 하이브리드는 기술을 개선한다고 해결되지 않으며, 차라리 인간의 병리학을 재고해야 한다.

둘째, 자동차 이동은 논쟁을 야기한다. 1970년대 이후 자동차는 기차 이상으로 환경을 오염시킨다고 보고되었다.[10] 최근에는 새로 놓인 도로가 풍경을 '자른다'며 격한 반발을 사고 있다. 운전자 스스로 그렇게 생각하기도 한다. 자동차 이동이 시민사회 내부에 저항을 낳고 있는 것이다. 한 가지 이유는 도로가 새로 포장되면 기존의 작업스케이프를 파괴하는데, 갑작스러운 상실을 보완할 재풍경화가 더디게 진행되기 때문이다. 더구나 도로가 놓이면 그다지 품을 들이지 않고서도 풍경 속으로 다가갈 수 있다. 그로 인해 도보나 등산 등이 가치절하된다. 즉 전반적으로 보건대 사람은 자신의 자동차를 애지중지하지만, 그 전제를 이루는 시스템은 사랑받기보다 반발을 사고 분노의 대상이 된다.

현재 시민사회는 자동차 이동의 권력과 범위, 영향을 둘러싼 논쟁을 거치며 재생되고 있다. 동일한 인물이 도로 신설에 거세게 항의하는 동시에 열광적인 운전자일 수 있다. 20세기 말 영국에서는 약 250여 개의 반도로(ani-road)단체가 있었으며, 시민사회에 커다란 영향력을 행사했다. 항의자들은 전문적 지식을 익히고, 집단적으로 불법 침입하거나 건물을 점거하거나 도로건설계획의 위협에 노출된 삼림에서 지내면서 다양한 직접행동을 벌인다. 또한 그들은 휴대전화, 비디오카메라, 인터넷 등의 새로운 기술을 능숙하게 활용한다. 이러한 기술을 동원해 미디어로 순식간에 메시지를 유포하며, 개발계획에 항의하려고 각지에서 찾아오려는 항의자집단을 향해 활동의 정보를 제공한다.[11]

셋째, 오늘날 지구상의 대부분 지역은 자동차 전용의 환경—초모더니티(super-modernity)의 전형적인 비장소(non-place)—으로 이루어져 있다.[12] 런던 지역의 대략 4분의 1과 로스앤젤레스 땅의 절반 가까이를 자동차 전용의 환경이 차지하고 있다. 자동차 이동의 물결은 도시화에 휩쓸려 들어간 공공공간을 집어삼키고 있다. 이러한 자동차공간의 영역은 주위환경을 공간적·시간적으로 지배하며 보고 듣고 맡고 심지어 맛보는 감각의 공간적·시간적 범위를 바꾸어놓는다. 그러한 자동차환경과 비장소는 도시적이지도 않고, 촌락적·지방적이지도 않으며, 코즈모폴리턴적이지도 않다. 그것은 순수한 이동의 장소며 자동차 운전자는 '자동차 속에서 살며' 격리된다.

이처럼 자동차 이동은 이곳저곳으로 이동하는 일군의 하이브리드화된 '자동차 운전자'의 시민사회를 구성한다. 그들은 자동차 또는 '운전면허증'이 없는 사람들을 배제하고 자신이 지닌 이동 능력에 근거해 공공공간으로 진입한다. 자동차 이동이 중심적 위치를 차지하는 시민사회는 공공공간을 공도로 바꾸어놓는다. 그리고 공도에서 도보 여행자나 자전거 이용자라는 하이브리드는 공적인 것으로부터 밀려난다. 개인의 선택과 개인의 유동성이 중시되는 바람에 민주적으로 점용되어온 공공공간이 공도로 바뀌는 체제에서는 속도와 상관없이 자동차와 버스, 트럭으로 이동하는 사람만이 공적 존재가 될 수 있다. 자동차 이동의 시민사회, 또는 원하면 어디로든 떠날 권리에는 '공공공간에서 공도'로 라는 변화가 뒤따르는 것이다.

이 책에서 나는 자동차 이외에도 다양한 이동성이 사회생활을 어떻게 바꾸어놓는지에 대해 자세히 밝혔다. 특히 로컬하거나 지역적이거나 서브·내셔널한 수준에서 네트워크화되고 디아스포라적이고 글로벌한 경제, 아이덴티티, 시민권이 출현하고 부활한 결과 다양한 이동성이 네이션을 파편화하고 있다. 스콧은 경제적 변화에 따르는 변화를 개관하며 "국가의 정치 형태, 경제 거래의 흐름, '사회'들의 문화적·공동사회적 경계 사이에는 이미 어떤 영토적 일치도" 찾아볼 수 없다고 말한다.[13] 특히 화폐 거래, 환경 위험, 정보는 국민국가의 통제에서 벗어나기 때문에 그 움직임들은 국경 내의 정세에 따르지 않을 수 있다. 이것들은 국경을 순식간에 통과한다. 인터넷을 예로 들면 대부분의 교환은 기점을 확정하기 어렵다. 제공자와 이용자가 어디의 누구인지를 모르는 경우가 허다하다. 보다 사실적으로 묘사하면 오늘날의 가상공간에는 세무서가 존재하지 않는다.

사회계급을 분석할 때도 이러한 변화를 유념해야 한다. 계급 분석은 여전히 국가자본주의의 '황금시대'로부터 자료와 논거를 취하려는 경향이 있다. 1970년대 초까지는 북대서양환대의 사회에서 '내셔널'한 계급을 연구 대상으로 선택하는 것이 자연스러웠다. 하지만 지금은 상황이 전혀 다르다. 국민국가가 파편화되었기 때문이다. 또는 초국가적인 변화과정이 "계급구조와 국민국가의 역사적 조합에 잠재적 도전장"을 내밀고 있기 때문이다.[14] 특히 스콧이 지적하듯이 자본가계급은 "내셔널한 자본가계급 자신이 가담하는 글로벌화된 자본과 투자 순환에 따라 분절화되고 있다."[15] 논자에 따라서는 이러한 사태로 인해 "트랜스내셔널한 자본가계급"이 도래할 것이라고 주장하기도 한다. 내셔널한 계급을 규정하는 상황에서 벗어나 일종의 글로벌한 연대와 응집력을 지니는 계급이 출현하리라는 것이다.[16]

그러한 예견이 실현될 가능성은 확실히 높지만, 지금 수준에서 확인할 수 있는 것은 전문직의 비약적 증가다. 그들의 작업 스케이프는 일정 정도 글로벌하며, 그들은 여러 스케이프에 따라 배치되는 복수의 장소에서 거주한다. 라이히는 "지식과 화폐, 상품의 국경을 넘어선 흐름을 차단하는 장벽이 무너지고 있다. 즉 어느 나라든 사람들의 집단이 글로벌 웹으로 이어져 있다"고 말한다.[17]

경영 및 여러 전문직에서 엿보이는 탈국민화 경향과 연동하여 지식과 계급의 문화적·정보적 결정 요인이 뚜렷하게 탈국민화되는 경향도 눈에 띈다. 지식은 '탈영토화'되고 이동하는 방대한 정보의 소편(bit)이 된다. 우리는 어디서든 정보를 순간적이고 동시적으로 이용할 수 있는 상황을 이미 목도하고 있다.[18] 사회 내부에서 지위가 결정되는 과정은 각 사회의 내생적 요인뿐 아니라 글로벌한 정보의 흐름으로부터도 영향을 받는다.

국민국가라는 역사적 관념에서는 안정적이고 포괄적인 내셔널 아이덴티티, 즉 단일한 네이션을 둘러싸고 조직화된 시민사회가 그 근간을 이루어왔다. 그리하여 홈페이고 응집적이고 통합적인 국민국가가 설정되어 그 안의 국민과 제도는 밖의 그것들과 뚜렷하게 구별될 수 있었다. 스미스는 다음과 같이 정리한다.

국민국가는 국경, 수도, 국기, 국가, 여권, 통화, 열병식, 국립박물관, 대사관을 거느리며 대체로 국제연합에 가입해 있다. 또한 국민국가는 영토 안에 하나의 정부를 두고 단일 교육체계, 단일 경제와 직업체계를 구축하며 통상 모든 시민에 대한 일련의 권리를 갖는다.[19)]

이 책에서는 한 나라 안에서 벌어지는, 특히 자동차 이동을 매개한 이동성과 시민권을 통해 국경을 넘어서는 이동성이 단일하고 안정적이며 포괄적인 내셔널 아이덴티티라는 관념을 부식해가는 상황에 대해 다루었다. 그렇다면 이제는 국민국가의 성격과 시민사회에 변화를 초래하는 다양한 이동성을 국가가 어떻게 조정하려 드는지를 살펴보도록 하자.

이동성의 조절

사회적 불평등은 종종 공간적 성격을 띠는데, 다양한 이동에 관한 접근 능력의 차이는 불균등한 결과를 초래한다. 이 절에서는 국가가 다양한 이동성과 어떻게 결합되는지를 밝히고자 한다. 또한 그러한 이동에 따르는 유해한 결과가 무엇인지를 확인하고, 국민국가 또는 초국민적 국가가 개선될 수 있는지 여부에 대해 검토하고자 한다.

신체의 여행이 버스와 철도에서 자동차로 이행했다는 사실은 국가의 변화를 사고할 때 중요한 대목이다. 20세기 자동차 이동이 성장하는 과정에서 신체적 이동에 관한 직접적인 생산·관리·시각표화는 크게 감소했다. 하지만 동시에 이동성에 관한 새롭고도 커다란 규모의 사회적 조정도 진행되었다. 즉 현대의 국가는 운전자, 도로, 자동차를 둘러싼 인허가, 심사, 단속, 과세, 건설, 유지, 관리에 관여한다.

다양한 양상의 새로운 이동성은 국가 성격의 변화, 즉 현대국가가 이미 세계를 정원으로 삼을 수 없으며, 기껏해야 사냥터 관리인으로 남을 수밖에 없다는 점도 암시하고 있다. 들뢰즈와 가타리는 다음과 같이 이야기한다.

> 국가는 늘 외부와의 관계에서 존재해왔다. 그 관계를 제외하고 국가를 사고할 수는 없다. 국가는 전무인가 전부인가가 아니라 내부와 외부의 법칙에 따른다. 국가는 주권이다. 그러나 주권은 주권이 영토화할 수 있는 것, 즉 로컬하게 전유할 수 있는 것에 관해서만 군림할 수 있다.[20]

국가 외부에 있는 것이 국가의 외교 정책으로 환원되지는 않는다. 국가 외부에는 거대한 세계 기계(worldwide machine), '대기업'형의 상업조직, 산업연합, 크리스트교, 이슬람교, 일종의 예언주의 내지 메시아주의의 성격을 띠는 종교단체 등 들뢰즈와 가타리의 표현에 따르면 새로운 원시·부족 사회, 즉 "국가의 권력기관에 맞서 절편적 사회의 권력을 주장하려는 도당집단, 주변적 집단, 소수파 집단"이라고 불리는 것이 존재한다. "세계 기계는 외부에서 국가의 지배에서 벗어나거나 그것에 대항한다. 그리하여 국가와 세계 기계는 '상호작용의 영속적 장'을 구성한다."[21]

들뢰즈와 가타리에 따르면 국가는 국경을 넘어 확장되는 공간을 조정하려 들고, 특히 그러한 공간을 오가는 수많은 이동을 조정하려고 한다.

> 국가의 기본적 임무 가운데 하나는 자신이 통치하는 공간에 선을 긋는

것이다. …… 모든 국가는 유목민을 정복할 뿐 아니라 이민을 관리하는 일에 공을 들인다. 일반적으로는 '외부' 전체에 대해, 즉 전 세계를 가로지르는 흐름의 총체에 대해 여러 권리의 지대를 확정하는 것이다. 그러한 작업이 국가에 도움이 되는 한 국가는 주민, 상품, 화폐, 자본 등의 모든 흐름을 살피려고 애쓴다. …… 국가는 운동을 분해하고 다시 짜 맞추고 운동을 바꾸고 속도를 조절하는 일을 결코 멈추려 하지 않는다.[22]

들뢰즈와 가타리는 14세기의 중국이 고도화된 조선술과 항해술을 갖추었음에도 불구하고 광대한 해양공간으로부터 스스로 등을 돌리자 상업의 흐름이 해적과 동맹을 맺어 중국에 반역한 사실을 두고 "상업을 대규모로 제한하는 부동의 정책을 취하는 것 말고는 대처 방안이 없었다"고 설명한다.[23]

좀더 일반적으로 말하면, 들뢰즈와 가타리는 최근 서양사회가 영토와 국가에 근거한 사회관계(푸코가 말하는 규율사회)로부터 벗어나고 있음을 규명했다. 그 동향은 통제사회로, 즉 수(數)와 탈영토화에 근거하는 사회관계로 향하고 있다. 현대국가는 "홈패인 공간 속에서 부동하는 것과 대립하는, 매끄러운 공간에서 이동하는 것, 즉 가동적인 점유자"를 조정해야 할 상황에 처해 있다.[24] 이처럼 탈영토화된 매끄러운 공간에서는 순수한 수(數)가 패러다임적 사례가 되고, 이것이 국가에 새로우면서도 심각한 문제를 일으킨다. 이처럼 흐름이 매끄럽게 탈영토화되는 것은 컴퓨터 제어가 디지털화된 것에서 기인하는 바가 크다. 즉 "수를 계산하는 것은 방벽이 아닌, 한 사람 한 사람의 위치를 추적하는 컴퓨터다."[25] 이처럼 국가는 주위의 공간과 선을 그으려고 애쓰지만, 숫자로 표시되는 매끄럽고 글로벌한 유동체는 국가에 특이한 문제를 안겨준다.

국가에 관한 기존의 정의는 이러한 것이었다. 즉 국가란 법을 가결하고 법을 집행하고 법의 준수를 강제하는 법적 기구를 제정하고, 집권화되고 상호의존적인 일련의 사회제도를 정비한다. 이러한 제도들은 일정한 영토 내에서 국가가 합법적 강제력을 독점하고 있다는 사실에 근거하며, 이 독점력으로 법이 유지되었다. 국가의 권력은 궁극적으로 합법적 강제력에 의거하는 것이다. 그 권력에는 법을 제정하고 집행하는 능력, 종합과세를 통한 자금 조달 능력, 다양한 급부를 통한 재분배 능력, 많은 수의 인원을 고용하는 능력, 다양한 서비스(특히 일반적 서비스)를 시행하는 능력, 토지를 소유하고 용도를 관리하는 능력, 여러 경제 정책수단을 운용하는 능력, 그리고 강제적·이데올로기적 기법을 활용해 '사회적 조정자'로서 행위하는 능력 등이 포함된다. 아무리 유력한 기업이더라도 민간기관은 이처럼 광범위한 권력을 갖지 못한다.

혹자는 국민국가가 이미 글로벌한 흐름과 네트워크가 초래하는 해체에 맞설 만한 내적 결속력을 상실했다고 주장한다. 혹자는 이러한 주장이 아직 시기상조라고 반론을 펼치기도 한다. 그렇다면 먼저 후자의 '반글로벌화'론을 살펴보자.

글로벌화의 회의론자는 글로벌화라는 명제가 지나치게 과장되었으며, 사회와 정부는 국제적 전개를 여전히 통제할 수 있다고 주장한다. 허스트와 톰프슨에 따르면 오늘날의 국제경제는 통념처럼 대단한 것이 아니며, 어떤 의미에서는 1870년부터 1914년의 시기보다 개방도가 낮다.[26] 또한 대기업들은 대부분 자신들의 기반을 일정한 사회 속에 두고 있으며(포드는 미국, 소니는 일본), 진정 국제적이라고 할 만한 기업은 상대적으로 드물다. 투자는 대부분 부유한 나라 간, 특히 북아메리카–유럽–일본의 삼국 사이를 오갈 뿐 지구 전역으로 동등하게 분산되지 않는다. 그래서 그들은 경제는 국제화되지만 글로벌화되지는 않으며, 각국 정부는 시민의 생활조건에 여전히 개입할 수 있다고 주장한다.

이러한 주장은 비판을 받았는데, 다음의 세 가지로 간추릴 수 있다. 첫째, 허스트와 톰프슨이 상정하는 글로벌화 개념은 매우 극단적인 형태로서 실제로는 존재하지 않는다. 또한 그들은 글로벌화의 경제적 국면만을 주목해 여타의 글로벌한 과정을 간과했다. 나아가 그들은 자신들이 언급하는 몇몇 현상이 앞으로 수십 년에 걸쳐 글로벌한 방향으로 어떻게 전개될지를 충분히 고찰하지 않았다.

하지만 글로벌화의 회의론자는 현대의 국가에 관해 몇 가지 유익한 지적을 내놓기도 했다. 와이스는 모든 국가가 힘을 잃고 쇠퇴하지는 않는다고 지적했다.[27] 그뿐 아니라 글로벌한 흐름에 대처하는 능력은 국가마다 다를 수 있다. 나아가 국가는 흐름에 휘말릴 뿐 아니라 흐름의 산파역을 맡을 수도 있다. 또한 국가는 지역적·국제적 수준에서 네트워크의 촉매로서 기능하며, 복합계에서 하나의 행위자로 기능할 수 있다.[28] 그리고 각국은 여전히 수많은 국제회의와 이벤트에서 국제협정에 서명하고 있다.

그러나 다자간투자협정(Multilateral Agreement on Investment : MAI)이 시행됨에 따라 국민국가가 지속적으로 권력을 유지하기는 어려워질 것이다. 다자간투자협정으로 인해 자본의 이동이 현저히 늘어나고, 새로운 투자 규칙이 마련되어 경계를 지으려는 국가의 능력을 잠식하고 있다. 이 규칙에는 외국인 투자자에 관한 차별 철폐, 투자의 제한 철폐, 특별 조항 철폐라는 원칙이 담겨 있다. 세계무역기구(WTO) 사무국장은 다자간투자협정에 관해 "우리는 현재 단일한 글로벌 경제의 규약을 쓰고 있다"고 표현했다.[29] 다자간투자협정을 비판하는 사람들은 협정으로 초시민(supercitizen)이라는 새로운 계급, 즉 세계 각지에서 4만여 개의 다국적기업의 계급이 생겨나고 그들은 로컬한 노동력과 환경에 관한 의무를 면제받는다고 꼬집는다. 클라크와 바로는 다자간투자협정을 "시민과 지구로부터 등 돌린 다국적기업을 위한 권리와 자유의 헌장"이라고 비판한 바 있다.[30]

이처럼 글로벌한 네트워크와 흐름으로의 변화가 공간을 변용시키고 있다. 이러한 공간에 맞서 국가는 경계를 긋지 않으면 안 된다. 그러므로 국가는 필연적으로 '사회적 조정'에 보다 많은 노력을 기울이게 되었다. 이러한 조정은 필요할 뿐 아니라 유일하게 가능한 것이기도 하다. 이제 컴퓨터를 바탕으로 하여 새로운 형태의 정보가 수집, 검색, 유포되고 있다. 국가는 이례적인 정보의 흐름, 특히 데이터베이스를 보유하게 되는데, 이러한 정보의 흐름에 의해 국민국가의 경계선 안팎에서, 그리고 광범위한 지리적 영역을 횡단해서 성과지표를 도입하고 모니터링할 수 있다. 이러한 데이터베이스는 거의 모든 경제제도와 사회제도를 참조할 수 있다. 이를 통해 대다수 나라의 사람들, 또 그 나라를 방문하는 사람들의 생활 전반에 걸쳐 효율성을 평가할 수도 있다.

이러한 정보의 흐름은 파워가 '감사사회(audit society)'라고 부른 것에서 유래한다.[31] 조직들은 감사를 확대하고, 생활 구석구석에서 사람들이 무엇을 생각하고 느끼는지를 확인하기 위해 설문조사를 확대한다. 조직들은 데이터 수집이 무엇에 쓸모 있는지를 보여주면서 공중과 소비자를 향해 자신의 책무를 정당화한다. 이러한 '여론조사문화'는 국가의 역할이 서비스를 직접 제공하는 것이 아니라 국가의 조직, 자원단체, 민간 부문 등이 제공하는 재화와 서비스를 조정하는 쪽으로 변화하고 있음을 시사한다.

영국은 아마도 최근의 '사회적 조정'에서 선두를 지켜왔다고 말할 수 있을 것이다(일부는 미국 모델을 따르고 있다). 1980년대에 선출된 보수당 정부는 표면적으로는 '규제완화론자'였지만, 새로운 형태의 포괄적 조정을 도입했다.[32] 민간산업(가스사업 규제국과 가스산업), 환경(유럽 유영장 지령), 교육(교육기준청의 학교조사 서비스), 철도(철도 규제 사무국), 보도(영국보도평의회), 노동조합(노동조합·경영자 단체 인증관) 등.

이러한 조정에 나설 때 유럽의 국민국가는 얼마간 유럽연합을 모델로 삼고 있다. 유럽연합은 신흥 조정국가에 일종의 모델을 제시해준다.[33] 그 모델이란 소수의 관료로 적은 예산을 관리하는 작은 국가다. 유럽연합은 다양한 이동으로 촉진되었고, 공동시장의 결과로서 조직되었으며, 전후 유럽 전역의 평화를 보장하는 데 목적을 두었다. 유럽연합은 네 가지 이동(상품, 서비스, 노동력, 자본의 이동)의 자유를 발전시키기 위해 경주해왔으며, 이동과 무역, 경쟁에서 장벽을 없애고자 국민국가의 정책에 개입해왔다. 또한 특히 유럽연합은 1992년 '마스트리흐트조약(Treaty of Maastricht)'을 체결한 이래 환경, 건강, 안전, 산업, 기회 균등 등의 정책과 관련해 '사회적' 어젠다를 추구해왔다. 유럽 법은 충돌하는 각국의 국내법보다 우선하며, 각국 정부의 활동을 위법이라고 선고할 수도 있다. 비록 유럽연합에서는 여전히 '공동시장'이 최우선의 고려사항이지만 말이다.[34]

유럽연합은 하나의 '조정국가'로서 국민국가의 정책과 행동을 감시하고 조정한다. 유럽연합의 조약과 지령은 강력한 효력을 지닌다. 각국 정부는 조약에 따라 자국의 법률을 제정해야 하며, 유럽연합 내의 시민은 정부 정책이 적절하지 않다고 판단될 경우 유럽재판소에 직접 재소할 수 있다.[35) 법률을 이행하는 데 드는 비용은 각국 정부가 부담하므로 법률을 통과시키기는 어렵지 않다.

이러한 조정이 유효한 결과를 가져온 사례인 '로마조약' 제119조항은 기회 균등 정책을 진전시키는 데 일조했다. 제119조항에는 가맹국의 내부 조항보다 강한 효력을 지니는 법적 근거가 주어졌다.[36) 유럽연합은 유럽연합 내에서 타국으로 이주하는 이민노동자와 그 가족이 사회적 보호를 받는 데 역점을 두고 있다.[37) 또한 유럽연합은 1990년에 유럽환경국이 설치된 이래 환경보호에 힘써왔다. 영국에서는 환경법의 80퍼센트 이상이 유럽연합으로부터 나온 것이다.[38) 워드는 '유럽 유영장 지령(European Bathing Waters Directive)'이 수질 관리에 관한 법적 규범을 어떻게 규정했는지를 분석했다. 이 지령으로 예를 들면 영국의 '오수를 반대하는 서퍼들(Surfers Against Sewerage)' 같은 비정부기구는 문제에 보다 깊게 개입할 수 있었으며, 성찰적이고도 적극적인 자세로 운동을 전개할 수 있었다.[39) 7장에서 언급했듯이 기준을 제대로 지키지 못한 해변에 대해서는 정확한 공식 데이터를 정기적으로 발표함으로써 NGO는 정부와 수도회사를 압박할 수 있었다. 소비자 제품의 안전성, 의약품 테스트, 금융권의 서비스와 경쟁 등 타 분야에서도 유럽연합은 광범위한 조정체제를 정비하고 있다. 조사된 데이터에 따르면 전반적으로 유럽연합은 그다지 인기가 높지 않지만, 60퍼센트 정도의 유럽인은 한 나라의 정부가 대처할 수 없는 역할을 유럽연합이 맡아야 한다고 생각한다. 즉 "유럽 시민은 '국경 없는 여러 문제'에 관해 유럽의 수준에서 접근하기를 원하고 있다."[40]

따라서 앞으로 국가는 유럽연합처럼 그다지 많은 세금을 걷지 않을 것이며, 자신의 경제적·사회적 급부의 체계를 유지하는 데 그다지 많이 지출하지도 않을 것이다. 대신 국가는 유럽연합처럼 민간 부문, 자원봉사 영역 또는 제3부문에 의해 만들어지는 활동과 이동에 대해 법적·경제적·사회적 조정자 내지 사냥터 관리인으로서 기능하게 될 것이다. 이러한 조정 기능은 컴퓨터에 기반해 주민과 조직, 기업에 관한 대규모 데이터베이스를 확보할 수 있기에 가능해졌으며, 데이터베이스에는 부단한 감사가 뒤따를 것이다. 그리하여 사회적 조정에는 더 강한 관찰과 감시가 수반될지도 모른다. 또한 고도의 미디어화가 병행되어 조정에서 실패하면 그 사실이 드러나 개인과 조직은 오명을 입게 될 것이다.

이동하는 자연

현대국가는 환경에 악영향을 미치는 상황을 다양한 방식으로 조정한다. 예전에는 국가가 '국내'나 '국외'를 활동무대로 삼는다고 여겼지만, 이제 그 무대는 점차 상호의존성을 띠고 있다. 이 점은 국가 권력의 결정에서 물리적인 강제수단이 점차 중요성을 잃어간다는 사실도 시사한다. 환경 영향의 '조정'에는 여러 나라, 다국적기관, 폭로자인 미디어 권력, 국제과학 등의 네트워크가 관여한다. 국민국가가 자신의 정원으로 삼아 질서를 잡고 조정할 수 있는 순수하게 '내셔널'한 환경은 존재하지 않는다.

그렇지만 사람들이 '자연'과 '환경'을 분석할 때 그것들은 확실히 무언가를 의미하는 것처럼 보인다.[41] 사람들은 명백한 자연의 의미를 여러 방식으로 채용한다. 즉 자연은 외부에 있으며, 움직이지 않고, 과학적이며 사회적인 개입을 통해 보호되기를 기다리는 단일한 실체다. 그리하여 한쪽에는 자연과 환경이 있고, 다른 쪽에는 사회가 있다는 식으로 명확하게 구분한다.

분명히 무엇을 자연으로 여기는지는 집단마다 다르다. 과학자에게 환경이란 과학의 조사 대상이 되는 현실적 실체지만, 그 환경은 일상적 사회 활동과 경험으로부터 대체로 유리되어 있다. 과학자들이 일반인을 고려하는 경우에도 방대한 정보와 금전적 유인을 활용해 사람들을 설득하고 과학자가 계획한 환경개선책(이때의 환경 역시 과학자가 과학적으로 상정한 본성이다)으로 사람들을 인도하는 것이 관건이다. 항의자에게 자연이란 근대과학과 근대경제로 인해 쉽게 상처 입을 수도 있는 가치의 원천이다. 자연은 지구를 하나의 실험실로 여기는 과학의 가치관과 실천, 그리고 점차 글로벌해지는 시장으로부터 위협받고 있는 것이다.

1장에서는 사회의 과학인 사회학이 사회와 자연을 병치함으로써 발전해왔음을 밝힌 바 있다. 특히 19세기 유럽에서 그 발상이 두드러졌다. 자연은 정복당하고 통제되어야 할 예속과 적대의 대상으로 격하되었다. 또한 근대성 역시 인간의 진보는 사회가 자연을 얼마나 지배하느냐로 따질 수 있다는 신념을 품어왔다. 그리고 자연은 사회와 분리된 것이며, 사회가 자연을 지배해야 한다는 발상은 인간 예외주의의 원리를 전제로 삼았다. 여기서 다음과 같은 믿음들이 파생되었다. 즉 인간은 다른 모든 생물종과 근본적으로 다르며, 그것들보다 우수하다. 사회는 스스로 운명을 결정할 수 있으며, 그 운명을 성취시키는 데 필요한 모든 것을 학습할 수 있다. 단일한 자연은 광대하며 인간사회가 필요로 하는 무한의 기회를 제공한다. 각 사회의 역사는 자연계의 저항을 극복해나가는 끝없는 진보의 역사다.[42]

그런데 이러한 발상은 넘어야 할 장벽이 많다. 첫째, '자연'을 정립해야 한다. 통상 자연은 신과 사회 양측으로부터 구별된다. 그러나 지금껏 자연이라고 여겨진 대상은 시간을 거치면서 또한 여러 사회를 횡단하면서 매우 다양한 모습으로 등장했으며, 신과 사회에 관한 관념이 자연의 모습을 일부 좌우해왔다. 따라서 단일한 자연은 존재하지 않으며, 복수의 자연이 존재한다. 그것들은 서로 다르며 모순되기도 한다.[43]

둘째, 따지고 보면 오늘날 우리가 '환경'이라고 부르는 대상도 하나의 특수한 자연이다. 그런데 환경은 외부에 있는 것이 아니다. 과학적 법칙과 인간적 가치관으로 분석하기도 쉽지 않다. 환경은 물리적인 것과 사회적인 것이 융합하는 하이브리드다. 또는 라투르가 주장하듯이 사회가 유지되려면 '체외적' 자원이 필수적이다. 사회가 혼자 힘으로 우리 모두를 장악하고 있는 것이 아니라 우리 모두가 함께 붙들고 있는 것이 사회다.[44] 과거 수십 년 동안 사회적 요소와 물리적 요소가 복잡하게 상호작용해 하이브리드한 '환경'이 등장했다. 그 요소로는 환경과학, 미디어, 여행 패턴, 환경주의 운동, 국가의 활동 내지 비활동, 여러 변화를 대하는 대중의 감각, 기업 활동, 환경 관련 저작물, 기술 변화, 지구 이미지를 활용한 광고, 공공무대에서 국가에 가해지는 비판 등을 들 수 있다. 그 결과 '환경'이라는 하이브리드는 과학적으로 규정되는 여러 리스크(기후 변동 모델), 특정한 텍스트나 이미지

(푸른 지구), 세간의 주목을 받은 영웅적 행동이나 목격의 순간(브렌트스파 사건), 특정한 개인과 네트워크(도로 건설 반대 그룹)를 아우르게 되었다.

셋째, 오늘날의 개발에는 커다란 역설이 존재한다. 대부분의 서양 사회에서 자연의 중요성이 강조되고 있으며, 자연적인 것에 가치가 실리고 있다. 자연 상품을 구입하고(카페인을 뺀 커피처럼 자연 상품을 보다 자연스럽게 가공하기도 한다), 제품 판매와 정책, 조직 홍보에 자연의 이미지를 활용하고, 자연보호단체에 가입하거나 지원한다.[45] 그러나 스트래던은 자연을 구제하려면 문화가 개입해야 하는데 "문화의 개입 없이 자연이 살아남을 수 없기 때문에 자연과 문화를 구분하는 개념이 무너지고 있다"고 말한다.[46] 과거에 자연은 자연이 문화적 구성물임을 사실상 은폐해 강해 보일 수 있었다.[47] 그러나 불확실성과 양가성으로 구성되는 현대세계에서 이러한 사고는 더 이상 통용되지 않는다. 오늘날 우리가 확인할 수 있는 모든 자연은 사회적 행위나 그 특징을 수놓는 문화적 표상 양식과 깊이 얽혀 있다.

넷째, 사회적 활동과 귀속, 여행의 다양한 패턴 속에 여러 자연이 포함되어 있다(3장, 6장 참조). 이것들은 순간적 시간에서 빙하의 시간에 이르기까지 서로 다른 시간을 넘나들고, 로컬한 공동체에서 국민국가나 지구에 이르기까지 서로 다른 공간을 횡단하며 패턴화된다. 사회적 활동은 사람들이 다양한 장소에서 어떻게 거주하며, 그 장소를 시각, 후각, 청각, 촉각을 통해 어떻게 감각하고, 그 장소 안팎으로 어떻게 이동하며, 그들이 행위 주체로서 생활과 환경을 얼마나 바꿀 수 있는지에 따라 다르게 조직된다. 따라서 다른 사회적 행위는 다른 '자연'을 생산한다. 그렇게 자연이라고 불려야 할 것들의 종류는 다양하다. 상류층이 레저 목적으로 활용하는 시골로서의 자연, 스케치 · 풍경화 · 그림엽서 · 사진 · 비디오를 통해 향유하는 시각적 스펙터클로서의 자연, 환경과학이 확립한 일련의 과학적 법칙으로서의 자연, 공장과 도시로부터 벗어나 휴양할 수 있는 원야(原野)로서의 자연, 고립되고 국지적인 변화보다 오히려 '글로벌한 환경 변화'로서 경험되는 자연 등.

　여기서 '글로벌한 환경 변화'에 관한 초점을 몇 가지 짚어보기로 하자. 지속 가능성(sustainability)이라는 화두는 유례없이 글로벌한 거대 이벤트였던 1992년의 리오 지구 서밋에서 제도화되었다. 이 이벤트를 통해서 세계는 자신을 반성적으로 응시하고 환경을 글로벌한 대상으로 사고할 수 있게 되었다. 리오 지구 서밋에서는 지구온난화, 오존층 파괴, 생물의 다양성 파괴 등이 문제시되었는데, 이를 위해서는 사회과정이 혹성 규모에서 초래하는 영향력을 규명하기 위한 고도의 과학적 프로그램이 필요했다. 대기 화학, 해양학, 기후학, 지질학 분야에서 등장한 새로운 유형의 과학은 지금의 산업 활동과 앞으로의 추세가 혹성의 생물-지구-화학적 순환에 장기적으로 어떤 영향을 미칠 것인지에 대해 연구하고 있다. 이러한 과학은 '새롭고도 글로벌한 생태학적 외관'을 드러내고 있다. 즉 다양한 환경 문제는 지금껏 생각해왔던 것 이상으로 글로벌하고 심각하며 시급하고 서로 연관되어 있다는 감각이 자라나고 있는 것이다.[48]

　이러한 자연의 글로벌화는 지구 편에 서서 행동하려는 자들에게 힘을 실어주고 있다. 국경을 넘어 전해지는 환경 리스크에 대한 사람들의 의식이 높아지고 있기 때문이다. 그러나 동시에 글로벌한 흐름은 개인적 행위 주체로서의 의식을 낮추는 효과도 내고 있다. 사람들은 국가와 기업이 그때마다의 경제적·정치적 이해에 따라 환경에 대한 의무를 저버린다는 것을 잘 알게 되었기 때문이다.

좀더 확장하면 이러한 흐름은 '사회'의 성질을 바꾸어놓는다. 지금까지 여러 각도에서 접근해보았듯이 사회는 '내셔널한 사회구조'로 구성되어오다가 글로벌화하는 네트워크와 흐름으 변모되고 있다(1장, 2장 참조). 글로벌한 흐름은 국경을 이리저리 누비며 내셔널한 사회의 정합성을 어지럽힌다. 이 흐름은 공간의 불균등성과 시간의 다양성을 드러낸다. 또한 '자연'이 내셔널한 각 사회, 즉 내셔널한 '운명공동체'에 얽매이지 않은 채 글로벌하고 하이브리드한 관계로 나아가고, 지금까지보다 복잡하고 '부자연스러운' 모습으로 여러 사회를 배회하고, 시간과 공간의 제약, 국민국가의 정책을 빠져나간다는 사실을 의미한다.

다양한 자연이 통제되지 않는 상황을 한편으로, 많은 사람은 자연이 '빙하의 시간'의 권리를 갖는다고 주장한다. 이 권리는 지금껏 인정되지 않았다. 그 이유는 지금까지 시민권은 '사회'에서 유래하는 개념이었지 '사회와 자연'을 연결하는 폭넓은 개념이 아니었기 때문이다(7장 참조). 사회 내부에 속한 인간만이 권리를 갖는다. 자연 또는 생명 활동을 하지 않는 사물은 시민이 아니므로 권리가 없다. 따라서 자연(그리고 사물)에 권리를 부여하려면 "비인간이 '자연스럽게' 세계에…… 자율적으로 참가한다고 받아들일" 필요가 있다.[49]

나아가 자연(그리고 사물)은 권리뿐 아니라 책임도 갖는다는 논자도 등장했다.[50] 이처럼 인공물은 물론 자연물도 책임을 갖는다는 발상은 서양과학과 그것이 구축한 외부세계(주관성의 감각으로부터 분리된 세계)의 객관성에 분명히 반한다.

하지만 사물도 책임을 갖는다는 발상은 분명 유의미하다. 환경의 어퍼던스에 대한 깁슨의 분석이 그렇다.[51] 그에 따르면 환경 밖에 놓일 경우 우리는 지각하거나 지각할 수 없는 객관적 '사물'과 만날 수조차 없다. 다양한 표면과 다양한 사물이 우리가 눕고 앉고 기댈 수 있는 기회를 제공한다. 어퍼던스란 객관적 또는 주관적이기도 하고, 또한 환경의 일부기도 하며, 동시에 유기체의 일부기도 하다. 어퍼던스는 환경과 유기체 사이의 호혜성에서 발생한다.[52] 이것은 사람들이 자신의 세계 속에서 지니는 근육 감각의 양식으로부터 생겨난다. 자연은 신체적으로 가능한 활동을 제약하지만, 특정한 방식으로 행동하도록 결정하지는 않는다. 어퍼던스는 행동을 유발한다기보다 특정한 가능성을 동반하는 형태로 활동에 제약을 가한다. 마이클이 요약했듯이 "물리적 환경세계 내부에서 암시되는…… 선택의 폭이 있다. 이 함축성은 '인간' 유기체의 신체적 능력과 한계에 직접 관련된다."[53]

어퍼던스는 인공물뿐 아니라 자연환경에서도 발생한다.[54] 예를 들면 사람들이 걷고 싶어하는 산책로, 따가운 햇살을 피할 수 있는 나무, 파노라마 같은 경치의 건축물, 기억의 보고인 숲, 불편함 없이 휠체어로 드나들 수 있는 문턱이 없는 현관문, 시원하게 사람을 감싸는 호수 등이 있다.

아울러 환경 내부에 존재하는 여러 저항에 대해서도 언급해야 할 것이다. 예를 들어 등산객을 괴롭히는 햇빛, 초원의 경치를 해치는 도로, 버스 관광객이 고급 상점에 들어가는 것을 방해하는 낮은 다리 등.[55] 이처럼 물건은 어떤 가능성, 즉 "그 상황의 생태가 본래 지니고 있는 어퍼던스의 집적"을 초래한다.[56] 그런데도 서양과학은 샛길이 사람을 초대하거나 바위가 사람의 발길을 멈춰 세우고 멀리 내다보도록 만들지 않는다고 주장할 것이다. 그러나 사람과 기술, 환경이 뒤얽히는 방식에 따라 사물은 그러한 일을 할 수 있다. 특정 과거와 현재의 사회관계에서 특정 사물은 어떤 가능성과 기회의 폭을 제공한다. 즉 자연과 그 밖의 물리적 대상은 어퍼던스에 빚지고 있는 것이다.

따라서 우리는 자연이 인간과 다른 생물에 대해 권리뿐 아니라 의무도 지니는 것은 아닌지 생각해보아야 한다. 우리는 과연 책임 있는 자연(인간과 동물에게 적절한 어퍼던스를 제공할 의무를 갖는 자연)을 떠올릴 수 있을까? 이러한 상황을 직관적으로 이해하기 어렵다면 그 까닭은 마치 인간인 시민만이 시민권을 소유하는 유일한 실체라고 사고하기 때문이다. 한편, 특정 사회의 특수한 인권과 대립되는 것으로서 보편적 인권을 가다듬으려는 최근의 시도는 '인간만이 다르다'는 사고방식을 강화하는 효과를 낳기도 한다.[57]

사실 자연을 시민이라고 부른다면 왠지 어색하지만, 자연을 시민권에 대한 담론과 실천에 뒤얽힌 요소로 받아들이는 일은 그다지 이상하지 않다. 이 대목에서 어퍼던스의 개념은 재해석될 여지가 있다. 마이클은 "'좋은 자연'이 지금껏 억압받아온 가능성을 회복하도록 신체와 상호작용하는 방법"을 모색하는데 "그 경우 환경은…… 신체의 수용력에 비추어보았을 때 신체의 움직임을 제약한다기보다 잠재적으로 그것을 가능하게 한다"고 밝힌 바 있다.[58] '좋은 자연'이란 선한 시민권을 발휘하는 자연이다. 그렇다면 어퍼던스란 환경 표면과 구조의 배치가 유기체(특히 인체)에게 가능한 행위의 범위를 한정하는 방식을 가리키게 될 것이다.

이제 자연과 재구성되는 시민권의 감각에 대해 결론을 내릴 때가 되었다. 다음의 세 가지로 정리하자. 첫째, 인간에게 어퍼드하는 선택사항은 깁슨이 주로 검토했던 시각에 국한되지 않는다. 인간과 환경의 관계가 포함된 다양한 감각과 관련된다(4장 참조). 좋은 자연은 시각뿐 아니라 촉각, 청각, 후각, 미각과 더불어 운동을 자극하는 경험을 제공할 것이다. 그렇지 않다면 인간과 그 밖의 동물에게 여전히 온전한 시민권이 주어지지 않았다는 의미다.

둘째, '좋은 자연'이란 인간에게 되도록 많은 어퍼던스를 안기는 자연이며, 특히 여러 양상의 규율화에 맞설 수 있는 신체적 자원을 제공해준다.[59] 좋은 시민으로서 행동하는 자연은 행동의 전망을 열어준다. 좋은 자연은 개인이 가질 수 있는 아이덴티티의 잠재적 폭을 넓혀준다.

셋째, 하지만 자연의 장점이란 인간의 모든 행위를 허용하는 데 있지 않다. 시민권이라는 맥락에서 무엇이 자연스럽게 어퍼드되어야 하는지를 생각하건대, 자연의 역할이란 생존을 위한 장기적 시간 또는 빙하의 시간을 성립하기 위해 순간적인 인간 활동에 제약을 부과하는 것이다. 그리고 그것은 매우 긴요한 일이다. 따라서 어퍼던스 개념은 빙하의 시간으로 만들어지는 자연의 실천으로까지 확장되어야 한다. 이 점은 인류가 아주 오랜 시간에 걸친 자연의 타임스케이프에 따르면서도 앞을 알 수 없는 미래로 손을 뻗는 것처럼 개인이나 사회집단뿐 아니라 인류 전체에 적용되어야 할 것이다.[60] 따라서 이제 사회적 영위와 환경의 관계를 새로운 각도에서 접근해야 할 필요가 생겼다. 그리고 '복잡계 이론'이 바로 그 단서를 제공해준다.

복잡한 이동성

5장에서 시스템 속에서 카오스적이며 비선형적이고 의도치 않은 결과가 어떻게 발생하는지에 대해 논의한 바 있다. 이 결과는 패턴화되기는 하지만 예측 불가능하고, 원인으로부터 시간적·공간적으로 멀리 떨어진 곳에서도 발생하며, 시스템 분기의 패턴을 수반한다. 이러한 특성은 물리적 시스템과 사회적 시스템의 '복잡'한 성질로부터 유래한다. 형식적 재현을 무용하게 만드는 무수한 요소가 시스템의 특징을 수놓으며, 이 요소들이 시간 경과와 함께 물리적·정보적으로 상호작용할 때 거기서 정(正)과 부(負)의 피드백 회로가 출현한다. 이 시스템은 흩어져 없어짐으로써 자신을 둘러싼 환경과 상호작용하며, 시간이 지남에 따라 불가역적으로 진화하는 하나의 역사를 갖는다.

이 절에서는 '글로벌'이라는 창발적인 수준이 회귀적인 자기 생산을 보인다고 말할 수 있을 만큼 발달했는지, 다시 말해 그것의 출력이 '글로벌'한 사물, 아이덴티티, 제도, 사회적 영위로부터 형성되는 자기작성적 순환 시스템의 입력으로 이어지는지에 관해 고찰하고자 한다. 만약 그렇다면 무엇이 그것의 복잡한 특성인지, 어떻게 글로벌에서 카오스와 질서가 결합하는지도 알아보아야 할 것이다.[61]

물리과학에서 복잡계 이론은 수식과 고성능 컴퓨터를 이용해 어떤 시스템에서 발생하는 막대한 수의 반복적 사건이 지닌 특징을 규명하고 있다. 한 실험은 매미나방의 번식 패턴을 조사했는데, 번식에 따른 개체수 변화에 따라 시스템이 비선형적으로 변화한다는 사실을 밝혀냈다. 매개변수의 변화가 시스템의 변화를 초래한 것이다. 다시 말해 어떤 특정한 맥락에서는 질서가 카오스를 낳는 것이다.[62]

그러나 사회학에서는 시스템의 이러한 반복적 속성을 그다지 주목하지 않았다. 그 까닭은 (물리적 하이브리드가 그렇듯이) 사회적 하이브리드를 역사적 산물로 받아들이지 않고, 사회세계가 무시간적 성격을 지니는 것처럼 여겨왔기 때문이다. 아울러 이른바 '구조와 행위자'라는 개념적 구분이 초래한 폐해도 있다. 사회학적 사고는 무수한 반복행위를 대개 '구조'라는 개념(예를 들어 계급구조, 성별구조, 사회구조) 아래에 포함시키고 그 구조를 더 이상 검토하지 않는다. 즉 구조는 '질서화'되어 있으므로 끊임없는 반복을 거치며 재생산될 것이라고 여긴다. 구조라는 개념이 사회학에서 반복의 문제를 손쉽게 해결해주는 것이다. 물론 사회 시스템은 변한다. 이때는 사회학적 대비책으로 행위자 개념을 가져오면 그만이다. 즉 일련의 행위자가 어떤 형태로 구조에서 벗어나 그것을 변화시킨다고 주장하면 된다.[63]

물론 이러한 정식화의 한계를 인식하는 학자도 있다. 기든스는 사회생활의 회귀적 속성을 설명하기 위해 '구조의 이중성(duality of structure)'이라는 개념을 제시했다.[64] 여기서 회귀적(recursive)이라 함은 반복(iteration)이라는 말로 풀이할 수 있을 것이다. 기든스는 '구조'가 기본적으로 행위자들의 무수한 반복적 행위를 이끌어내지만 동시에 그러한 행위들의 산물임을 강조한다. 그러나 기든스는 반복과정의 '복잡한' 성격이나 질서가 어떻게 카오스, 예측 불가능성, 비선형성을 발생시키는지에 대해서는 충분히 분석하지 않았다. 비록 회귀가 드러나더라도 회귀적 행위가 비평형성과 비선형성을 낳을 수 있으며, 매개변수상의 커다란 변화가 사회세계에 돌발적으로 분기를 초래할 수도 있는 것이다.

보다 강조해야 할 사실로서 복잡한 변화가 반드시 사회세계를 변화시키려는 행위자로부터 기인하지는 않는다. 행위자들은 같은 회귀적 행위를 지속하거나 또는 자신이 같은 행위라고 여기는 것을 그저 지속할 뿐인지도 모른다. 그러나 오랜 시간에 걸친 반복은 행위자들이 의도한 바와는 전혀 다른 예측 불가능하고 카오스적인 결과를 초래한다.[65] 더구나 인간만을 행위자로 상정해서는 안 될 테니 다양한 인간적·비인간적 행위항이라는 말을 고려해봄직 하다. 이동하는 하이브리드도 이 같은 행위항으로 구성된다.

사회과학에서 복잡계 사고의 알기 쉬운 사례라면 자본주의의 '모순'을 고찰한 마르크스의 분석을 들 수 있다.[66] 마르크스에 따르면 개별 자본가들은 자신의 이윤을 극대화하기 위해 가능한 노동자에게 임금을 적게 지급하고, 노동자를 오랜 노동 시간으로 내몬다. 이러한 노동력 '착취'는 노동조합이 집단적으로 반발하거나 국가가 제한을 두거나 또는 노동자가 너무 일찍 죽지 않는 한 지속될 것이다. 이처럼 끝없이 반복되는 행위의 결과가 자본주의 체제를 재생산한다. 실질 이윤이 증대되어 마르크스가 '이윤율의 경향적 저하법칙'으로 명명한 흐름을 상쇄하기 때문이다. 이러한 이윤의 실현이 자본주의 체제의 질서화가 요청하는 자본과 임금노동의 계급관계를 재생산하는 결과를 가져온다.

하지만 개별 자본가들이 노동자를 착취해 질서를 유지한다는 명백한 과정은 시스템에 세 가지 모순을 초래한다. 첫째, 노동자에게는 최저한의 임금만이 주어지기 때문에 자본주의 체제에서 수요의 전체적 수준이 하락한다. 따라서 수요에 비해 과잉생산, 나아가 불완전 고용이 발생한다. 둘째, 노동력은 건강을 소진하고 능률이 떨어지며 불만을 갖게 된다. 이로 인해 마르크스는 재생산되는 자본주의적 관계의 질서가 흐트러지고 혁명적 프롤레타리아트의 카오스가 분출한다고 예견했다. 셋째, 자본가들은 생산물을 위한 새로운 시장을 찾아 나서지만 마르크스의 표현처럼 그 시도가 만리장성을 무너뜨리고 자본주의를 전 세계로 확장시켜 혁명적 무산계급이 전 세계에 출현하게 된다. 즉 자본주의적 질서는 시간이 지나고 무수한 반복을 거침에 따라 자본가가 자신의 로컬한 노동력을 착취해 재생산하는 것처럼 보이는 현실과는 정반대의 결과를 낳는다. 무수한 반복이 질서를 어지럽히는 카오스, 비선형적인 변화, 자본주의 체제의 파국적 분기를 초래하는 것이다.[67]

그러나 자본주의의 운명은 마르크스의 예언을 따르지 않았다. 여러 사회학자는 마르크스의 예언이 왜 실현되지 않았는지를 설명하려고 애썼지만 이렇다 할 만한 성과를 내지 못했다. 그런데 우리는 현대의 이론적 진전에 힘입어 사회 혁명에 관한 마르크스의 예견 불가능성을 이해할 수 있게 되었다. 시스템 내부의 작은 섭동(perturbation)조차 그가 일찍이 인식한 내용과는 완전히 다른 분기(예를 들어 포스트포디즘적 소비주의로의 이행)를 초래할 수 있었기 때문이다. 더구나 마르크스가 취한 분석구조는 로컬한 형태의 정보에 초점을 맞추었다. 실리어스는 아무리 복잡한 시스템이더라도 그것이 실은 "한정된 정보 하나하나에 대응할 수 있을 만큼" 단순한 요소들 사이의 풍부한 상호작용의 결과물임을 강조한다.[68] 즉 마르크스에 따르면 개별 자본가는 평형이 깨진 조건 아래서 움직이고 있는 것이다. 관련 정보는 제한된 범위에서만 유통되기 때문에 그들은 '로컬'한 정보에만 대응할 수 있을 뿐이다. 덧붙여 착취 상황에 맞선 노동자집단의 로컬한 투쟁은 장기적으로 보았을 때 그 반복 속에서 자본주의 체제를 재생산하는 효과를 낳는다. 즉 노동력 착취가 점차 심화되어 그대로 두었으면 혁명으로 이어졌을 텐데, 노동자들이 투쟁한 결과로 인해 혁명에 이르지 못하는 것이다. 즉 노동자는 로컬한 지식에 기대어 투쟁을 벌이지만 보다 높은 차원에서는 사회질서를 다시 확립하는 역설을 낳는 것이다.

자본주의는 그야말로 수많은 '만리장성'을 무너뜨리고 글로벌화되어가고 있다. 복잡계를 활용한다면 그러한 글로벌 자본주의의 무엇을 조명할 수 있을까? 먼저 지적할 수 있는 것은 무수한 개별 행위가 발생하고, 그것들 각각은 매우 로컬화된 정보 형태에 기초한다는 점이다. 대부분의 사람들은 늘 자신의 행동이 지니는 글로벌한 연관성이나 그 함의를 제대로 알지 못한 채 로컬한 수준에서 반복적으로 행동한다. 그러나 로컬한 행동은 어떤 전환을 거쳐 다른 장소에서 파악되고 표상되고 상품화되고 일반화되기 때문에 단순히 로컬한 채로 머무르지 않는다. 그 행동은 글로벌 세계의 스케이프와 흐름을 따라 퍼져나가며 사상, 사람, 이미지, 화폐, 기술은 늘 이동할 가능성을 잠재하고 있다. 실제로 이러한 행동은 유동체의 속성을 지니며, 특정 경로 내부로 잡아두기가 어렵기 때문에 다양한 스케이프를 넘나들지 모른다. 흥미롭게도 로컬한 것과 글로벌한 것 사이에는 여러 양상의 연관성이 존재할 수 있으며, 더욱이 미디어가 상호연관의 재귀성을 부추기기도 한다(7장 참조).

하지만 일반적으로 글로벌 수준의 결과는 규모가 크고 비선형적이며 예측 불가능하고 제대로 제어하기 어렵다. 한 장소에서 발생한 사소한 원인이 다른 장소에서 커다란 결과를 초래한다. 모래산을 생각해보자. 모래산 꼭대기에 여분의 모래알을 떨어뜨리면 모래알이 그 자리에 머물 수도 있지만, 그 모래알로 인해 갑자기 모래가 쏟아져 내릴 수도 있다. 체제가 스스로 조직화되더라도 국소적 변화는 다양한 방식으로 영향을 미친다.[69] 모래산은 아슬아슬한 높이까지 유지되겠지만, 개개의 행동으로 어떤 일이 발생하고 그 결과로 인해 모래산이 어떻게 될 것인지는 미리 알 수 없다.

글로벌 질서는 끊임없는 무질서와 불균형으로 구성된다. 몇 가지 사례를 예로 들어보자. 이 사례들은 로컬한 지식에 기댄 결정들이 글로벌한 수준에서 예측 불가능하고 비선형적인 결과를 초래한다는 것을 보여준다. 첫째, 2장에서도 살펴보았듯이 인터넷을 고안한 것은 미국의 군대인데, 이 기술적 발명은 널리 활용되어 인간이 지금까지 손에 넣은 그 어떤 기술보다 빠르게 성장했다. 둘째, 마찬가지로 2장에서 언급했는데, 크렘린이라는 특정한 로컬의 중추가 힘을 잃고 의욕마저 잃었다고 보이자마자 동유럽 전역은 하룻밤 사이에 붕괴되었다. 셋째, 여러 장에서 다루었듯이 개개인은 합리적으로 보이는 자신의 결정에 따라 자동차를 운전할 뿐이지만, 그 결과 지구의 장기적 생존을 위협할 만한 양의 탄소가스가 배출되었다. 넷째, '서양적 소비주의'가 비약적으로 성장하자 세계의 대부분 지역이 북아메리카의 쇼핑몰 또는 테마파크의 이미지로 변모하고 있다. 마지막으로, 도처에서 종교적 원리주의가 성행하며 글로벌 질서나 편재적인 소비주의와 마찰하고 있다.

바버는 마지막 두 가지 경우에 대해 묵시적으로 논한다. 글로벌 질서가 소비주의적 '맥월드(Mc World)'와 '지하드(Jihad)'라는 아이덴티티 정치의 충돌로 인해 유착 상태에 빠졌다는 것이다.[70] 우리는 맥월드와 지하드가 글로벌하게 상호의존하고 서로를 떠받치자 '새로운 세계적 무질서'를 목도하게 되었다. 이로 인해 글로벌한 불균형이라는 일종의 나선운동이 발생하고, 그것이 기존의 공공영역과 시민사회, 민주주의의 형태를 위협하고 있다. 물론 이러한 불균형 상태를 제어하려는 글로벌 거버넌스가 존재하지만, 이것들은 대체로 로컬한 맥락에 따라 행위하는 내셔널한 정부(현재 200여 개에 이른다)를 기반으로 한다. 국가는 글로벌한 수준의 중요한 문제보다 로컬한 수준에서 파악할 수 있는 문제에 더 집중하는 경향이 있다. 전자의 문제가 앞으로 어떻게 부상할 것인지 뻔히 알고 있는 경우에도 말이다.

흥미롭게도 베이커는 중심(centre)과 주변(periphery)의 관계 또는 그가 '중심주변(centriphery)'이라 부르는 것이 어떻게 기능하고, 사회생활에 질서와 더불어 어떤 혼란을 야기하는지를 상술했다.[71] 그에 따르면 중심주변은 하나의 어트랙터(attractor)로서 기능한다. 어트랙터란 어떤 특수한 시스템의 궤도라도 시간의 경과와 함께 끌어들이는(attracted) 공간으로 정의된다.[72] 이 경우 중심주변은 동태적인 패턴을 이루며, 이 패턴은 중심과 주변을 동시에 창출하는 에너지, 정보, 사고의 흐름을 아우르면서 여러 수준에서 반복된다. 사회 시스템의 궤도는 중심주변에 불가역적으로 끌려가는 것이다.

이제 마무리를 할 때다. 다시 묻건대 글로벌한 네트워크와 흐름을 분석할 때 중심주변이라는 개념은 어떤 유익한 역할을 할 수 있을까? 베이커는 다음과 같이 말한다.

오늘날 어떤 다국적산업은 방대한 양의 인간 활동을 끌어 모으고 여러 대륙에 걸쳐 기업 활동을 구체적으로 배치한다. 그러면서 재화와 서비스 교환이 중심과 주변의 동태적 관계를 조절해낸다. 중심화가 진행되는 만큼 주변화도 심화된다. …… 중심화와 주변화는 에너지와 정보의 변용을

낳으며 이로 인해 엔트로피가 늘어난다. 이 과정은 불가역적이다.[73]

글로벌화가 로컬화를 심화시키는 평행적이며 불가역적인 과정에서 중심주변이 취하는 개별적이고 구체적인 형태는 '글로컬(glocal)'한 형태라고 할 수 있다. 막대한 자원의 흐름은 글로벌화와 로컬화를 오가며 동태적 관계를 통해 양자를 묶는다. 글로벌한 것과 로컬인 것은 한쪽이 없다면 다른 한쪽도 존재할 수 없다. 양자는 공생적이며 불가역적이고 불안정한 관계도 전개되며 세계 규모의 무수한 반복을 통해 변화해간다. 시스템 내의 작은 섭동은 예측 불가능하며 카오스적인 시스템 분기로 이어질 가능성을 지니고 있는 것이다.

맺음말

나는 이 책 1장에서 사회학적 방법의 새로운 규준을 모색하면서 이제 사회학은 사회보다 이동성을 중심에 두어야 한다고 주장했다. 앞으로의 검토를 위해 이동성에 관해 두 가지 지점을 결론 삼아 강조해두고자 한다.

첫째, 도건과 파르는 사회과학을 혁신하려면 '지적 이동(intellectual mobility)'이 중요하다고 역설한 바 있다.[74] 그들은 20세기의 사회과학을 광범위하게 조사한 후 다음과 같이 결론을 내린다. 자기 분야에 틀어박혀 참호를 파는 학자 또는 유행 중인 '학제적 연구'에 매진하는 학자도 지적 혁신을 이루어낼 수 없다. 지적 혁신은 학문 분야의 경계를 횡단하는 학제 간의 이동, 즉 그들의 표현을 빌리면 "창조적인 경계성(creative marginality)"을 낳는 이동에 의해 성취될 수 있다. 이 경계성이야말로 사회과학이 새롭고 생산적인 하이브리드성을 획득하는데 밑거름이 된다. 그리고 학문 분야의 중심에서 주변까지 이동하고 경계를 횡단하는 연구자가 있어야 경계성이 마련될 수 있다. 이러한 하이브리드성은 제도화된 하위 분야(예를 들어 의료사회학)나 보다 느슨한 네트워크(예를 들어 역사사회학)를 구성할 수 있다.[75] 창조적 경계성은 복합적이고 중층적이며, 이접적인 이동과정, 즉 학문 분야/지리/사회의 경계를 횡단하는 과정에서 발생한다.[76] 현재 사회과학은 지적 이동을 필요로 한다.

둘째, 사회학에서 가장 중요한 발전은 (적어도 간접적으로는) '해방'을 지향하는 사회운동에서 유래했다. 사회운동은 분명히 사회 분석을 쇄신하고 사회 분석에 활력을 불어넣었다. 사회운동이 집단화된 사례로는 노동계급, 농민, 전문직, 도시의 대안적 운동, 학생운동, 여성운동, 이민집단, 환경 NGO, 레즈비언 운동, '장애자' 단체 등이 있으며, 이것들은 역사적 국면마다 다양한 모습으로 표출되었다. 하지만 해방을 향한 집단화의 경향이 항상 사회학 내부에 직접 반영되는 것은 아니다. 오히려 복잡하게 굴절되어 영향을 미친다. 아무튼 사회학은 이러한 운동들에 '기생'해왔다. 따라서 사회학은 이러한 운동의 '인지적 실천'이 어떻게 '새로운 사상'을 낳고, '새로운 행위자'를 부르고 '대안을 모색하기 위한 공공공간'을 사회 내부에서 개척해왔는지를 증명하고 있다.[77] 사회는 비교적 제한된 내셔널한 공공영역의 내부에서 공론화를 거쳐 조직화되었다. 공론화 과정에서 대학이 만들어낸 정보와 지식은 요긴하게 사용되었으며, 한편으로는 토의의 범위를 제한하기도 했다. 학문 분야는 공공영역에 지식을 제공하고 공공영역을 내셔널한 시민사회의 일부로 옮겨놓는 과정에서 실질적 기능을 담당했다.[78]

그런데 미디어화되는 현대 시민사회의 속성이 공공영역을 바꾸어 놓고 있다. 매스미디어는 다른 장소에서 일어나는 사건을 반영한다기 보다 오히려 매스미디어에서(또는 매스미디어를 통해) 일어나는 사건이 다른 장소에서도 일어난다. 학계에서 생산되는 지식에 맥락을 부여해 줄 공적 생활 영역도 오늘날 더욱 미디어화되고 있다.[79] 토의는 서면에 의한 텍스트, 인식, 과학은 물론 이미지, 의미, 감정과도 관련되어 있다. 7장에서 살펴보았듯이 기호의 글로벌 경제는 공공영역을 더욱 시각적이고 감정적인 공공무대로 변화시키고 있다.

또한 미디어화된 공공무대 위로 수많은 사회적 집단이 편성되어 글로벌화하는 시민사회를 발전시키고 있다. 물론 아직은 불완전하고 우발적인 형태를 띤다. '세계질서 모델 프로젝트(World Order Models Project)'에 관한 포크의 해설은 이러한 시민사회가 얼마나 확대될 것인지를 압축적으로 전해준다. 그는 시민들이 국경을 넘어 제휴하고, 민주화와 비폭력화를 향한 세계적 이행이 일어나고, 국민국가가 대중의 지지를 얻고 정통성을 유지하기 어려워지는 사태가 곳곳에서 일어나고, 글로벌한 추세가 전반적으로 고조된다는 사실을 실증하고 있다.[80] 포크는 "이러한 누적적 발전이 글로벌한 시민사회의 탄생과 성장을 재촉한다"고 결론짓는다.[81]

이제 마칠 때가 되었다. 나는 지금까지 '이동의 사회학'을 제창하고, 사회 변동이 '이동의 사회학'의 사회적 기반을 이룬다는 사실을 밝히기 위해 노력했다. 그리고 나는 앞으로 '글로벌한 시민사회'와 그 결과 출현하는 '이동의 사회학'이 21세기에 등장한 글로벌 영역을 재구성하는 스케이프와 흐름 속에서 확고한 자리를 구축하기를 기대해 본다.

| 역자 후기 |

이 책은 존 어리의 《Sociology beyond Societies: Mobilities for twenty-first century》(Routledge, 2000)를 옮긴 것이다. 저자는 이 책에서 사람과 사물이 사회적 경계를 넘나드는 시대에 사회학이 어디로 가야 하는지를 묻고 또 답한다. 기존의 사회학은 자기완결적이고 자기재생산적 사회를 전제하고 거기서 존립 근거를 마련해왔다. 하지만 다양한 흐름이 시공간을 뒤틀고 사회적 구획을 침식하는 가운데 '사회의 종언'과 함께 '사회학의 종언'도 회자되고 있다. 만약 그것이 실상이라면 저자는 위기 상황을 학적 자원으로 전환하여 사회학의 쇄신을 꾀하고자 이 책을 발표한 것이다.

이 책은 "새로운 사회학을 선언한다."로 시작된다. 그렇다면 저자가 지향하는 새로운 사회학, 즉 '사회를 넘어선 사회학'은 어디로 향해야 하는가. 원래 부제였던 '21세기 이동성에 관한 연구'가 그 물음에 대한 답일 것이다. 저자는 앞으로 사회학이 사람과 사물, 정보의 다채로운 이동을 검토하고, 이것들 사이의 복잡한 상호작용과 그로써 빚어지는 사회적 결과에 관심을 기울여야 한다고 촉구한다.

그렇지만 사실 사회학이 이동이라는 주제를 소홀히 다루어왔다고는 할 수 없을 것이다. 따라서 이 책의 특징은 이동성을 주목했다는 것보다 이동성을 사고하는 방식에 있을 것이다. 저자는 이동을 사회 현상의 한 가지 양상이 아니라 사회 현상의 본질적 계기로 이해한다. 그리하여 행위 주체와 구조, 질서가 아닌 하이브리드, 이동, 네트워크를 새로운 사회학의 핵심어로 삼는다. 그리고 이동성의 관점에서 지금껏 사회학이 다루어온 연구 대상, 즉 국가와 시민 사회, 거주와 시민권을 재고하고, 지금껏 사회학이 등한시하거나 타 분야에 맡겨온 연구 대상, 즉 시간과 공간, 도시와 자연, 신체와 감각, 여행과 메타포 등을 사회학으로 끌어와서 탐구한다.

이 책은 다루는 주제가 포괄적일 뿐 아니라 다룰 때의 관점이 횡단적이다. 저자는 이동성을 입체적으로 파악할 수 있는 사회학적 이론과 방법을 찾아 사회학 바깥으로 나선다. 그리고 사회학 바깥으로 나서는 사회학의 능력에 기대를 건다. 이론적으로도 실증적으로도 혼란을 겪고 믿어온 전제들이 융해되는 시대에, 사회학이 새로운 지(知)의 영역을 개척할 수 있으리라는 것이다. 왜냐하면 사회학은 여느 학문 분야에 비해 무정형적이고 네트워크적이기 때문이다. 따라서 사회학은 유동하는 현실을 다루기에 상대적으로 적합할 수 있다. 여기서 저자는 강조한다. 만약 사회학이 사회학의 쇄신, 나아가 지의 쇄신을 이끌어내려면 사회학의 영역은 탈영역화되어야 한다.

"새로운 사회학을 선언한다."는 앞에서 언급했듯이 이 책의 첫 문장이다. 하지만 사회학적 상상력이 사회학의 본질이라면, 사회학은 이미 여러 차례 새로운 사회학을 선언해왔다고 할 수 있을 것이다. 그리고 '사회를 넘어선 사회학'은 '사회학을 넘어선 사회'를 마주하여 해체되고 또 재구성될 것이다. 그러한 의미에서 이 책은 사회학을 향한 문제 제기이자, 사회학에 충실한 문제 제기인 것이다.

15년간 사회학과에서 공부하며 지적 양식을 얻었다. 문제성이 짙은 이 책을 번역해 조금이라도 그 지적 터전에 보탬이 되고 싶었다. 마지막으로 지금껏 가르쳐주신 서울대학교와 고려대학교 사회학과의 여러 선생님께 감사드린다.

| 주 |

1장 사회

1) Urry 1995: chap. 2 참조.

2) Billig 1995.

3) Billig 1995: 52-53; Hewitt 1997: chap. 1.

4) MacIver and Page 1950: v.

5) Gouldner 1972: 52.

6) Shils 1985: 799.

7) Kornblum 1988: 4.

8) Wallerstein 1987: 315.

9) Parsons 1971: 8.

10) Parsons 1971: 9.

11) Wallerstein 1987: 315.

12) Urry 1995, 41, Hewitt 1997: chaps. 1 and 2.

13) Giddens 1987: 25.

14) Mann 1986: 2.

15) Billig 1995: 53, 10.

16) Elias 1978: 241; Billig 1995: 52-54 참조.

17) Billig 1995.

18) 사회의 '자기생산적 정식화'에 대해서 는 Luhmann 1995 참조.

19) Calhoun 1998: 118.

20) Wallerstein 1991: 77.

21) Billig 1995; Held 1995; Calhoun 1997.

22) Touraine 1998.

23) Rose 1996: 328.

24) Mann 1993: 737.

25) Parsons 1960 참조.

26) Mann 1993: 14.

27) Macnaghten and Urry 1998: chap.1.

28) Durkheim 1952.

29) Macnaghten and Urry 1998: chap.1, 4, 6.

30) Lash and Urry 1987, 1994.

31) Walby 1996.

32) Mann 1993: 14.

33) Wallerstein 1991: 71.

34) Mann 1993: 11.

35) Ohmae 1990.

36) Cerny 1997.

37) Mann 1986; Billig 1995: 20-21 참조. 새 로운 중세주의에 대한 비판은 Hirst and Thompson 1996: 184 참조.

38) Berger and Luckmann 1967.

39) Rose 1996: 353.

40) Laclau and Mouffe 1985; Barrett 1991.

41) Laclau and Mouffe 1985: 88.

42) Luhmann 1995: xli.

43) Archer 1995.

44) Archer 1995: 66.

45) Archer 1995: 157.

46) Rose 1996: 328; Mol and Law 1994.

47) Touraine 1998.

48) Isajiw 1968; Elster 1978.

49) Luhmann 1995.

50) Albrow 1996.

51) Durkheim 1964 and Giddens 1976.

52) 자기생산적 체계에 대해서는 Mingers

1995 참조.

53) Diken 1998: 248.

54) Lefebvre 1991: 402-403.

55) Lefebvre 1991: 93.

2장 메타포

1) Sontag 1991: 91.

2) Hawkes 1972: 60.

3) Lakoff and Johnson 1980: 5-6.

4) Lakoff and Johnson 1980.

5) Lakoff and Johnson 1980.

6) Lodge 1983.

7) Hirst and Thompson 1996.

8) Lakoff and Johnson 1980: 194.

9) Kuhn 1962.

10) Isajiw 1968: chap. 5 참조.

11) Spencer 1893; Peel 1971: chap. 7.

12) 유기체 메타포가 지닌 '해로움'에 대해서는 Rex 1961: 50 참조.

13) Homans 1961; Blau 1964 참조.

14) Hempel 1966.

15) Dahrendorf 1959. 다렌도르프의 갈등 이론 참조.

16) Cohen 1978; Keat and Urry 1982: chap. 6 참조.

17) Foucault 1976: 195.

18) Stacey 1997: 51-57.

19) Foucault 1976: 89.

20) Foucault 1976: 196; 특히 침술에서 사용되는 비공간적 메타포에 대해서는 Stacey 1997: 56-57 참조.

21) Jenks 1995a: 3.

22) Foucault 1970.

23) Gregory 1994: 23; Pratt 1992.

24) Foucault 1970: 221, 312, 386.

25) Stacey 1997: 56.

26) Rorty 1980.

27) Rorty 1980: 12-13; 이 책의 4장 참조.

28) 클리퍼드의 《여행 이론(travelling theory)》: 1997.

29) Durkheim 1968: 433.

30) Durkheim 1968: 432-434.

31) Game 1995.

32) Bachelard 1983.

33) Deleuze and Guattari 1986; Braidotti 1994.

34) Derrida 1987: 27.

35) Bauman 1993a.

36) Deleuze and Guattari 1986; 49-53.

37) Deleuze and Guattari 1986: 52.

38) Deleuze and Guattari 1986: 59.

39) Deleuze and Guattari 1986: 60에서 인용.

40) Kaplan 1996: chap. 2 참조.

41) Van den Abbeele 1980.

42) 그러한 유목적 메타포에 관한 개괄로는 de Certeau 1984와 Deleuze and Guattari 1988의 리좀에 대한 논의, 그리고 Cresswell 1997 참조.

43) Braidotti 1994.

44) Braidotti 1994: 18-19.

45) Chambers 1990; 전간기 지식인과 예술가의 광범한 이동에 대해서는 Clifford 1997: 30-31 참조.

46) Makimoto and Manners 1997: 2.

47) Makimoto and Manners 1997: 6.

48) Williams 1989: 124.

49) Bauman 1993a: 240.

50) Bauman 1993a: 241.

51) Bauman 1993a: 243.

52) Wolff 1993.

53) Cresswell 1997: 377.

54) Clifford 1997: 33.

55) Jokinen and Veijola 1997.

56) Gilroy 1993: 4.

57) Gilroy 1993: 16-17; 이 책의 6장도 참조.

58) Clifford 1997.

59) Morris 1988 참조.

60) Morris 1988: 3.

61) Morris 1988: 5.

62) Morris 1988: 41.

63) Mol and Law 1994.

64) Lefebvre 1991.

65) Mol and Law 1994: 643.

66) Mol and Law 1994: 658.

67) Mol and Law 1994: 660.

68) Mol and Law 1994: 664.

69) Mol and Law 1994: 643.

70) Robertson 1992.

71) Brunn and Leinbach 1991; Lash and Urry 1994; Waters 1995; Albrow 1996; Castells 1996, 1997; Eade 1997.

72) Busch 1997 참조.

73) Tom Peters 1992.

74) Michael 1996.

75) Latour 1993.

76) Castells 1996: 198.

77) Castells 1996: 469.

78) Castells 1996: 470-471.

79) Amin and Thrift 1992; Cooke and Morgan 1993 참조.

80) Castells 1996: 471.

81) Murdoch 1995: 745.

82) Law 1994: 24.

83) Latour 1987.

84) Murdoch 1995: 749.

85) '행위자-네트워크(actor-network)'에 대해서는 Law and Hassard 1999 참조.

86) Mol and Law 1994: 647-650.

87) 불변하는 유동체의 힘에 대해서는 Latour 1990 참조.

88) Mol and Law 1994: 652.

89) Brunn and Leinbach 1991; Lash and Urry 1994: 24.

90) Brunn and Leinbach 1991: xvii.

91) Graham and Marvin 1996: 60.

92) Lash 1995.

93) Dale 1997: 33에서 인용.

94) '탈영토화'된 금융체계에 대해서는 Lefebvre 1991: 346-348 참조.

95) Ritzer 1992; 1995; 1997 참조.

96) Ritzer 1997; Eco 1986; Baudrillard 1983.

97) Ritzer 1997: 108-109.

98) Ritzer 1997: 99.

99) Szerszynski 1997: 46.

100) Taylor 1997.

101) Deleuze and Guattari 1986, 1988; Lefebvre 1991; Mol and Law 1994; MacCannell 1992; Augé 1995; Kaplan 1996; Shields 1997b.

102) Castells 1996: chap.5 참조.

103) Rheingold 1994: 74.

104) Rheingold 1994: 74.

105) Rushkoff 1994 참조.

106) Castells 1996: 356.

107) Plant 1997: 10; 이 책의 3장 참조.

108) Braun et al. 1996.

109) Braun et al. 1996: 1.

110) Braun et al. 1996: 2.

111) Waters 1995: 143.

112) Braun et al. 1996: 6.

113) Kopytoff 1986: 67.

114) Castells 1997: 356.

115) Rose 1996: 333.

116) Castells 1997: 11.

117) Castells 1997: chap. 3.

118) Burgess 1990: 144; 엘튼 존의 〈바람 속의 촛불(Candle in the Wind)〉은

소비자가 구매 행위를 통해 저항의
아이덴티티를 만들어낸 하나의 사
례라고 할 수 있다.

119) Macnaghten and Urry 1998: chap.3
참조.
120) Szerszynski 1997; 이 책의 7장 참조.
121) '트랜스내셔널'한 것으로서의 민주
주의 개념에 대해서는 Held 1995:
chap. 10 참조.
122) Szerszynski 1997; 근접성에 대한 강
박충동에 대해서는 Boden and
Molotch 1994.
123) Castells 1997: 11.
124) Ingold 1993a.
125) Lovelock 1988.
126) Ingold 1993a: 31.
127) Ingold 1993a: 32.
128) Cosgrove 1994.
129) Ingold 1993 a; 이 책의 4장 참조.
130) Ingold 1993a: 40.
131) Wynne 1991: 45.
132) Macnaghten and Urry 1998.
133) Wynne 1994 참조.
134) Cosgrove 1994 참조.
135) Ingold 1993a.
136) Cosgrove 1994: 290; Ingold 1993a:
41.
137) 공간적 메타포의 대중화가 '지리학'
에 미친 영향에 대해서는 Gibson-
Graham 1997 참조.

3장 여행

1) Gay 1997: 23-24.
2) Kaplan 1996.
3) Kaplan 1996: ix.
4) Kaplan 1996: ix.
5) Prato and Trivero 1985; Morris 1988:
43 참조.
6) Kaplan 1996: 101; Makimoto and
Manners 1997: chap. 1.
7) 세계무역기구(WTO) 1997 참조.
8) Macnaghten and Urry 1998: chap. 6
참조.
9) Hewison 1993.
10) Jarvis 1997: 22-24.
11) Wallace 1993; Bunce 1994: chap.4;
Tester 1995; Jarvis 1997.
12) '급진적인 도보'에 대해서는 Jarvis
1997: chaps. 1, 2.
13) Wallace 1993: 12.
14) Wallace 1993: chap. 3 참조.
15) Wallace 1993: 168.
16) Samuel 1998: 133.
17) Samuel 1998: 133.
18) Samuel 1998: 139.
19) Urry 1995: chap. 13 참조.
20) Samuel 1998: 146; 이 책의 4장 참조.
21) Samuel 1998: 146.
22) Chapman 1993.
23) du Gay et al. 1997: 33-35.
24) de Certeau 1984.
25) Diken 1988: 83.
26) Morris 1988: 36-37; Edensor 1999.
27) 당시의 감상, Green 1990: 75에서
인용.
28) Game 1991: 150.
29) Game 1991: 150.
30) Shields 1997a: 25.
31) Edholm 1993 참조; 여성과 도시에 대
해서는 Massey 1994 참조.
32) Edensor 1998.
33) Macnaghten and Urry 1998: chap.6.
34) Edensor 1998.
35) Buzard 1993 참조.
36) Barthes 1972.

37) Barthes 1972: 74.
38) Lewis 2000 참조.
39) Tester 1995.
40) Buck-Morss 1989: 366.
41) Sontag 1979: 79.
42) Schivelbusch 1986; Thrift 1996.
43) Kern 1983; Schivelbusch 1986.
44) Thrift 1996: 286에서 인용.
45) Williams 1988: 315.
46) Thrift 1996: 267.
47) Schivelbusch 1986: 197.
48) Henry Thoreau 1927: 103.
49) Brendon 1991: 16에서 인용.
50) Lash and Urry 1994: 263-264.
51) Brendon 1991: 31-32에서 인용.
52) Brendon 1991: 65에서 인용.
53) Thrift 1996: 266.
54) Zimmerman 1990: 214에서 인용.
55) Forster 1931: 191.
56) Ballard 1995: 6.
57) Barthes 1972: 88; Graves-Brown 1997 참조.
58) Shields 1997a.
59) Graves-Brown 1997.
60) Shove 1998: 7.
61) Liniado 1996: 6에서 인용; Thrift 1996 264-267 참조.
62) Liniado 1996; Kern 1983.
63) Liniado 1996: 7.
64) Liniado 1996: 7에서 인용.
65) Liniado 1996: 7에서 인용.
66) Bunce 1994; Thrift 1996; Liniado 1996.
67) Liniado 1996: 10에서 인용.
68) Graves-Brown 1997: 68.
69) J. Taylor 1994: 129.
70) J. Taylor 1994: chap. 4 참조.
71) Light 1991: 214.

72) J. Taylor 1994: 122. 아울러 잉글랜드 풍경의 '코닥화(Kodakisation)'에 대해서는 같은 책 136-145 참조.
73) Bunce 1994: chap. 4 참조.
74) Bunce 1994: 119.
75) 미국식 로드무비에 대해서는 Eyerman and Löfgren 1995 참조.
76) Wilson 1992: 30.
77) Wilson 1992: 30.
78) Eyerman and Löfgren 1995.
79) Baudrillard 1988: 5.
80) Whitelegg 1997: 46.
81) Baudrillard 1988: 100.
82) Baudrillard 1988: 6.
83) Kaplan 1996: 68-85.
84) Wilson 1992: 33.
85) Wilson 1992: 35.
86) Wilson 1992: 37.
87) Pinkney 1991: 55.
88) Augé 1995.
89) Makimoto and Manners 1997: chap. 3.
90) Castells 1996: 417.
91) Massey 1994: 148에서 인용.
92) Appadurai 1986: 5.
93) Makimoto and Manners 1997.
94) Clifford 1997 참조.
95) Lury 1997b.
96) Lury 1997b: 83.
97) du Gay et al. 1997: 59.
98) Lupton 1998: 144-145.
99) du Gay 1997: 70-73.
100) bell hooks 1992.
101) Castells 1996: 339.
102) 관련 판은 Silverstone et al. 1992 참조.
103) Scannell 1996: chap. 7; Meyrowitz 1985 참조.

104) Allan 1997; Meyrowitz 1985 81-82; Myers 1999: chap. 7.
105) Scannell 1996: chap. 7.
106) 멜로드라마의 가십 기능에 대해서는 Scannell 1996: 159 참조.
107) Scannell 1996: 172.
108) Meyrowitz 1995; Allan 1997.
109) Castells 1996: 341.
110) Scannell 1996: 161에서 인용.
111) Scannell 1996: 165.
112) Meyrowitz 1985: 106.
113) Scannell 1996: 166.
114) Scannell 1996: 167에서 인용.
115) Scannell 1996: 167.
116) 우리가 알고 있다고 느끼는 사람들과의 '준사회적(para-social) 상호행위'에 대해서는 Meyrowitz 1985: 119 참조.
117) Gitlin 1980.
118) 특히 "미디어를 생업으로 하는 사람일수록 미디어에 매장될 가능성이 높다"는 점에 대해서는 Thompson 1997 참조.
119) Meyrowitz 1985: 90-91.
120) Anderson 1989.
121) Harvey 1996: 245.
122) Benedikt 1991c: 9.
123) Heim 1991: 71.
124) Rheingold 1994: 75; Pickering 1997 참조. 이 경우 맛과 냄새가 최대의 난제로 남을 것이다.
125) Pickering 1997: 46.
126) Turkle 1996: 34.
127) '사이버 사회'에 대해서는 Benedikt 1991a, Jones 1995b; Shields 1996; Sardar and Ravetz 1996; Lyon 1997; Loader 1997 참조.
128) Benedikt 1991b: 166; 122-123 참조.
129) Lyon 1997: 35.
130) Deleuze and Guattari 1988: 3.
131) Heim 1991: 61.
132) Zimmerman 1990: 200에서 인용.
133) Stone 1991: 113.
134) Haraway 1991; Harvey 1996: 279-281; Thrift 1996: chap. 7.
135) Gibson 1984: 256.
136) Stone 1991: 103.
137) Thrift 1996: 283-284.
138) O'Brien 1997: 3.
139) Silverstone and Hirsch 1992.
140) Baym 1995; Castells 1996: chap. 5 참조.
141) Stafford 1994: 3.
142) Harvey 1996 참조.
143) Rheingold 1994: 63.
144) Rheingold 1994: 265.
145) Jones 1995a: 26; 이 책의 7장 참조.
146) Benedikt 1991b: 170.
147) Jones 1995a: 32.
148) Baym 1995; 159.
149) MUD 환경에서는 Reid 1995: 167 참조.
150) Stone 1991: 85.
151) Benedikt 1991b: 126-127.
152) Makimoto and Manners 1997.
153) Plant 1997.
154) Turkle 1996: 180.
155) Reid 1995: 173.
156) Aycock and Buchignani 1995: 191.
157) Jones 1995a: 24; Sardar 1996 참조.
158) Heim 1991: 74.
159) Rheingold 1994: 235-240; Baym 1995: 157 참조.
160) Boden and Molotch 1994.
161) Rheingold 1994: 237.
162) Graham and Marvin 1996: 199에서

인용.

163) Aycock and Buchignani 1995: 225-226.

164) Lyon 1994, 1997: 26-27.

165) Graham and Marvin 1996: 213-228.

166) Davis 1990; Graham and Marvin 1996: 229.

167) Virilio 1994: 59-61.

168) Gray 1997 참조.

4장 감각

1) Derrida 1991.

2) Haraway 1991.

3) Lury 1997a.

4) Miller 1998.

5) Latour 1993.

6) Beck 1992b.

7) Adam 1998.

8) Wilson 1980.

9) Lyotard 1984.

10) Casti 1994.

11) Law and Hassard 1999.

12) Law 1994.

13) Latour 1993: 137.

14) Michael 1997.

15) Michael 1997 참조.

16) Marx and Engels 1955: 403.

17) Popper 1962: 173.

18) Beck 1992.

19) Adam 1995a: 11에서 인용; Stacey 1997: 138도 참조.

20) Macnaghten and Urry 1998, chap. 8; Sullivan 1999.

21) Frisby and Featherstone 1997.

22) Rodaway 1994: 41.

23) Hibbitts 1994: 240-241.

24) Rodaway 1994: 36-37.

25) Rorty 1980.

26) Hibbitts 1994: 251.

27) Hibbitts 1994: 252.

28) Hibbitts 1994: 255.

29) Arendt 1978:110-111; Jay 1993; Levin 1993b.

30) Rorty 1980.

31) Jay 1986; 1993.

32) Jay 1986: 179.

33) Fabian 1992.

34) McLuhan 1962: 238; Hibbitts 1994: 238-239.

35) Lefebvre 1991: 138-139, 시각의 젠더화에 대해서는 Haraway 1989 참조.

36) Firsby and Featherstone 1997: 111.

37) Firsby and Featherstone 1997: 112.

38) Firsby and Featherstone 1997: 115.

39) Firsby and Featherstone 1997: 116.

40) Robins 1996: 20 참조.

41) Hibbitts 1994: 293 참조.

42) Robins 1996.

43) Febvre 1982: 437; Cooper 1997.

44) Cooper 1997: 33.

45) Foucault 1970, 1976; Cooper 1997; Adler 1989.

46) Cooper 1997: 34에서 인용; 이 책의 1장 참조.

47) Hibbitts 1994: 258.

48) Hibbitts 1994: 257에서 인용.

49) Williams 1972: 160.

50) Lupton 1998: 153-154.

51) Green 1990: 6.

52) Green 1990: 76.

53) Green 1990: 88.

54) Abercrombie and Longhurst 1998: 79에서 인용.

55) Diken 1998: 248-250.

56) Diken 1998: 259.

57) Batchen 1991: 14; Crary 1990; Crawshaw and Urry 1997 참조.

58) Gernsheim 1982: 6.

59) Batchen 1991: 16.

60) Adler 1989; J. Taylor 1994: 12-17.

61) Adler 1989: 22.

62) Bryson 1983: 94; J. Taylor 1994: 13 참조.

63) Batchen 1991: 17.

64) Batchen 1991: 17에서 인용.

65) Crary 1990: 13.

66) Crary 1990: 149 참조.

67) Adam 1995b: 8.

68) Barthes 1981: 34.

69) Urry 1990: 137-140.

70) Crawshaw and Urry 1997 참조.

71) Gregory 1999.

72) Crawshaw and Urry 1997; J. Taylor 1994; Parr 1995 참조.

73) Sontag 1979.

74) J. Taylor 1994: 38-39.

75) Irigaray 1978: 50.

76) A. Wilson 1992: 122.

77) Smith 1992: 77.

78) Heidegger 1997: 134; Zimmerman 1990: 86-87.

79) Macnaghten and Urry 1998: chap. 4.

80) Gregory 1994: 37.

81) Cosgrove 1985: 49; 1884; Barrell 1972; Bryson 1983.

82) Macnaghten and Urry 1999: chap. 6 참조.

83) 지리 '과학' 내부에서의 다양한 풍경관, 즉 회화로서의 세계관에 대해서는 Gregory 1994 참조.

84) Barrell 1972: 65; Bell 1993; Abercrombie and Longhurst 1998: chap. 3.

85) Harley 1992; Rodaway 1994: 133-142.

86) Rodaway 1994: 133-134.

87) Ong 1982: 73.

88) Latour 1987; 이 책의 2장 참조.

89) Morley 1995; Silverstone and Hirsch 1992.

90) Wark 1994.

91) Wark 1994: xiv.

92) Arundhati Roy 1997: 27.

93) Wark 1994: 11-12.

94) Morley 1995; Sharratt 1989; Urry 1995.

95) Thrift 1996: 280-281.

96) Deutsche 1991: 11.

97) Lyon 1994 참조.

98) Thrift 1996: 281 참조.

99) Virilio 1988.

100) Robins 1996: 20-21.

101) Robins 1996: 55.

102) Debord 1994 참조.

103) 관광객(tourist)과 여행자(traveller) 구별에 관한 담론의 역사는 Buzard 1993을 참조.

104) Wordsworth [1844] 1984: 193.

105) Wheeler 1995.

106) Mallet 1995: 54에서 인용. 덧붙여 지멜은 '싫증의 태도(the blasé attitude)'를 분석하며 러스킨과 비슷한 주장을 제시했다.

107) Mallet 1995: 57에서 인용.

108) Baudrillard 1981; Eco 1986.

109) Jay 1992; Buci-Gluckmann 1984.

110) Jay 1992: 187.

111) Jay 1992: 192.

112) Sennett 1991.

113) Irigaray 1978: 123; Mulvey 1989.

114) Griffin 1981.

115) Plumwood 1993; J. Taylor 1994:

268.

116) Rodaway 1994: 123.

117) Jay 1993: 531에서 인용.

118) Hibbitts 1994: 271-273.

119) McClintock 1995.

120) McClintock 1995: chap. 1.

121) Frisby and Featherstone 1997: 112.

122) Mallett 1995: 52-54.

123) Levinas 1985.

124) Stallybrass and White 1986: 134.

125) Marcus 1973: 259에서 인용.

126) Berman 1983.

127) Stallybrass and White 1986.

128) Roderick 1997: 116에서 인용한 평론
가의 말.

129) Robins 1996: 20.

130) Benjamin 1969: 173.

131) Edensor 1999 참조.

132) Stallybrass and White 1986: 139.

133) Bunce 1994: 14에서 인용.

134) Bunce 1994: 15에서 인용.

135) George Orwell 1937: 159.

136) Tuan 1993: 61-62; Classen et al.
1994: 165-169; 파리 '농민의 악취'에
대해서는 Corbin 1986: chap. 9.

137) Bunce 1994: 15에서 인용.

138) 고인 물이 문화적으로 죽음, 어둠,
병을 떠올린다는 점에 대해서는
Giblett 1996: 22-23 참조.

139) Porteous 1985, 1990; Corbin 1986;
Classen et al. 1994; Tuan 1993: 55-
56.

140) Giblett 1996: 13.

141) Giblett 1996: 33; 아울러 '여성'으로
서의 늪에 관해서도 참조.

142) Giblett 1996: 18에서 인용.

143) Lefebvre 1991: 197.

144) Tuan 1993: 57; 1979 참조.

145) Porteous 1985: 369.

146) Tuan 1993: 57.

147) Giblett 1996: 232에서 인용.

148) Rodaway 1994: 68.

149) Giblett 1996: 47-50.

150) Tuan 1993: 62에서 인용.

151) Rodaway 1994: 73에서 인용.

152) Morrison 1989: 184-185; Rushdie
1995: 307; Roy 1997도 참조.

153) McClintock 1995: 207.

154) Rodaway 1994: 72에서 인용.

155) Frisby and Featherstone 1997: 119.

156) Guérer 1993: 27.

157) Frisby and Featherstone 1997: 118.

158) Guérer 1993: 34에서 인용.

159) 그리스 로마 시대에 아로마의 중요
성에 대해서는 Classen et al. 1994 참
조.

160) Roderick 1997.

161) Bauman 1993b: 24.

162) Classen et al. 1994: 170-175.

163) Bauman 1993b.

164) Latour 1993.

165) Classen et al. 1994: 175.

166) Barham 1992: 40; Clarke et al. 1996.

167) Roderick 1997: 128.

168) Grosz 1994: 203; Shildrick 1997.

169) Strathern 1992.

170) Giblett 1996: 229.

171) Frisby and Featherstone 1997: 115.

172) Ihde 1976.

173) Hibbitts 1994: 346.

174) Carson 1962; Tuan 1993: 75;
Hibbitts 1994:273 참조.

175) Chatwin, The Songlines, 1988.

176) Hibbitts 1994: 276-279.

177) Hibbitts 1994: 302-303.

178) du Gay et al. 1997: 23.

179) Macnaghten and Urry 1998: chap. 4, 6.
180) Canetti 1973.
182) Sennett 1994; Diken 1998: chap. 3.
183) Robins 1996: 33; Shields 1997a.
184) Grosz 1993: 45.
185) Tuan 1993.
186) Lewis 2000.
187) Abercrombie and Longhurst 1998: 84; Debord 1994.
188) Makimoto and Manners 1997: chap. 10 '실리콘 감각' 참조.
189) Rodaway 1994: 124-126.
190) Rodaway 1994: 125.

5장 시간

1) Elias 1992: 1.
2) Gould 1997 참조.
3) Adam 1995b 참조.
4) Hawking 1988: 33; 이처럼 개별적인 시간관념은 일반적으로 '자신만의 시간(Eigenzeit)'으로 불린다. Nowotny 1994 참조.
5) Nowotny 1994: 20에서 인용.
6) Gell 1992.
7) Körner 1955: 33.
8) Coveney and Highfield 1990.
9) Smart 1963: chap. 7; Coveney and Highfield 1990.
10) '수행적 예술(performed art)'로서의 여행에 주목한 Adler 1989 참조.
11) Harvey 1996: 256-261.
12) Durkheim, 1968.
13) Sorokin and Merton 1937.
14) Gell 1992.
15) Sorokin and Merton 1937; Colson 1926; Coveney and Highfield 1990: 43-44; Hassard 1990.
16) Gould 1997.
17) Thompson 1967.
18) Dickens 1996 참조.
19) Adam 1995b : 64-65.
20) Weber 1930: 158.
21) Weber 1930: 48.
22) Leyshon and Thrift 1997.
23) Adam 1990: 114.
24) Goffman 1968.
25) Thompson 1967; Glennie and Thrift 1994.
26) '탈내재화'에 대해서는 Giddens 1984 참조.
27) Davidoff 1973.
28) Frisby and Featherstone 1977: 177.
29) Frisby and Featherstone 1977: 177.
30) Gamst 1993.
31) Walvin 1978: 34.
32) Urry 1990: 21; 이 책의 3장 참조.
33) Thrift 1990: 122에서 인용.
34) Schivelbusch 1986: 34에서 인용; Harvey 1996: 242.
35) Schivelbusch 1986: 34에서 인용.
36) Nguyen 1992 : 33; Zerubavel 1988도 참조. 다만 네덜란드는 1940년에 자국의 시간을 다른 지역과 맞추었다.
37) Gault 1995: 155.
38) Adam 1995b: 61.
39) Adam 1990, 1995b, 1998; Nowotny 1994; Luhmann 1982; Rifkin 1987; Lash and Urry 1994: chap. 9.
40) Adam 1995b: 27.
41) Lefebvre 1991: 95-96.
42) Lefebvre 1991: 96.
43) McTaggart 1927.
44) Gell 1992; Ingold 1993b; Osborne 1994.

45) Benjamin 1969.

46) Osborne 1994.

47) Mead 1959.

48) Mead 1959: 33.

49) Heidegger 1962.

50) Adam 1995b: 94 참조.

51) Bergson 1950; 1991.

52) Halbwach 1992.

53) Connerton 1989, 참조.

54) Gurvitch 1964: 21-24, 1971.

55) Gurvitch 1964: 31-33.

56) Game 1995; Gurvitch 1964.

57) Bachelard 1969.

58) Bachelard 1969: xvi; 소리의 감각에 대해서는 이 책의 4장 참조.

59) Bachelard 1969: 6.

60) Hetherington 1995: 18.

61) Game 1995 : 201.

62) Bachelard 1969: 15.

63) Game 1995: 202-203.

64) Adam 1990: 150.

65) Adam 1990: 150.

66) Elias 1992 참조.

67) Adam 1990: 50에서 인용; Coveney and Highfield 1990: 29-31 참조.

68) Coveney and Highfield 1990.

69) Hawking 1988: 33.

70) Elias 1992: 16.

71) Adam 1990, 1998; Rifkin 1987; Hawking 1988, Coveney and Highfield 1990; Prigogine 1980; Casti 1994; Prigogine and Stengers 1984.

72) Reed and Harvey 1992; Cilliers 1998: 8.

73) Eddington, Coveney and Highfield 1990: 83에서 인용.

74) Prigogine and Stengers 1984: 292; 이 책의 8장 참조.

75) Reed and Harvey 1992: 360-362.

76) Capra 1996 : 187.

77) Hayles 1991; Reed and Harvey 1992; Baker 1993; Francis 1993; Zohar and Marshall 1994; Luhmann 1995; Mingers 1995; Keil and Elliott 1996; Eve et al. 1997; Byrne 1998; Cilliers 1998.

78) Zohar and Marshall 1994.

79) Zohar and Marshall 1994: 33.

80) Zohar and Marshall 1994: 326.

81) Reed and Harvey 1992: 366.

82) Kelly 1995: 25.

83) Kelly 1995: 26; Castells 1996: 61; Cilliers 1998: 129.

84) Plant 1997: 49.

85) Baker 1993: 142.

86) Adam 1990: 159.

87) Harvey 1996: 69-70.

88) Harvey 1989.

89) Giddens 1984: 231.

90) Thrift 1996.

91) Harvey 1989: 240.

92) Castells 1996: 434; Thrift and Leyshon 1997.

93) Zimmerman 1990: 151, 209; 이 책의 3장 참조.

94) Harvey 1996: 246.

95) Harvey 1989: 295-296, 1996: 246.

96) Castells 1996.

97) 이러한 기술의 역사에 대해서는 Castells 1996: chap. 1.

98) Adam 1990; 140; Rifkin 1987; Negroponte 1995.

99) Rifkin 1987: 15.

100) Negroponte 1995: 12.

101) Giddens 1991: 26.

102) Giddens 1991: 27.

103) Morley and Robins 1995: 131.

104) Morley and Robins 1994

105) Kern, 1983.

106) Cannon 1995: 32; 좀더 일반적인 Demos Quarterly 1995 참조.

107) Allan 1997; 이 책의 7장 참조.

108) Macnaghten and Urry 1998: chap. 7; Pahl 1995.

109) Virilio 1986.

110) Wark: 1994: 11에서 인용.

111) Cannon 1995.

112) Cannon 1995 : 31.

113) Biachini 1995; 미국에 대해서는 Schor 1992.

114) Mckay 1998 참조.

115) 맥도널드화에 대해서는 Ritzer 1992 참조.

116) Borneman 1993: 105.

117) Keane 1991: 187.

118) Keane 1991.

6장 거주

1) Heidegger 1993: 347-363.

2) Zimmerman 1990: 151.

3) Heidegger 1993: 361.

4) Heidegger 1993: 359.

5) Heidegger 1993 : 359.

6) Zimmerman 1990: 154.

7) Heidegger 1993: 354; Pinkney 1991: 66 참조.

8) Heidegger 1993: 354.

9) Clifford 1997: 2; Zimmerman 1990: 211 참조.

10) Frankenberg 1966 참조.

11) Newby 1979.

12) Bell and Newby 1976.

13) Hetherington 1997b.

14) Thrift 1996: chap. 7 참조.

15) Hetherrington 1997b: 185-189; Gilroy 1993.

16) Ingold 1993b; Macnaghten and Urry 1998 5.1판 참조.

17) Ingold 1993b: 152.

18) Bachelard 1969: 11.

19) Ingold 1993b: 167.

20) Macnaghten and Urry 1998.

21) Ingold 1993b: 167-168.

22) Ingold 1993b: 169.

23) Ingold 1993b: 170.

24) Sue Clifford 1994: 2.

25) Merleau-Ponty 1993b: 171.

26) Arcaya 1992; Middleton and Edwards 1990.

27) Lowenthal 1985: 203에서 인용.

28) Urry 1996.

29) Radley 1990; chap. 4.

30) Benjamin 1969: 160.

31) Milton 1993 참조. 여기서 말하는 대지는 잉골드가 말하는 풍경에 해당한다.

32) Heidegger 1993; Thomas 1993: 27-29.

33) Milton 1993.

34) Wordsworth 1984.

35) Wordsworth 1984: 188.

36) Wordsworth 1984 : 188.

37) O'Neill 1993: 39.

38) O'Neill 1993: 40-41.

39) Massey 1994; Urry 1995; Macnaghten and Urry 1998 참조.

40) Sennett 1991: chap. 7.

41) Virilio 1986.

42) Massey 1994: 136-137.

43) Massey 1994: 156, 138.

44) Massey 1994: 138.

45) Lefebvre 1991: 220-226.

46) Oldenburg 1989.

47) Diken 1998: 41.

48) Dicks 1997.

49) Massey 1999 참조.

50) Pinkney 1991: 49; Williams 1988;
    Cresswell 1997: 373.

51) Massey 1994: 180.

52) Williams 1988; Pinkney 1991: 51.

53) Pinkney 1991:141, 32.

54) Macdonald 1997: 155.

55) '부족의 시대(time of the tribe)'에 대
    해서는 Maffesoli 1996 참조.

56) Castells 1997: 358.

57) Castells 1997: 11.

58) Hetherington 1994.

59) Schmalenbach 1977.

60) Hetherington 1994: 16.

61) Szerszynski 1993.

62) Lash *et al.* 1996.

63) Urry 1995: chap.14; Hetherington
    1998.

64) Hoggett and Bishop 1986;
    Abercrombie and Longhurst 1998:
    chap. 5.

65) Hoggett and Bishop 1986: 42.

66) Abercrombie and Longhurst 1998:
    132-134.

67) Mckay 1996; 1998.

68) Mckay 1996: 39.

69) Mckay 1996: 71.

70) Foucault 1986; Hetherington 1997a:
    chap. 7.

71) Mckay 1996: 8에서 인용.

72) Mckay 1996: 8.

73) 1974년의 앨비언 독립선언(Albion
    Free State Manifesto), Mckay 1996: 11
    에서 인용.

74) Mckay 1996: 11.

75) Mckay 1996: 143에서 인용.

76) Mckay 1996: chap. 2; Hetherington
    1998.

77) Hetherington 1992: 91; 1998.

78) Berking 1996: 192.

79) 네트워크에 대해서는 Keck and
    Sikkunk 1998: 8-9.

80) Castells 1997; Mckay 1998 참조.

81) Keck and Sikkunk 1998.

82) Keck and Sikkunk 1998: 11.

83) Billig 1995: 131.

84) Keck and Sikkunk 1998: 14-15.

85) Keck and Sikkunk 1998: 21; 이 책의
    7장도 참조.

86) Keck and Sikkunk 1998: 33.

87) Bhabha 1990.

88) Billig 1995: 70-74.

89) McCrone 1998: chap. 3.

90) Nairn 1988.

91) McCrone 1998: 45-46.

92) McCrone 1998: 46.

93) Lash and Urry 1994: 262에서 인용.

94) Roche 1999.

95) Roche 1999.

96) Spillman 1997.

97) Spillman 1997: 38-39.

98) Spillman 1997: 51.

99) Spollman 1997: chap. 3.

100) McCrone 1998: 53-55; Harvey, P.
     1996: 56-57.

101) Hall 1990; Gilroy 1993.

102) Lowenthal 1991: 213 ; 1994; Condor
     1996 : 42-43도 참조.

103) Miller 1995.

104) Lowenthal 1991: 209-210.

105) Pratt 1992.

106) Lowenthal 1994.

107) Lowenthal 1994: 19.
108) Schama 1995: Part 1.
109) Wright 1985; Lowenthal 1985; Samuel 1994: part 3.
110) P. Harvey 1996: chap. 3.
111) Maier 1994: 149-150.
112) Maier 1994: 149.
113) Spillman 1997: chap. 4.
114) Samuel 1994.
115) Samuel 1994: 158.
116) Corner and Harvey 1991; Dicks 1997.
117) Samuel 1994: part 2.
118) Macdonald 1997.
119) Macdonald 1997: 162-163.
120) Macdonald 1997: 173.
121) 스코틀랜드라는 브랜드(Scotland-the Brand)가 전개되는 양상에 대해서는 McCrone et al. 1995 참조; Edensor 1997.
122) McCrone 1998: chap. 7.
123) McCrone 1998: 140.
124) Gurnah 1997: 121.
125) Bhabha 1990.
126) Gilroy 1993: 15.
127) Cohen 1997: ix-x.
128) Cohen 1997: chap. 4.
129) 길로이가 명명한 '검은 애틀랜틱(Black Atlantic)', Gilroy 1993 ; Cohen 1997; Van Hear 1998.
130) Kaplan 1996: 134-136.
131) Clifford 1997: 247.
132) Clifford 1997: 253.
133) Clifford 1997: 269.
134) Diken 1998: chap. 5.
135) Samuel 1994: 25.
136) Peillon and Salter 1998.
137) O'Connor 1998.
138) Corcoran 1998: 136. 같은 이야기를 검은 애틀랜틱의 디아스포라 영웅에 관해서도 말할 수 있다.
139) Cohen 1997: 176.
140) Hannerz 1996.
141) Clifford 1997: 257.
142) Cohen 1997: 93.
143) Leonard 1988: 19.
144) Habermas 1998: 7, 1992.
145) Stevenson 1997: 57; Morley and Robins 1995.
146) Mann 1998: 195-196; Roche and van Berkel 1997; Axtmann 1998 참조.
147) Cohen 1997: 175.
148) bell hooks 1991: 148.
149) Macy 1993: 206; Virilio 1986 참조.
150) Macnaghten and Urry 1998: chap. 5.
151) Adam 1998: 145-149; Sullivan 1999.
152) Griffiths 1995.
153) Macy 1993: 206.
154) Mckay 1996: 139.
155) Adam 1998: 95-96.
156) Adam 1998: 157.
157) Adam 1996: 139.
158) Huyssen 1995: 7.
159) Clifford 1994: 2.
160) Clifford 1994: 3.
161) Lee 1995.
162) Adam 1990: 94.
163) Davies 1990.
164) Adam 1990: 99.
165) Adam 1995: 52.
166) Fox 1989: 127.
167) Adam 1995: 94.

7장 시민권

1) Temourian 1995.
2) '민주화'에 대해서는 Huntington 1991 참조.
3) Murdock 1992.
4) Garton Ash 1990: 148.
5) Turner 1993a: 2.
6) Yuval-Davis 1997: 12; Bauböck 1994 참조.
7) Brubaker 1992: 35.
8) Marshall 1949: Marshall and Bottomore 1992에 재록되었다; Bulmer and Rees 1996 참조.
9) Marshall and Bottomore 1992: 6.
10) Marshall and Bottomore 1992: 17.
11) Marshall and Bottomore 1992: 18.
12) Turner 1993b.
13) Marshall and Bottomore 1992: 45.
14) Rose 1996.
15) Marshall and Bottomore 1992: 57; Runciman 1996: 54.
16) Mann 1993; Rees 1996: 11-13.
17) 스코틀랜드에 대해서는 McCrone 1992 참조.
18) Mann 1996; Hewitt 1996.
19) 미국인 가운데서도 여러 범주의 사람들이 여전히 시민으로서의 권리를 획득하지 못한 문제에 대해서는 Rapoport 1997 참조.
20) Walby 1997; Rees 1996: 10-11; Richardson 1998.
21) Walby 1997 : 171.
22) Richardson 1998.
23) Mann 1993.
24) 아래로부터의 시민권에 대해서는 Turner 1986 참조.
25) Rose 1996: 328.
26) Rose 1996: 345.
27) Soysal 1994; Rose 1996.
28) Soysal 1994: 3; Bauböck 1994.
29) Stevenson 1997.
30) Yuval-Davis 1997.
31) van Steenbergen 1994.
32) Held 1995.
33) Urry 1995.
34) Bauman 1993a.
35) Pierson 1996: 129 참조.
36) Turner 1993b: 177.
37) Pierson 1996: 128-130.
38) Giddens 1996.
39) Stevenson 1997: 44.
40) Etzioni 1993.
41) Pierson 1996: chap. 5
42) Turner 1993a: 2.
43) Turner 1993b; Robertson 1990.
44) Turner 1993b: 178.
45) Beck 1992.
46) Turner 1993b: 184-185.
47) Nash 1989: 17.
48) '자연의 해방(liberating nature)'에 대해서는 Nash 1989: chap.6 참조.
49) Worster 1980: 44.
50) Anderson 1997: chap. 5.
51) Macnaghten and Urry 1998: 66-68.
52) Nash 1989: 161에서 인용.
53) Nash 1989에서 인용. 환경적 시민권에 대해서는 Newby 1996 참조.
54) Batty and Gray 1996: 154에서 인용.
55) Batty and Gray 1996: 153.
56) Newby 1996.
57) van Steenbergen 1994; 적절한 환경에 관한 인권에 대해서는 Batty and Gray 1996 참조.
58) Batty and Gray 1996; Jagtenberg and McKie 1997: 188-190.

59) Macnaghten and Urry 1998: chap. 8; Adam 1998.
60) Beck 1996.
61) Adam 1998: chap. 5.
62) Adam 1998: chap. 2.
63) van Steenbergen 1994.
64) Falk 1994 참조.
65) Martin and Schumann 1997.
66) Castells 1997.
67) Sachs 1993.
68) McRae 1997.
69) Rowell 1996.
70) Stevenson 1997: 51; Therborn 1995 참조.
71) Davis 1990; Beck 1992; Sachs 1993; Rotblat 1997b; Macnaghten and Urry 1998; Adam 1998.
72) Ohmae 1990; Bauman 1993a; Soysal 1994; Bauböck 1994; Held 1995; Kaplan 1996; Pierson 1996; Rotblat 1997a, 1997b; Yuval-Davis 1997; McRae 1997; Castells 1997; Stevenson 1997.
73) 각국이 정보 흐름을 점차 통제할 수 없게 만드는 국경의 자유화에 대해서는 Ohmae 1990 참조.
74) Bell and Valentine 1997.
75) Shiva 1989; Wood and House 1991.
76) '세계의 색(colour of the world)'의 광고를 낸 베네통처럼. Szerszynski and Toogood 1999.
77) Turner 1993b: 177.
78) Stevenson 1997: 44 참조.
79) Enloe 1989; Walby 1997: chaps 9, 10.
80) Woolf 1938: 109.
81) 걸프전쟁에 대해서는 Shaw 1994: 127 참조.
82) Yuval-Davis 1997.

83) Anderson 1997: 174.
84) Shiva 1989; Billig 1995; Braidotti 1994: 240; Kaplan 1996; Walby 1997.
85) Rotblat 1997a: x-xi.
86) Rotblat 1997a: x-xi.
87) Leonard 1998 참조.
88) Rotblat 1997a: 8.
89) Rotblat 1997a: 9.
90) Rotblat 1997a: 16.
91) Menon 1997: 28에서 인용; Rotblat 1997 참조; Cosgrove 1994.
92) Menon 1997: 32-33.
93) Menon 1997: 35-36.
94) Rapoport 1997: 97에서 인용.
95) Albrow 1996: 178.
96) Mlinar 1997.
97) Wark 1994.
98) Beck 1992a: 109.
99) Rotblat 1997a: 14.
100) Murdock 1992: 20-21.
101) Murdock 1992: 26-27.
102) Hall 1993: 32.
103) Murdock 1992: 29.
104) Billig 1995: 98 참조.
105) Lowenthal 1994.
106) Keane 1991; Cohen 1996; Thompson 1995.
107) Cohen 1996; Cottle 1993.
108) Habermas [1962] 1989.
109) Habermas 1974: 49.
110) Habermas 1987: 390.
111) Habermas 1987: 390; Cohen 1996; Cohen and Arato 1992.
112) Habermas 1992; Cohen 1996 참조.
113) 특히 Szerszynski and Toogood 1999; Gitlin 1980; Meyrowitz 1985.
114) Scannell 1996: 165.
115) Meyrowitz 1985: 106.

116) 텔레비전과 이미지에 대해서는 Morley and Robius 1995: 38-39 참조.

117) Morley and Robins 1995: 195.

118) Keane 1991: 182-186.

119) Anderson 1997: 26.

120) Cohen and Arato 1992 참조.

121) Meyrowitz 1985: 311-320.

122) Setevenson 1997: 46 참조.

123) Thompson 1997.

124) Dionne 1998.

125) Albrow 1996: 146; Anderson 1997: 172-173.

126) Billig 1995: 106.

127) Billig 1995: 107.

128) Stevenson 1997: 45.

129) Stevenson 1997 참조.

130) Billig 1996: 107.

131) Toogood 1998; Szerszynski and Toogood 1999 참조.

132) Stevenson 1997: 51.

133) Stevenson 1997: 56-57 참조.

134) Stevenson 1997: 44.

135) Meijer 1998.

136) Meijer 1998: 239.

137) Burgess 1990: 144.

138) Hansen 1993a: 157 참조.

139) Pilkington et al. 1995: 4; Macnaghten and Urry 1998: 68-72도 참조.

140) Keck and Sikkunk 1998: 18-20 참조.

141) Young 1995; Rheingold 1994: 265; Castells 1997.

142) Keck and Sikkunk 1998: 19.

143) Batty and Gray 1996: 162.

144) Hindess 1993: 27.

8장 사회학

1) Bauman 1987; Hetherington 1997a: chap. 4.

2) Blackburn and Mann 1979.

3) 밸러드의 《크래시(Crash)》는 어떤 요구도 바로 충족해주는 유아적 세계를 묘사한다. Ballard 1995: 4.

4) Lash and Urry 1994: 228-229 참조.

5) Giddens 1991: 6.

6) Graham and Marvin 1996: 296-297.

7) Michael 1998.

8) Michael 1998: 133.

9) Michael 1998: 133.

10) Liniado 1996: 28.

11) Macnaghten and Urry 1998: chap. 2; 자세한 것은 Mckay 1998 참조.

12) Augé 1995.

13) Scott 1997: 253.

14) Breen and Rottman 1998: 16.

15) Scott 1997: 312.

16) Sklair 1995; Scott 1997: 312-313.

17) Reich 1991: 172; Luke 1996 참조.

18) Delarty 1998.

19) Smith 1986: 228.

20) Deleuze and Guattari 1986: 15-16.

21) Deleuze and Guattari 1986: 17.

22) Deleuze and Guattari 1986: 59-60.

23) Deleuze and Guattari 1986: 61; 1989년의 사건도 부동성에서 비롯된 것인지 모른다.

24) Deleuze and Guattari 1986: 66.

25) Thrift 1996: 291에서 인용.

26) Hirst and Thompson 1996; Weiss 1998.

27) Weiss 1998: chap. 7.

28) Hirst and Thompson 1996: chap. 8; Pierson 1996.

29) Rowan 1998.

30) Clarke and Barlow 1997: 8.

31) Power 1994.

32) Pierson 1996: 107; THES 1997.

33) Majone 1994, 1996.

34) Adam 1998: 112-113.

35) Walby 1999.

36) Walby 1999.

37) Meehan 1991.

38) Lowe and Ward 1998.

39) Ward 1996.

40) Leonard 1998: 46; Lowe and Ward 1998: 22.

41) Macnaghten and Urry 1998.

42) Glacken 1966; Williams 1972, 1973; Merchant 1982; Schama 1995 참조.

43) Macnaghten and Urry 1998 참조.

44) Latour 1993; Diken 1998: 266-267.

45) Strathern 1992: 173.

46) Strathern 1992: 174.

47) Latour 1993.

48) Finger 1993 : 40.

49) Michael 1996: 135.

50) 권리보다 의무에 초점을 맞추어 자연에 접근한 사례로는 Batty and Gray 1996 참조.

51) Gibson 1986: chap. 8; Miichael and Still 1992; Costall 1995 참조.

52) Costall 1995: 475.

53) Michael 1996: 149.

54) Costall 1995.

55) Costall 1995 참조.

56) Michael and Still 1992: 881.

57) Soysal 1994; 7장 참조.

58) Micheal 1996: 149.

59) Michael 1996: 149-150.

60) Adam 1998, Sullivan 1999 참조.

61) 글로벌한 것에 대해서는 Robertson 1992 참조. 사회과학이 카오스, 복잡계 이론을 응용하는 방식에 대해서는 Byrne 1998, Cilliers 1998, Wallerstein 1998 참조.

62) Baker 1993: 133.

63) 구조-행위자의 분리에 관한 아처의 형태생성론적 정식화(morphogenetic formulation)에 관해서는 1장 참조.

64) Giddens 1984.

65) Urry 1995: 50.

66) Elster 1978.

67) Reed and Harvey 1992.

68) Cilliers 1998: 5.

69) Cilliers 1998: 97.

70) Barber 1996.

71) Baker 1993.

72) Byrne 1998: 26-29; Cilliers 1998: 96-97.

73) Bakerr 1993: 140.

74) Dogan and Pahre 1990.

75) Dogan and Pahre 1990: chap. 21 참조.

76) '프랑크푸르트학파'의 경우는 세 가지 모두에 해당한다. Dogan and Pahre 1990: 73-74.

77) Eyerman and Jamison 1991: 161; Urry 1995: chap. 2.

78) Cohen and Arato 1992; Dahlgren 1995: 127.

79) Dahlgren 1995 참조.

80) Falk 1995; Archibugi et al. 1998.

81) Falk 1995: 35.

| 참고문헌 |

Abercrombie, N. and Longhurst, B. (1998) *Audiences*, London: Sage.

Adam, B. (1990) *Time and Social Theory*, Cambridge: Polity.

_____ (1995a) 'Radiated identities: in pursuit of the temporal complexity of conceptual cultural practices', *Theory, Culture and Society Conference*, Berlin, August.

_____ (1995b) *Timewatch*, Cambridge: Polity.

_____ (1996) Detraditionalization and the certainty of uncertain futures', in P.

Heelas; S. Lash and P. Morris (eds) *Detraditionalization*, Oxford: Blackwell.

_____ (1998) *Timescapes of Modernity*, London: Routledge.

Adler, J. (1989) 'Origins of Sightseeing', *Annals of Tourism Research*, 16: 7-29.

Albrow, M. (1996) *The Global Age*, Cambridge: Polity.

Allan, S. (1997) 'Raymond Williams and the culture of televisual flow', in J. Wallace and S. Nield (eds) *Raymond Williams Now: knowledge, limits and the future*, London: Macmillan.

Amin, A. and Thrift, N. (1992) 'Neo-Marshallian nodes in global networks', *International Journal of Urban and Regional Research*, 16: 571-87.

Anderson, A. (1997) *Media, Culture and the Environment*, London: UCL Press.

Anderson, B. (1989) *Imagined Communities*, London: Verso.

Appadurai, A. (ed.) (1986) *The Social Life of Things*, Cambridge: Cambridge University Press.

Arcaya, J. (1992) 'Why is time not included in modern theories of memory?' *Time and Society*, 1: 301-14.

Archer, M. (1995) *Realist Social Theory: the morphogenetic approach*, Cambridge: Cambridge University Press.

Archibugi, D., Held, D., Köhler, M. (eds) (1998) *Re-Imagining Political Community*, Cambridge: Polity.

Arendt, H. (1978) *The Life of the Mind*, New York: Harcourt Brace Jovanovich.

Augé, M. (1995) *Non-Places*, London: Verso.

Axtmann, R. (ed.) (1998) *Globalization and Europe*, London: Pinter.

Aycock, A. and Buchignani, N. (1995) 'The e-mail murders: reflections on "dead" letters' in S. Jones (ed.) *Cybersociety*, London: Sage.

Bachelard, G. ([1942] 1983) *Water and Dreams: an essay on the imagination of matter*, Farrell, TX: Pegasus.

_____ ([1958] 1969) *The Poetics of Space*, Boston, MA: Beacon Press.

Baker, P. (1993) 'Chaos, order, and sociological theory', *Sociological Inquiry*, 63: 123-49.

Ballard, J.G. ([1973] 1995) *Crash*, London: Vintage.

Barber, B. (1996) *Jihad vs McWorld*, New York: Ballantine.

Barham, P. (1992) ' "The next village": modernity, memory and holocaust', *History of the Human Sciences*, 5: 39-56.

Barrell, J. (1972) *The Idea of Landscape and the Sense of Place. 1730-1840*, Cambridge: Cambridge University Press.

Barrett, M. (1991) *The Politics of Truth*, Cambridge: Polity.

Barthes, R. (1972) *Mythologies*, London: Cape.

_____ (1981) *Camera Lucida*, New York: Hill & Wang

Batchen, G. (1991) 'Desiring production itself: notes on the invention of photography' in R. Diprose and R. Ferrell (eds) *Cartographies*, London: Allen & Unwin.

Batty, H. and Gray, T. (1996) 'Environmental rights and national sovereignty', in S. Caney, D. George, P. Jones (eds) *National Rights, International Obligations*, Boulder, CO: Westview Press

Bauböck, B. (1994) *Transnational Citizenship*, Aldershot: Edward Elgar.

Baudrillard, J. Baudrillard, J. (1983) *Simulations*, New York: Semiotext(e).

_____ (1988) *America*, London: Verso.

Bauman, Z. (1987) *Legislators and Interpreters*, Cambridge: Polity.

_____ (1993a) *Postmodern Ethics*, London: Routledge.

_____ (1993b) 'The sweet smell of decomposition', in C. Rojek and B. Turner (eds) *Forget Baudrillard?* London: Routledge.

Baym, K. (1995) 'The emergence of community in computer-mediated communicain', S. Jones (ed.) *Cybersociety*, London: Sage.

Beck, U. (1992a) 'From industrial society to risk society: questions of survival, structure and ecological enlightenment', *Theory, Culture and Society*, 9: 97-123.

_____ (1992b) *Risk Society*, London: Sage.

_____ (1996) *The Reinvention of Politics*, Cambridge: Polity.

Bell, C. and Newby, H. (1976) 'Communion, communalism, class and community action: the sources of new urban politics', in D. Herbert and R.

Johnston (eds) *Social Areas in Cities*, vol. 2, Chichester: Wiley.

Bell, D. (1993) 'Framing nature: first steps into the wilderness for a sociology of the landscape', *Irish Journal of Sociology*, 3: 1-22

Bell, D. and Valentine, G. (1997) *Consuming Geographies*, London: Routledge.

Benedikt, M. (ed.) (1991a) *Cyberspace*, Cambridge, MA: MIT Press.

———— (1991b) 'Cyberspace: some proposals', in M. Benedikt (ed.) *Cyberspace*, Cambridge, MA: MIT Press.

———— (1991c) 'Introduction', in M. Benedikt (ed.) *Cyberspace*, Cambridge, MA: MIT Press.

Benjamin, W. (1969) *Illuminations*, New York: Schocken.

Berger, P. and Luckmann, T. (1967) *The Social Construction of Reality*, London: Allen Lane.

Bergson, H. (1950) *Time and Free Will*, London: George Allen &Unwin.

———— (1991) *Matter and Memory*, New York: Zone Books.

Berking, H. (1996) 'Solitary individualism: the moral impact of cultural modernisation in late modernity', in S. Lash, B. Szerszynski, B. Wynne (eds) *Risk, Environment and Modernity*, London: Sage.

Berman, M. (1983) *All That Is Solid Melts Into Air*, London: Verso.

Bhabha, H. (ed.) (1990) *Nation and Narration*, London: Routledge.

Bianchini. F. (1995) 'The 24-hour city', *Demos Quarterly. The Time Squeeze*, 5: 47-8.

Billig, M. (1995) *Banal Nationalism*, London: Sage.

Blackburn, R. and Mann, M. (1979) *The Working Class in the Labour Market*, Cambridge: Cambridge University Press.

Blau, P. (1964) *Exchange and Power in Social Life*, New York: John Wiley.

Boden, D. and Molotch, H. (1994) 'The compulsion to proximity', in R. Friedland and D. Boden (eds) *Now/Here: time, space and modernity*, Berkeley, CA: University of California Press.

Borneman, J. (1993) 'Time-space compression and the continental divide in German subjectivity', *New Formations,* 21: 102-18.

Braidotti, R. (1994) *Nomadic Subjects*, New York: Columbia Universiiy Press.

Braun, R., Dessewfly, T., Scheppele, K., Smejkalova, J., Wessely, A. and Zentai, V.(1996) *Culture without Frontiers*, Internationales Forschungszentrum Kultur-wissenschaften, Vienna: Research Grant Proposal.

Breen, R. and Rottman, D. (1998) 'Is the national state the appropriate geographical unit for class analysis?', *Sociology*, 32: 1-21.

Brendon, P. (1991) *Thomas Cook: 150 years of popular tourism*, London: Secker & Warburg.

Brodie, J. (1998) 'Global citizenship: lost in space', *Rights of the City Symposium,* University of Toronto, June.

Brubaker, R. (1992) *Citizenship and Nationhood in France and Germany,* Cambridge, MA: Harvard University Press.

Brunn, S. and Leinbach, R. (eds) (1991) *Collapsing Space and Time: geographic aspects of communications and information,* London: HarperCollins.

Bryson, N. (1983) *Vision and Painting,* London: Macmillan.

Buci-Glucksmann, C. (1984) *Baroque Reason: the aesthetics of modernity,* London: Sage.

Buck-Morss, S. (1989) *The Dialectics of Seeing: Walter Benjamin and the arcades project,* Cambridge, MA: MIT Press.

Bulmer, M. and Rees, A. (eds) (1996) *Citizenship Today,* London: UCL Press.

Bunce, M. (1994) *The Countryside Ideal,* London: Routledge.

Burgess, J. (1990) 'The production and consumption of environmental meanings in the mass media: a research agenda for the 1990s', *Transactions of the Institute of British Geographers,* 15: 139-62.

Busch, A. (1997) 'Globalisation: some evidence on approaches and data', *Globalization Workshop,* University of Birmingham Politics Dept, March.

Buzard, J. (1993) *The Beaten Track,* Oxford: Clarendon Press.

Byrne, D. (1998) *Complexity Theory and the Social Sciences,* London: Routledge.

Calhoun, C. (1997) *Nationalism,* Buckingham: Open University Press.

Canetti, E. (1973) *Crowds and Power,* Harmondsworth: Penguin.

Cannon, D. (1995) Post-modern work ethic', *Demos Quarterly The Time Squeeze,* 5: 31-2.

Capra, F. (1996) *The Web of Life,* London: HarperCollins.

Carson, R. (1962) *Silent Spring,* Boston, MA: Houghton Mifflin.

Castells, M. (1996) *The Rise of the Network Society,* Oxford: Blackwell.

——— (1997) *The Power of Identity,* Oxford: Blackwell.

Casti, J. (1994) *Complexification,* London: Abacus.

Cerny, P. (1997) 'Globalization, fragmentation and the governance gap: toward a new mediaevalism in world politics', *Globalization Workshop,* University of Birmingham, March.

Chambers, I. (1990) *Border Dialogues: journeys in postmodernity,* London: Rout-ledge.

Chapman, M. (1993) 'Copeland: Cumbria's best-kept secret', in S. Macdonald (ed.) *Inside European Identities,* Oxford: Berg.

Chatwin, B. (1988) *The Songlines,* London: Picador.

Cilliers, P. (1998) *Complexity and Post-Modernism,* London: Routledge.

Clarke, D., Doel, M. and McDonough, F. (1996) 'Holocaust topologies:

singularity, politics, space', *Political Geography*, 6 (7): 457-89.

Clarke, T. and Barlow, M. (1997) *MAI. The Multilateral Agreement on Investment and the Threat to Canadian Sovereignty,* Toronto: Stoddart.

Classen, C., Howes, D. and Synnott, A. (1994) *Aroma: the cultural history of smell,* London: Routledge.

Clifford, J. (1997) *Routes,* Cambridge, MA: Harvard University Press.

Clifford, S. (1994) 'Pluralism, power and passion', *BANC Conference,* St Anne's College, Oxford, December.

Cohen, G. (1978) *Karl Marx's Theory of History,* Oxford: Clarendon Press.

Cohen, J. (1996) 'The public sphere, the media and civil society', in A. Sajó and M. Price (eds) *Rights of Access to the Media,* The Hague: Kluwer Law International.

Cohen, J. and Arato, A. (1992) *Civil Society and Political Theory,* Cambridge: MIT Press.

Cohen, R. (1997) *Global Diasporas,* London: UCL Press.

Colson, F. (1926) *The Week,* Cambridge: Cambridge University Press.

Condor, S. (1997) 'Unimagined community? Some social psychological issues concerning English national identity', in G. Breakwell and E. Lyons (eds) *Changing European Identities,* London: Butterworth Heinemann.

Connerton, P. (1989) *How Societies Remember the Past,* Cambridge: Cambridge University Press.

Cooke, P. and Morgan, K. (1993) 'The network paradigm: new departures in corporate and regional development', *Environment and Planning D. Society and Space,* 11: 543-64.

Cooper, R. (1997) 'The visibility of social systems', in K. Hetherington and R. Munro (eds) *Ideas of Difference: social spaces and the labour of division,* Oxford: Blackwell and Sociological Review.

Corbin, A. (1986) *The Foul and the Fragrant,* Leamington Spa: Berg.

Corcoran, M. (1998) 'Heroes of the diaspora', in M. Peillon and E. Salter (eds) *Encounters with Modern Ireland,* Dublin: IPA.

Corner, J. and Harvey, S. (eds) (1991) *Enterprise and Heritage,* London: Routledge.

Cosgrove, D. (1984) *Social Formation and Symbolic Landscape,* London: Groom Helm.

———— (1985) 'Prospect, perspective and the evolution of the landscape idea', *Transactions of the Institute of British Geographers,* 10: 45-62.

———— (1994) 'Contested global visions: *one-world, whole-earth,* and the Apollo space photographs', *Annals of the Association of American*

Geographers, 84: 270-94.

Costall, A. (1995) 'Socializing affordances', *Theory and Psychology*, 5: 467-81.

Cottle, S. (1993) 'Mediating the environment: modalities of TV news', in A. Hansen (ed.) *The Mass Media and Environmental Issues*, Leicester: Leicester University Press.

Coveney, P. and Highfield, R. (1990) *The Arrow of Time*, London: Flamingo.

Crary, J. (1990) *Techniques of the Observer*, Cambridge, MA: MIT Press.

Crawshaw, C. and Urry, J. (1997) 'Tourism and the photographic eye', in C. Rojek and J. Urry (eds) *Touring Cultures*, London: Routledge.

Cresswell, T. (1997) 'Imagining the nomad: mobility and the postmodern primitive', in G. Benko and U. Strohmayer (eds) *Space and Social Theory*, Oxford: Blackwell.

Dalhgren, P. (1995) *Television and the Public Sphere*, London: Sage.

Dahrendorf, R. (1959) *Class and Class Conflict in Industrial Society*, Stanford. California: Stanford University Press.

Dale, P. (1997) 'Ideology and atmosphere in the informational society', *Theory, Culture and Society*, 13: 27-52.

Davidoff, L. (1973) *The Best Circles*, London: Groom Helm.

Davies, K. (1990) *Women and Time: weaving the strands of everyday life*, Aldershot: Avebury.

Davis, M. (1990) *City of Quartz*, London: Verso.

de Certeau, M. (1984) *The Practice of Everyday Life*, California: University of - California Press.

Debord, G. (1994) *Society of the Spectacle*, New York: Zone Books.

Delanty, G. (1998) 'The idea of the 'University in the global era: from knowledge as an end to an end of knowledge', *Social Epistemology*, 12: 3-25.

Deleuze, G. and Guattari, F. (1986) *Nomadology*, New York: Semiotext(e).

──── (1988) A *Thousand Plateaus: capitalism and schizophrenia*, London: Athlone Press.

Demos Quarterly (1995) *The Time Squeeze*, London: Demos.

Derrida, J. (1987) *Positions*, London: Athlone Press.

──── (1991) A *Derrida Reader*, Hemel Hempstead: Harvester Wheatsheaf.

Deutsche, R. (1991) 'Boys town', *Environment and Planning D: society and space*, 9: 5-30.

Dickens, P. (1996) *Reconstructing Nature*, London: Routledge.

Dicks, B. (1997) 'The life and times of community', *Time and Society*, 6: 196-212.

Diken, B. (1998) *Strangers, Ambivalence and Social Theory*, Aldershot: Ashgate.

Dionne, E. (1998) 'Swoosh. Public shaming nets results', *International*

Herald Tribune, May 15: 11.

Dogan, M and Pahre, R. (1990) *Creative Marginality,* Boulder, CO: Westview Press.

du Gay, P., .Hall, S., Janes, L., Mackay, H., Negus, K. (1997) *Doing Cultural Studies: the story of Sony Walkman,* London: Sage.

Durkheim E. ([1915] 1968) *The Elementary Forms of the Religious Life,* London: George Allen & Unwin.

_____ ([1895] 1964) *Rules of Sociological Method,* New York: Free Press.

_____ ([1897] 1952) *Suicide,* London: Routledge.

Eade, J. (ed.) (1997) *Living the Global City,* London: Routledge.

Eco, U. (1986) *Travels in Hyper-Reality,* London: Picador.

Edensor, T. (1996) *Touring the Taj,* Ph.D, Dept of Sociology, Lancaster University.

_____ (1997) 'National identity and the politics of memory: remembering Bruce and Wallace in symbolic space', *Environment and Planning D: society and space,* 29: 175-94.

_____ (1998) *Tourists at the Taj,* London: Routledge

_____ (1999) 'Moving through the city', in D. Bell and A. Haddour (eds) *City Visions,* London: Longman.

Edholm, F. (1993) 'The view from below: Paris in the 1880s', in B. Bender (ed.) *Landscape: politics and perspectives,* Oxford: Berg.

Elias, N. (1978) *The History of Manners,* Oxford: Blackwell.

_____ (1992) *Time. An Essay,* Oxford: Blackwell.

Elster, J. (1978) *Logic and Society,* Chichester: Wiley.

Enloe, C. (1989) *Bananas, Beaches and Bases: making feminist sense of inter-national relations,* London: Pandora.

Etzioni, A. (1993) *The Spirit of Community,* New York: Crown.

Eve, R., Horsfall, S. and Lee, M. (eds) (1997) *Chaos, Complexity, and Sociology,* California: Sage.

Eyerman, R. and Jamison, A. (1991) *Social Movements: a cognitive approach,* Cambridge: Polity.

Eyerman, R. and Löfgren, O. (1995) 'Romancing the road: road movies and images of mobility', *Theory, Culture and Society,* 12: 53-79.

Fabian, J. (1992) *Time and the Work of Anthropology: critical essays, 1971-91,* Chur, Switzerland: Harwood.

Falk, R. (1994) 'The making of global citizenship', in B. van Steenbergen (ed.) *The Condition of Citizenship,* London: Sage.

_____ (1995) On *Human Governance,* Cambridge: Polity.

Febvre, R. (1982) *Problems of Unbelief in the Sixteenth Century,* Cambridge, MA:

Harvard UP.

Finger, M. (1993) 'Politics of the UNCED process', in W. Sachs (ed.) *Global Ecology: a new arena of global conflict*, London: Zed.

Forster, E. M. ([1910] 1931) *Howard's End*, Harmondsworth: Penguin.

Foucault, M. (1970) *The Order of Things*, London: Tavistock.

_____ (1976) *The Birth of the Clinic*, London: Tavistock.

_____ (1986) 'Of other spaces', *Diacritics*, 16: 22-7.

Fox, M. (1989) 'Unreliable allies: subjective and objective time', in J. Forman and C. Sowton (eds) *Taking Our Time: feminist perspectives on temporality*, Oxford: Pergamon.

Francis, R. (1993) 'Chaos, order, sociological theory: a comment', *Sociological Theory*, 63: 239-42.

Frankenberg, R. (1966) *Communities in Britain*, Harmondsworth: Penguin.

Friedrich, R. and Boden, D. (eds) (1994) *NowHere*, Berkeley, CA: University of California Press.

Frisby, D. and Featherstone, M. (eds) (1997) *Simmel on Culture*, London: Sage.

Game, A. (1991) *Undoing the Social*, Milton Keynes: Open University Press.

_____ (1995) 'Time, space, memory, with reference to Bacheland', in M. Featherstone, S. Lash and R. Robertson (eds) *Global Modernities*, London: Sage.

Gamst, F. (1993) '"On time" and the railroader-temporal dimensions of work', in S. Helmers *(ed.) Ethnologie der Arbeitswelt: Beispiele aus europäirschen und aussereuropäischen Feldern*, Bonn: Holos Verlag.

Garton Ash, T. (1990) *We the People: the revolution of '89 witnessed in Warsaw, Budapest, Berlin and Prague*, Cambridge: Granta Books.

Gault, R. (1995) 'In and out of time', *Environmental Values*, 4: 149-66.

Gell, A. (1992) *The Anthropology of Time*, Oxford: Berg.

Gernsheim, H. (1982) *The Origins of Photography*, London: Thames & Hudson.

Giblett, R. (1996) *Postmodern Wetlands*, Edinburgh: Edinburgh University Press.

Gibson, J. (1986) *The Ecological Approach to Visual Perception*, New Jersey: Lawrence Erlbaum.

Gibson, W. (1984) *Neuromancer*, New York: Ace.

Gibson-Graham, J.K. (1997) 'Postmodern becomings: from the space of form to the space of potentiality', in G. Benko (ed.) *Space and Social Theory*, Oxford: Blackwell.

Giddens, A. (1976) *New Rules of Sociological Method*, London: Hutchinson.

_____ (1984) *The Constitution of Society*, Cambridge: Polity.

_____ (1987) *Social Theory and Modern Sociology*, Cambridge: Polity.

_____ (1991) *Modernity and Self-Identity*, Cambridge: Polity.

_____ (1996) 'T.H. Marshall, the state and democracy', in M. Bulmer and A. Rees (eds) *Citizenship Today*, London: UCL Press.

Gilroy, P. (1993) *The Black Atlantic: modernity and double consciousness*, London: Verso.

Gitlin, T. (1980) *The Whole World is Watching*, Berkeley: University of California Press.

Glacken, C. (1997) *Traces on the Rhodian Shore: nature and culture in western thought from ancient times to the end of the eighteenth century*, Berkeley, CA: University of California Press.

Glennie, P. and Thrift, N. (1994) 'Reworking E. P. Thompson's "Time, Work-Discipline and Industrial Capitalism"', *Time and Society*, 5: 275-300.

Goffman, E. (1968) *Asylum*, Harmondsworth: Penguin.

Gould, S. (1997) *Questioning the Millennium*, London: Jonathan Cape.

Gouldner, A. (1972) *The Coming Crisis of Western Sociology*, London: Heinemann.

Graham, S. and Marvin, S. (1996) *Telecommunications and the City*, London: Routledge.

Graves-Brown, P. (1997) 'From highway to superhighway: the sustainablity, symbolism and situated practices of car culture', *Social Analysis*, 41: 64-75.

Gray, C.H. (1997) 'The ethics and politics of cyborg embodiment: citizenship as a hypervalue', *Cultural Values*, 1: 252-8.

Green, N. (1990) *The Spectacle of Nature*, Manchester: Manchester University Press.

Gregory, D. (1994) *Geographical Imaginations*, Cambridge, MA: Blackwell.

_____ (1999) 'Scripting Egypt: Orientalism and the cultures of travel', in J. Duncan and D. Gregory (eds) *Writes of Passage*, London: Routledge.

Griffin, S. (1981) *Pornography and Silence: culture's revenge against nature*, London: Women's Press.

Griffiths, J. (1995) 'Life of strife in the fast lane', *The Guardian*, 23 August.

Grosz, E. (1993) 'Merleau-Ponty and Irigaray in the flesh', *Thesis Eleven, 36:* 37-59

_____ (1994) *Volatile Bodies: towards a corporeal feminism*, Sydney: Allen & Unwin.

Guérer, A. le (1993) *Scent: the mysterious and essential powers of smell*, London: Chatto & Windus.

Gurnah, A. (1997) 'Elvis in Zanzibar', in A. Scott (ed.) *The Limits of Globalizaion*, London: Routledge.

Gurvitch, G. (1964) *The Spectrum of Social Time*, Dordrecht: D. Reidel.

———— (1971) *The Social. Frameworks of Knowledge*, Oxford: Basil Blackwell.

Habermas, J. (1974) 'The public sphere', *New German Critique*, 3: 49-55

———— (1987) *The Theory of Communicative Action*, vol. 2, Cambridge: Polity.

———— (1989) *The Structural Transformation of the Public Sphere*, Cambridge: Polity.

———— (1992) 'Further reflections on the public sphere', in C. Calhoun (ed.) *Habermas and the Public Sphere*, Cambridge, MA: MIT Press.

———— (1995) 'Citizenship and national identity: some reflections on the future of Europe', in R. Beiner (ed.) *Theorizing Citizenship*, New York: SUNY Press.

———— (1998) 'There are alternatives', *New Left Review*, 231: 3-12. Halbwachs, M. (1992) On *Collective Memory*, Chicago, IL: University of Chicago Press.

Hall, S. (1990) 'Cultural identity and diaspora', in J. Rutherford (ed.) *Identity: community, culture, difference*, London: Lawrence & Wishart.

Hall, S. (1993) 'Which public, whose service?' in W. Stevenson (ed.) *All Our Futures: the changing role and purpose of the BBC*, London: British Film Institute.

Hannerz, U. (1996) *Transnational Connections*, London: Routledge.

Hansen, A. (1993a) 'Greenpeace and press coverage of environmental issues', in A. Hansen (ed.) *The Mass Media and Environmental Issues*, Leicester: Leicester University Press.

———— (ed.) (1993b) *The Mass Media and Environmental Issues*, Leicester: Leicester University Press.

Haraway, D. (1989) *Primate Visions*, New York: Routledge.

———— (1991) *Simians, Cyborgs, and Women*, London: Free Association Books.

Harley, J. (1992) 'Deconstructing the map' in T. Barnes and J. Duncan (eds) *Writing Worlds: Discourse, Text and Metaphor in the Representation of Landscape*, London: Routledge.

Harvey, D. (1989) *The Condition of Postmodernity*, Oxford: Blackwell.

———— (1996) *Justice, Nature and the Geography of Difference*, Oxford: Blackwell.

Harvey, P. (1996) *Hybrids of Modernity*, London: Routledge.

Hassard, J. (ed.) (1990) *The Sociology of Time*, London: Macmillan.

Hawkes, T. (1972) *Metaphor: the critical idiom*, London: Methuen.

Hawking, S. (1988) A *Brief History of Time*, London: Bantam.

Hayles, N.K. (ed.) (1991) *Chaos and Order*, Chicago, IL: University of Chicago Press.

Heidegger, M. (1962) *Being and Time*, Oxford: Blackwell.

_____ (1977) *The Question Concerning Technology and Other Essays*, New York: Harper Torchbooks.

_____ (1993) *Basic Writings*, ed. D. Farrell Krell, London: Routledge.

Heim, M. (1991) 'The erotic ontology of cyberspace', in M. Benedikt (ed.) *Cyberspace*, Cambridge, MA: MIT Press.

Held, D. (1995) *Democracy and the Global Order*, Cambridge: Polity.

Hempel, C. (1966) *Philosophy of Natural Science*, Englewood Cliffs, NJ: Prentice Hall.

Hetherington, K. (1994) 'The contemporary significance of Schmalenbach's concept of the bund', *Sociological Review*, 42: 1-25.

_____ (1995) 'Technologies of place', *Labour of Division Conference*, Keele University.

_____ (1997a) *The Badlands of Modernity*, London: Routledge.

_____ (1997b) 'In place of geometry: the materiality of place', in K. Hetherington and R. Munro (eds) *Ideas of Difference*, Oxford: Blackwell/ Sociological Review.

_____ (1998) *Expressions of Identity: space, performance, politics*, London: Sage.

Hewison, R. (1993) 'Field of dreams', *Sunday Times*, 3 January.

Hewitt, P. (1996) 'Social justice in a global economy?', in M. Bulmer and A. Rees (eds) *Citizenship Today*, London: UCL Press.

Hewitt, R. (1997) *The Possibilities of Society*, Albany: SUNY Press.

Hibbitts, B. (1994) 'Making sense of metaphors: visuality, aurality, and the reconfiguration of American legel discourse', *Cardozo Law Review*, 16: 229-356.

Hindess, B. (1993) 'Citizenship in the modern west' in B. Turner (ed.) *Citizenship and Social Theory*, London: Sage.

Hirst, P. and Thompson, G. (1996) *Globalisation in Question*, Cambridge: Polity.

Hoggett, P. and Bishop, J. (1986) *Organizing Around Enthusiasms*, London: Comedia.

Homans, G. (1961) *Social Behaviour: its elementary forms*, London: Routledge.

hooks, b. (1991) *Yearning: race, gender and cultural politics*, London: Turnaround.

_____ (1992) *Black Looks: race and representation*, London: Turnaround.

Huntington, S. (1991) *The Third Wave*, Norman: University of Oklahoma Press.

Huyssen, A. (1995) *Twilight Memories*, London: Routledge.

Ihde, D. (1976) *Listening and Voice*, Athens, OH: Ohio University Press.

Ingold, T. (1993a) 'Globes and spheres: the topology of environmentalism', in K. Milton (ed.) *Environmentalism*, London: Routledge.

_____ (1993b) 'The temporality of the landscape', *World Archaeology*, 25: 152-74.

Irigaray, L. (1978) 'Interview with L Irigaray', in M.-F. Hans and G. Lapouge (eds) *Les Femmes, La Pornographie et L'Erotisme*, Paris: Minuit.

_____ (1985) *The Sex Which Is Not One*, Ithaca, NY: Cornell University Press.

Isajiw, W. (1968) *Causation and Functionalism in Sociology*, London: Routledge.

Jagtenberg, T. and McKie, D. (1997) *Eco-Impacts and the Greening of Postmodernity*, California: Sage.

Jarvis, R. (1997) *Romantic Writing and Pedestrian Travel*, London: Macmillan.

Jay, M. (1986) 'In the empire of the gaze: Foucault and the denigration of vision in twentieth-century French thought', in D. Hoy (ed.) *Foucault: a critical reader*, Oxford: Blackwell.

_____ (1992) 'Scopic regimes of modernity', in S. Lash and J. Friedman (eds) *Modernity and Identity*, Oxford: Blackwell.

_____ (1993) *Downcast Eyes*, Berkeley, CA: University of California Press.

Jenks, C. (1995a) 'The centrality of the eye in western culture' in C. Jenks (ed.) *Visual Culture*, London: Routledge.

_____ (ed.) (1995b) *Visual Culture*, London: Routledge.

Jokinen, E. and Veijola, S. (1997) 'The disoriented tourist: the figuration of the tourist in contemporary cultural critique', in C. Rojek and J. Urry (eds) *Touring Cultures*, London: Routledge.

Jones, S. (1995a) 'Understanding community in the information age', in S. Jones (ed.) *Cybersociety*, London: Sage.

_____ (ed.) (1995b) *Cybersociety*, London: Sage.

Kaplan, C. (1996) *Questions of Travel*, Durham, US: Duke University Press.

Keane, J. (1991) *The Media and Democracy*, Cambridge: Polity.

Keat, R. and Urry, J. (1982) *Social Theory as Science*, London: Routledge.

Keck, M. and Sikkunk, K. (1998) *Activists Beyond Borders*, Ithaca, NY: Princeton University Press.

Keil, L. and Elliott, E. (eds) (1996) *Chaos Theory in the Social Sciences*, Ann Arbor, MI: University of Michigan Press.

Kelly, K. (1995) *Out of Control: the rise of neo-biological civilization*, Menlo Park, CA: Addison-Wesley.

Kern, S. (1983) *The Culture of Time and Space (1880-1918)*, London: Weidenfeld & Nicolson.

Kopytoff, I. (1986) 'The cultural biography of things: commoditization as a process', in A. Appadurai (ed.) *The Social Life of Things*, Cambridge: Cambridge University Press.

Kornblum, W. (1988) *Sociology in a Changing World*, New York: Holt, Rinehart & Winston.

Körner, S. (1955) *Kant,* Harmondsworth: Penguin.

Kuhn, T. (1962) *The Structure of Scientific Revolutions,* Chicago, IL: Chicago University Press.

Laclau, E. and Mouffe, C. (1985) *Hegemony and Socialist Strategy,* London: Verso.

Lakoff, G. and Johnson, M. (1980) *Metaphors We Live By,* Chicago, IL: Chicago University Press.

Lash, S. (1995) 'Risk culture', *Australian Cultural Studies Conference,* Charles Sturt University, NSW, Australia, December.

Lash, S. and Urry, J. (1987) *The End of Organized Capitalism,* Cambridge: Polity.

_____ (1994) *Economies of Signs and Space,* London: Sage.

Lash, S., Szerszynski, B. and Wynne, B. (eds) (1996) *Risk, Environment and Modernity,* London: Sage.

Latour, B. (1987) *Science in Action,* Milton Keynes: Open University Press.

_____ (1990) 'Drawing things together', in S. Woolgar and M. Lynch (eds) *Representation in Science,* Cambridge, MA: MIT Press.

_____ (1993) *We Have Never Been Modern,* Hemel Hempstead: Harvester Wheat sheaf.

Law, J. (1994) *Organizing Modernity,* Oxford: Basil Blackwell.

Law, J. and Hassard, J. (eds) (1999) *Actor Network Theory and After,* Oxford: Blackwell/Sociological Review.

Lee, K. (1995) 'Beauty for ever', *Environmental Values,* 4: 213-25.

Lefebvre, H. (1991) *The Production of Space,* Oxford: Blackwell.

Leonard, M. (1998) *Rediscovering Europe,* London: Demos.

Levin, D. (1993a) 'Decline and fall: ocularcentrism in Heidegger's reading of the history of metaphysics', in D. Levin (ed.) *Modernity and the Hegemony of Vision,* Berkeley, CA: University of California Press.

_____ (1993b) *Modernity and the Hegemony of Vision,* Berkeley, CA: University of California Press.

Levinas, E., (1985) *Ethics and Infinity,* Pittsburgh: Duquesne University Press.

Lewis, N. (2000) 'The climbing body, nature and the experience of modernity', *Body and Society,* 6.

Leyshon, A. and Thrift, N. (1997) *Money/Space,* London: Routledge.

Light, A. (1991) *Forever England: feminity, literature and conservatism between the wars,* London: Routledge.

Liniado, M. (1996) Car *Culture and Countryside Change,* M.Sc Dissertation, Geography Department, University of Bristol.

Loader, B. (ed.) (1997) *The Governance of Cyberspace,* London: Routledge.

Lodge, D. (1983) *Small World*, Harmondsworth: Penguin.

Lovelock, J. (1988) *The Ages of Gaia: a biography of our living earth,* Oxford: Oxford University Press.

Lowe, P. and Ward, S. (eds) (1998) *British Environmental Policy and Europe,* London: Routledge.

Lowenthal, D. (1985) *The Past is a Foreign Country,* Cambridge: Cambridge University Press.

———— (1991) 'British national identity and the English landscape', *Rural History,* 2: 205-30.

———— (1994) 'European and English landscapes as national symbols', in D. Hooson (ed.) *Geography and National Identity,* Oxford: Blackwell.

Luhmann, N. (1982) *The Differentiation of Society,* New York: Columbia University Press.

———— (1995) *Social Systems,* Stanford, CA: Stanford University Press.

Luke, T. (1996) 'New world order or neo-world orders: power, politics and ideology in informationalizing glocalities', in M. Featherstone, S. Lash and R. Robertson (eds) *Global Modernities,* London: Sage.

Lupton, D. (1998) *The Emotional Self,* London: Sage.

Lury, C. (1997a) *Prosthetic Cultures,* London: Routledge.

———— (1997b) 'The objects of travel', in C. Rojek and J. Urry (eds) *Touring Cultures,* London: Routledge.

Lyon, D. (1994) *The Electronic Eye: the rise of the surveillance society,* Cambridge: Polity.

———— (1997) 'Cyberspace sociality: controversies over computer-mediated relationships', in B. Loader (ed.) *The Governance of Cyberspace,* London: Routledge. Lyotard, J.-F. (1984) *The Postmodern Condition,* Manchester: Manchester University Press.

———— (1991) *The Inhuman. Reflections on Time,* Cambridge: Polity.

MacCannell, D. (1992) *Empty Meeting Grounds,* London: Routledge.

Macdonald, S. (1997) 'A people's story: heritage, identity and authenticity', in C. Rojek and J. Urry (eds) *Touring Cultures,* London: Routledge.

MacIver, R. and Page, C. (1950) *Society: an introductory analysis,* London: Macmillan.

Macnaghten, P. and Urry, J. (1998) *Contested Natures,* London: Sage.

Macy, J. (1993) *World as Lover, World as Self,* London: Rider.

Maffesoli, M. (1996) *The Time of the Tribes,* London: Sage.

Maier, C. (1994) 'A surfeit of memory? Reflections of history, melancholy and denial', *History and Memory,* 5: 136-52.

Majone, G. (1994) 'The rise of the regulatory state in Europe', *West European Politics, 17:* 77-101.

_____ (1996) *Regulating Europe,* London: Routledge.

Makimoto, T. and Manners, D. (1997) *Digital Nomad,* Chichester: John Wiley.

Mallett, P. (1995) 'The city and the self', in M. Wheeler (ed.) *Ruskin and the Environment,* Manchester: Manchester University Press.

Mann, M. (1986) *The Sources of Social Power, vol.* 1, Cambridge: Cambridge University Press.

_____ (1993) *The Sources of Social Power,* vol. 2, Cambridge: Cambridge University Press.

_____ (1996) 'Ruling class strategies and citizenship', in M. Bulmer and A. Rees (eds) *Citizenship Today,* London: UCL Press.

_____ (1998) 'Is there a society called Euro?', in R. Axtmann (ed.) (1998) *Globalization and Europe,* London: Pinter, pp. 184-207.

Marcus, S. (1973) 'Reading the illegible', in H. Dyos and M. Wolff (eds) *The Victorian City: images and reality, vol.* 1, London: Routledge 8L Kegan Paul.

Marshall, T. and Bottomore, T. (1992) *Citizenship and Social Class,* London: Pluto.

Martin, H.-P. and Schumann, H. (1997) *The Global Trap,* London: Zed.

Marx, K. and Engels, F. (1955) *Selected Works,* vol. 2, Moscow: Foreign Languages.

_____ ([1848] 1964) *Manifesto of the Communist Party,* London: Modern Reader.

_____ (1976) *Collected Works,* vol. 6, London: Lawrence 8c Wishart.

Massey, D. (1994) *Space, Class and Gender,* Cambridge: Polity.

_____ (1999) 'Living in Wythenshawe', in D. Massey (ed.) *The Unknown City,* London: Routledge.

McClintock, A. (1995) *Imperial Leather,* New York: Routledge.

McCrone, D. (1992) *Understanding Scotland,* London: Routledge.

_____ (1998) *The Sociology of Nationalism,* London: Routledge

McCrone, D., Morris, A. and Kiely, R. (1995) *Scotland - the Brand,* Edinburgh: Edinburgh University Press.

Mckay, G. (1996) *Senseless Acts of Beauty,* London: Verso.

_____ (ed.) (1998) *DiY Culture,* London: Verso.

McLuhan, M. (1962) *The Gutenberg Galaxy,* London: Routledge.

McRae, H. (1997) 'New York? London? We're all on the move', *The Independent,* 16 July.

McTaggart, J. (1927) *The Nature of Existence,* vol. 2, book 5, Cambridge:

Cambridge University Press.

Mead, G.H. (1959) *The Philosophy of the Present,* La Salle, IL: Open Court.

Meehan, E. (1991) 'European citizenship and social policies', in U. Vogel and M. Moran (eds) *The Frontiers of Citizenship,* London: Macmillan.

Meijer, I. (1998) 'Advertising citizenship: an essay on the performative power of consumer culture', *Media, Culture and Society,* 20: 235-49.

Menon, M. (1997) 'Effects of modern science and technology on relations between nations', in J. Rotblat (ed.) *World Citizenship. Allegiance to Humanity,* London: Macmillan.

Merchant, C. (1982) *The Death of Nature,* San Francisco, CA: Harper & Row.

Meyrowitz, J. (1985) *No Sense of Place,* New York: Oxford University Press.

Michael, M. (1996) *Constructing Identities,* London: Sage

_____ (1997) 'Hybridising regularity: a characterology and chronology of the hudogledog', *Actor Network and After Conference,* Keele University, July.

_____ (1998) 'Co(a)gency and the car: attributing agency in the case of the 'road rage', in B. Brenna, J. Law, I. Moser (eds) *Machines, Agency and Desire,* Oslo: TMV Skriftserie.

Michael, M. and Still, A. (1992) 'A resource for resistance: power-knowledge and affordance', *Theory and Society,* 21: 869-88.

Middleton, D. and Edwards, D. (eds) (1990) *Collective Remembering,* London: Sage.

Miller, D. (1998) *Material Cultures,* London: UCL Press.

Miller, S. (1995) 'Urban dreams and rural reality: land and landscape in English culture, 1920-45', *Rural History,* 6: 89-102.

Milton, K. (1993) 'Land or landscape: rural planning policy and the symbolic construction of the countryside', in M. Murray and J.Greer (eds) *Rural development in Ireland,* Aldershot: Avebury.

Mingers, J. (1995) *Self-Producing Systems,* New York: Plenum.

Mlinar, Z. (1997) 'Globalization as a research agenda', paper given to the European Sociological Association, Colchester, August.

Mol, A. and Law, J. (1994) 'Regions, networks and fluids: amaemia and social topology', *Social Studies of Science,* 24: 641-71.

Morley, D. (1995) 'Television: not so much a visual medium, more a visible object', in C. Jenks (ed.) *Visual Culture,* London: Routledge.

Morley, D. and Robins, K. (1995) *Spaces of Identity,* London: Routledge.

Morris, M. (1988) 'At Henry Parkes Motel', *Cultural Studies,* 2: 1-47.

Morrison, T. (1989) *Song of Soloman,* London: Picador.

Mulvey, L. (1989) *Visual and Other Pleasures*, London: Macmillan.

Murdoch, J. (1995) 'Actor-networks and the evolution of economic forms: combining description and explanation in theories of regulation, flexible specialisation, and networks', *Environment and Planning A 27*: 731-57.

Murdock, G. (1992) 'Citizens, consumers, and public culture', in M. Shovmand and K. Shrøder (eds) *Media Cultures,* London: Routledge.

Myers, G. (1999) *Ad Worlds,* London: Arnold.

Nairn, T. (1988) *The Enchanted Glass: Britain and its monarchy,* London: Radius.

Nash, R. (1989) *TheRights of Nature,* Madison, WI: University of Wisconsin Press.

Negroponte, N. (1995) *Being Digital,* New York: Alfred A. Knopf.

Newby, H. (1979) *A Green and Pleasant Land,* London: Hutchinson.

———— (1996) 'Citizenship in a green world: global commons and human stewardship', in M. Bulmer and A. Rees (eds) *Citizenship Today,* London: UCL Press.

Nguyen, D. (1992) 'The spatialisation of metric time', *Time and Society,* 1: 29-50.

Nowotny, H. (1994) *Time,* Cambridge: Polity.

O'Brien, J., Colebourne, A., Rodden, T., Benford, S. and Snowden, D. (1997) *Informing the design of collaborative virtual environments,* Department of SociLancaster University.

O'Connor, B. (1998) 'Riverdance', in M. Peillon and E. Salter (eds) *Encounters with Modern Ireland,* Dublin: IPA.

O'Neill, J. (1993) *Ecology, Policy and Politics,* London: Routledge.

Ohmae, K, (1990) *The Borderless World,* London: Collins.

Oldenburg, R. (1989) *The Great Good Places,* New York: Marlowe & Company.

Ong, W. (1982) *Orality and Literacy,* London: Methuen.

Orwell, G. (1937) *The Road to Wigan Pier,* London: Victor Gollancz.

Osborne, P. (1994) 'The politics of time', *Radical Philosophy,* 68: 3-9.

Pahl, R. (1995) *After Success,* Cambridge: Polity.

Parr, M. (1995) *Small World,* Stockport: Dewi Lewis.

Parson, T. and Shils, E. (1951) *Towards a General Theory of Action,* Cambridge, MA: Harvard University Press.

Parsons, T. (1960) *Structure and Process in Modern Societies,* New York: Free Press.

———— (1971) *The System of Modern Societies,* New Jersey: Prentice-Hall.

Peel, J. (1971) *Herbert Spencer: the evolution of a sociologist,* London: Heinemann.

Peillon, M. and Salter, E. (eds) *Encounters with Modern Ireland,* Dublin: IPA.

Peters, T. (1992) *Liberation Management,* London: Macmillan.

Pickering, J. (1997) 'Agents and artefacts', *Social Analysis,* 41: 46-63.

Pierson, C. (1996) *The Modern State.* London: Routledge.

Pilkington, E., Clouston, E. and Traynor, I. (1995) 'How a wave of public opinion bowled over the Shell monolith', *Guardian,* 22 June.

Pinkney, T. (1991) *Raymond Williams,* Bridgend: Seren Books.

Plant, S. (1997) *Zeros and Ones,* London: Fourth Estate.

Plumwood, V. (1993) *Feminism and the Mastery of Nature,* London: Routledge.

Popper, K. (1962) *The Open Society and its Enemies,* London: Routledge & Kegan Paul.

Porteous, J. (1985) 'Smellscape', *Progress in Human Geography, 9: 356-78.*

_____ (1990) *Landscapes of the Mind: worlds of sense and metaphor,* Toronto: Toronto University Press.

Power, M. (1994) *The Audit Explosion,* London: Demos.

Prato, P. and Trivero, G. (1985) 'The spectacle of travel', *The Australian Journal of Cultural Studies, 3.*

Pratt, M. (1992) *Imperial Eyes,* London: Routledge.

Prigogine, I. (1980) From *Being to Becoming: time and complexity in the physical sciences,* San Francisco, CA: W.H. Freeman.

Prigogine, I. and Stengers, I. (1984) *Order Out of Chaos,* London: Heinemann.

Radcliffe-Brown, R. (1952) *Structure and Function in Primitive Society,* London: Cohen & West.

Radley, A. (1990) 'Artefacts, memory and a sense of place', in D. Middleton and D. Edwards (eds) *Collective Remembering,* London: Sage.

Rapoport, A. (1997) 'The dual role of the nation state in the evolution of world citizenship', in J. Rotblat (ed.) *World Citizenship: allegiance to humanity,* London: Macmillan.

Reed, M. and Harvey, D. (1992) 'The new science and the old: complexity and realism in the social sciences', *Journal for the Theory of Social Behaviour,* 22: 353-80.

Rees, A. (1996) 'T.H. Marshall and the progress of citizenship', in M. Bulmer and A. Rees (eds) *Citizenship Today,* London: UCL Press.

Reich, R. (1991) *The Work of Nations: preparing ourselves for 21st-century capitalism* New York: Knopf.

Reid, E. (1995) 'Virtual worlds, culture and imagination', in S. Jones (ed.) *Cybersociety,* London: Sage.

Rex, J. (1961) *Key Problems of Sociological Theory,* London: Routledge.

Rheingold, H. (1994) *The Virtual Community,* London: Secker & Warburg.

Richardson, D. (1998) 'Sexuality and citizenship', *Sociology*, 32: 83-100.

Rifkin, J. (1987) *Time Wars: the primary conflict in human history*, New York: Henry Holt.

Ritzer, G. (1992) *The McDonaldization of Society*, London: Pine Forge.

_____ (1995) *Expressing America*, London: Pine Forge.

_____ (1997) '"McDisneyization"' and "post-tourism": complementary perspectives on contemporary tourism', in C. Rojek and J. Urry (eds) *Touring Cultures*, London: Routledge.

Robertson, R. (1990) 'Mapping the global condition: globalisation as the central concept', in M. Featherstone (ed.) *Global Culture*, London: Sage.

_____ (1992) *Globalization*, London: Sage.

Robins, K. (1996) *Into the Image*, London: Routledge

Roche, M. (1999) *Mega-Events and Modernity*, London: Routledge.

Roche, M. and van Berkel, R. (1997) *European Citizenship and Social Exclusion*, Aldershot: Ashgate.

Rodaway, P. (1994) *Sensuous Geographies*, London: Routledge.

Roderick, I. (1997) 'Household sanitation and the flows of domestic space', *Space and Culture*, 1: 105-32.

Rorty, R. (1980) *Philosophy and the Mirror of Nature*, Oxford: Blackwell.

Rose, N. (1996) 'Refiguring the territory of government', *Economy and Society*, 25: 327-56.

Rotblat, J. (1997a) 'Preface, Executive Overview', in J. Rotblat (ed.) *World Citizenship. Allegiance to Humanity*, London: Macmillan.

_____ (ed.) (1997b) *World Citizenship. Allegiance to Humanity*, London: Macmillan.

Rowan, D. (1998) 'Meet the new world government', *Guardian*, 13 February: 15.

Rowell, A. (1996) *Green Backlash*, London: Routledge.

Roy, A. (1997) *The God of Small Things*, London: Flamingo.

Runciman, G. (1996) 'Why social inequalities are generated by social rights', in M. Bulmer and A. Rees (eds) *Citizenship Today*, London: UCL Press.

Rushdie, S. (1995) *Midnight's Children*, London: Vintage.

Rushkoff, D. (1994) *Cyberia: life in the trenches of hyperspace*, London: Flamingo.

Sachs, W. (ed.) (1993) *Global Ecology*, London: Zed.

Samuel, R. (1994) *Theatres of Memory*, London: Verso.

_____ (1998) *Island Stories*, London: Verso.

Sardar, Z. (1996) 'alt.civilizations.faq: cyberspace as the darker side of the west', in Z. Sardar and J. Ravetz (eds) *Cyberfutures*, London: Pluto.

Sardar, Z. and Ravetz, J. (eds) (1996) *Cyberfutures*, London: Pluto.

Scannell, P. (1996) *Radio, Television and Modern Life,* Oxford: Blackwell.

Schama, S. (1995) *Landscape and Memory,* London: HarperCollins.

Schivelbusch, W. (1986) *The Railway Journey: trains and travel in the nineteenth century,* Oxford: Blackwell.

Schmalenbach, H. (1977) *Herman Schmalenbach: on society and experience,* Chicago, IL: University of Chicago Press.

Schor, J. (1992) *The Overworked American,* New York: Basic.

Scott, J. (1997) *Corporate Business and Capitalist Classes,* Oxford: Oxford University Press.

Sennett, R. (1991) *The Conscience of the Eye,* London: Faber.

_____ (1994) *Flesh and Stone,* London: Faber and Faber.

Sharratt, B. (1989) 'Communications and image studies: notes after Raymond Williams', *Comparative Criticism, 11:* 29-50.

Shaw, M. (1994) *Global Society and International Relations: sociological concepts and political perspectives,* Cambridge: Polity Press.

Shields, R. (ed.) (1996) *Cultures of Internet,* London: Sage.

_____ (1997a) 'Ethnography in the crowd: the body, sociality and global ization in Seoul', *Focaal, 30/31:* 23-38.

_____ (1997b) 'Flow as a new paradigm', *Space and Culture, 1:* 1-4.

Shildrick, M. (1997) *Leaky Bodies and Boundaries,* London: Routledge.

Shils, E. (1985) 'Sociology', in A. and J. Kuper (eds) *The Social Science Encyclopaedia,* London: Routledge.

Shiva, V. (1989) *Staying Alive,* London: Zed.

Shove, E. (1998) *Consuming Automobility,* Scenesustech, Sociology Department, Trinity College, Dublin.

Silverstone, R. and Hirsch, E. (eds) (1992) *Consuming Technologies,* London: Routledge.

Silverstone, R., Hirsch, E. and Morley, D. (1992) 'Information and communication technologies and the moral economy of the household', in R. Silverstone and E. Hirsch (eds) *Consuming Technologies,* London: Routledge.

Sklair, L. (1995) *Sociology of the Global System,* 2nd edn, Hemel Hempstead: Harvester.

Smart, J. (1963) *Philosophy and Scientific Realism,* London: Routledge.

Smith, A. (1986) 'State-making and nation-building', in J. Hall (ed.) *States in History,* Oxford: Blackwell.

Smith, J. (1992) 'Writing the aesthetic experience', in T. Barnes and J. Duncan (eds) *Writing Worlds,* London: Routledge.

Sontag, S. (1979) On *Photography,* Harmondsworth: Penguin.

_____ (1991) *Aids and its Metaphors,* Harmondsworth: Penguin.

Sorokin, P. (1937) *Social and Cultural Dynamics*, vol. 2, New York: American Books.

Sorokin, P. and Merton, R. (1937) 'Social time: a methodological and functional analysis', *American Journal of Sociology*, 42: 615-29.

Soysal, Y. (1994) *Limits of Citizenship*, Chicago, IL: University of Chicago Press.

Spence, J. and Holland, P. (1991) *Family Snaps: the meanings of domestic photography*, London: Virago.

Spencer, H. ([1876] 1893) *The Principles of Sociology*, vol. 1, London: Williams & Norgate.

Spillman, L. (1997) *Nation and Commemoration*, Cambridge: Cambridge University Press.

Spufford, F. (1996) *I May Be Some Time*, London: Faber & Faber.

Stacey, J. (1997) *Teratologies: a cultural theory of cancer*, London: Routledge.

Stafford, B.M. (1994) *Artful Science*, Cambridge, MA: MIT Press.

Stallybrass, P. and White, A. (1986) *The Politics and Poetics of Transgression*, London: Methuen.

Stevenson, N. (1997) 'Globalization, national cultures and cultural citizenship', *The Sociological Quarterly*, 38: 41-66.

Stone, A. (1991) Will the real body please stand up? Boundary stories about virtual cultures', in M. Benedikt (ed.) *Cyberspace*, Cambridge, MA: MIT Press.

Strathern, M. (1992) *After Nature*, Cambridge: Cambridge University Press.

Sullivan, K. (1999) *The New Promethean Fire: radioactive monsters and sustainable nuclear futures*, Ph.D, Department of Sociology, Lancaster University.

Szerszynski, B. (1993) *Uncommon Ground: moral discourse, foundationalism and the environmental movement*, Ph.D, Department of Sociology, Lancaster University.

———— (1997) 'The varieties of ecological piety', *Worldviews: environment, culture, religion, 1:* 37-55.

Szerszynski, B. and Toogood, M. (1999) 'Global citizenship, the environment and the mass media', in S. Allen, B. Adam, C. Carter (eds) *The Media Politics of Environmental Risks*, London: UCL Press.

Taylor, J. (1994) *A Dream of England*, Manchester: Manchester University Press.

Taylor, P. (1997) Izations of the world: Americanization, modernization and globalization', *Globalization Workshop*, University of Birmingham Politics Department, March.

Temourian, H. (1995) 'Iran bans Baywatch with purge on "Satan's dishes"', *Sunday Times*, 23 April.

Tester, K. (ed.) (1995) The *Flâneur*, London: Routledge.

Therborn, G. (1995) *European Modernity and Beyond*, London: Sage.

THES (1997) 'Smarten up those baggy notions now', *The Times Higher Education Supplement*, 30 May.

Thomas, J. (1993) 'The politics of vision and the archaeologies of landscape', in B. Bender (ed.) *Landscape, Politics and Perspectives*, Oxford: Berg.

Thompson, E.P. (1967) 'Time, work-discipline and industrial capitalism', *Past and Present*, 36: 57-97.

Thompson, J. (1995) *The Media and Modernity*, Cambridge: Polity.

_____ (1997) *Scandal and Social Theory*, Mimeo, SPS, University of Cambridge.

Thoreau, H. ([1854] 1927) *Walden or Life in the Woods*, London: Chapman & Hall.

Thrift, N. (1990) 'The making of a capitalist time consciousness', in J. Hassard (ed.) *The Sociology of Time*, London: Macmillan.

_____ (1996) *Spatial Formations*, London: Sage.

Toogood, M. (1998) *Globcit Image Database: description and categorisation of images*, Mimeo, CSEC, Linguistics, Sociology Departments, Lancaster University.

Touraine, A. (1998) 'Culture without Society', *Cultural Values*, 2: 140-57.

Tuan, Y.-F. (1979) 'Sight and pictures', *Geographical Review*, 69: 413-22.

_____ (1993) *Passing Strange and Wonderful*, Washington DC: Island Press.

Turkle, S. (1996) *Life on the Screen*, London: Weidenfeld & Nicolson.

Turner, B. (1986) *Citizenship and Capitalism: the debate over reformism*, London: Allen & Unwin.

_____ (1993a) 'Contemporary problems in the theory of citizenship' in B. Turner (ed.) *Citizenship and Social Theory*, London: Sage.

_____ (1993b) 'Outline of a theory of human rights', in B. Turner (ed.) *Citizenship and Social Theory*, London: Sage.

Urry, J. (1990) *The Tourist Gaze*, London: Sage.

_____ (1995) *Consuming Places*, London: Routledge.

_____ (1996) 'How societies remember the past', in S. Macdonald and G. Fyfe (eds) *Theorizing Museums*, Oxford: Sociological Review Monographs.

Van den Abbeele, G. (1980) 'Sightseers: the tourist as theorist', *Diacritics*, 10: 3-14.

Van Hear, N. (1998) *New Diasporas*, London: UCL Press.

van Steenbergen, B. (1994) 'Towards a global ecological citizen', in van Steenbergen (ed.) *The Condition of Citizenship*, London: Sage.

Virilio, P. (1986) *Speed and Politics,* New York: Semiotext(e).

_____ (1988) 'The work of art in the age of electronic reproduction', Interview in *Block,* 14: 4-7.

_____ (1994) *The Vision Machine,* Bloomington, IN: Indiana University Press.

Walby, S. (1996) 'Women and citizenship: towards a comparative analysis', in *University College of Galway Women's Studies Centre Review,* 4: 41-58.

_____ (1997) *Gender Transformations,* London: Routledge.

_____ (1999) 'The new regulatory state: the social powers of the European Union', *British Journal of Sociology, 50:* 118-40.

Wallace, A. (1993) *Walking, Literature and English Culture,* Oxford: Clarendon Press.

Wallerstein, I. (1987) 'World-systems analysis', in J. Turner and A. Giddens (eds) *Social Theory Today,* Cambridge: Polity.

_____ (1991) *Unthinking Social Science,* Cambridge: Polity.

_____ (1998) 'The heritage of sociology, the promise of social science', *Presidential Address, 14th World Congress of Sociology,* Montreal, July.

Walvin, J. (1978) *Beside the Seaside,* London: Allen & Unwin.

Ward, N. (1996) 'Surfers, sewage and the new politics of pollution', *Area,* 28: 331-8.

Wark, M. (1994) *Virtual Geography: living with global media events,* Indiana: Indiana University Press.

Waters, M. (1995) *Globalization,* London: Routledge.

Weber, M. ([1904-5] 1930) *The Protestant Ethic and the Spirit of Capitalism,* London: Unwin.

Weiss, L. (1998) *The Myth of the Powerless State,* Cambridge: Polity.

Wheeler, M. (ed.) (1995) *Ruskin and the Environment,* Manchester: Manchester University Press.

Whitelegg, J. (1997) *Critical Mass,* London: Pluto.

Williams, R. (1972) 'Ideas of nature', in J. Benthall (ed.) *Ecology: the shaping enquiry,* London: Longman.

_____ (1973) *The Country and the City,* London: Chatto & Windus.

_____ (1988) *Border Country,* London: Hogarth Press.

_____ (1989) 'Mining the Meaning: Keywords in the Miners' Strike', in *Resources in Hope,* London: Verso.

Wilson, A. (1992) *Culture of Nature,* Oxford: Blackwell.

Wilson, E.O. (1980) *Sociobiology,* Cambridge, MA: Belknap.

Wolff, J. (1993) 'On the road again: metaphors of travel in cultural criticism', *Cultural Studies,* 7: 224-739.

Wolff, V. (1938) *The Three Guineas,* London: Harcourt, Brace & Ward.

Wood, K. and House, S. (1991) *The Good Tourist: a worldwide guide for the green traveller*, London: Mandarin.

Wordsworth, W. ([1844] 1984) *The Illustrated Wordsworth's Guide to the Lakes*, ed. P. Bicknell, London: Book Club Associates.

Worster, D. (1980) 'The intrinsic value of nature', *Environmental Review*, 4: 43-7.

Wright, P. (1985) *On Living in an Old Country*, London: Verso.

WTO (1997) *Yearbook of Tourism Statistics (1996)*, 49th edn, vols 1 and 2, Madrid: World Tourism Organisation.

Wynne, B. (1991) 'After Chernobyl: science made too simple', *New Scientist*, 1753: 44-6.

_____ (1994) 'Scientific knowledge and the global environment', in M. Redclift and T. Benton (eds) *Social Theory and the Global Environment*, London: Routledge.

Young, H. (1995) 'Democracy ditched in waves of escapism', *Guardian*, 22 June.

Yuval-Davis, N. (1997) *National Spaces and Collective Identities: borders, boundaries, citizenship and gender relations*, Inaugural Lecture, University of Greenwich.

Zerubavel, E. (1988) 'The standardisation of time: a sociohistorical perspective', *American Journal of Sociology*, 88: 1-23.

Zimmerman, M. (1990) *Heidegger's Confrontation with Modernity*, Bloomington, IA: Indiana University Press.

Zohar, D. and Marshall, I. (1994) *The Quantum Society*, New York: William Morrow.

| 찾아보기 |

사회를 넘어선 사회학

이동과 하이브리드로 사유하는 열린 사회학

지은이 | 존 어리
옮긴이 | 윤여일

1판 1쇄 발행일 2012년 12월 17일

발행인 | 김학원
경영인 | 이상용
편집주간 | 위원석
편집장 | 정미영 최세정 황서현
기획 | 문성환 나희영 임은선 박민영 박상경 최윤영 조은화 전두현 최인영 윤홍 정다이 이보람
디자인 | 김태형 임동렬 유주현 최영철 구현석
마케팅 | 이한주 하석진 김창규 이선희
저자 · 독자 서비스 | 조다영 함주미(humanist@humanistbooks.com)
스캔 · 출력 | 이희수 com.
조판 | 새일 기획
용지 | 화인페이퍼
인쇄 | 청아문화사
제본 | 정민문화사

발행처 | (주)휴머니스트 출판그룹
출판등록 | 제313-2007-000007호(2007년 1월 5일)
주소 | (121-869) 서울시 마포구 연남동 564-40
전화 | 02-335-4422 팩스 | 02-334-3427
홈페이지 | www.humanistbooks.com

ⓒ 윤여일, 2012

ISBN 978-89-5862-573-5 93330

만든 사람들

기획 | 정다이(hsh2001@humanistbooks.com) 전두현
편집 | 박민영
디자인 | 김태형